DICTIONNAIRE

DU

PATOIS NORMAND

DICTIONNAIRE

DU

PATOIS NORMAND

PAR

MM. ÉDÉLESTAND ET ALFRED DUMÉRIL

CAEN

B. MANCEL, LIBRAIRE, PUBLICATEUR

D'UNE COLLECTION D'OUVRAGES RELATIFS

A LA NORMANDIE.

1849

INTRODUCTION.

La philologie n'est plus cette science de pédant qui disséquait les mots et dissertait sur les particules ; elle retrouve dans les idiômes la généalogie des peuples et projette des clartés nouvelles dans la philosophie de l'histoire. Mieux compris, les prétendus hasards, qui semblaient concourir pêle-mêle à la formation des langues, sont devenus des lois intelligentes et logiques ; les corruptions elles-mêmes sont expliquées et ramenées à des causes nécessaires. La variété et la mobilité des idiômes n'ont plus rien qui déroute la science ; on sait que chaque langue est faite à l'image du peuple qui la produit, et qu'elle en partage toutes les destinées. Elle naît, se développe et se complète avec lui ; puis, lorsqu'il a fait son temps, lorsque les liens qui en réunissaient tous les membres dans une société marchant au même but et travaillant en commun à la fortune de la même idée, viennent à se desserrer, la force de cohésion de la langue se relâche à son tour ; les différents principes qui s'étaient coordonnés dans une sorte d'harmonie, s'exagèrent au détriment les uns des autres. Ici, le besoin de

clarté devient dominant et la syntaxe est profondément
altérée par l'intrusion de particules et de mots auxiliaires qui n'ajoutent rien à la pensée ; là, le vocabulaire
paraît d'une pauvreté impuissante, et, sous prétexte de
donner plus d'énergie à l'expression, on imagine des
barbarismes prétentieux ; ailleurs, on se persuade que
la lenteur des constructions ne répond pas à la vivacité
de la pensée, et des ellipses contraires à la nature de la
langue s'y impatronisent violemment ; les mots rejettent
les lettres qui appesantissaient leur prononciation ou
laissent derrière eux les désinences qui retardaient la
marche de la phrase. Une fois faussée dans son esprit et
altérée dans sa grammaire et dans son vocabulaire, la
langue s'ouvre à toutes les importations étrangères et se
barriole de tous les idiômes avec lesquels elle se trouve
en contact. Bientôt ce n'est plus un moyen général d'exprimer ses idées qui appartient à toute une nation, mais
un jargon individuel que chacun modifie à son gré et
approprie à son usage. Cette décomposition de la langue
précipite à son tour la ruine du peuple ; désormais sans
unité et sans force, c'est une proie offerte à qui veut
s'en saisir : il se dissout province par province, et son
nom lui-même disparaît de l'histoire. Alors un travail
de reconstitution commence ; des intérêts communs se
groupent et recomposent de nouveaux centres de vie ;
insensiblement le langage s'y généralise et s'organise ;
il contracte des habitudes de prononciation, adopte une
construction systématique et reconnaît des règles de
grammaire. S'il n'y a pas encore d'unité dans son esprit ni d'harmonie entre ses principes, si ce n'est pas un

idiôme complet qui satisfasse à tous les besoins de la
pensée humaine, c'est déjà un patois qui, malgré son
indigence, son irrégularité et ses incohérences, suffit
aux nécessités de chaque jour. Un temps vient où les
intérêts se compliquent, s'étendent ; rapprochent des
populations jusqu'alors divisées, et il se forme un langage intermédiaire qui facilite leurs communications.
Ce mouvement d'agrégation s'élargit de plus en plus et
continue jusqu'à ce que toutes ces parcelles de peuple
se soient agglomérées dans une seule nation dont la langue incessamment modifiée devient également intelligible à tous ses chefs. Créée ainsi par les rapports et le
mélange des patois, la langue commune participe de
tous ; elle prend à l'un ses habitudes de prononciation,
à l'autre ses tours de phrase ; elle conserve les idiotismes d'un troisième, et comble, en puisant indistinctement dans tous, les lacunes qui existaient dans les différents vocabulaires. Cette composition, en quelque sorte
chimique, des langues n'est point abandonnée à d'a-
veugles hasards ; il faut bien sans doute reconnaître une
large part aux circonstances et à des influences dont la
philologie n'explique pas toujours la cause première ;
mais en s'appuyant sur l'histoire on peut au moins
constater leur mode d'action et les effets qu'elles pro-
duisent.

Malgré cette fusion à l'usage de la classe élevée de
la société, presque jamais les patois ne disparaissent entièrement ; le peuple auquel ils suffisent les conserve
avec obstination, et les savants sont obligés de les con-
sulter pour connaître les éléments constitutifs de la

langue et remonter à la forme primitive des mots. Leibnitz l'avait déjà reconnu avec cette profondeur de vues qu'il portait en toutes choses : « Il semble que toutes les langues ne sont que des variations, souvent bien embrouillées, des mêmes racines, mais qu'il est difficile de reconnaître à moins de comparer beaucoup de langues ensemble, sans négliger les jargons dont il serait bon que les savants de chaque pays prissent la peine de recueillir les mots particuliers (1). » Un savant dont les connaissances trop exclusivement classiques et quelques épigrammes plus spirituelles que justes ont souvent fait oublier l'érudition et le bon sens, ne craignait pas d'écrire en tête de son dictionnaire des Origines de la langue française : « Il faudroit sçavoir avec cela tous les divers idiômes de nos provinces et le langage de nos paysans parmy lesquels les langues se conservent plus longuement (2). » Les recherches consciencieuses de l'académicien Bonamy l'avaient amené à soutenir cette opinion dont il ne comprenait pas la cause : « C'est de la langue vulgaire des provinces que se sont formées les langues françoise, espagnole et italienne (3). » Enfin, un homme d'une bonne grâce infinie, qui avait peu appris ce qu'il savait le mieux et ne réfléchissait guère,

(1) *Œuvres complètes*, t. VI, P. II, p. 185.

(2) Ménage, *Origines de la langue françoise*, Epitre dédicatoire à M. Du Puy, non paginée. Un des meilleurs esprits du dernier siècle, Turgot, disait aussi : Les dialectes ou patois usités dans les différentes provinces, qui n'ont pas subi autant de variations que les langues polies, ou qui du moins n'ont pas subi les mêmes, contiennent aussi nombre de mots étymologiques; c'est là qu'il faut chercher.

(3) *Mémoires de l'Académie des Inscriptions*, t. XXIV, p. 597.

mais qui rêvait très-juste, M. Charles Nodier, a dit dans un de ses plus spirituels feuilletons : « Je pose donc en fait premièrement que l'étude des patois de la langue françoise, bien plus voisins des étymologies, bien plus fidèles à l'orthographe et à la prononciation antiques, est une introduction nécessaire à la connoissance de ses radicaux ; secondement, que la clef de tous les radicaux et de tous les langages y est implicitement renfermée (1). »

Notre siècle doit une de ses gloires à cette intelligence de l'importance des patois. C'est en les étudiant et en comparant leurs divergences avec toute la patience du génie, que, malgré des conséquences beaucoup trop systématiques, M. Jakob Grimm est parvenu à reconstituer l'histoire de la langue allemande et à élever un des plus beaux monuments dont s'énorgueillisse la philologie européenne. La permutation des lettres et les modifications que subit la grammaire dans le passage d'une langue à une autre, ont enfin acquis une vraisemblance scientifique, et ont pu être ramenées à des lois qui, sans avoir cette fixité qu'on leur a témérairement attribuée, ont servi de base aux profonds travaux de M. Eugène Burnouf. En vain le zend s'était effacé de la mémoire des hommes et ne restait plus qu'à l'état d'énigme dans les livres de Zoroastre ; M. Burnouf n'avait point besoin, pour le comprendre, de ces livres élémentaires, indispensables jusqu'ici aux plus savants philologues ; il l'a rapproché du sanscrit et du persan, auxquels il avait servi d'intermédiaire, et

____

(1) *Le Temps*, 10 mai 1854.

des obscurités impénétrables depuis des siècles à l'intelligence humaine se sont complètement dissipées. Un jeune homme tombé, au premier rang des travailleurs, martyr de la science, M. Fallot, fut le premier à sentir quelle lumière les dialectes balbutiés au berceau de la langue française pouvaient répandre aussi sur son origine et sur son histoire : c'est l'idée originale et vraiment méritante de son livre. Malheureusement la mort ne lui a point permis de compléter sa tâche, et il était bien difficile de distinguer nettement et de caractériser d'une manière tranchée des patois qu'aucune œuvre littéraire n'avait fixés, et qui se fondaient par des gradations insensibles les uns dans les autres. Les poëtes dont l'origine était le mieux connue, n'offraient eux-mêmes à cet égard que des renseignements bien incertains ; souvent ils cherchaient à se concilier un auditoire ou des protecteurs habitués à une autre variété de langage, et les copistes qui nous ont conservé leurs compositions en rapprochaient même involontairement la prononciation et le style du dialecte qu'ils parlaient depuis leur enfance (1). D'inévitables erreurs durent donc échapper à M. Fallot, et en voulant les corriger, au risque d'en commettre de nouvelles, peut-être l'auteur du plus savant ouvrage que nous ayons sur les origines de notre langue, n'a-t-il pas suffisamment reconnu la difficulté de l'entreprise et l'ingénieuse initiative de son devancier. Mais il n'en a pas

---

(1) Comme on l'a déjà remarqué dans la *Bibliothèque de l'École des chartres*, IIe série, t. II, p. 195, il existe à la Bibliothèque du Roi deux mss. de Froissart, nos 8315 et 9661, dont les formes sont entièrement différentes.

moins pleinement accepté le même point de départ, et l'étude des différents dialectes semblait désormais la première nécessité de toute philologie sérieuse.

Pour remettre en question ce fait fondamental de l'histoire des langues, il ne fallait rien moins que l'aventureuse publication de M. Génin sur les variations du langage français depuis le XIIe siècle. Quelques lecteurs étonnés de cette philologie à facettes , qui amuse comme un ouvrage d'imagination, ont oublié que le talent d'écrire ne prouvait pas nécessairement la justesse des idées, et le public , qui ne raisonne pas lui-même ses opinions, a la superstition du succès. Malheureusement la première condition d'un travail d'érudition n'est ni une polémique acérée qui ne songe qu'à donner de grands coups d'épée, sans s'inquiéter autrement du sujet de la bataille, ni un esprit infatigable, toujours prêt à illuminer l'air d'une gerbe d'étincelles ; rien ne peut suppléer à une connaissance approfondie des faits et à l'appréciation réfléchie de leurs conséquences (1). Sans un point de départ in-

---

(1) M. Génin s'est même dispensé d'apprendre notre vieille langue ; ainsi, p. 217, il traduit

> Puis fait porter quatre bancs en la place :
> La vunt sedeir cil ki s'deivent cumbatre.

par : Charlemagne fait disposer sur la place, en manière de champ clos, quatre bancs où vont *s'asseoir* ceux qui se doivent combattre. On ne se battait pas *assis ; Sedere* avait pris pendant le moyen-âge la signification de *Stare*, comme M. Génin eût pu le voir dans la nouvelle édition de Du Cange, t. vi, p. 157, col. 1.

> Faus, desléaus, Deu anemis,
> Ou avez-vous vostre asne mis ?

Deu, Dev, n'est pas là pour *desvé,* Insensé, comme le dit M. Génin, p. 225, contestable et des moyens certains de reconnaître tous les changements survenus dans la prononciation pendant huit cents ans, l'entreprise de M. Génin était impossible; mais de telles difficultés, insolubles pour tout autre, ne pouvaient arrêter une intelligence si témérairement ingénieuse. Après avoir posé en principe l'uni-

note 1 ; cela signifie tout simplement Faux, déloyal, *ennemi de Dieu*. Il traduit p. 84 :

> Et dist Bouchart : C'est Hugues de Belin
> Qui lez nos terres vient ardoir et bruir.

Et Bouchaud répond : C'est Hugues de Belin qui vient brûler et tapager auprès de nos terres, *au lieu de* : qui vient brûler et incendier nos terres au loin. Un autre passage, p. 241, est traduit d'une manière encore plus incroyable :

> Dame, fist elle, je vieng a vos,
> C'une goute a ma fille el flanc :
> Si voloit de vostre vin blanc
> Et un seul de vos pains faitis ;
> Mais que ce soit des plus petiz !
> Dieu merci, je suis si honteuse !
> Mais ainsi m'engesse la teuse
> Que le me covient demander !
> Je ne soi onques truander.

Madame, dit-elle, je viens à vous, car ma fille a la goutte (*lisez* une douleur) au côté ; elle voudrait de votre vin blanc et un seul de vos jolis pains (*lisez* de vos pains blancs); pourvu que ce soit un des plus petits ! Dieu merci, je suis si honteuse ! Mais ainsi m'angoisse la toux, comme il est vrai que je suis réduite à vous le demander. Je ne sus jamais truander. — Il est par trop évident qu'il fallait traduire ainsi les derniers vers : Mais, je vous prie, un des plus petits ! Dieu merci, je suis si honteuse ! Mais la pauvre fille me tourmente tellement qu'il me faut vous le demander : je n'ai jamais su mendier. Tout cela est digne d'un philologue qui a dit, p. 342, que les Anglais nous ont pris les trois quarts de leur langue, et qui nous reprochait dernièrement d'avoir publié un de nos plus vieux poëmes qui ne lui paraît pas amusant, et d'avoir cherché à corriger par la comparaison des différents textes , les erreurs qui se glissaient toujours dans les mss. du XIIe siècle, au lieu d'en avoir tout simplement choisi un bon et laissé de côté tous les autres ; *Nouvelle revue encyclopédique*, t. III, p. 558.

té primitive du français (1), il déclare « qu'il a été fondé avec une logique admirable et dans un système d'ensemble aussi régulier que vaste (2), » et ajoute : « L'étude du vieux-français, celle de toutes les langues, je pense, mène à reconnaître ce phénomène étrange, qu'une langue, à son origine, est régulière, logique dans toutes ses parties, et, à son point de perfection, pleine d'inconséquences et d'irrégularités (3). » On doit, selon lui, « ne s'attacher qu'à la langue parlée ; la première tâche de quiconque veut travailler utilement sur notre vieille langue est de déterminer le rapport de l'orthographe à la prononciation (4), » et les consonnances de nos vieilles poésies nous en donnent un moyen que ne peut fausser aucune différence locale de prononciation (5), parce que « les patois n'ont jamais existé que comme langage, et nulle part à l'état de langue littéraire écrite (6). » Nous apprécions trop peu le plaisir de surprendre un écrivain de talent en flagrant délit de contradiction pour rechercher curieusement s'il ne s'est

(1) P. xv.

(2) P. xix. Ce qui ne l'empêche pas de dire, p. 48 : C'est un des nombreux abus d'un temps où il n'existait point de Code pour la grammaire, ni pour l'orthographe, et p. 52 : Nos pères écrivaient *chalt* et prononçaient *caud* : cela vient de ce que rien n'était fixé, pas plus la forme des mots que la valeur des lettres et la nécessité des règles.

(3) P. 204. M. Génin a oublié de nous dire en quoi consistait la perfection d'une langue.

(4) P. xii.

(5) P. xviii ; nous ne parlons pas des discordances d'orthographe qu'il indique aussi. Ce singulier moyen ne deviendrait sérieux que si l'on venait au monde avec la conviction de l'unité et de la régularité de la langue, non plus seulement à son berceau, mais à toutes les époques de son histoire.

(6) P. 271.

point glissé dans le livre de M. Génin quelques passages qui démentent son système; nous aimons mieux l'aborder de front et lui opposer des raisons générales et s'adressant directement aux choses.

Un célèbre philologue, qui s'était mis au service d'un patriotisme de localité, avec sa volonté opiniâtre et son ancien esprit d'avocat, avait déjà prétendu qu'une seule et même langue était née partout du mélange inégal du latin avec des idiômes différents. Mais tous les savants qui ne se laissaient point éblouir par la renommée de M. Raynouard et son érudition *pro domo*, s'étaient refusés à croire que des influences philologiques diverses aient pu introduire dans la même langue des altérations semblables et la reconstituer d'après des principes identiques. Ils savaient *à priori* qu'il était radicalement impossible que le provençal eût servi de temps d'arrêt entre le latin et toutes les langues modernes de l'Europe latine. Malgré un assez grand appareil de science, cette singulière prétention n'avait aucune autre base qu'une malheureuse confusion. Pour les distinguer des patois allemands, on appelait également le provençal et toutes les autres corruptions du latin *langues romanes* (1), et M. Raynouard avait admis une fois pour toutes que ce vieux roman ne pouvait être que l'idiôme des troubadours.

Le système de M. Génin repose sur une méprise semblable : il a vu mentionner avec honneur, dans plusieurs écrivains du XIIe siècle, une langue française, et

(1) Voyez notre *Histoire de la poésie scandinave*, prolégomènes, p. 185-187.

cette simple dénomination lui a paru une preuve suffi-
.sante qu'elle était parlée dans toute la France. S'il eût
été moins épris des idées paradoxales, un esprit aussi
pénétrant eût certainement compris avant tout exa-
men, que, dans un pays étendu, divisé en cent provinces, soumises chacune à une administration et à une
législation particulières, et trop isolées les unes des autres par une histoire et des intérêts différents pour
qu'il s'y établît un centre intellectuel et une littérature
générale, il ne pouvait exister d'idiòme commun à tout
le territoire. A défaut de connaissances théoriques sur
la formation des langues, une étude réfléchie des faits
aurait dù lui apprendre que cette prétendue langue
française n'était que le dialecte usité dans l'Ile-de-
France (1). Benois disait, dans sa Chronique rimée, en
parlant de Louis d'Outremer :

> Vait s'en vers France e Loüncis ,
> E si enmeine ses Franceis (2).

Ce Loüncis, que le poète distingue ainsi de la France,
est le pays de Laon, en Picardie, que les derniers Kar-
lingiens se plurent à habiter. Aimés de Varennes , qui

---

(1) L'Ile-de-France se composait du pays compris entre la Marne, la
Seine, l'Oise, le Valois et le Mulcien. Dans l'origine, ce pays s'étendait vers
le nord-est, jusqu'aux rivières d'Aisne et d'Ourcq, et formait à peu près une
île. Telle est l'origine du nom donné à ce pays ; M. Guérard, *Annuaire
historique de la Société de l'histoire de France pour* 1837, p. 104.

(2) L. II, v. 15598. Nous ajouterons un autre témoignage, *Ibid.*, v. 4491 :

> Gerpent Paris e tote France ;
> S'unt Normendie trespassée,
> Puis entrerent en mer salée,
> En Engleterre pristrent port.

écrivait dans le Lyonnais, disait, dans son Roman de Florimont :

> Il ne fu mie fait en France,
> Mais, en la lengue des Francois,
> Le fist Aimes en Lionnois (1).

Un passage de Raimbert, de Paris, est encore plus significatif ; pour donner une haute idée de la puissance de Braiher, il lui fait dire :

> Si calens Chartres, et Estanpes, et Blois,
> Et tot Pontieu, Berriu et Gastinois,
> France, Vimeu et tot le Vermendois (2).

Les étrangers eux-mêmes désignèrent pendant long-temps les sujets des rois de France par le nom des différentes provinces du royaume. Guillaume, comte de Poitiers, disait au commencement du XIIe siècle :

> Anc non ac Norman ni Frances,
> Dins mon ostau (3) ;

et Bertran de Born s'écriait à une époque encore plus rapprochée de nous :

> Ben an camjat honor per avoleza,
> Segon qu'aug dir, Berguophon e Francey (4).

(1) M. P. Paris, *Manuscrits françois de la Bibliothèque du Roi,* t. iii, p. 13.

(2) *Chevalerie Ogier de Danemarche,* v. 11163. Nous ajouterons une autre citation d'autant plus remarquable qu'elle ne remonte qu'au XVe siècle:

> Il ara les Francois et ceulx
> Qui se dient de Picardie.
> *Comment la fille du roy de Hongrie se copa la main* dans le *Théâtre français au moyen-âge,* p. 502.

Voyez aussi la *Chronique ascendante des Ducs de Normandie,* attribuée sans raison suffisante à Wace, v. 5, et un passage du *Roman d'Anseis* rapporté dans *le Bulletin de l'Académie royale de Bruxelles,* 1838, p. 304.

(3) FARAY UN VERS, dans Rochegude, *Parnasse occitanien,* t i, p. 1.

(4) PUS LI BARON, dans Raynouard, *Choix des poésies des Troubadours,* t. iv, p. 170.

On finit cependant par donner indistinctement le nom de *Français* à tous les habitants du royaume de France; mais on ne saurait rien en conclure contre la persistance d'un dialecte propre à chaque province. Ce n'était là qu'une forme de langage amenée ou par ce besoin instinctif d'unité qui fut pendant si longtemps l'âme de notre histoire, ou par une ignorance grossière. Ainsi, pour en citer un exemple, qui rend l'autorité de tous les autres bien justement suspecte, nous lisons dans l'*Historia Roderici Didaci*, dont le manuscrit a les caractères ordinaires du XIIIe siècle : « Si autem exieris ad nos in plano et separaveris te a monte tuo, eris ipse Rodericus, quem dicunt *Bellatorem* et *Campeatorem*. Si autem hoc factum nolueris, eris talis qualem dicunt in vulgo Castellani *Alevoso* et in vulgo Francorum *Bauzador* et *Fraudator* (1). » Ces deux derniers mots signifient en provençal *Trompeur*, *Déloyal*, et n'ont jamais appartenu à la langue française.

Que, chez un peuple aussi grossier que l'étaient les Ibères, des idiômes divers se soient subdivisés en patois différents (2), on peut croire complaisamment que la barbarie seule empêcha l'unité de s'y établir et se refuser à en rien conclure. Mais ces dialectes plus archaïques et plus usuels se retrouvent également chez les peuples qu'une religion toute natio-

---

(1) Risco, *La Castilla y el mas famoso Castellano*, app. p. xxxiv.

(2) Καὶ οἱ ἄλλοι δ'Ἴϐερες χρωνται γραμματικῃ, οὐ μιᾳ ἰδεᾳ, οὐ δε γαρ γλωττῃ ἰδιᾳ ; Strabon, *Géographie*, l. iii., édit. Paris, 1620, in-fol., p. 139.

nale et une civilisation fortement centralisatrice relient
en un faisceau plus compact ; le langage n'y peut conserver longtemps son unité primitive : la diversité des
conditions, des rapports avec les étrangers et des anciens idiômes de chaque province y introduit bientôt
des différences qui s'étendent, se généralisent et, après
un temps plus ou moins long, constituent de véritables
patois.

A Rome, où une démocratie sans cesse en action ras-
semblait, pour ainsi dire, d'une manière permanente,
tous les citoyens sur la place publique, Cicéron recon-
naissait l'existence d'une langue particulière au peuple (1). Malgré l'extrême fractionnement des états et
tous les dialectes que leur ombrageuse indépendance
avait créés (2), il y avait aussi en Grèce des patois populaires (3), où les poètes comiques retrempaient leur
verve (4). La langue hébraïque, dont l'origine di-
vine et les traditions d'une psalmodie exclusivement
confiée à une caste sacerdotale, plaçaient la pureté sous
la sauve-garde de la religion, était elle-même profon-

(1) Te divitem futurum, id ûtrum romano more locutus sit, bene
nummatum te futurum ; *Epistolae ad familiares,* l. vii, let. 16. Quintilien
appelle ce langage romain *quotidianus,* Végèce *pedestris,* Sidonius Apollinaris *usualis* et une foule d'écrivains *rusticus.*

(2) Plura illis loquendi genera... quod alias vitiosum, alias item rectum
est, dit Quintilien, *De institutione oratoria,* l. i, ch. 5, et Lanzi est allé
jusqu'à dire : Ogni citta, ogn'isola ebbe idiotismi non comuni alla nazione;
Saggio di lingua etrusca, t. I, p. 402.

(3) Ὀνόματα πολιτικα.

(4) Les savants avaient même fait sur ce sujet des livres qui malheureusement sont perdus ; voyez Fabricius, *Bibliotheca graeca,* l. iv, ch. 17,
p. 556.

dément modifiée. C'est saint Jérôme qui nous l'assure :
« Hebraeis, pro voluntate lectorum atque varietate re-
gionum, eadem verba diversis sonis atque accentibus
proferuntur. » Cette uniformité de langage, à laquelle
nous attachons avec raison une si grande importance
politique et littéraire, resta pendant longtemps tellement étrangère aux nations les plus civilisées que l'é-
criture des langues sémitiques ne chercha pas même à
exprimer les voyelles, et quand, à une époque relati-
vement bien récente, on voulut en fixer la prononciation par une sorte de notation phonétique, il fut impossible de lui donner une valeur régulière. Fata valet A
vel E, damma o vel U; kesra valet I vel E, dit Mori-
nus (1), et il n'indique pas encore tous les sons que
ces signes expriment, même dans la langue littéraire.
Vers la fin du premier siècle de notre ère, l'exact
Quintilien écrivait déjà : « aliud esse latine, aliud
grammatice loqui (2). » Les altérations étaient naturellement bien plus profondes dans les provinces qu'au
cœur de l'État, où la conservation des formes républi-
caines et les exercices judiciaires en plein air mainte-
naient sinon la pureté, au moins l'unité de la langue.
Dès le IVe siècle, selon saint Jérôme : « Ipsa latinitas et
regionibus quotidie mutabatur et tempore (3). » Ces
corruptions étaient soumises à des règles systématiques,
comme le prouve ce passage si remarquable de saint

(1) *Exercitationes de lingua primaeva*, p. 434 : le zeber, le pisch et le
zihr des Persans expriment aussi des sons tout-à-fait différents.

(2) *De institutione oratoria*, l. I, ch. 6.

(3) *Epistola ad Galatas*, l. II, préf.

Augustin : « Plerumque loquendi consuetudo vulgaris utilior est significandis rebus, quam integritas literata (1). » Les différentes invasions qui, en se succédant pendant plus de cinq cents ans dans les Gaules, y apportaient incessamment de nouveaux éléments de corruption, empêchèrent sans doute le langage du peuple de se reformer aussi vite en une langue régulière : mais on y trouve des traces de patois dans les premières années du Ve siècle (2), et Alcuin, le savant de la cour de Charlemagne, nous en atteste l'existence : « Literata quae scribi potest; illiterata quae scribi non potest (3). » Bientôt cette langue, dont il parle avec tant de dédain et que, en sa qualité d'anglo-saxon, probablement il connaissait mal, devint assez étendue, nous dirions volontiers assez générale, pour que les conciles enjoignissent aux ecclésiastiques de s'en servir dans leurs prédications (4). Ce n'était donc plus un jargon informe, trop indigent pour suffire à tous les besoins de la pensée, mais une véritable langue que l'on cultivait avec soin et qui avait déjà des prétentions littéraires, puisque saint Gérard louait son maître saint Adalhart, qui naquit en 750, de

(1) *Doctrina christiana*, l. II ; nous citons ce passage d'après les *Eléments carlingiens* de M. Barrois, et nous devons dire que nous n'avons pu le trouver à la place qu'ils indiquent.

(2) Sedebat autem sanctus Martinus in sellula rusticana, ut est in usibus servulorum, quas nos rustici Galli *Trepelias*, vos vero scholastici, aut certe tu qui de Graecia venis, *Tripodas* nuncupatis; Severus Sulpitius, *De Vita sancti Martini*, p. 443, éd. de 1709.

(3) *Opera*, t. II, p. 268.

(4) Les conciles de Tours et de Reims, en 812 ; de Strasbourg, en 842 ; de Mayence, en 857 ; dans Labbe, *Sacro-sancta concilia*, t. VII, col. 1249, 1256, 1265 et t. VIII, col. 42.

l'avoir parlée avec assez de perfection pour faire croire qu'il n'en savait aucune autre (1).

De ces altérations, de plus en plus étendues, du latin sortirent tous les patois romans. Il y a déjà cent ans que Maffei le reconnut pour ceux de l'Italie (2), et les études, vraisemblablement indépendantes d'Oberlin, le conduisirent aux mêmes résultats pour les nôtres: « Le patois des différentes provinces de la France, fort différent en lui-même, remonte, quant à son origine, partout aux changements que la langue latine, introduite autrefois dans les Gaules par les Romains et corrompue ensuite en rustique et romane, eut à essuyer depuis le XI ou XIIᵉ siècle environ (3). » Trop perspicace pour tomber dans l'étrange erreur de date qui s'est glissée à la fin de ce passage, M. Génin en a, peut-être sans le vouloir, confirmé l'assertion capitale, mais en restituant aux patois une plus haute antiquité de cinq ou six siècles. « Les patois, » dit-il, « ont leurs racines situées beaucoup plus profondément que celles de la langue française. Il faudrait creuser jusqu'aux idiômes usités dans chaque province avant la conquête latine, en commençant par replacer cette province dans l'ensemble politique dont elle était un

(1) Qui si vulgari, id est romana, lingua loqueretur omnium aliarum putaretur inscius ; si vero theutonica, enitebat perfectius ; si latina, in nulla omnino absolutius ; *Acta Sanctorum*, janvier, t. I, p. 116.

(2) Certa cosa essendo che i nostri odierni dialetti non altronde si formarono che dal diverso modo di prononziare negli antichi tempi, e di parlar popolarmente il latino ; *Verona illustrata*, dans Muratori, *Antiquitates italicae medii aevi*, t. II, col. 1043.

(3) *Essai sur le patois lorrain des environs du comté du Ban de la Roche*, p. 3.

élément (1). » Cette corruption des langues par leur contact avec d'autres idiômes, et leur reconstitution à l'aide des éléments divers que l'histoire de chaque province y avait mêlés, sont des faits trop naturels pour avoir besoin de témoignages authentiques (2). L'existence et la variété des dialectes furent pendant longtemps trop indifférentes pour être remarquées ; mais il arriva, en 842, qu'une défiance réciproque obligea les fils de Louis-le-Débonnaire de prendre leur armée à témoin de leurs engagements, et, pour être entendus de leurs soldats, ils s'exprimèrent dans la langue usuelle du pays (patrius sermo), dans celle qu'avaient parlée leurs pères (3). Cette origine du mot *Patois*, que confirment si heureusement ces vers un peu ironiques de Jehan de Meung :

> Si m'escuse de mon langage
> Rude, malostru et sauvage ;
> Car nes ne sui pas de Paris,
> Ne si cointes com fu Paris,
> Mais me raporte et me compere

(1) P. 272.

(2) Nous citerons seulement un passage fort curieux d'Ovide :

> Mixta sit haec quamvis inter Grajosque Getasque,
> E male pacatis plus trahit ora Getis :
> In paucis remanent grajae vestigia linguae,
> Haec quoque jam getico barbara facta sono.
> *Pontica*, l. v, él. 7.

Voilà les premiers germes de la langue romane que l'on parle encore en Valachie.

(3) Ces serments nous ont été conservés par Nithard, l. iii, ch. 5 ; un fac-simile a été inséré par Roquefort dans son *Glossaire de la langue romane*, t. i, p. xx.

> Au parler que m'aprist ma mere,
> A Méun quant je l'alaitoie (1) ;

cette origine, disions-nous, explique pourquoi l'on donnait par opposition le nom de *Clerkois* au français qui était enseigné dans les écoles. Li quas pecchie de pareche, c'on apele en clerkois *Accide*, dit un vieux manuscrit cité par du Cange (2), et, pour rendre toute incertitude impossible, ce mot *Accide* vient évidemment du grec Ἀκηδεια. Mais une volonté opiniâtre de conserver au langage toute sa pureté archaïque n'empêchait point des altérations journalières de le modifier profondément. Des radicaux celtiques et germains s'y étaient impatronisés ; les flexions en avaient insensiblement disparu, et des populations, jadis latines, qui croyaient toujours parler le langage de leurs ancêtres, en étaient venues à ne plus pouvoir se comprendre. Un naïf chroniqueur nous apprend que les moines d'un monastère, situé dans le Boulonnais, souffraient impatiemment, dans le XIIe siècle, leur dépendance d'une abbaye du Poitou, à cause de la différence des langues (3). Quelques années seulement après, Quesnes de Béthune s'écriait dans une de ses plus jolies chansons :

> La roïne ne fit pas que courtoise
> Qui me reprist, elle et ses fiex li rois ;
> Encoir ne soit ma parole francoise,
> Si la puet on bien entendre en francois ;

(1) M. Paris, *Manuscrits françois de la Bibliothèque du Roi*, t. v, p. 45.
(2) T. i, p. 51, col. 2, éd. de M. Henschel.
(3) Propter linguarum dissonantiam ; dans d'Achery, *Spicilegium*, t. ix, p. 430.

Ne cil ne sont bien appris ne cortois
Qui m'ont reprist, si j'ai dit mot d'Artois,
Car je ne fus pas norriz a Pontoise (1).

Roger Bacon écrivait dans le XIIIe siècle : « Nam et idiomata ejusdem linguae variantur apud diversos, sicut patet de lingua gallicana, quae apud Gallicos, et Picardos, et Normannos, et Burgundos multiplici variatur idiomate. Et quod proprie dicitur in idiomate Picardorum horrescit apud Burgundos, imo apud Gallicos viciniores (2). » En 1318, on traduisait en patois picard des actes royaux rédigés dans le dialecte de l'Ile-de-France (3), et de nombreuses copies, conservées aux archives du royaume, prouvent que ces transcriptions corrigées et appropriées au langage de chaque localité avaient lieu dans toute la France (4). Il était résulté de cette multitude de patois un tel arbitraire d'expression, que la parole ne parvenait plus à rendre la pensée intelligible. L'auteur de l'Image du monde disait au commencement du second livre :

Maintes coses sont en romans

(1) *Romancéro françois*, p. 83.

(2) *Opus majus*, P. iii, p. 44, éd. de 1733. *Gallici* signifie ici les habitants de l'Ile-de-France et ajoute une nouvelle preuve à celles que nous avons déjà données, p. xi-xii. Une lettre que saint Bernard écrivit de Clairvaux dans les premières années du XIIe siècle, aux moines d'Autun, n'est pas moins précise : Nec tamen mirum quia, et multis terrarum spatiis, et diversis provinciis, et dissimilibus linguis ab invicem distamus ; Lettre lxvii, *Opera*, t. iv, p. 173, éd. de 1642.

(3) Delpit, *Rapport sur les archives municipales de la ville d'Amiens*, cité par M. Le Roux de Lincy, *Les quatre livres des Rois*, Introd. p. lxviii.

(4) Michelant, *Li romans d'Alixandre*, Préf. p. xiv.

> Dont cascuns n'entent pas le sens,
> Encor sace il bien le langage (1).

Et on lit dans la préface d'une traduction des psaumes dont l'écriture a les caractères ordinaires de la fin du XIVe siècle : « Et pour ceu que nulz ne tient en son parleir ne rigle certenne, mesure ne raison, est laingue romance si corrumpue qu'a poinne li uns entend l'aultre ; et a poinne peut on trouveir ajourd'ieu persone qui saiche escrire, anteir ne prononcieir en une meismes semblant menieire, mais escript, ante et prononce li uns en une guise, et li aultre en une aultre (2). »

Ce n'est pas seulement le corps qui, par une loi providentielle, aspire au plaisir, l'intelligence éprouve les mêmes besoins, et trouve aussi dans sa propre force la puissance de les satisfaire. Les sauvages le plus péniblement préoccupés des premières nécessités de la vie, aiment eux-mêmes à redire des chants grossiers qui les soutiennent dans leurs fatigues et marquent le mouvement des danses par lesquelles ils les oublient. Lors donc qu'il ne s'agirait pas d'un peuple aussi naturellement gai et aussi amoureux du plaisir, on pourrait assurer que chaque province avait une sorte de poésie à l'usage de ses habitants, et par conséquent rédigée dans leur langage. En vain l'ignorance générale de l'écriture, la rareté des matières premières et surtout l'inutilité

______

(1) B. R. n° 7991², non paginé; le poëme fut composé ou plutôt transcrit en 1244.

(2) B. Mazarine, n° T., 798, fol. 2, verso. Roquefort avait déjà cité cette curieuse préface dans son *Glossaire*, t. II, p. 492, d'après un autre ms. fort différent, qu'il croyait aussi du XIVe siècle ; ce qui prouverait qu'elle est plus ancienne.

d'écrire une littérature exclusivement destinée aux gens qui ne savaient pas lire, en auraient-elles empêché les moindres vestiges de parvenir jusqu'à nous, l'existence littéraire de nos différents dialectes n'en serait pas moins certaine; l'histoire de la poésie de tous les peuples ne permettrait pas d'en douter. Les vieux poëmes allemands se distinguent presque tous par une orthographe ou des formes grammaticales particulières, qu'on ne saurait attribuer au caprice des auteurs, et les nombreux patois de l'Italie s'enorgueillissent d'une littérature qui ne le cède ni en richesse ni en talent à celle de bien des langues, polies par la classe la plus élégante de la société (1). Il y eut même un pays où, sous l'influence d'un esprit sensible à la beauté et d'une civilisation aussi zélée gardienne de l'indépendance des villes que de la liberté des individus, les dialectes conservèrent leur pureté dans la bouche des gens éclairés, et acquirent des développements assez complets pour suffire à toutes les nécessités des grandes compositions littéraires. Les principaux dialectes de la Grèce concoururent également à la gloire de sa littérature; si les Homérides et Hérodote avaient donné la préférence à l'ionien, elle dut au dorien l'élévation de Pindare et la grâce énergique de Théocrite; à l'éolien et à l'attique les vers brûlants de Sapho, la profondeur politique de Thucydide, et les inimitables beautés de son théâtre (2).

(1) Voyez Adelung, *Mithridates*, t. ii, p. 496-534; Fernow, *Rœmischen Studien*, t. iii, p. 211-543 et le *Catalogue de la bibliothèque de M. Libri*, n°ˢ 152—171 et 1611—1759.

(2) Voyez M. Peyron, *Origine de i tre illustri dialetti greci parangonata*

Mais, comme en France, pendant le moyen-âge, ses habiles écrivains ne se servaient pas des formes spéciales à une ville, ils fondaient ensemble les plus rapprochées et en formaient une langue moyenne qui devenait agréable à un plus grand nombre d'intelligences. Ainsi, par exemple, le dorien de Pindare diffère beaucoup des inscriptions béotiennes, et l'ionien d'Hérodote était un composé littéraire des quatre variétés qu'il a lui-même signalées. Sans doute les trouvères qui travaillaient pour les hauts barons cherchaient à leur plaire en se servant de la langue qui leur agréait davantage ; mais il y avait à côté, au-dessous si l'on veut, une littérature faite pour le peuple, dont les auteurs choisissaient aussi le langage qu'il entendait le mieux. Les traductions recommandées par les conciles étaient certainement dans la langue la plus accessible au grand nombre (1), et d'heureux hazards nous ont conservé plusieurs compositions dont les formes dialectales sont trop fortement marquées pour être méconnues. Les Voyages d'Outremer du comte de Ponthieu ont des formes picardes très prononcées, qui se retrouvent adoucies dans les fabliaux d'Eustache d'Amiens et de Jean de Boves. Les Miracles de la Vierge par Gautier de Coinsy sont écrits en bouguignon (2), et Margue-

con quella dell' *eloquio illustre italiano*, dans les *Mémoires de l'Académie de Turin*, série II, t. 1, et M. Ahrens, *De graecae linguae dialectis*.

(1) Ils le disaient eux-mêmes: Quo facilius *cuncti* possint intelligere quae dicuntur ; dans Labbe, *Sacrosancta concilia*, t. VII, col. 1265. L'article 15 du *De officio praedicatorum* est encore plus positif : Quod bene vulgaris populus intelligere possit ; dans Baluze, *Capitularia regum Francorum*, année 813.

(2) Probablement en haut-bourguignon ; nous ne parlons que de la leçon

rite de **Duyn** se servait probablement du dauphinois (1).
Souvent même cette appréciation des dialectes n'est
pas une simple conjecture que leur mélange et les altérations des copistes rendent toujours un peu incertaine. La préface du psautier dont nous avons déjà
parlé, commence ainsi : « Vez ci lou psaultier, dou latin trait et translateit en romans, en laingue lorenne,
selonc la veriteit commune et selonc lou commun lain-
gaige (2). » Borel nous a conservé une vieille chanson
en langue de Cahors (3). Sébastien Mamerot se vantait
encore dans le XV⁰ siècle d'écrire en *vray soissonnois*, et
Jean Lemaire disait vers le même temps des habitants
du Brabant, dont la littérature populaire est si riche :
« Ceux-ci parlent le vieil langage gallique que nous
apellons *wallon* ou *romand*, et en usons en Hainaut,
Cambresis, Artois, Namur, Liége, Lorraine, Ardennes
et en Roman-Brabant, et est beaucoup différent du
françois (4) ».

S'il nous est resté si peu d'ouvrages écrits en patois,
c'est que les scribes étaient ordinairement des gens
lettrés qui ne se bornaient même pas à changer le style
et l'orthographe (5). Comme le dit fort bien Pasquier,
les copies des anciens manuscrits étaient « diversifiées
en autant de langages, comme il y avoit eu diversité de

du ms. B. R. n⁰ 7208, qui est daté de 1209, car ainsi, qu'on le verra tout à
l'heure, les copistes apportaient même involontairement de grands changements dans les textes originaux.

(1) *Histoire littéraire de la France*, t. xx, p. 312, 313, 314, 319 et 320.
(2) B. Mazarine, n⁰ T, 798, fol. 1, verso.
(3) *Thrésor des recherches et antiquités gauloises*, p. 229.
(4) *Illustration des Gaules*, l. i, ch. 16.
(5) *Histoire littéraire*, t. xviii, p. 743, note.

temps : car les copistes copioient les bons livres, non selon la naïfve langue de l'auteur, ains selon la leur (1). » Non seulement la langue de l'Ile-de-France se perfectionna plus rapidement que les autres, mais l'autorité chaque jour plus étendue du pouvoir royal et les nombreux jongleurs qu'une cour riche et avide de plaisir attirait autour d'elle, par le double attrait de l'intérêt et de la gloire, la rendirent bientôt dominante ; et les copistes qui se piquaient de beau langage, cherchèrent même involontairement à en rapprocher le dialecte des manuscrits qu'ils étaient chargés de reproduire. Cette supériorité du patois de Paris résulte si naturellement du siége du gouvernement et des grands encouragements qu'y trouvaient les poètes que nous en citerons seulement une preuve positive. Dans une Vie de saint Thomas Becket, qu'il termina en 1174, trois ans après son martyre, Garnier de Pont-Sainte-Maxence s'écriait avec orgueil :

> Mis languages est buens, car en France fui nez (2).

En vain compterait-on sur la rime et sur la mesure pour corriger les altérations et les corruptions des manuscrits ; la versification était aussi peu fixée que la langue, et, selon le besoin du moment, le poète disjoignait les diphtongues, contractait violemment les syllabes qui excédaient le moule de son vers et soumet-

___

(1) *Recherches de la France*, l. viii, ch. 3. La B. R. possède quatre exemplaires du *Roman de Godefroy de Bouillon*, et il y en a deux en rouchi, un en bourguignon et un en picard.

(2) *Bibliothèque de l'Ecole des chartes*, t. iv, p. 210.

tait les finales aux modifications les plus arbitraires. M. Génin lui-même l'a reconnu dans un de ces moments où le bon sens naturel l'emporte sur les malheureuses nécessités d'un système : « Un point bien plus important était la permission d'altérer les mots dans leur terminaison pour le besoin de la rime, et dans le nombre de leurs syllabes pour le besoin de la mesure (1). » Les exemples de ce despotisme de la versification sont trop fréquents pour que nous en indiquions un grand nombre; on peut les multiplier en ouvrant nos vieux poëmes à peu près au hasard. Raimbert disait dans la Chevalerie Ogier de Dannemarche :

> Et dist Braihier : Or oi mult lais gabois ;
> Oy l'ai dire Alemans et Thiois (2).

Quoique ces lignes se suivent immédiatement, *oi* ne peut avoir qu'une syllabe dans la première, et la mesure force de lui en donner deux dans la seconde. Les noms propres étaient subordonnés comme les autres mots à ces exigences du rhythme ; dans la Chanson d'Antioche dont M. Paris va publier une aussi bonne édition qu'on peut l'attendre de son exactitude et de sa science, Graindor dit :

> Jherusalem l'apele qui droit la veut nomer (3),

(1) P. 239 ; voyez aussi la suite de ce passage et les p. 211 et 245.

(2) V. 11196. La même licence se trouve dans le *Roman de Renart ;* il y a, t. I, p. 89, v. 2374 :

> Conter l'avez oi assez.

et *ibidem,* v. 2383 :

> Se tu vels, si m'en giéte un poi,
> Et dist Tybert : Merveilles oi.

(3) Ch. I, v. 7.

et cinq vers seulement plus bas, il écrit sans façon :

Huimais pores oïr de Jhersalem parler.

Les finales accentuées du participe et les pronoms eux-mêmes étaient modifiés sans aucun souci des plus fortes habitudes de l'oreille :

Conbatuz s'est ; ce ne sai gié
Sé Erec a son duel vangié (1),

disait Chrestien de Troyes, et Gautier de Coinsy allait jusqu'à rendre muet un monosyllabe indispensable au sens de la phrase :

De l'espine ist la rose et la fleurs de la ronce ;
Véoir moult bien devroient li murtrier larron ce (2).

Tant de libertés avec la langue ne suffisaient même pas toujours ; quand la rime devenait trop rebelle, on lui substituait l'assonance, Alexandre du Pont ne craignait pas de dire dans une pièce où la consonnance était systématiquement cherchée :

De biel éage estes encore,
Grans renommée de vous vole (3).

Le choix des rimes n'eût-il pas été habituellement subordonné à toutes les différences des dialectes, il faudrait donc le reconnaître : la versification n'offre aucun moyen de déterminer avec certitude la prononciation du vieux-français, et cependant Vauquelin de la Fres-

____

(1) Chrestien de Troyes, *Erec et Enide*, B. R. fonds Cangé, nº 75, fol. 5, rº, col. 2, v. 43.
(2) B. R. fonds de la Vallière, nº 85, fol. 291.
(3) *Roman de Mahomet*, v. 1663.

naye disait encore, dans la seconde moitié du XVIe
siècle :

> Car, depuis quarante ans, desjà quatre ou cinq fois,
> La façon a changé de parler en françois (1).

Si l'on en juge par les irrégularités de l'orthographe,
et toutes les lettres muettes qui la surchargeaient de
leurs superfluités , ces modifications ont dû souvent
être aussi bien profondes. D'ailleurs, une langue ne se
complète qu'avec le temps , en empruntant à d'autres
idiômes les mots qui lui sont nécessaires pour combler
ses lacunes, et ceux que le français prit dans les autres
dialectes ne purent conserver exactement ni leur sens
primitif, ni leur ancienne prononciation. Il se préoccu-
pait naturellement beaucoup moins de l'idée qu'ils
avaient d'abord exprimée que de l'insuffisance du vocabulaire ; et les habitudes de l'oreille et des organes de
la voix , l'esprit d'unité et d'harmonie que l'homme
porte instinctivement dans toutes ses œuvres effaçaient
bientôt la différence de prononciation qui produisait
des discordances. Beaucoup de mots ont donc perdu
leur première forme romane , la seule qui pût mettre
sur la trace de leur étymologie. Sans doute le vieux-
français littéraire a souvent gardé avec assez de fidélité
l'orthographe et la signification des racines, pour rendre inutiles des intermédiaires encore plus rapprochés;
ainsi *Feu,* autrefois *Fuec,* vient certainement de *Focus,*
et *Faubourg,* en vieux-français *Forsbourg,* de *Foras bur-*
gus ; Poison est dérivé de *Potio ,* puisqu'il a eu pendant

____

(1) *Satyres,* p. 211.

longtemps le sens de *breuvage*, et l'on ne saurait révoquer en doute l'origine latine de *Curieux*, quand on a lu dans le Roman de Brut :

> Il fut de Brien angoisos
> Et de la secolre curios (1).

Certaines formes provençales mieux conservées permettent de supposer aussi des analogies d'une vraisemblance suffisante. On a déjà, par exemple, et probablement avec raison, prétendu que *Malotru, Malastruex*, dans la langue des troubadours, venait de *Male astrosus* (2), et que *Malade*, en provençal *Malaute* et *Malapte*, était une corruption de *Male aptus*. Mais les idiômes, développés surtout par les poètes, sont soumis à des perfectionnements euphoniques, qui en déguisent l'ancienne orthographe. La valeur primitive des mots y est elle-même masquée par des acceptions métaphoriques qui finissent par se dépouiller de leur caractère poétique et passent dans la langue usuelle. Si vraisemblables qu'elles puissent être, les inductions que l'on tire des vieux monuments littéraires ne manifestent donc pas toujours avec assez de clarté les origines de la langue ; et, s'il est vrai que l'histoire des mots soit en même temps celle des idées, et que, pour apprécier les croyances et

---

(1) V. 14807.

(2) Une forme tout-à-fait analogue au latin existait aussi en vieux français ; mais elle y était fort rare ; nous en pouvons cependant citer deux exemples. Le glossaire latin-français du XV* siècle, conservé à la B. R. fonds de Saint-Germain, n° 1189, explique *Calamitosus* par *Chetiz, Malestruz*, et on lit dans des *Lettres de grâce* de 1407, citées par Carpentier, t. II. col. 1130 : Je suis bien malostru de tant avoir parle a toi... escommenie que tu es.

les pensées qui ont rendu familières à tout un peuple
ces hardiesses de langage qui modifient le sens d'un si
grand nombre d'expressions, il soit nécessaire de remonter à leur signification primitive, l'étymologie est
un élément indispensable de l'étude sérieuse des développements de la civilisation.

Plus respectueusement soumise à l'habitude, la langue populaire reste plus fidèle à sa première forme.
Comme la parole y exprime naïvement la pensée, sans
que l'ambition de bien dire renforce, à grands frais de
rhétorique, la signification naturelle des mots, leur valeur n'y est point altérée par la même fluctuation. Aucune idée d'harmonie factice et d'élégance de convention ne reprend la prononciation en sous-œuvre et
n'obscurcit l'étymologie par des modifications arbitraires. Sans doute le vocabulaire ne demeure pas inva-
riable ; mais les changements en sont plus lents, moins
capitaux et se subordonnent pour la plupart à deux lois
dont il n'est pas impossible d'apprécier l'influence. La
première est toute matérielle et cherche à mieux appro-
prier le langage à son but, à rendre la communication
des idées plus facile et plus prompte : elle élimine ou
change les lettres qui embarrassent la prononciation ou
la ralentissent. La seconde naît, au contraire, du besoin
d'unité qui travaille l'intelligence : elle réduit les sons
du vocabulaire ; rapproche, par un lien plus sensible à
l'oreille, les mots qui forment le fonds habituel de la
langue, et s'efforce d'établir entre la prononciation des
rapports qui rappellent ceux qui existent entre les idées.
Malgré les exigences de son livre, M. Génin n'a pu

s'empêcher de reconnaître cette supériorité archéologi-
que du patois sur le langage des classes éclairées. « Le
patois, » a-t-il écrit dans un de ces moments de sincé-
rité avec lui-même, où il fait si bon marché de sa thèse,
« le patois des paysans de théâtre n'est autre chose que
l'ancienne langue populaire, c'est-à-dire la véritable
langue française, notre langue primitive, qui est dé-
posée au fond de la société et y demeure immobile. C'est
de la vase, disent avec dédain les modernes; il est vrai,
mais cette vase contient de l'or, beaucoup d'or (1). »
Dès le milieu du XIVe siècle, les paysans se servaient
d'une foule de mots qui avaient déjà disparu de la
langue des villes; on lit dans le Leys d'amors :

> E celas que han lors pagelas,
> Como son monjas e vaquieras (2).

Quelques exemples rendront plus incontestable cette
utilité des patois pour la connaissance des origines du
français. L'étymologie d'*Émoulu* est clairement déterminée par le patois lorrain où *Ramoulè* signifie Aiguiser, Repasser sur la *Meule*. *Coutre* vient certainement
du latin *Culter*, puisque *Queutre* a conservé dans le patois normand le sens de Mauvais couteau, et l'origine

---

(1) P. 299. Il avait déjà dit, p. 289 : C'est le véritable langage d'autrefois, qui était dans l'origine celui de tout le monde, qui s'est trouvé ensuite
le langage des classes inférieures, parce que celui des hautes classes s'était
modifié; voyez aussi p. XVI. Nous ne savons alors comment M. Génin con-
cilie la multiplicité de nos patois avec son unité primitive de la langue
française; mais nous n'avons pas à nous occuper des contradictions de son
livre.

(2) *Lexique roman*, t. IV, p. 469.

singulière que les savants donnent à *Rien* (1), est con-
firmée par le patois bressan où *Rin* signifie encore
Chose :

> Alin, portin li quaque rin
> E a se béti'on pou de fin (2).

L'étymologie de *Brandir* resterait aussi fort obscure
(3), si *Branda* que le patois de la Haute-Auvergne emploie
avec l'acception d'*Allumer*, ne la rendait évidente : ce
mot signifiait d'abord Secouer comme un tison que l'on
veut allumer, et vient, ainsi que *Brandon*, de l'islandais *Brandr* ou du vieil-allemand *Brand*, Tison. *Fesser*
trouve aussi son explication dans le patois de Nancy où
Fasse signifie Verge, Houssine, et malgré le sens de
l'anglais *Sad*, Triste, on comprend la signification de
Maussade, quand on sait que les habitants de la Bresse
emploient encore maintenant *Sada* avec l'acception d'A-
gréable :

> Ell' a na piéce de lar,
> Oncore du ple mau sada (4).

Le grand nombre de métaphores empruntées à la vie
des champs prouve d'ailleurs que les habitants des campagnes ont exercé une grande influence sur la formation du français, et que c'est dans leur langue qu'on
peut l'étudier à sa source. Nous citerons, entre beaucoup
d'autres, Manger son blé en herbe, Chercher pâture,

(1) Ils le font venir du latin *Rem* : le même changement d'idée, amené
aussi par une forme grammaticale, a fait *Aucun d'Aliquis*.
(2) *Noëls bressans*, p. 134.
(3) Ménage le fait venir de *Vibrare*.
(4) *Noëls bressans*, p. 8.

Mordre à la grappe, Couper l'herbe sous le pied, Mettre
la charrue devant les bœufs, et le sens actuel de plusieurs mots manifeste clairement des habitudes semblables. Ainsi *Labor*, dont la signification était générale chez les Romains, ne se dit plus dans le langage
usuel que du travail agricole ; *Galvauder* signifie littéralement Abattre des pommes avec une gaule, et *Tâche*,
qui vient sans doute de l'allemand *Tasche*, Poche, n'exprimait d'abord que l'obligation d'emplir une poche
des produits de la récolte.

Mais les intérêts de la philologie ne sont ici que se-
condaires : bien des germes d'opposition et de méfiance
disparaîtraient avec les diversités du langage, et toutes
les provinces, désormais plus unies et plus compactes,
marcheraient du même pas aux destinées communes
auxquelles la Providence appelle la France. Chaque
jour prépare cet avenir : des communications plus faciles ont aplani toutes les barrières naturelles qui frac-
tionnaient le sol et en isolaient les différentes parties.
Des lois, rédigées en français, se sont substituées partout aux coutumes locales qui perpétuaient les différences de langues. Une administration centralisatrice
oblige tous les habitants de discuter leurs intérêts de
chaque jour et le chiffre de leurs contributions avec
des agents, presque toujours étrangers au pays, qui ne
comprennent pas son patois ou ne veulent pas s'en servir. Un système général de recrutement réunit sous les
mêmes drapeaux des hommes sortis de toutes les provinces, et les force d'apprendre un nouvel idiôme, commun aux subordonnés et aux chefs , qui rende l'obéis-

sance possible et permette de commander à son tour.
La participation illimitée des citoyens aux affaires pu-
bliques, éveille des désirs de connaître et des besoins
politiques, qu'on ne satisfait que par la lecture de jour-
naux trop ambitieux d'influence pour adopter la langue
des gnorants et des pauvres d'un canton. Enfin, grâce
aux progrès de la conscience publique, un enseigne-
ment· primaire, plus généreusement distribué, devient
d'année en année plus obligatoire, et ne tardera pas à
familiariser les plus grossiers paysans avec le langage
des classes éclairées. Il est donc facile de le prévoir,
bientôt les patois auront complètement disparu : beaucoup de mots employés encore par les pères ne sont
déjà plus intelligibles pour les enfants, et l'on doit se
hâter de les recueillir si l'on porte quelque intérêt aux
origines de la langue.

Tous les patois méritent ainsi l'attention sérieuse des
philologues ; tous ont enrichi le français de leurs dé-
pouilles, ou conservent avec un soin plus respectueux
des radicaux communs dont il a modifié la signification
et la valeur. Mais il en est qui par l'époque et les circonstances où ils se sont formés, par les nombreuses
populations qui les parlaient, par leur richesse et par
l'influence qu'ils ont exercée sur la langue littéraire,
sont beaucoup plus importants que les autres ; et, à tous
ces titres, le patois normand se recommande le premier
à l'étude. Dès le XIIᵉ siècle, il était différent du français, puisqu'on lit dans l'Entheticus de Johannes de Salisbury :

Hoc onus, ecce jugum, quod vitans nostra juventus

Ad summum currit prosperiore via,
Admittit Soloen, sumit quod Barbarus offert,
Inserit haec verbis, negligit arte loqui.
Hoc ritu linguam comit Normannus, haberi
Dum cupit urbanus Francigenamque sequi (1).

Cent ans après, Richard de Lison disait dans sa Branche du Roman de Renard,

Qu'il est Normanz ; s'il a mepris,
Il n'en doit ja estre repris,
Sé il y a de son langage (2).

L'auteur du vieux poëme sur Elie de Biville, dont M. Couppey a publié des fragments dans les Mémoires de l'Académie de Cherbourg, parle même du *Hague langage* (3). C'était ce dialecte que les Normands avaient porté en Angleterre et dont les écrivains qui s'en servaient, reconnaissaient l'infériorité littéraire; ainsi Luces du Gast disait au commencement de sa traduction du Roman du Saint-Gréal : (Entre)preng a translater (du) latin en francois une partie de cele estoire ; non mie

(1) V. 135.

(2) Dans M. de La Rue, *Essais historiques sur les bardes*, t. I, p. 282.

(3) Année 1843, p. 109. Selon ce savant écrivain, le poëme serait de la fin du XIIIe siècle, mais l'écriture est beaucoup plus moderne et la copie est trop corrompue pour permettre de déterminer, même approximativement, l'âge de la langue. M. de La Rue dit aussi que Johannes de Salisbury avait, dans sa soixantième lettre, fait l'éloge des habitants de Lisieux et du Lieuvin pour la pureté de leur langage ; *Essais historiques sur les bardes*, t. I, p. 280 ; mais cette citation n'est pas plus exacte que la plupart des autres ; l'évêque de Chartres n'a parlé que du style, de l'éloquence : In amicum siquidem imperitum sermone et scientia ingenium illud Lexoviense exeris, linguam acuis Lexoviensem, cum qua nunquam manum conserere mihi propositum est ab initio, vel dici orator praepotens ; dans le *Bibliotheca maxima Patrum*, t. XXIII, col. 425.

pour ce que je sache grantment (de) francois ; ainz a-
partient plus ma langue et ma parleure a la maniere
d'Engleterre que a cele de France, comme cis qui fu
en Engleterre nez (1). Wilhelm de Wadigton, ou
plutôt Wadington, s'exprimait avec la même humilité
dans son Manuel de pechies qui ne peut être bien pos-
térieur au XIIIe siècle, puisque Robert Mannyng l'imita
en 1303 :

> De le Franceis vile ne del rimer
> Ne me deit nuls hom blamer ;
> Kar en Engleterre fu né,
> E norri, e ordine, e alevé (2).

Il a fallu une singulière ignorance de l'histoire des
temps barbares pour attribuer aux Celtes cette forte
unité nationale qu'après bien des siècles les développements de la civilisation parviennent enfin à établir.
Comme on le voit encore dans les montagnes de l'Écosse,
chaque petit clan avait eu d'abord son patrimoine sé-
paré, son administration domestique et son gouvernement de famille. Beaucoup avaient disparu, absorbés
par les autres ; mais, grâce à d'heureuses circonstances,
quelques uns avaient conservé une existence indépendante et presque distincte. Les nécessités de la vie é-
taient si simples, les acquisitions de l'industrie si li-
mitées et les ressources du commerce si nulles, que chacun se suffisait à lui-même. Dans le IVe siècle, Marcien

(1) Dans M. Keller, *Romvart*, p. 134 ; M. P. Paris a publié deux autres
leçons un peu différentes de ce passage dans *les Manuscrits françois de la
Bibliothèque du Roi*, t. I, p. 128 et 136.

(2) Dans **Warton**, *History of the english poetry*, t. I, p. 63, éd. de M.
Price.

de Héraclée, qui sans doute cependant ne les connaissait pas toutes, comptait encore seize nations dans l'Aquitaine et vingt-cinq dans la Lyonnaise (1). Des intérêts communs avaient formé une sorte de lien fédéral que l'amour de l'indépendance relâchait dans les jours de calme ; mais, la preuve en est à toutes les pages des Commentaires de César, il se resserrait dès que la nécessité d'unir et d'organiser ses forces venait à se faire sentir. Si tous les idiômes celtiques avaient gardé des rapports assez sensibles pour rester intelligibles à tous les Celtes, leur ignorance de l'écriture ou le dédain qu'ils en faisaient, et l'absence de tout centre politique et commercial ne permettent pas de douter que le langage de chaque canton n'eût insensiblement subi des modifications considérables. Une preuve positive s'en trouverait au besoin dans la grande différence des patois que les savants s'accordent à considérer comme dérivés du celtique, et dans cette quantité de mots particuliers à chaque province, dont les radicaux manquent dans toutes les autres langues où l'histoire autorise à les chercher. Peut-être les grands centres de population, situés dans la partie des Gaules appelée depuis Normandie, conservaient-ils avec une certaine pureté leur idiôme particulier ; mais, selon la fréquence et l'extension de leurs relations avec eux, les habitants intermédiaires mêlaient tous ces dialectes dans des proportions différentes, et il en résultait une multiplicité de patois, peu fixes, peu étendus et par conséquent fort disposés à

(1) Ἔθνη ; Περιπλους dans le *Geographi minores*, t. i, p. 48 et 49.

recevoir les additions , et à se prêter aux changements que les circonstances pouvaient rendre nécessaires.

Les Romains pénétrèrent dans l'Armorique, dès les premiers temps du séjour de César dans les Gaules (1); ils y construisirent des bains, des temples, des théâtres; plusieurs hauteurs où ils campèrent conservent encore le nom de Mont-Cadre (2), et les nombreuses routes que l'on reconnaît sans peine aux épaisses chaussées en pierre sur lesquelles elles sont assises (3), témoignent du séjour prolongé qu'ils y firent. Leurs relations avec les habitants y devinrent donc pacifiques ; elles s'étendirent de plus en plus, se multiplièrent et se prolongèrent au moins pendant cinq siècles. Les Grecs semblent avoir eu aussi à une époque quelconque des rapports de commerce avec la Basse-Normandie ; au moins tout le Cotentin donnait naguère encore au demi-boisseau le nom de *Cabot*, et ce mot , inconnu aux patois voisins, qui était d'un usage assez général pour que les paysans aient appelé les petites meules de foin dont la forme est cylindrique, des *Cabots*, vient probablement du grec Καϐος, Mesure. Dans les dernières années du IIIᵉ siècle, les Saxons commencèrent à ravager les côtes

(1) Il est déjà question de ses rapports avec les Lexovii dans le *De bello gallico*, l. iii, ch. 9 ; l. vii, ch. 75, et avec les Unelli, *Ibidem*, l. iii, ch. 1, et l. vii, ch. 75.

(2) Voyez la *Notice sur les camps romains dont on remarque encore les traces dans le département de la Manche*, que notre savant maître et ami, M. de Gerville, a publiée dans le tome septième des *Mémoires de la Société des antiquaires de Normandie :* le nom primitif de Coutances était, comme on sait, *Castra Constantia*.

(3) Elles sont appelées dans les campagnes *Route pierrée, Chemin haussé* ou *levé*.

de l'Armorique (1) et ne tardèrent pas à s'y établir (2).
L'influence d'une vie plus facile et plus calme adoucit
bientôt leurs mœurs ; ils s'adonnèrent à la pêche, à
l'agriculture, au commerce (3) et formèrent des liaisons
de bon voisinage avec les anciens habitants du pays qu'ils
avaient si longtemps effrayé de leurs déprédations (4).
Leur siége principal était dans cette partie du Bessin,
qui fut depuis nommée *otlingua Saxonia* (5); mais ils s'é-

(1) Ce fut en 286, selon Eutrope, *Epitome historiae romanae*, l. IX, ch. 13,
et Paul Orose l. VII, dans dom Bouquet, t. I, p. 597. L'origine germanique
des Saxons ne peut aujourd'hui faire l'objet d'un doute, mais il ne serait pas
impossible qu'on eût quelquefois désigné sous le même nom d'autres hommes du *midi ;* au moins Witichind a-t-il dit en parlant de leur origine : Super
hac re varia opinio est, aliis arbitrantibus de Danis Nortmannisque originem
duxisse Saxones, aliis autem aestimantibus, ut ipse adolescentulus audivi
quemdam praedicantem, de Graecis ; *Annalium* l. I, dans Meibom, *Rerum
Germanicarum* t. I, p. 629. Si cette conjecture pouvait être exacte, les
singuliers rapports du patois normand avec le grec s'expliqueraient naturellement ; mais ici, comme en beaucoup d'autres cas, on a pris à la lettre une
désignation purement métaphorique. Graecum est, non legitur ; disaient les
clercs pendant le moyen-âge, et le peuple appela du *grec* toutes les langues
inintelligibles. Ce passage de Wace en est une preuve évidente :

> *Cerno, cernis,* cé est véoir,
> Et *Delx* a non an ebreu *El* ;
> De ces deus moz est fez *Cernel.*
>
> . . . .
> Li uns est grius, l'altre latins.
> *Roman de Brut,* v. 14238.

(2) Venantius Fortunatus louait déjà l'évêque de Nantes, Félix, d'avoir soumis les Saxons au joug du Christ ; *Opera*, l. III, poëme 8.

(3) Οἰκουσι δε αὐτας ἀνθρωποι σαγηνευοντεςτε και γην
γεωργουντες και ἐπ'ἐμποριαν ναυτιλλομενοι ἐς τηνδε την νησον;
Procope, *De bello gotthico*, l. IV, ch. 20, *Opera*, t. II, p. 567, éd. de Bonn.

(4) Sidonius Apollinaris écrivait à Numatius : Littoribus Oceani curvis
inerrare contra Saxonum pandos myoparones quorum quot remiges videris,
totidem te cernere putes archipiratas ; l. VIII, let. 6, dans Sirmond, *Opera*,
t. I, col. 1065 ; voyez aussi Poëme VII, v. 369.

(5) Concedimus quasdam res sitas in comitatu Bajocensi, in pagello qui

taient certainement étendus sur tout le littoral de la Normandie. Un des neuf préfets qui gouvernaient sous les ordres d'un comte ou même d'un duc (1) le **Littus saxonicum**, résidait à Rouen ; le séjour d'un autre était à Coutances et plusieurs savants ont vu dans *Grannona* que le Notitia dignitatum per Gallias donne pour chef-lieu au tribun de la première cohorte (2), l'ancien nom de Granville. Tout porte même à croire que de nombreux établissements se trouvaient à l'extrémité du Cotentin ; quelques localités y ont conservé des désinences en *tot* (3), qui, malgré la grande liaison des deux idiômes, paraissent plutôt appartenir au saxon qu'au norse (4). *Clitourp*, dans le canton de Saint-Pierre-Eglise, est vraisembla-

---

dicitur *otlingua Saxonia*, id est villam nomine Heidram ; *Capitulaire de Charles-le-Chauve*, dans Baluze, t. ıı, col. 1440, et la même expression s'y trouve, col. 69. Ce nom qui n'a pas encore été expliqué d'une manière satisfaisante, vient sans doute du vieil-allemand *Ot*, Terre, Possession et de *Ling*, Bruyère, Broussaille, et signifie Saxe couverte de bruyères, Saxe inculte : ce qui s'accorde fort bien avec ce que l'on sait de l'état du pays. Une autre étymologie ne serait pas cependant impossible ; *Ot-lingua* peut signifier Patrimoniale, Libre, et l'on sait par un passage fort curieux de Procope, qu'à la différence des Saxons allemands, ceux de Bayeux ne payaient aucun tribut : Τα μεν αλλα Φραγγων κατηκοοι οντες, φορον μεντοι απαγωγην ουδεπωποτε παρασχομενοι ; *De bello gotthico* l. ıv, ch. 20 ; *Opera*, t. ıı, p. 567, éd. de Bonn. Les Saxones Bajocassini sont mentionnés souvent dans nos vieux historiens ; Grégoire de Tours, *Historia ecclesiastica Francorum*, l. v, ch. 27 ; l. x, ch. 9 et *Historiae Francorum epitomata*, col. 579, éd. de Ruinart ; Frédégaire, *Chronicon*, dans dom Bouquet, *Recueil des historiens de France*, t. ıı, p. 409 ; voyez aussi von Wersebe, *Vælker und Vælkerbündnisse*, n° 147.

(1) Dom Bouquet, *Recueil des historiens de France*, t. ı, p. 577.

(2) Dans dom Bouquet, *Recueil des historiens de France*, t. ı, p. 127.

(3) Hectot, Quettetot, Le Vrétot, Brétentot, Garantot, etc.

(4) L'islandais *Toft* signifie plutôt un Espace vide et par suite une Cour qu'une Habitation ; voyez cependant M. Estrup, *Bemœrkninger paa en reise*

blement un petit village saxon (1) ; l'inscription méro-
vingienne du Ham, dans l'arrondissement de Valognes,
semble indiquer une origine antérieure à Rollon (2), et
l'ancienne fortification, appelée *Le Haguedike*, dont les
restes existent encore à l'extrémité nord-ouest de la
presqu'île du Cotentin (3), doit remonter au-delà du
Xe siècle, puisque les incursions des hommes du Nord
devinrent alors de véritables invasions, et qu'au lieu
de se sauver avec leur butin dans les lieux les moins
fréquentés et les plus faciles, à défendre, comme les
bandes de pillards saxons, les Normands pénétraient

i Normandiet, p. 155, et M. Petersen, *Om stedsnavne i Normandiet*, dans
le *Normandisk tidskrift for Oldkyndighed*, t. ii, p. 227.

(1) *Klin Thorp*, Petit village ; on donne encore le nom de *Tourp, Tourpelus*, à quelques groupes de maisons qui sont toujours sur le bord de la
mer ; nous citerons ceux d'Anneville en Saire et d'Omonville-Hague.

(2) Ce nom se trouve d'ailleurs dans *Ouistreham, Estreham*, et *Ham* dans
la Mayenne, dont l'origine saxonne ne peut être mise en doute ; probablement *Hémesvez*, dans l'arrondissement de Valognes, signifiait aussi le Hameau auprès de l'eau. Quoiqu'il en soit, il faut au moins reconnaître à ce *Ham*
une origine septentrionale, puisque dans une charte de 1028, il n'était pas
encore soumis aux formes de la déclinaison latine : In villa quae vocatur
Hams... In Ham villa ; *Cartulaire de Saint-Père de Chartres*, t. i, p. 108
et 109.

(3) Il avait une lieue et demie de long, et séparait le promontoire de la
Hague du continent : voyez les *Recherches sur le Haguedike et les premiers établissements des Normands sur nos côtes*, que M. de Gerville a fait
imprimer dans les *Mémoires de la Société des antiquaires de Normandie*,
Caen 1835. Au reste, ces fortifications étaient dans les habitudes de tous les
peuples du Nord : Normanni devastata ex maxima parte Hlotharici regni
regione, prope fluvium Clyla (l. Thylia ? la Dyle), loco qui dicitur Lovonium
(Louvain), sepibus, more eorum, munitione capta, securi consederunt ; *Annales Fuldenses*, année 891 ; dans du Chesne, *Scriptores Normannorum
antiqui*, p. 18. Nous regardons aussi comme d'origine saxonne un petit camp
dont les restes se voient encore près de la pointe de Jobourg, et les deux
redoutes circulaires qui défendaient le petit port d'Omonville et ont conservé leur ancien nom de *Heucs*.

hardiment au cœur du royaume, à travers les contrées les plus peuplées et les plus riches. Tous les Saxons ne se fixèrent pas sur le bord de la mer ; les derniers arrivés et ceux qu'une imagination inquiète ou une position difficile poussaient à des destinées nouvelles, s'avancèrent dans l'intérieur du pays. Toutes leurs traces eussent-elles disparu du sol, cette dispersion résulterait naturellement de l'état presque désert de la province, et d'ailleurs on peut conclure du nom de *Saxia*, donné par plusieurs documents du IXe siècle à la ville de Seez (1), que si les Saxons ne l'ont pas fondée, ils s'y établirent en grand nombre. Vers 441, Aetius abandonna une partie des Armoriques au roi des Alains, et cette cession ne resta point nominale ; nous savons par la Chronique de Prosper qu'Eocaric en chassa les habitants (2) et forma un état, appelé *Alamannia*, qui comprenait sans doute Alençon (3) et ces deux communes des environs de Caen, connues encore aujourd'hui sous le nom d'*Allemagne*. Quelques Francs vinrent aussi prendre des terres en Normandie, puisque, en parlant d'un événement arrivé au temps de Frédégonde, Grégoire de Tours mentionne Cives Rothomagenses et praesertim se-

(1) Voyez le *Gallia christiana*, t. xi, p. 675 et 678, *Le cartulaire de Saint-Père de Chartres*, t. i, p. 115 et Odolant Desnos, *Mémoires historiques sur la ville d'Alençon et sur ses seigneurs*, t. i, Dissertation préliminaire, p. xxxi.

(2) Alani quibus terrae Galliae ulterioris cum incolis dividendae a patritio Aetio traditae fuerant, resistentes armis subigunt et, expulsis dominis terrae, possessiones vi adipiscuntur ; dans dom Bouquet, t. iii, p. 639.

(3) On a prétendu, mais sans en donner aucune espèce de preuve, que cette ville devait son nom aux anciens Aulerci, dont la position géographique n'a pu encore être déterminée avec certitude.

niores loci illius Franci (1). Mais la province n'en était pas moins presque déserte au moment de sa cession aux Normands : Terra maritima, dit Guillaume de Jumiéges, quae nunc vocatur normannica, ob diuturnos paganorum excursus silvis undique adultis, a cultro et vomere torpebat inculta (2). Les rares habitants qui s'y trouvaient encore, semblent avoir vécu dans un isolement et une indépendance du reste de la France qui leur avait permis de conserver leurs usages et leur langue : car un des premiers actes du gouvernement de Rollon fut d'établir partout des coutumes dont il emprunta certainement la forme et les principales dispositions à sa première patrie : Jura et leges sempiternas, voluntate principum sancitas et decretas, plebi indixit atque pacifica conversatione morari coegit simul (3). Les anciens pirates qui s'étaient fixés en Normandie n'avaient donc pas entièrement oublié leur dialecte septentrionnal, et des faits positifs confirment cette conjecture. Quand les Français voulurent députer le vieux Hasting à Rollon, pour en obtenir quelque trève :

Respont Hastenc: N'irai pas sols.

(1) L. viii, ch. 51.

(2) *Historiae Normannorum* l. ii, ch. 17 ; dans du Chesne, *Historiae Normannorum scriptores antiqui*, p. 230. Nous ne parlerons pas du témoignage de Benois. *Chronique rimée*, l. ii, v. 6613-6625, qui ne répétait habituellement que les récits de Dudon ou de Guillaume de Jumiéges, mais nous ajouterons une autre autorité tout à fait indépendante : Occidentalis Galliarum plaga, largiori sinu maris britannici recepta, in desertum est atque solitudinem redacta ; *Chronicon Fontanellense*, appendice, dans d'Achery, *Spicilegium*, t. ii, p. 284, éd. in-folio.

(3) Guillaume de Jumiéges, *Historiae Normannorum* l. ii, ch. 19 ; dans du Chesne, *Ibidem*, p. 232.

Dunc li baillent chevalers dous,
De la danesche lange apris (1).

Quoiqu'ils n'eussent pas sans doute amené beaucoup de femmes avec eux, Rollon et ses compagnons ne renoncèrent pas sur le champ à l'idiôme qu'ils avaient parlé si longtemps (2). Il était encore en vigueur sous

(1) Benois, *Chronique rimée*, l. ii, v. 3271.

(2) Un des plus savants philologues de l'Allemagne s'est cependant risqué jusqu'à dire dans une brochure intitulée, *Ueber die romanischen Schriftsprachen*, p. 44 : Die Normænner tauschten schnell ihre Sprache für die romanische aus, und zwar mit einer gewissen Liebhaberei an diesem Tausche, so dass letztere Sprache nur unbedeutende Veranderung durch sie litt. Mais M. Diefenbach a tiré d'un fait au moins fort douteux une conséquence certainement inexacte. Ce glossaire prouvera que les Normands ne mirent point d'empressement à oublier leur langue, puisque les radicaux d'une foule de mots qui n'existent point dans d'autres patois, se rattachent évidemment aux idiômes germaniques. L'influence réelle du norse sur le français est beaucoup plus difficile à reconnaître : les mêmes racines appartiennent presque indistinctement à tous les dialectes septentrionaux, et les patois de toutes les provinces ont plus ou moins contribué à la formation de la langue politique et littéraire. Différentes considérations semblent cependant bien contraires à l'opinion de M. Diefenbach : d'abord, le français ne paraît s'être formé définitivement que dans le IXe siècle, lorsque la langue des autres races germaniques avait perdu ses caractères les plus tranchés, et que celle des Normands conservait encore la pureté de sa prononciation et de son vocabulaire. Puis la plus grande partie des premiers écrivains français, dont les ouvrages ont acquis quelque célébrité, vivaient en Normandie ou en Angleterre, et durent souvent faire des emprunts au langage usuel qui, comme on en peut encore juger par son état actuel, avait beaucoup de racines islandaises. Et cependant chaque année en fait disparaître dont on retrouvera quelques traces dans l'ouvrage très curieux que M. Auguste Le Prévost va publier sous le titre beaucoup trop modeste de *Notes pour servir à la topographie et à l'histoire des communes du département de l'Eure.* Ainsi on y lit dans une charte de 1060 : Tamen in eis dedi eis piscationem quae vulgo dicitur *Croignim,* et dans une du XIIe siècle: Super rupem quae dicitur *Witeclive : Klauf* qui probablement changeait de voyelle dans quelque dialecte, puisque le danois en a fait *Klippe,* signifie en islandais Rocher et *Hvit* Blanc.

Guillaume-Longue-Épée ; dans sa conférence avec lui , le saxon Hermann

> A la danesche parléure
> Le comenca a aresnier.
> De ce se prist a merveiller
> Li dux, e si li a enquis
> Ou il aveit ensi apris
> A parler lange poi séue
> En (l. E) poi des Saisnes entendue (1).

Mais insensiblement la population des frontières prit l'habitude de parler la langue de ses voisins. Adémar disait, au commencement du Xe siècle · Tunc Roso (l. Rollone) defuncto, comite Rodomense, filius ejus Willelmus loco ejus praefuit. Hic fuit a pueritia baptisatus, omnisque eorum Nortmannorum qui juxta Franciam inhabitaverunt multitudo fidem Christi suscepit et gentilem linguam omittens, latino sermone assuefacta est (2). De nombreuses relations avec des étrangers apprirent aussi un nouvel idiôme aux habitants de Rouen. Avec plus de pénétration politique qu'on n'en suppose aux princes du Xe siècle, Guillaume-Longue-Épée comprit que la différence des mœurs et des intérêts amènerait des guerres fréquentes entre la Normandie et la France ; il voulut donc que son fils sût la langue de ses ancêtres pour traiter au besoin plus facilement avec les rois du Nord, et l'envoya à Bayeux. Quoniam , lui fait

---

(1) **Benois,** *Ibidem,* v. 10550 ; Dudon raconte le même fait dans du Chesne, *Historiae Normannorum scriptores antiqui,* p. 100. Hermann avait été prisonnier des Normands.

(2) **Dans Labbe,** *Nova bibliotheca manuscriptorum,* t. II, p. 166.

dire un écrivain de la fin du Xe siècle (1), quoniam quidem Rothomagensis civitas romana potius quam dacisca utitur eloquentia, et Bajocensis fruitur frequentius dacisca lingua quam romana, volo igitur ut ad Bajocentia deferatur quantocius moenia (2). Mais ces rapides innovations dans la langue du pays n'étaient pas générales ; les Normands ne voulaient pas même oublier leurs croyances religieuses. On lit dans un écrivain contemporain : Hugo, dux Francorum, crebras agit cum Nordmannis, qui pagani advenerant vel ad paganismum revertebantur, congressiones... Ludowicus, Rodomum repetens, Turmodum, Nordmannum qui, ad idolatriam gentilemque ritum reversus, ad haec etiam filium Willelmi aliosque cogebat regique insidiabatur simul cum Setrico, rege pagano, congressus cum eis interimit (3).

(1) Dudon, chanoine de Saint-Quentin ; au moins son histoire s'arrête à la mort de Richard I, en 996.

(2) *De moribus et actis primorum Normanniae ducum*, l. iii, dans du Chesne, *Historiae Normannorum scriptores antiqui*, p. 112. Benois est bien plus positif, l. ii, v. 11520 :

> Si a Roem le faz garder
> E norir gaires longement,
> Il ne savra parlier neient
> Daneis, kar nul ne li parole :
> Si voil qu'il seit a tele escole
> Ou l'en le sache endoctriner
> Qué as Daneis sache parler:
> Ci ne sevent riens fors romanz ;
> Mais a Baïues en a tanz
> Qui ne sevent si daneis non.

Évidemment, dans ce passage comme dans une foule d'autres, Benois a traduit Dudon, et les différences tiennent à l'infidélité ordinaire des traductions du moyen-âge, ou peut-être au désir de se rapprocher un peu plus de l'état présent des choses.

(3) Flodoard, *Chronicon* ; dans du Chesne, *Historiae Francorum scriptores*, t. ii, p. 607.

Toutes les différences d'origine avaient été si fidèlement conservées que Richer appelait Richard *Piratarum dux* (1), et Bernard ne manqua pas de les exploiter pour déterminer les Normands à se soulever contre Louis d'Outremer :

> Seignors, fait-il, de Normendie,
> Sumes pramis a congéer
> E a la terre delivrer ;
> Ne vout li reis qu'i ait Daneis :
> Tout a doné a ses Franceis (2).

D'ailleurs, les rapports avec le Danemark étaient trop multipliés pour ne pas empêcher l'idiôme normand de tomber dans un oubli complet. Richard Ier appela par deux fois une armée danoise à son secours, et ses anciens compatriotes accoururent deux fois à sa voix :

> En une prée verz, erbue
> Fu la danesche genz venue,
> Dunt mult i out milliers e cenz,

dit un chroniqueur officiel (3), et il ajoute que, séduits sans doute par la douceur du climat et la ressemblance des mœurs et de la langue, beaucoup de ces auxiliaires restèrent en Normandie :

> Al saint baptesme receveir
> Ne fu li nombres pas petiz ;
> Mais ne l'retrait pas li escriz
> Ne vos sai dire combien ne quant ;
> Mais c'en furent li plus vaillant (4).

---

(1) *Historiarum libri quatuor*, p. 64.
(2) Benois, *Chronique rimée*, l. ii, v. 15619.
(3) Benois, *Ibidem*, v. 23471.
(4) Benois, *Ibidem*, v. 24675.

Richard II fut obligé de recourir aussi aux Danois, et ne les trouva pas moins empressés (1); il semble même avoir su leur langue, puisque Soen (Sven) vint à Rouen pour traiter de la paix directement avec lui (2), et nous croirions volontiers que beaucoup de ses sujets parlaient encore le danois. Au moins Benois dit, en racontant le second mariage de son père :

> Out el païs une meschine,
> Gentil femme, gente pucele,
> Sos ciel ne trovast l'om plus bele
> Ne plus sage ne plus corteise,
> De pere e de mere Daneise (3),

et le souvenir de cette origine aurait probablement péri, si leur langage n'en eût conservé un témoignage vivant.

Sous l'influence d'une législation commune et d'un gouvernement qui attirait de plus en plus toutes les affaires de la province à Rouen, ces diverses langues se corrompirent l'une l'autre, se mêlèrent, et il sortit de cette fusion un nouvel idiôme (4), où les formes et l'esprit du latin durent bientôt prévaloir. Malgré la ressemblance qu'un savant danois a cru trouver entre le singulier bonnet du pays de Caux et la coiffe encore usi-

---

(1)   De Norwege li rei Colan
       Et de Suave li rei Coman.
       Wace, *Roman de Rou*, t. I, p. 346.
Benois les appelle *Olaive* et *Laaman*.
(2) Benois, *Chronique rimée*, v. 27676.
(3) Benois, *Ibidem*, v. 24809.
(4) Unum ex diversis gentibus populum effecit (Rollo); *Chronicon Fontanellense*, append. dans d'Achery, *Spicilegium*, t. II, p. 285, éd. in-fol.

tée en Irlande (1), bien peu de femmes avaient suivi les compagnons de Rollon dans leur aventureuse expédition en France. Leurs épouses ne parlaient pour la plupart que le roman, et l'on a reconnu depuis longtemps que la mère, qui vit renfermée dans sa maison et s'occupe incessamment de ses enfants, exerce sur leur langage une action prépondérante. Quoique les Normands ne semblent pas avoir été de bien ardents prosélytes, leur christianisme plus ou moins sincère les avait au moins familiarisés avec le latin et le roman grossier, que les prêtres et les moines préféraient à la langue payenne. La part que Rollon prit à toutes les guerres de Charles-le-Simple et de Rodolphe, les voyages de Guillaume-Longue-Épée en France, le séjour de Louis-d'Outremer à Rouen et l'éducation que Richard II reçut à sa cour, firent du français la langue des dignitaires ecclésiastiques et des seigneurs; mais il y avait à côté, surtout dans le Cotentin, dans le Bessin et dans l'Iliémois, un patois populaire qui conservait certainement beaucoup de formes septentrionales. Non seulement on distinguait encore, du temps d'Orderic Vital, le clergé danois du clergé indigène, mais une charte de la fin du XIe siècle mentionne l'origine normande d'un habitant du Cotentin (2), et ,

(1) M. **Estrup**, dans son *Bemœrkninger paa en Reise i Normandiet*, Copenhague, 1821.

(2) **Quidam Normannigena de Constantini pago**, dans le *Cartulaire de Saint-Père de Chartres*, selon M. Depping, *Histoire des expéditions maritimes des Normands*, p. 355, note 5, éd. de 1844. Nous n'avons pu y trouver ce passage, mais nous en citerons un autre qui est dans une charte de 1070 : **Quidam, Normannus genere, Herbertus nomine, de Meli Curte (Mélicourt), in territorio Molinorum Castri** (dans le canton de Broglie) ; t. i, p. 107.

nous l'avons déjà dit, de pareilles distinctions ne se seraient pas maintenues si elles n'avaient eu des bases solides dans la différence du langage.

C'est ce patois, altéré par un usage de neuf siècles, et considérablement réduit par une foule de mots plus modernes et plus faciles à comprendre, qui se trouve encore aujourd'hui dans la bouche du peuple. Sans doute quelques expressions ne sont pas aussi fréquemment employées dans certains cantons, plus ouverts à l'influence du français, ou même en ont disparu complètement; mais la masse est restée au moins intelligible à la plupart des vieillards qui n'ont point quitté leur village, et l'histoire donne l'explication de toutes ces différences. Elle nous apprend qu'enclavé comme il est au milieu des terres, loin des grandes voies de communication, l'arrondissement de Vire a dû garder plus de racines islandaises et saxonnes ; qu'en relation continue avec les Bas-Bretons, le département de l'Orne et l'arrondissement de Mortain ont naturellement adopté des mots celtiques étrangers au reste de la province, et que les rapports beaucoup plus multipliés des habitants de la Haute-Normandie avec les autres provinces rapprochèrent nécessairement leur langage des formes romanes du français, tandis que, dans un isolement presque complet des populations purement latines, les Bas-Normands conservèrent les caractères tranchés de leur ancien patois. Il serait d'ailleurs impossible de supposer une origine récente à cette langue populaire, puisque une grande partie se retrouve dans le vieux-français des livres (1). Malgré les corruptions qui en masquent la forme primitive, on parvient même encore à rattacher clairement un certain nombre de mots aux langues des différentes nations qui ont habité la Normandie.

A défaut de ces liens, les altérations que la mauvaise prononciation du peuple fait subir au français , sont assez constantes et assez uniformes pour prouver que la formation du patois ne tient ni à des hasards, ni à des influences toutes locales ; c'est un résultat, nous dirions volontiers une conséquence, de l'histoire générale de la province. Partout, malgré le prolongement de la voix sur les finales, la prononciation y est devenue à la fois

(1) Aussi avons-nous souvent prouvé par des citations que nous aurions pu rendre beaucoup plus nombreuses, qu'il ne s'est pas détaché du français, seulement depuis quelques années : il lui est certainement antérieur par son vocabulaire et par sa prononciation. Ainsi, par exemple, une de ses bizarreries les plus antigrammaticales est l'union du pronom singulier de la première personne avec un verbe au pluriel, et on lit dans une lettre de François I à M. de Montmorency : J'avons espérance qu'y fera beau-temps, veu ce que disent les estoiles que j'avons eu le loysir de voir ; *Lettres de la reine de Navarre*, t. I, p. 467. La contraction, si générale dans les phrases interrogatives, de la seconde personne du pluriel des verbes avec le pronom, était aussi fort usitée dans le XVIe siècle. La reine de Navarre qui se piquait cependant d'érudition et de bel-esprit, disait encore :

> Av'ous souffert que je fusse huée,
> Montrée au doigt, ou battue, ou tuée ?
> *Miroir de l'ame pécheresse*, p. 42.

On trouve aussi en vieux-français *Manjusse* et *Chiffler :*
> Girbers semont l'emperéor Pepin
> Et la réine au gent cors seignori
> Et tos les autres que manjussent o li.
> *Mort de Garin*, v. 485.
> Chascuns de li chifle et parole.
> Dans Méon, *Nouveaux fabliaux*, t. II, p. 24.

plus rude , plus sèche et plus grèle. Les diphthongues s'y simplifient ; les nasalisations s'affaiblissent, souvent même disparaissent entièrement ; l'A se ferme assez pour se rapprocher de l'E (1) ; l'U remplace l'O et l'EU ; l'É s'alonge; l'AI prend le son de l'È, et l'OI celui de l'EI; l'I, que la plupart des dialectes ajoutent fréquemment aux autres voyelles, pour en adoucir la prononciation, n'y mouille que les syllabes commençant par un L, précédé d'une autre consonne (2), et les terminaisons en ER qui sont précédées d'un G (3) ou que le changement habituel du s en CH et du CH en K (4) rendrait trop dures. Ces spécialités, que les philologues ont déjà reconnues dans le dialecte normand du XIIe siècle (5), sont d'autant plus remarquables que l'islandais se distingue aussi des autres idiômes germaniques par les mêmes caractères ; l'I y est comparativement fort rare et le K s'y substitue presque toujours au CH. Un fait plus curieux encore, qui jette une vive lumière sur l'origine du patois normand, et montre comme au doigt l'influence qui a le plus activement concouru à sa formation, c'est que les patois de la Flandre, de l'Artois et de la Picar-

(1) L'inverse a lieu aussi dans un très-petit nombre de cas : *Accater*, Acheter ; *Rapasser*, Repasser ; *Trassauter*, Tressauter ; etc.

(2) Nous citerons, comme exemple, *Blieu*, *Bliond*, *Éclié* (Éclair), *Encliume*, *Flieu* (Fleur de farine), *Gliand*, etc. On ajoute aussi un I aux deux monosyllabes *Iens* (Intus, Dedans) et *Ioù*.

(3) *Bergier*, *Dangier*, *Mougier* (Manger), etc.

(4) *Kachier* (Chasser), *Dréchier* (Dresser), *Kiérette* (Charrette), *Bôkier* (Boucher), etc. Généralement le *Ch* ne devient dur qu'au commencement des mots.

(5) Fallot, *Recherches sur les formes grammaticales de la langue française au XIIIe siècle*, p. 25-30 ; M. Ampère, *Histoire de la formation de la langue française*, p. 343-356.

die, et même de la Franche-Comté, de toutes les provinces où les hommes du Nord se sont établis en grand nombre, ont avec lui des ressemblances frappantes : presque tous les mots qui leur sont communs se prononcent de la même manière (1). L'influence septentrionale est d'ailleurs écrite partout sur le sol, et c'est la meilleure preuve de la dépopulation de la province, lors de sa cession à Rollon, ou d'un opiniâtre attachechement des Normands pour leur langue (2). MM. Auguste Le Prevost et Petersen ont indiqué un très-grand nombre de noms géographiques, dont l'origine germanique est fort vraisemblable (3) ; nous nous bornerons à en citer quelques-uns qui, pour la plupart, n'entraient pas dans le cadre de leurs recherches. *Le Havre* signifie en islandais le port (4) ; c'est le nom que l'on donne encore maintenant en danois à Copenhague (5) ;

(1) Il semble seulement probable que les anciennes aspirations normandes ont été fort adoucies par l'usage ; ainsi, par exemple, on trouve écrit dans les *Lois de Guillaume-le-Conquérant*, ch. xvi : Qui pur haur ne l'fist ne pur altre chose. L'accent parait aussi un résultat de l'influence germanique ; car on lit dans une lettre de Notker Balbulus, publiée par M. Grimm : Oportet autem scire, quia verba theutonica sine accentu scribenda non sunt præter articulos ; ipsi soli sine accentu pronuntiantur acuto aut circumflexo ; dans le *Gœttingische gelehrte Anzeigen*, 1835, n° xcii, p. 911.

(2) Un autre fait le prouve d'une manière bien positive : malgré les rapports de leur langue avec l'anglo-saxon, les Scandinaves qui s'établirent dans le Northumberland donnèrent à différentes localités des noms tirés de leur propre langue : Mœrg heiti landsins eru thar gefin a norræna tungu ; *Hakonarsaga goda*, ch. 3.

(3) Nous citerons, entre autres, les noms terminés en *beuf, bosc, by, dale, fleur, gard, houlde, land* et *tot*.

(4) La forme ancienne s'était beaucoup moins écartée de l'islandais *Hœfn* :

Braz fu de mer, hafne i aveit.

Lai de Gugemer, v. 152.

(5) Kjobenhavn, Port arrondi ; la forme latine est, comme on sait, *Haunta, Havnia et Hafnia*.

Dieppe est aussi une corruption de l'islandais *Diup*, Profond, qui se retrouve dans le nom de la Douve et dans les Dièpes de la Seine ; *Estrand* est la Côte ; *Ouistreham* et *Estreham*, le Village de l'ouest et de l'est. L'Auge et la Hague viennent sans doute de *Hagi*, Pâturage (1). On lit dans la Chronique de l'abbaye du Bec : In Normannia est quidam locus, qui dicitur *Beccus* et ita vocitatur a rivulo decurrente ; c'est, en effet, la signification de l'islandais *Beck*. Tous les noms où ce mot se trouve ont également un sens philologique : *Bolbec* signifie Ruisseau de la ferme (2) ; *Bricquebec*, Ruisseau escarpé (3) ; *Caudebec*, Ruisseau froid (4) ; *Foullebec*, Ruisseau puant ; *Houlbec*, Ruisseau encaissé (5) ; *Orbec*, Ruisseau fangeux ; *Robec*, autrefois *Rodebec*, Ruisseau rouge, et *Rolbec*, Ruisseau sinueux. On appelle encore maintenant les fosses des *Haules*, les bas-fonds des *Hoellandes*, les langues de terre qui conservent plus longtemps leur verdure pendant les sécheresses de l'été des *Groin*, les hauteurs sur le bord de la mer des *Hogues*, les petites îles des *Houlmes*, les promontoires des *Nez* et les courants d'eau rapides des *Raz*. Les dénominations géographiques prouvent même, d'une manière certaine, que les Normands conservèrent leur ancienne

(1) *Aucia*, *Auga* et *Augum* avaient probablement la même origine. On lit dans la charte de confirmation de l'abbaye de Saint-Etienne de Caen par Henri II : Cum sylva et algia et cum terris.

(2) C'est aussi le nom d'une paroisse du Danemark.

(3) Ou comme nous l'avons dit dans le Glossaire, Ruisseau qui a un pont.

(4) On l'a quelquefois appelé *Beccum Caletensium*, Ruisseau de Caux ; mais on trouve dans de vieux documents *fluvius qui dicitur Caldebech* et *Kald* signifie Froid en Islandais.

(5) Ce nom se retrouve aussi en Danemark.

langue longtemps après leur conversion au christianisme ; car ils ne durent pas s'empresser de bâtir des temples chrétiens dans les localités sans importance, et l'on retrouve dans de simples communes, comme Carguebu (1), Querqueville, Criquetot, Criqueville (2), le nom parfaitement reconnaissable de *Kyrkja*, qui signifie en islandais Église. Si les faits dont le souvenir est resté dans l'histoire n'autorisent point une critique circonspecte à attribuer aux Normands cette influence prépondérante sur la langue et la littérature françaises que Heeren a supposée (3), on peut du moins croire avec Hickes qu'ils apportèrent en Angleterre un grand nombre de mots d'origine danoise. « Quin etiam etsi voces, quas Normanni a Neustria sua ad majores nostros jam tum semisaxonice locutos detulerunt , ad tria genera reduxerimus, scilicet ad gallo-francicas, gallolatinas et danicas, notandum tamen est haud pauca in anglo-normannicis occurrere, de quibus statuere non possum, an danicae, vel gallo-francicae, an alius forte originis sunt (4). » On se tromperait singulièrement en

(1) Une paroisse des îles Féroë s'appelle également *Kirkeboe*, et il y a près de Copenhague un village de *Querkebi*.

(2) Cette transposition du ʀ est encore très-fréquente dans le patois Normand : quoique on écrive *Bretteville*, le peuple prononce toujours *Berteville*.

(3) Unter den auswærtigen Volkerschaften, die in den Jahrhunderten des Mittelalters Frankreich, entweder bloss durchstreiften, oder sich auch darin niederlessen, sind die Normannen unstreitig diejenigen, denen nicht allein die franzœsiche Sprache sehr viel zu verdanken hat, sondern die auch den ganzen Gange der franzœsichen Litteratur in ihrer ersten Periode grossentheils, die ihr eigenthümliche Richtung gaben ; *Ueber den Einfluss der Normannen auf die franzœsiche Sprache und Litteratur*, dans l'*Historische Werke*, t. ɪɪ, p. 532.

(4) *Grammatica anglo-saxonica*, p. 15?

jugeant la langue usuelle des Normands au moment de la conquête par les lois de Guillaume, qui ont certainement été récrites sous ses successeurs, ou même par la grande quantité de mots français dont l'anglais est bigarré; car la domination normande répandit le goût de la langue et de la littérature françaises, et, comme l'a remarqué Skinner, beaucoup d'écrivains, parmi lesquels on regrette de compter Chaucer, y introduisirent encore, plusieurs siècles après, un grand nombre de mots nouveaux : « Chaucerus, pessimo exemplo, integris vocum plaustris ex eadem Gallia in nostram linguam invectis, eam nimis antea a Normannorum victoria adulteratam, omni fere nativa gratia et nitore spoliavit, pro genuinis coloribus fucum illinens, pro vera facie larvam induens (1). »

Les développements naturels d'une langue commune à tout un peuple sont contrariés par des influences si nombreuses et si variables qu'en voulant systématiser toutes les lois qui les régissent, on arrive à de prétendus principes d'une variété trop infinie pour avoir un caractère véritablement scientifique. Les idiômes qui, comme l'allemand, se sont développés, pour ainsi dire intérieurement, à l'abri des langues étrangères, échappent jusqu'à un certain point à ces tiraillements en sens divers et conservent une sorte d'unité historique ; il n'en est pas ainsi du français : composé d'éléments hétérogènes, disséminés dans cent patois différents (2), il les a réunis

______

(1) *Etymologicon linguae anglicanae*, préface.

(2) M. Schnakenburg en a fait connaître un assez grand nombre, quoique son *Tableau synoptique et comparatif des idiômes populaires de la France*,

un peu au hasard selon les circonstances et les besoins du moment. Le fond est sans doute le dialecte que l'on parlait dans l'Ile-de-France, mais la prééminence littéraire du normand (1), les mariages de nos rois avec des femmes du midi, amoureuses de l'élégance et du plaisir, mille autres circonstances individuelles, dont l'histoire n'a pu garder un souvenir complet, amenèrent de si fréquents changements dans la langue, qu'on ne reconnaît plus d'esprit systématique dans la formation des mots, ni d'unité dans la prononciation. Lors même que les emprunts eussent été plus multipliés, et qu'une accentuation différente ne les eût pas masqués, les caractères particuliers de chaque patois n'en auraient pas moins disparu dans une fusion qui s'est continuée pendant plusieurs siècles. Pour remonter aux radicaux primitifs et saisir les lois qui ont dominé les développements de la langue et lui ont donné de l'ensemble et de l'harmonie, il faut l'étudier à la source, dans la bouche même du peuple.

Malheureusement l'étude historique des patois présente aussi d'insurmontables difficultés. D'abord il existe à côté, ou pour mieux dire au-dessus, une langue plus raffinée et plus intolérante qui exerce une vé-

Berlin 1840, soit déplorablement incomplet. Les quatre-vingt-cinq traductions de la parabole de l'Enfant prodigue recueillies par M. Coquebert de Monbret, dans ses *Mélanges sur les langues, dialectes et patois* sont elles-mêmes bien loin de donner une idée de la multiplicité de nos patois. M. Spano a pu insérer dans son *Ortografia sarda nazionale*, Cagliari 1840, jusqu'à vingt-deux traductions différentes du *Pater noster* en patois sarde.

(1) La plus grande partie de nos anciens écrivains appartient à la Normandie, au moins par la langue : la Chronique de Geoffroy Gaimar, le Voyage de Charlemagne, la Chanson de Roland, la traduction des Livres des Rois,

ritable pression sur toutes les formes qui leur sont propres. Leur syntaxe se simplifie et s'efface de plus en plus ; ils cessent bientôt de pouvoir se prêter aux jeux de la pensée et ne conviennent plus qu'à l'expression naïve et toute matérielle d'un besoin ou d'une idée (1). Ils n'ont plus d'autre prétention que d'être aussi faciles à prononcer qu'à comprendre, et dans ce but ils rejettent ou modifient les lettres qui embarrassent la prononciation, et établissent entre les sons des rapports qui rappellent ceux qui existent entre les idées. Ainsi, par exemple, la *Chopine* se nomme à Nancy *Chopinte*, et la forme ronde et allongée du grain d'une espèce de haricot qui gardait en vieux-français son nom latin *Faséol* (2), et avec la désinence des diminutifs *Faséolet*, l'a fait appeler par le peuple *Flageolet*. Sans doute, comme nous l'avons dit, la langue d'un grand pays a sa base dans l'esprit de la nation et se développe naturellement par les manifestations de sa pensée : mais les patois particuliers aux dernières classes sont loin d'offrir les mêmes caractères de fixité et de nécessité. Soumis dans chaque localité à des influences diverses qu'aucune raison générale ne neutralise, ils se grossissent au hasard d'importations étrangères (3) et d'imaginations indivi-

celle de Marbod, les poëmes de Wace et de Philippe de Thaun, les chroniques de Benois et de Jordans Fantosme, le Chastoiement d'un père à son fils, le Lai d'Ignaurès, la branche du Roman de Renart par Richard de Lison, etc.

(1) Nous ne parlons pas de certaines poésies ambitieuses, comme sont par exemple celles de Jasmin, qui dédaignent la naïveté des patois et aspirent à en faire des langues littéraires : le talent qu'on y peut mettre fait mieux ressortir l'inintelligence de la tentative.

(2) On le trouve encore dans Rabelais, *Pantagruel*, l. III, ch. 8.

(3) Il est, par exemple, difficile de croire que *l'ocha* qui signifie dans le

duelles qui ne relèvent que du caprice. Par ignorance ou par métaphore on donne souvent aux choses des noms qui dans d'autres localités en désignent de différentes : *Tolupe* le nom du Coquelicot dans l'arrondissement de Bayeux est sans doute une corruption de *Tulipe*, et le *Coquesne* est à Valognes le *Petit érable* et non le *Frêne à fleur*, comme en vieux-français (1). Peut-être n'est-il pas un petit centre de population qui ne change entièrement le sens de certains mots, ou n'affectionne des expressions presque entièrement inconnues aux autres. Ainsi le Moineau est appelé Pisli à Avranches, Pottin à Coutances, Moisson à Valognes, Friquet à Bayeux et Quilleri dans l'Orne (3). Les noms de la pomme de terre sont encore plus variés ; on trouve dans

patois de la Meuse, Petite mare, Flaque d'eau, n'ait point de liaison avec l'anglais *Poachy*, Marécageux ; mais si frappantes qu'elles soient des ressemblances qui ne s'appuient point sur des faits historiques, doivent toujours inspirer une grande défiance. Ainsi l'on serait d'abord tenté de voir des rapports d'origine entre le pronom anglais de la première personne et celui du patois de Montbelliard :

> Y olli errai dans in champ
> Que n'aivai pe de terre.

Dans Fallot, *Recherches sur le patois de Franche-Comté*, p. 128. Mais on comprend bientôt que cette ressemblance orthographique a pu arriver de deux manières ; par l'adoucissement du pronom allemand *Ich*, ou par le rejet de la finale romane qui est restée en espagnol, en italien et en valaque.

(1) *Quequesne*, dans le *Glossaire latin-français* de la Bibliothèque de Lille, K. 36.

(2) A Avranches, par exemple, on appelle le tombereau *Kotte*.

(3) Les noms significatifs sont surtout soumis à de grandes variations. tout le monde n'est point frappé des mêmes circonstances et ne les rend pas de la même manière. Ainsi la Bergeronnette est appelée selon les localités *Hochequeue, Branlequeue, Baquoue, Baquoile, Danchemare, Batemare. Batalesive et Lavandière* : on l'appelle en breton *Kannerezig-ann-dour*, Petite batteuse d'eau.

des communes à peu près limitrophes, Colinette (1) , Gaingain, Pataffe (corruption de *Patate*), Quinquin (le même nom que *Gaingain*), Tambourin, Tartouffle (sans doute de l'allemand *Kartoffel*), et Truche (corruption de *Truffe*) (2). Le patois d'Avranches nous offre même l'exemple remarquable d'une différence purement grammaticale : il a conservé dans certains temps du verbe *Aller* des formes qui ont sans doute appartenu d'abord à une conjugaison différente :

SUBJONCTIF PRÉSENT.

Que je m'en oige,
Que tu t'en oiges,
Qu'il s'en oige,
Que je nous en allions,
Qu'on vous en alliez,
Qu'ils s'en oigent.

Et ce qui rend plus curieuse encore la nouvelle intrusion d'un autre verbe dans cette conjugaison, c'est qu'il est probablement d'origine gothique (3), et qu'on ne le retrouve point dans les autres dialectes romans.

Cet élément arbitraire et local qui s'introduit inévitablement dans tous les patois, en rend déjà les étymologies suspectes, et d'autres raisons , à la fois plus générales et plus essentielles, en infirment toutes les bases. Sauf quelques rares exceptions, ce sont des conjectures

_____

(1) Ce nom désigne plus particulièrement la pomme de terre longue.

(2) Dans une seule commune du canton de Murat (Cantal), selon M. de La Bouderie, *Mémoires de la Société royale des antiquaires de France*, Nouvelle série, t. II, p. 385, on lui donne jusqu'à quatre noms : *Treufa, Trifola, Patyn* et *Nouver*.

(3) Tout semble au moins indiquer qu'il vient par aphérèse de *g-aggan*.

plus ou moins ingénieuses qui ne peuvent prétendre à devenir de la science. La permutation régulière des lettres qui leur donnerait un caractère scientifique, suppose une connaissance exacte de trois éléments qui par la nature même des patois échappent à toutes les recherches. Un patois ne se détache pas tout-à-coup des langues dont il dérive : elles sont d'abord altérées par des corruptions irrégulières dont il ne reste aucune trace, et les premières tentatives de reconstruction dans un langage véritablement différent ne se fixent pas non plus dans la mémoire du peuple (1). Voilà donc deux données, la connaissance des dernières altérations de la langue et celle des premières ébauches des patois, qui sont nécessaires à l'histoire des mots puisqu'elles permettent seules d'apprécier les changements qui en ont modifié la forme, et toutes deux sont également impossibles. Peut-être enfin n'a-t-on point suffisamment tenu compte d'un fait capital, c'est que les révolutions des langues, et plus particulièrement encore la formation des patois, ne se font point par l'écriture des lettrés, mais par la parole du peuple. Les plus savants travaux qui soient venus à notre connaissance, acceptent comme une vé-

(1) Le nom latin du *Fenouil*, Feniculum, ne vient pas, comme le prétend assez ridiculement Ménage, de *Fenum ;* ce n'est pas certainement *De petit foin :* à sa forme, on le croirait volontiers d'origine celtique quoique sa racine n'existe pas en breton; mais on trouve en erse *Fineal* et en Irlandais *Feneul.* Une coiffure semblable au *Bavolet* des Normandes que ce glossaire explique par *Petit voile bas,* s'appelle dans le patois de la Meuse *Bagnolet,* et ce mot a de grands rapports avec le latin *Panneolum,* Petit voile. Nous citerons encore le normand *Affurer,* Voler ; la prosthèse d'une voyelle était si fréquente, surtout dans les verbes, qu'on ne sait s'il vient de *Furari* ou d'*Au-ferre,* et la connaissance de la première forme lèverait toutes les incertitudes.

rité préliminaire, ou l'immobilité de la prononciation ou son exacte représentation par l'ancienne orthographe, et malheureusement ce sont là deux suppositions qui ne sauraient non plus avoir aucune réalité. Le Chant des Frères Arvals (1), et l'Inscription de la colonne rostrale (2) prouvent qu'il n'y avait même pas à proprement parler d'orthographe latine : chacun obéissait plutôt aux caprices de son oreille qu'il ne se conformait à des habitudes générales, et écrivait un peu à sa guise. Les Celtes ne paraissent même pas avoir jamais possédé de caractères nationaux, ayant par conséquent une valeur reconnue, et au milieu du IXe siècle, au moment même de la formation de nos patois, l'allemand Otfrid disait dans la lettre qui précède son poème sur le Christ, comme une des grandes difficultés de son entreprise, que ses compatriotes « usum scripturae in propria lingua non habere (3). » Le roman lui-même ne s'écrivit guère avant le XIIe siècle, et les irrégularités d'orthographe étaient assez constantes pour empêcher d'en tirer aucune induction légitime : au lieu de *Chesne* ou *Quesne*, les deux formes habituelles de *Chêne*, la traduction des Livres des Rois, où tout cependant manifeste le travail d'un clerc, écrit à quelques lignes seulement de distance *Chaigne* et *Chaidne* (4). Dans une

(1) Voyez Marini, *Gli atti e monumenti dei fratelli Arvali*, tabl. XLI ; chaque vers est répété trois fois et les variantes sont assez considérables pour avoir jeté de grandes obscurités sur le sens.

(2) Voyez Graevius, *Thesaurus antiquitatum romanarum*, t. IV, p. 1810, ou M. Egger, *Latini sermonis vetustioris reliquiae selectae*, p. 102.

(3) Dans Schilter, *Thesaurus antiquitatum teutonicarum*, t. I, p. 10.

(4) P. 186 et 187, éd. de M. Leroux de Lincy.

lettre fort curieuse de 1453, on trouve encore avec la forme *Angloix* vingt fois répétée : « Et y furent les champs tous couverts d'*Engles* (1). » Quant à la prononciation, les poètes n'auraient pu prendre tant d'étranges libertés avec elle, si elle eût été véritablement fixée. Ce n'est pas là une simple conjecture, les preuves abondent ; pour en citer une qui dispense de toutes les autres, il y a des syllabes sur lesquelles la voix glisse avec rapidité quoiqu'elles soient marquées d'un accent circonflexe (2). Ces corruptions de la prononciation varient même selon les temps et selon les lieux, et ajoutent de nouvelles difficultés à la recherche des étymologies les plus difficiles : ainsi l'origine du français *Blaude* est rendue encore plus obscure par la forme *Glaude* qui a prévalu dans le département de la Meuse.

Les patois ne se forment d'ailleurs qu'à des époques d'imagination, où la parole animée du peuple détourne à chaque instant les mots de leur signification primitive. Beaucoup de ces expressions métaphoriques passent dans la nouvelle langue avec un sens littéral, et créent d'inextricables difficultés aux savants qui ramènent toute l'histoire des langues à de simples permutations de lettres (3). Pour être adoptés par tout un peuple, ces changements de signification ne peuvent

(1) *Bibliothèque de l'Ecole des chartes*, Deuxième série, t. II, p. 246-247. Nous avons choisi cet exemple entre mille, parce qu'il prouve que la prononciation fermée de la diphtongue *oi* est bien plus ancienne que Regnier, qui s'en moquait cependant comme d'une nouveauté.

(2) Hôpital, Patenòtre, Pentecôte.

(3) Ainsi, par exemple, *Loquence* est sans doute une corruption d'*Eloquentia* et *Avoir de la loquence* signifie dans le patois de Reims : Avoir une voix très-forte.

être amenés par un pur caprice d'imagination : ils tiennent à des idées, généralement répandues, dont la connaissance importe sérieusement à qui veut étudier les développements de l'intelligence publique ; mais dans la rapide succession de faits qui composent l'histoire, elles changent bientôt à leur tour et il n'en reste plus aucune autre trace que les mots dont elles ont modifié la valeur. Toutes les étymologies de ce genre sont donc nécessairement un peu hasardées, et nous nous bornerons à en indiquer un petit nombre qui nous paraissent suffisamment vraisemblables.

Latin *Burrae* (1), Choses sans valeur ; *Bourrier*, Mauvaises herbes.

Islandais *Farsiuk*, Gravement malade ; *Fersir*, Être transi, Tremblotter (2).

Islandais *Kof*, Embarras d'esprit ; *Encovir*, Désirer ardemment.

Islandais *Korra*, Respirer difficilement ; *Chorer*, Marcher lentement, Couver une maladie.

Islandais *Litt*, Mauvais ; *Lité*, Mal levé.

Islandais *Lure*, Lâcheté ; *Laurer*, Pleurer.

Islandais *Skafin*, Brave (3) ; *Escafer*, Tuer.

---

(1) Nous ne l'avons vu que dans Ausone :

> At nos illepidum, rudem libellum,
> Burras, quisquilias ineptiasque.
> *Praefatiuncula ad Latinum Pacatum*, v. 4;

et il est probable que l'origine en est celtique. Au moins selon Scaliger, la majeure partie des nations Aquitanniques appelaient *Burrae* les vétilles, les niaiseries (Quisquiliae) : en espagnol et en catalan *Burro* signifie encore Ane et *Burrada*, Anerie, Sottise : le peuple donne le même sens à *Bourrique*.

(2) C'est sans doute aussi l'origine de *Farcin*, en vieux-français *Fersin*.

(3) *Scafion* signifiait encore en vieux-français Voleur de grand chemin.

Anglo-saxon *Hrestan*, Se reposer ; *Arestison*, Retard.

Vieil allemand *Geren*, Désirer avidement ; *Gouras*, Gourmand.

Vieil allemand *Heuer*, Tête de bête sauvage : *Ahurir*, Abasourdir (1).

Quoique aussi diverses que toutes les figures de mots qu'imagine la fantaisie des poètes, ces transformations se rattachent, pour la plupart, à un petit nombre de causes dont on peut au moins pressentir l'influence. Quelquefois, par exemple, on donne un sens particulier à des mots dont la signification était générale : ainsi, l'anglais *Flip*, Cordial, désigne, dans le patois normand, une Boisson composée de cidre, d'eau-de-vie et de sucre. Souvent, au contraire, c'est le sens particulier qui est oublié ; l'idée se généralise ; puis, par une nouvelle métaphore, les mots s'emploient dans une acception tout-à-fait différente de celle qu'ils avaient d'abord : le normand *Effabi*, Troublé, Effronté, semble venir de l'islandais *Favis*, Sot, Grossier (2); et *Flanier*, Avare, de l'islandais *Flanni*, Libertin. Parfois aussi le changement de signification est amené par une sorte d'opération logique de l'intelligence ; ainsi, du latin *Egenus*, Pauvre, on a fait sans doute *Eguené*, Avare (3),

______

(1) Littéralement Donner une tête de bête sauvage. Le vieux-provençal *Abuzar*, dont la signification était la même, signifiait au propre, Rendre ours, et l'on disait des criminels auxquels il était permis de courir sus qu'ils portaient une Tête de loup : Wargus sit, hoc est expulsus, disait aussi la Loi des Ripuaires et *Varg* signifie Loup en islandais.

(2) S'il venait du latin *Favonius*, Bâtard, un changement de même nature aurait eu lieu.

(3) Il aura sans doute signifié d'abord Qui fait peu de dépense.

et *Equené*, Affamé, Affaibli (1). Il est enfin des idées particulières à chaque population, qui réforment la valeur des mots et les marquent à leur empreinte. Un adage du Hava-Mal, que le français a traduit par le proverbe populaire : *Mieux vaut goujat debout qu'empereur enterré*, montre quelle estime les peuples du Nord faisaient de la vie pour elle-même ; et cette idée, si naturelle à des guerriers qui ne croyaient pas même qu'il fût permis de se reposer pour mourir (2), s'est exprimée par le sens méprisant que le patois normand donne à trois corruptions différentes du latin *Caro*, Chair (3). Sous l'influence du respect général qu'inspirait la vieillesse, il a modifié aussi l'acception primitive de *Chenu* (4) et *Cossu*, Vieillard (5) et y attacha une idée d'excellence. La signification injurieuse qu'a prise le mot latin *Coquus*, Cuisinier (6), confirme l'opinion des savants, qui placent le berceau de nos ancêtres dans un pays où la pré-

(1) Dans le patois du Berry, *Acni* (Haqueny) dont l'origine est certainement la même, signifie Tombé d'inanition, Éreinté, Épuisé.

(2) Les anciens Scandinaves professaient un souverain mépris pour ceux qui *mouraient sur une paillasse*, et pour éviter une telle ignominie, *ils se taillaient des runes sur le corps* avec leur épée.

(3) *Cari*, Haridelle ; *Carne*, Cheval sans énergie et sans vie ; *Carou*, Corps sans âme ; la même idée a formé le français *Charogne*. Nous devons dire cependant qu'en breton *Kar* signifie Chose sans valeur.

(4) Or se vont tuit de vos gabant,

Juesne et chenu, petit et grant.

Erec et Enyde, B. R. fonds Cangé, n° 73, fol. 10 v°, col. 1, v. 40.

Il pourrait cependant venir aussi du breton ; *Kann* y signifie Brillant.

(5) *Cossi* selon Pezron, *Antiquité de la nation et de la langue des Celtes*, p. 279 ; *Koz* a conservé cette signification en breton. Dans un glossaire latin du XI⁰ siècle de la Bibliothèque de Rouen, cat. prov. A, 389, *Cossualia* est interprété par Festivitates.

(6) *Coquin* eut même sans doute pendant quelque temps la signification du latin, car on lit dans l'*Apparition de maistre Jehan de Meung* par Honoré Bonnet :

paration des aliments et le meurtre des animaux nécessaires à notre subsistance étaient une cause d'infamie.
Une réminiscence de ces temps, antérieurs à tous les témoignages positifs de notre histoire, a sans doute changé
aussi le sens de l'islandais *Kockr*, Cuisinier, et en a fait
le normand *Achocre*, Lourdaud, Maladroit (1).

Les langues qui se développent, pour ainsi dire, spon-
tanément et sont fixées par la littérature d'un peuple,
finissent par modifier ou même rejeter entièrement
les mots étrangers qui ne s'accordent point avec les habitudes de la prononciation ou l'esprit du vocabulaire;
mais il n'en saurait être ainsi des patois, qui sont créés
selon les besoins du moment pour servir d'intermédiaire à de nombreux idiômes : ils se grossissent indifféremment de tous les mots, que d'inappréciables
hasards leur rendent nécessaires. Il y a donc un certain nombre d'expressions empruntées à d'autres patois, dont les corruptions n'ont pu être déterminées
par des principes entièrement semblables (2). Pour

> Or sont venuz meschans devins,
> Sorceliers, arquimaus coquins,
> Qui vuellent par art d'invoquer
> Sans Dieu les malades saver.
>
> B. R. fonds français, n° 7202, fol. 8, recto.

Selon Hickes, il aurait été pris aussi dans une autre acception qui se rapprochait beaucoup plus de l'idée primitive : Nunc *Coquin, Coquine*, quae
olim apud Gallos otio, gulae et ventri deditos, Ignavum, Ignavam, desi-
diosum, Desidiosam, Segnem significabant; *Linguarum veterum septentrio-
nalium thesaurus*, t. I, p. 251. *Gueux* est sans doute aussi une corruption
de *Queux* : Le duc trois gueux pour sa bouche, chascun compté par quatre
mois, et doit le gueux en sa cuisine commander, ordonner et estre obey ;
Olivier de la Marche, *Estat de la maison de Charles-le-Hardy*; année
1474, t. II, p. 520, éd. de Petitot.

(1) Le patois de Rennes emploie ce mot avec la même acception.

(2) Les patois d'un même peuple ont rarement des origines diverses ; ils

donner une base scientifique aux étymologies, il faudrait par conséquent reconnaître avec certitude la patrie primitive de chaque mot, et l'on sait seulement que le mélange fréquent de toutes les provinces dans une histoire commune dut amener de nombreux échanges de mots. A défaut de preuves plus positives, on trouverait, dans les différents patois, beaucoup de phrases proverbiales dont la construction et l'idée sont trop bizarres pour avoir été imaginées dans plusieurs provinces indépendantes. Nous en choisirons quelques exemples dans le patois normand : *Ne pas en être bon marchand* signifie aussi, dans le patois bressan, Avoir sujet de se repentir d'une chose; et, dans les Maximes généralles du droict françois, le berrichon Delommeau se servait de la singulière locution : *Être fait mourir* : La loy de Draco estoit bien plus rigoureuse, par laquelle les parents de celuy qui avoit tué un home estoient faits mourir, s'ils pouvoient estre apprehendez, a faute de trouver et apprehender celui qui avoit tué. *Avoir de quoi* est dans Regnier (1); Benois disait, dans sa Chronique rimée :

> Les dous purneles de ses uiz
> Ne gardout pas plus cherement (2);

ne sont différents que parce que les altérations des idiômes primitifs n'ont pas constamment suivi les mêmes lois.

(1) Pourveu qu'elle soit riche et qu'elle ait bien de quoy.

Satire III, v. 144.

On trouve déjà dans le *Registre des mestiers de Paris*, par Estienne Boileau : Il puet estre chavenacier à Paris qui veut franchement, pour qu'il sache le mestier fère, et qu'il ait de coi; p. 149, éd. de M. Depping. C'est probablement une ancienne forme latine, car on lit dans Pétrone, ch. 45 : *Et habet unde.*

(2) L. II, v. 12724.

et notre expression elliptique : *Avoir le ventre serré* se retrouve, avec son complément, dans un poème qui remonte au XIIe siècle :

> Dist li rois : Dame, bien puet estre verté ;
> J'en ai le cuer el ventre si serré
> Que ne me puis aidier ne conforter (1).

Il y a d'ailleurs, dans les patois, des mots qui n'ont pas vraisemblablement une origine normande ; tels sont, par exemple, *Davec*, dont le D préfixe (2) se retrouve à l'autre bout de la France, dans le patois du Béarn (3) ; *Andain* et *Staseran*, Ce soir, qui, si l'on en croyait d'étranges ressemblances, viendraient de l'italien *Andare* et *Stasera* ; *Choumacre*, Cordonnier, dont la prononciation allemande s'est même assez bien conservée (4). Quelques-uns sont évidemment empruntés au culte

(1) *Chanson du vilain Hervi*, B. R. fonds de Saint-Germain français, n° 1244, fol. 9, v° col. 1, v. 4 Nous pourrions multiplier presque indéfiniment ces exemples ; *Faire les cent coups*, *Jouir d'une chose* (En venir à bout), *Battre la breloque* (Déraisonner), etc.

(2) C'est probablement la préposition *De* que la basse-latinité réunissait souvent avec d'autres prépositions, *De sub*, *De intus*, *De ab ante*, etc. Ces capricieuses réunions étaient aussi très-fréquentes en vieux-français ; Vauquelin de La Fresnaye disait dans son *Art poétique* :

> Il advint du depuis qu'avec le mouvement
>
> Le violon joua beaucoup plus plaisamment,

et cette locution s'est conservée dans le patois normand.

(3) Digat me, Paloumettes,
Qui y ey a Cauterès ?
— Lou rey et la reynette
Si bagnan *dab* nous tres.
Dans M. Mazure, *Histoire du Béarn et du pays basque*, p. 480.

(4) On dit cependant dans l'arrondissement de Valognes *Sur l'aséran*, Sur le soir, et le vieux-français employait dans le même sens *Sérée* et *Sérence*.

(5) On dit aussi quelquefois *Choumaque*.

catholique, comme *Adoremus*, Révérences ; *Agios*, Longs discours, et *Agiots*, Cérémonies, Caresses hypocrites (1); *Aspergès*, Goupillon (2), et *Rabis*, Salutations (3). D'autres semblent même remonter à des religions abandonnées depuis des siècles : *Amomi*, Fou, est sans doute dérivé de Momus, Dieu de la folie ; *Apolon*, Corset, a probablement aussi une origine mythologique, puisqu'il se retrouve dans le patois de la Meuse et qu'on lit dans l'Elucidari de las proprias :

Apolavo'l febus, que vol dire bel (4).

On a même conservé, surtout dans le Bocage, l'exclamation *Perjou*, qui est certainement l'ancien serment des payens *Per Jovem* (5). D'autres mots sont restés dans

---

(1) Autrefois les chantres se mettaient en voix en chantant le verset grec *Agios, Ischiros*. On trouve aussi *Agios* en vieux-français :

    Faut-il faire tant d'agios ?

    Commancez mes petits deablos.

    Arnoul Gresban, *Mystère de la Passion*.

Dans le patois de Nancy *Agiole* signifie Simagrée, Singeries : La signification de l'islandais *Kias*, Flatterie, peut cependant inspirer des doutes sur cette origine.

(2) C'est aussi sans doute l'origine du français *Aspersoir*.

(3) D'autres souvenirs de la Passion sont restés dans le patois normand : on dit proverbialement : Etre renvoyé de Caïphe à Pilate, et Etre connu comme Barabas à la Passion. Probablement le nom de *Lune rousse* que l'on donne à la lune d'avril, pendant laquelle le temps est souvent assez froid, vient de la couleur des cheveux de Judas : par une autre souvenir biblique on appelle la première semaine de mai qui en fait ordinairement partie, semaine de Caïn.

(4) Dans Raynouard, *Lexique roman*, t. III, p. 297. Ce mot existe aussi dans le patois de la Meuse, et peut-être, malgré le latin *Pallula*, doit-on assigner la même origine à *Polacre*, *Pouiller* et *Pouillot*.

(5) D'autres souvenirs de l'histoire ancienne sont restés populaires ; on appelle en Normandie les veuves inconsolables des *Artemises* et dans son *Dictionnaire roman* dom François cite *Acale* comme un synonyme de Bon et fidèle ami.

la mémoire du peuple après des événements qui avaient vivement frappé son imagination, comme *Bosche*, *Horion* et *Tac* qui se rattachent tous trois au souvenir d'une épidémie (1). Il en est quelques-uns qui n'ont été empruntés à aucune autre langue. C'est le patois qui les a créés lui-même avec assez de justesse pour qu'ils soient devenus d'un usage général. Le nom normand du *Pic*, l'*Épé*, désigne aussi heureusement que le mot français un oiseau qui fait des trous dans les arbres (2); le *Martinet*, l'Hirondelle des fenêtres, est un petit oiseau qui commence à se montrer dans le mois de *mars* (3), et le nom de *Piquerolle* convenait fort bien à la Rougeole qui couvre la peau de taches rouges, semblables à des piqûres (4). Quelquefois enfin les patois n'empruntent que l'idée des mots et l'expriment avec leur propre vocabulaire ; ainsi le nom vulgaire que l'on donne en Normandie à la Prèle, *Queue de cheval*, se retrouve dans le breton *Lôst marc'h*, et tous deux sont une traduction littérale du latin *Equisetum*.

Pour se guider à travers toutes les obscurités qui cachent les origines du vocabulaire et reconnaître au moins la filiation des mots qui n'ont subi en venant d'une autre langue que des changements d'orthographe,

______

(1) Mais la signification s'en est singulièrement modifiée ; ainsi l'on n'attache plus à *Bosche* qu'une idée de puanteur, et le *Tac* qui n'était en vieux-français qu'une sorte de grippe, est devenu dans le patois normand une maladie extrêmement dangereuse ; peut-être parce qu'on y avait conservé le mot islandais *Tak*, Pleurésie.

(2) La même idée l'a fait nommer *Wood-pecker* en anglais et *Biche-bou* dans le patois lorrain.

(3) Le patois de la Meuse l'appelle *Martelot*.

(4) Le patois lorrain lui donne un nom analogue au français, *Pourperelle*.

il faudrait pouvoir s'appuyer sur un système régulier de permutation, et l'on ne trouve dans le patois normand que cette loi, commune à tous les langages usuels, qui subordonne à la commodité de la conversation les souvenirs étymologiques, et les similitudes de son, par lesquelles l'intelligence se plaît à marquer la parenté des idées. Ce principe, d'une variété infinie dans ses applications, n'y a même jamais eu la puissance dominante qu'il exerce ordinairement dans les corruptions qui constituent les patois. Le normand s'est formé par le mélange d'idiômes appartenant à des familles aussi différentes par les habitudes de la prononciation que par la grammaire, et loin de rendre ses éléments latins encore plus euphoniques et plus usuels, il leur a souvent donné des articulations plus fortes et plus rudes à l'oreille. On peut cependant tirer de sa comparaison avec le français la connaissance de quelques tendances habituelles qui ajoutent à la vraisemblance de certaines étymologies ou empêchent l'imagination de s'égarer à leur poursuite. D'abord, il n'introduit que très-rarement de nouvelles lettres dans l'intérieur des mots, si ce n'est dans un but évident d'euphonie, comme pour séparer des consonnes que d'anciennes contractions ont accumulées dans la même syllabe. Au commencement des mots dont la première lettre est un s suivi d'une consonne, il ajoute aussi souvent, comme en italien, un E (1). Souvent même, sans doute pour éviter un concours désagréable avec d'autres mots, il fait précéder d'une voyelle simple ou nasalisée des consonnes initiales

____

(1) *Esquelette; Escorpion*, comme en vieux-français, dans Keller, *Romvart*, p. 262.

dont la prononciation n'exigeait aucun effort (1). Le ronflement du R lui inspire une répugnance marquée. Au commencement des mots il le transpose et en diminue encore le son en rendant la voyelle plus sonore (2). Il le rejette aussi à la fin des syllabes qui commencent par une autre consonne (3) et ne lui donne après un E, à la fin des mots, que la valeur d'un accent. Quelquefois enfin il le change en L (4), ou le supprime entièrement, surtout devant les liquides (5). Il évite aussi soigneusement le son du G suivi d'un N (6), et par une singulière coïncidence avec l'italien, il prononce quelquefois GL comme un L mouillé (7). Mais, quoique générales, ces règles et celles qu'une étude attentive du patois normand découvrirait encore (8), ne sont point assez constantes pour servir de base certaine à des recherches sur l'origine des mots. Les étymologies que nous allons indiquer s'appuyent sur de capricieuses ressemblances que le sentiment de chacun apprécie à sa guise, et n'ont point ce caractère profondément systématique qui peut seul légitimer des prétentions scientifiques.

(1) *Adouler, Etrichard, Encharger*, comme en vieux-français; *Thrésor des récréations*, p. 112.

(2) *Arcondire, Ahauchier, Artrourser.*

(3) *Berdouiller, Bertelle; Forment*, comme en vieux-français; *Chevalerie Ogier de Danemarche*, v. 3812.

(4) *Angola*, comme dans le patois du Tarn.

(5) *Abre, Bône, Cône, Mélan, Mêle.*

(6) *Enseiner, Sinc*, (Signature), *Vine.*

(7) Dans le patois de Saint-Lo; *Liand, Lianne.*

(8) Voyez ce que nous avons déjà dit, p. LII. Au reste, il y a dans chaque localité certaines variantes de prononciation qui lui sont propres. La régularité ne peut s'établir que dans une langue d'un usage assez étendu pour que les hasards et les caprices individuels qui exercent une si grande influence dans les petits cercles, soient neutralisés par l'esprit de la langue et les habitudes générales de la prononciation des masses.

Les patois que créa la nécessité d'un langage usuel qui servît d'intermédiaire à des idiômes différents durent s'écarter beaucoup plus du latin que la langue littéraire. Par l'effort des traductions pour se rapprocher de leurs modèles et les doctes préoccupations des clercs, elle en voulait conserver tout ce qui n'était pas contraire au nouvel esprit dont elle était animée (1), tandis que, abandonnés de plus en plus aux dernières classes du peuple, les patois s'éloignaient insensiblement de leurs sources latines. L'influence toujours croissante du français put seule neutraliser leurs tendances, ou même par une foule de mots nouveaux leur donner des apparences opposées ; mais quelques faits mal appréciés ne sauraient prévaloir contre le développement naturel des choses. La plupart des mots normands d'origine latine, qui sont étrangers au français, en ont donc disparu après une longue désuétude : nous citerons entre autres : *Affurer*, de Furari plutôt que d'Auferre (2) ; *Agratier*, de Gratus (3) ; *Alipan*, d'Alapa (4) ;

(1) Elle en conserva d'abord quelques habitudes de syntaxe et même des flexions qui marquaient les cas, puis elle remplaça par des dérivés du latin un assez grand nombre de mots dont l'origine était différente, et enfin introduisit dans l'orthographe des lettres muettes qui n'avaient aucun autre but que de la rapprocher des formes latines.

(2) Ce mot existe aussi dans l'argot.

(3) Il n'est pas indiqué dans le Dictionnaire de Roquefort, mais on lit dans le *Trettie du joli buisson de joncce*, par Froissart :

> Tu ne dois pas escarcyer
> Ce qui te poet agracyer.
> *Poésies*, page 351.

Le français moderne *Agréer* est bien plus éloigné de sa racine ; on dit aussi en Normandie *Rengratier*, Remercier, Rendre grâce.

(4) On disait en vieux-français *Alipe*.

Arder, d'Ardere ; *Avios* d'Avis ; *Clavette*, de Clavis (1) ; *Coffin*, de Cophinus (2) ; *Coger*, de Cogere ; *Cortine*, de Cortina ; *Courgée*, de Corrigia (3) ; *Eduquer*, d'Educare (4) ; *Essiau*, d'Exitus ; *Grenons*, de Crines ; *Ilau*, d'Illic ; *Inditer*, d'Indicere ; *Malon*, de Malum (5) ; *Poultre*, de Pullitra ; *Querir* , de Quaerere ; *Raine*, de Rana (6). Il en est cependant quelques-uns qui semblent ne lui avoir jamais appartenu, au moins d'une manière générale, comme *Aclas*, de Claudere (7) ; *Aubouffin*, d'Album fanum ; *Avernom*, d'Adversum nomen ; *Bacul*, de Baculus ; *Custos*, de Custos (8) ; *Emolenté*, de Molitus (9) ; *Enouler*, d'Enucleare ; *Esiquié*, d'Exiguus ; *Eterse*, d'Extergere ; *Itou*, d'Ita (10) ; *Lime*, de Limes ; *Margo*, de Merga ; *Pous*, de Pulsum ; *Precimé* et *Princimi*, de Proxime ; *Queutre*, de Culter et *Vésonner*, de Vesanus (11). D'autres sont

(1) Ou peut-être de *Clavus*, comme le vieux-français ; *Claviot*, qui a la même origine, n'a pas d'analogue en français.

(2) Dans le patois de la Meuse, la signification latine s'est mieux conservée; *Coffinotte* y ignifie Petit panier.

(3) *Agourgie* signifie, dans le patois de la Meuse, Fouet de charretier.

(4) On dit plus souvent *Induquer*.

(5) *Malan* avait cependant en vieux-français une signification qui devait se rapprocher beaucoup du normand *Malandre*.

(6) Peut-être cependant venait-il du celtique, car en breton et en erse *Ran* a la même signification.

(7) Sans doute *Cloison* et *Ecluse* ont la même origine.

(8) Le vieux-français *Custode* avait le sens plus général de Gardien.

(9) Le français donne le même sens à *Moulu*.

(10) Cette origine nous paraît plus vraisemblable que celle qui se rattacherait à l'anglais *Too*, car le mot *Itou* existe aussi dans le patois du Jura.

(11) Ces singulières étymologies ne sont point particulières au patois normand; nous citerons dans le patois de Reims *Egrot*, Malade. d'Aeger; dans le patois picard *Inter*, Parmi, d'Inter; dans le patois de la Meuse *Hirsu*, Velu, de Hirsutus et *Marender*, Goûter, de Merenda ; dans le patois de la Haute-Auvergne *Nora*, Belle-Fille, de Nurus; *Scondre*, Cacher, d'Abscon-

plus remarquables encore ; leurs racines sont passées aussi dans la langue française, mais elles y ont pris une forme et quelquefois même une signification différentes: tels sont *Ajuster*, Joindre, de Juxta ; *Cani*, Moisi, de Canus (1) ; *Canibotte*, Tige de chanvre, de Cannabis ; *Cibot*, Jeune ognon, de Caepa (2) ; *Dépit*, Mépris, de Despicere (3) ; *Écame*, Barrière de cimetière, de Scamnum (4) ; *Gerque*, Brebis, de Vervex ; *Mouver*, Remuer, de Movere (5) ; *Parents*, Père et mère, de Parentes (6) ; *Poigne*, Main, de Pugnus ; *Quasiment*, Presque, de Quasi (7) ; *Vêpe*, Guêpe, de Vespa et *Vi*, Gui, de Viscum.

Si l'on s'en rapportait à des témoignages que le dé-

dere et *Steba*, Manche de charrue, de Stiva ; dans le patois bressan *Aura*, Vent léger, d'Aura et *Ran*, Balai, de Ramus dont on avait formé aussi le vieux-français *Ramon* ; dans le patois languedocien *Aret*, Bélier, d'Aries; *Douliou*, Tonneau, de Dolium : *Lus*, Merlin, de Lucius et *Nessi*, Ignorant' de Nescius. Il y a même des locutions populaires inconnues au français, qui viennent certainement du latin ; telle est, par exemple, *Faire avec quelqu'un*, où l'on reconnaît sans peine le *Mecum facere* des Romains.

(1) Comme nous l'avons déjà dit, p. LXVI, *Chenu* conserva d'abord en français le sens du latin ; le patois donne une signification analogue à *Canir* et à *Chancir*.

(2) Le patois du Languedoc appelle aussi l'Ognon *Cebo* ; mais le français en a fait Cive et Ciboule.

(3) Le vieux-français avait aussi conservé la signification latine : Abiathar le volt sacrer al Deu despit. Guernes, *Vie de Saint-Thomas de Cantorbéry*, p. 7 , v. 25 , éd. de M. Bekker.

(4) *Eschamel* signifiait en vieux-français Marche-pied ; l'Écame est assez basse pour qu'on puisse passer facilement passer par dessus et l'on y arrive ordinairement per deux ou trois marches.

(5) Il se trouve aussi dans le patois de Reims ; le français *Émouvoir* ne s'emploie qu'au moral.

(6) Il est bizarre que le patois normand lui ait conservé sa signification littéraire, et qu'il ait pris dans le français lettré, le sens de *Proches* que lui donnait la populace romaine.

(7) Le patois a ajouté au français la finale *ment* qui est la forme habituelle des adverbes.

dain des Anciens pour l'étude des langues étrangères rend bien suspects, il n'aurait existé dans les Gaules que trois idiômes ; mais lors même que tous les langages particuliers eussent pu réellement y être ramenés à trois grandes familles, d'innombrables différences se seraient introduites dans le vocabulaire. Il faut aux langues, pour conserver leur unité, un centre politique qui relie toutes les localités ensemble et propage les mêmes habitudes de pensée, une littérature que la connaissance générale de l'écriture conserve dans toute sa pureté, ou des livres religieux dont le culte remette chaque jour le texte en mémoire ; et, malgré les obscurités qui enveloppent l'histoire primitive des Gaules, nous savons que toutes ces conditions y étaient également impossibles. Il n'y avait donc pas, à proprement parler, de langue celtique ou gauloise, mais une foule de dialectes, dont l'ancien caractère avait, selon les lieux, subi des modifications plus ou moins profondes, et qui s'étaient grossies de toutes les nouvelles expressions que le développement des idées, le hasard ou le caprice y avait importées. Les mots d'origine celtique, que le patois normand a gardés, viennent ainsi certainement de plusieurs dialectes, qui ont disparu depuis des siècles sans laisser aucune autre trace de leur existence. Beaucoup d'étymologies que, sur la foi de quelques ressemblances fortuites, on croit trouver dans d'autres idiômes, appartiennent donc probablement aux langues celtiques, et la part qui leur revient, au moins dans la formation des patois, a dû être singulièrement amoindrie. Le breton seul peut fournir encore quelques données incontestables , et nous indiquerons un certain nombre de mots étrangers aux autres langues, dont une évidente analogie avec ses radicaux rend l'origine suffi amment vraisemblable (1). *Agonir* d'Ankenia, Chagriner (2) ; *Amarer* d'Amar, Chaîne, Câble (3) ; *Béion* de Beol (4) ; *Bèle* de Beler, Cresson ; *Bibet* de Fibu ; *Boucan* de Bouc'h , Voix (5) ; *Bouzin* de Bouc'hou ; *Bouzare*, Rendre sourd (6) ; *Bragues* de Braguez; *Bran* de Brenn (7) ; *Branes* de Brennid ; *Braver* de Brav, Beau, Agréable (8) ; *Brehain* de Brechan (9) ; *Bruchet* de Bru-

(1) Il ne peut s'agir que de vraisemblance ; car nous sommes loin de connaître tous les anciens mots saxons et normands, et l'on ne saurait douter que le vocabulaire breton ne se soit encore enrichi, à des dates assez récentes, d'un grand nombre de mots appartenant aux langues avec lesquelles il s'est trouvé en contact. Beaucoup d'anciens mots en ont également disparu, et nous ne pouvons citer souvent que des dérivés qui n'ont avec les mots normands que des rapports d'origine.

(2) Comme le son nasal était particulier aux langues celtiques, l'A aurait perdu facilement sa nasalisation en passant dans le patois normand ; peut-être est-ce arrivé aussi pour le français *Agonie*, en breton Ankou. Ce mot peut être aussi une corruption par euphonie d'*Ahonir*.

(3) C'est aussi sans doute l'origine du français Démarer.

(4) Nous n'indiquons la signification du breton que lorsqu'elle diffère de celle du normand.

(5) En gallois *Buciad* signifie Beuglement ; le sens primitif était donc probablement Bruit, Tapage, et l'origine de *Boucaner*, *Bougonner* et *Bouzin* se rattache sans doute au même radical. *Boucan* a la même signification dans le patois de Nancy.

(6) Voyez la note précédente.

(7) C'est un de ces mots, en très-petit nombre, qui se retrouvent sans aucun changement en gallique, en erse et en irlandais; Pline cite déjà comme usité dans les Gaules *Brance ; Historiae naturalis* l. xviii, ch. 7.

(8) Une acception semblable existe cependant en italien , et le français la lui a empruntée dans l'expression Air de bravoure. A Nancy, *Brauve* signifie aussi Bien habillé.

(9) On trouve encore maintenant en anglais *Barren*, autrefois *Bareyne :* **Willow-tree :** Iit is sayd that the sede therof is of this vertue, that if a

ched; *Bunée* de Buanek, Vif, Emporté; *Cabus* de Kab, Tête (1); *Campagne* de Kompezen; *Carre* de Ker; *Canne* de Kawnen (2); *Canter* de Cant, Côté (3); *Castille* de Kastiz, Correction, Punition (4); *Cauvette* de Kavan; *Chatel* de Chatal, Bétail; *Chéret* de Kerr; *Choaine* de Choanen (5); *Cloquer* de Cloc'hevez, Gloussement de la poule qui appelle ses petits; *Couline* de Goulaoen, Luminaire; *Darne* de Darn; *Décrouer* de Krouga, Pendre; *Dégraviner* de Krafina, Égratigner (6); *Déhait* de Déhet; *Déluré* de Luréck, Paresseux; *Doui* de Dour, Eau (7); *Dramer* de Dramm, Poignée de verges; *Ebaubir* d'Abafi (8); *Étriver* de Striva (9); *Fourgoter* de Fourgasa, Agi-

man drynke of it, he shall gete no sones, but only bareyne doughters; Bertholomeus, *De proprietatibus rerum*, fol. 286.

(1) Un mot semblable existe dans les langues germaniques, en allemand *Kopf*, en flamand *Kop*, etc.; mais l'erse *Cabaisd*, l'irlandais *Cabaïs'e* et l'anglais *Cabbage* nous paraissent rendre une origine celtique plus vraisemblable.

(2) Vaisseau à contenir le blé; le gallique, l'erse et l'irlandais se rapprochent beaucoup plus du normand; *Cann* y signifie Vaisseau; *Kanna* a le même sens en islandais.

(3) C'est encore un de ces mots que l'on peut également rapporter aux langues celtiques et teutoniques; *Kant* a la même signification en islandais qu'en breton.

(4) Par une de ces circonstances extraordinaires qui jettent tant d'incertitudes dans l'histoire des langues, le français *Châtiment* est beaucoup plus rapproché de la signification du breton que le vieux-français *Castoiement*, Avertissement, Leçon.

(5) Peut-être cependant ce mot vient-il du latin *Canonicus*; voyez l'article que nous lui avons consacré dans le Dictionnaire.

(6) Ce mot pourrait aussi avoir été formé de *Gravier* et signifier Faire tomber le sable : le vieux-français *Degravoier* rend même cette étymologie plus probable.

(7) Ou *Douez*, Fossé plein d'eau; voyez l'article du Dictionnaire.

(8) Peut-être Rendre baube.

(9) On écrivait en vieux français Estriver.

ter, Remuer; *Freuler*, de Frel, Fléau ; *Gadolier* de Gadal ; *Gorot* de Gôr ; *Gouâper* de Goapaer ; *Gouine* de Gouhin ; *Graffiner* de Krafina ; *Grigne* de Krina, Ronger avec les dents (1); *Grigner* de Grinouz, Hargneux, Querelleur ; *Gronée* de Groun, Amas, Réunion ; *Guermenter* de Garm, Cri, Plainte (2); *Guezette* de Gwez, Sauvage, Grossier; *Hagues* de Hôgan ; *Haiter* de Heta ; *Haqueter* de Hakein, Brédouiller (3); *Héguir* de Heugi ; *Heudes* de Heûd ; *Heuse* de Heuz; *Houdri* de Hudur, Sale ; *Houler* de Houlier, Agent de débauche ; *Hucher* de Jouc'ha ; *Jaffe* de Javedad ; *Jalet* de Jala, Impatienter (4); *Jarousse* de Jarons (5); *Jojo* de Jo; *Landorer* de Landar, Paresseux (6); *Lanfais* de Lanfez ; *Locher* de Loc'ha; *Lousse* de Lou; *Marga* du celtique Marga, Marne (7); *Margane* de Morgaden ; *Méhaigner* de Mec'hana, Mutiler ; *Met* de Met ; *Mucher* de Mouc'ha, Se masquer ; *No* de Noad (8); *Oche* d'Ask (9) ; *Pinger*, *Poncer* et *Pucher*, de Punsa, Tirer de l'eau ; *Tabut* de Tabut ; *Teurque* de Torchad (10);

(1) C'est aussi sans doute l'origine du français *Grignotter*.

(2) Legonidec ne le donne pas dans son Dictionnaire, mais il se trouve aussi en gallique.

(3) *Haquier* a le même sens dans le patois des Vosges.

(4) Peut-être aussi de l'islandais *Jula*, Pousser des vagissements.

(5) On dit aussi *Arrousse*; le latin *Jarrossia* et l'espagnol *Algarova* ont sans doute la même origine, quoique l'article arabe *al* semble indiquer une étymologie orientale.

(6) Il peut venir aussi de l'islandais *Lenda*, Rester fiché à une place.

(7) Ce mot nous a été conservé par Pline, *Historiae naturalis* l. xvii, ch. 6.

(8) Nous y rattachons *No* plutôt qu'à *Naoz*, car on trouve dans le bas-latin *Noda*, avec la signification de Ruisseau.

(9) L'O se retrouve dans le basque *Ozca*, le provençal *Osko* et le français *Décocher* et *Encocher*.

(10) Dans le patois picard, *Terchier* signifie Lier, Entourer d'une *teurquette*: Et i doit estre mes serjans tant c'on ara tot soie et terchie as cous

Tondre de Tundre (1) ; *Toquet* de Tok ; *Treuil* du gallique *Troell* (2) ; *Varou* de Garo, Féroce, qui a conservé sa forme primitive dans *Loup-garou.* Sans pouvoir donner à ces inductions une base positive, on doit aussi regarder comme celtiques les mots inconnus aux autres idiômes européens, qui se trouvent dans un patois différent, assez éloigné de la Normandie pour en rendre l'emprunt bien peu probable. Mais tant de hasards influent sur le vocabulaire des langues cantonnées dans un petit territoire (3), que ces étymologies sont encore plus incertaines que les autres, et nous nous bornerons à en indiquer quelques-unes, auxquelles un usage moins restreint et la nature des idées et des sons ajoutent une nouvelle vraisemblance : *Agalis* et *Agobilles*, en rouchi ; *Arias*, dans la Meuse, dans la Haute-Auvergne *Harias* (4) ; *Bourre*, dans la Lorraine et la Franche-

de l'abeie ; *Charte de* 1257 publiée par M. Le Roux de Lincy, *Livres des Rois*, intr. p LXXII.

(1) Peut-être cependant vient-il de l'islandais *Tundr*, Allumer, ou même du latin *Extundere,* Faire sortir :

> Ante diem Paschae vetus apte extinguitur ignis
> Et novus e silicum venis extunditur.
> Naogeorgus, *Regni papistici* l. IV, p. 149, éd. de 1553.

(2) Ce mot semble perdu en breton ; mais il appartenait certainement aux langues celtiques, puisqu'il n'est pas isolé en gallique et qu'on y trouve aussi *Treilliaw,* Tourner, et *Troelli,* Tourner comme une roue.

(3) Nous en citerons un exemple frappant ; quoique la position du Jura au milieu des terres y empêche le peuple de connaître les Poulpes de mer, qui se nomment en Normandie *Satrouille,* on y appelle par une métaphore évidente les femmes malpropres des *Sadrouilles.*

(4) *Hairii* signifie Empêcher dans le patois lorrain, et le vieux-français donnait un sens analogue à *Harier* :

> Nous sommes mors, ame ne nous harie.
> Villon, *Œuvres* , p. 308.

Comté (1); *Chiboller*, dans le patois des Vosges *Quibau-ler*, Renverser ; *Crâne*, dans le patois de Nancy ; *Croen*, dans l'Isère *Croei*, Fruit vermoulu ; *Dru*, le vieux provençal *Drut* se prenait dans toutes ses acceptions ; *Écourre*, en Romanche, dans la Meurthe, le Jura, l'Isère et la Bresse (2); *Froe*, dans le patois de Nancy *Froux* ; *Gade*, en Languedoc *Gadde*, et dans la Vendée *Jède* ; *Gambier*, dans les patois du Berry et du Jura *Gamby*, Boîteux ; *Guigner*, dans la Haute-Auvergne *Guigna*, Regarder de travers (3); *Margoulette*, à Reims le Bas du visage, dans la Meuse Bouche d'un enfant ; *Randonner*, en provençal *Randar*, Arranger, Préparer ; *Ratatouille*, dans la Bresse *Tatouza*, Ragoût ; le patois du Berry lui donne le même sens qu'en Normandie. On retrouve aussi, dans la basse-latinité, quelques mots dont l'o-

(1)   El y ai enne fontaine a moitan ,
        Tra bourres blanches y vant baignant.

Dans Fallot , *Recherches sur le patois de Franche-Comté*, p. 129.

Ce mot existait aussi en vieux-français ; un dictionnaire français-latin, conservé à la bibliothèque de Conches , dont l'écriture est du XIVᵉ siècle, l'explique par *Anas* et l'on trouve assez souvent dans la basse-latinité *Bourela*.

(2)   Lo mouyin de bin dinno
        Quan lo blo
N'ét écou ne mayssono.
Noëls bressans, p. 49.

Le sens primitif était sans doute *Battre le blé* ainsi que dans la plupart des patois, comme le prouvent le normand *Ecoussin* et le vieux-français *Escoussour*, Fléau; il ne s'est changé en *Secouer* que parce qu'autrefois on battait le blé en le *secouant* : le peuple l'emploie même encore avec la signification de Battre. Malgré le latin *Succutere*, nous regardons ainsi une origine celtique comme fort probable.

(3) *Guin* avait un sens analogue en vieux-français :
        Je donne à quelqu'un un guin d'œil.
        Villon , *Œuvres* , p. 444.
Peut-être cependant vient-il de l'allemand *Winken* , comme Guincher.

rigine semble celtique, tels que *Bronchious*, Brucus (1); *Calenger*, Calengia; *Carabus*, Carabaga; *Dacer*, Datare; *Deumet*, Duma; *Chauvir*, Calvere; *Cher*, Cherium; etc. La plupart de ces mots ont, ainsi qu'on le voit, un sens fort restreint ou une signification peu usuelle, et n'ont dû qu'à cette circonstance exceptionnelle de n'avoir pas été remplacés par des synonymes étrangers. La langue à laquelle ils appartenaient est tombée graduellement en désuétude, et, comme ils n'affectionnent aucune série particulière d'idées et se rapportent indifféremment à tout ce qui fixe l'attention d'un peuple, on y reconnaît les derniers restes de l'idiôme, que les autres langues ont successivement recouvert d'une couche plus ou moins épaisse (2).

Cette disparition presque complète du celtique suffirait déjà pour empêcher d'apprécier avec exactitude l'influence que le norse exerça sur la formation du patois normand. Sans doute on s'est trompé en regardant comme teutoniques les anciens idiômes usités dans les Gaules; les noms géographiques qu'y donnèrent les premiers habitants et les documents philologiques que peuvent encore fournir les différents patois, repoussent également cette croyance. Une preuve positive de sa fausseté se trouverait même au besoin dans le Roman de Brut; Wace, qui, ainsi que tous les poètes français du XIIe siècle, se bornait à rimer des traditions popu-

---

(1) *Broncheux* dans le *Dictionnaire latin-français* du XVe siècle: Ms. de la Bibliothèque de Lille, E, 36.

(2) Nous ne parlons pas ici des anciens mots celtiques qui sont entrés dans la langue française; c'est parce qu'ils ne sont plus celtiques que le patois les a conservés.

laires, disait sans craindre de heurter un souvenir historique :

> Redic li respondi premiers :
> Brez est, si fu bons latiniers :
> Ce fu li premiers des Bretons
> Qui sot le langaige as Sessons (1).

Mais il n'en faut pas moins reconnaître que ces deux familles de langues ont leur berceau dans l'Orient et durent à cette communauté d'origine de nombreux rapports dont il n'est plus possible de pressentir l'étendue. En vain donc beaucoup de mots normands auraient-ils encore un sens analogue dans les idiômes germaniques, leurs racines pourraient avoir existé aussi en celtique ; et, dans le doute, il ne serait plus permis d'en rien conclure. D'ailleurs, l'histoire des langues teutoniques nous apprend qu'une partie considérable de leur vocabulaire est tombée en désuétude, et la grande rareté des monuments de l'époque payenne autorise à croire que tous les mots apportés en France n'ont point laissé de trace dans leur première patrie. Peut-être même devons-nous aux persévérantes recherches d'un de nos plus savants compatriotes de pouvoir en citer un d'origine scandinave qu'on employait encore en Normandie dans la seconde moitié du XIᵉ siècle, et qu'aucune langue germanique n'a conservé dans son vocabulaire : Tamen in eis dedi piscationem quae vulgo dicitur *Croiguim* (2). Au reste, malgré les incertitudes dont cette

(1) V. 7119.

(2) Charte de 1060, citée par M Auguste Le Prevost dans le curieux ouvrage qu'il va publier sous le titre beaucoup trop modeste de *Notes pour servir à la topographie et à l'histoire des Communes du départe-*

connaissance si incomplète des anciennes langues et la nature des choses obscurcissent l'étymologie la plus certaine en apparence, l'influence des hommes du Nord sur le patois normand est écrite clairement dans les mœurs, les usages et quelques locutions trop bizarres pour ne pas être fort significatives. Ainsi l'on compte encore en Normandie par *Six vingt* (1), et l'on y dit *Anuit* au lieu d'*Aujourd'hui* (2) ; le conscrit qui tire un mauvais billet a le *Sort*, et en islandais ce mot signifie *Noir* (3); l'homme que l'on méprise est un *Homme de rien*, et les anciens Scandinaves appelaient aussi *Nithingh* la personne chassée d'une guilde (4) ; les demoiselles nobles sont comme en Allemagne des *Filles de condition* (5) ; on échange des

ment de l'Eure. Nous avons déjà fait remarquer, dans les Prolégomènes de notre *Histoire de la poésie scandinave*, que la plupart des termes de marine et de pêche étaient, même en français, dérivés de la langue norse.

(1) C'est ce que les Scandinaves appelaient *Storrhundrade*, Le grand cent ; en vieux-français on comptait aussi quelquefois par vingt :

> A set vint homes s'en puet huimais partir.
> *Raoul de Cambray*, p. 136, v. 9.
> S'il t'en donnoit deux vingtz,
> A tout le moins tu prendroys cela.
> *Farce nouvelle des deux savetiers*.

(2) On comptait dans tout le Nord par *nuits* et non par *jours* : Nec dierum numerum ut nos, sed noctium computant ; Tacite, *De moribus Germanorum*. Mais si cette analogie était seule, on n'en pourrait rien conclure, puisque les Gaulois avaient le même usage ; voyez Caesar, *De bello gallico*, l. VI.

(3) Il avait même conservé son ancienne signification en vieux-français :
> Sur un cheval sist qui fu sors.
> Benois, *Chronique rimée*, l. 11, v. 3858.

Par opposition, on appelle les bons billets des *billets blancs*.

(4) Loi du roi Eric, art. IV, dans Kofod Ancher, *Om gamle danske Gilder og deres Undergang*, pièces justificatives.

(5) *Von Stand* ; on y appelle aussi son mari, *Mon homme*, *Mein Mann*.

anneaux le jour de ses fiançailles (1) ; un coup frappé dans la main marque la conclusion d'un marché (2), et le *Trefeu* ou bûche de Noël est un souvenir du feu d'Yulé, qui se retrouve en Italie (3), en Angleterre (4) et dans tous les pays où les hommes du Nord se sont établis avant leur conversion au christianisme (5).

L'islandais est celui de tous les anciens dialectes bas-allemands qui s'est le mieux conservé : l'anglo-saxon est certainement mêlé d'une foule de mots d'origine bretonne et latine, et les documents en saxon, en francique et en vieux-frison que nous possédons encore ne sont pas assez étendus pour nous permettre d'en reconstituer le vocabulaire. Dans l'impossibilité de recourir à d'autres sources, nous avons donc indiqué, comme dérivés de l'islandais, des mots qui malgré l'influence prépondérante des pirates danois, purent avoir une origine saxonne ou francique : *Abéter*, de Beita, Nourriture ; *Acauchier*, de Kalsa ; *Acclamper*, de Klampi, Cheville ; *Accravanter*, d'At krabba, Mettre en désordre ;

(1)   Saman hofum bienda bauga
I Balldurs haga largtha.
Friththiofesaga, ch. vi.

(2) C'est ce qu'on appelait dans la basse-latinité (*H*)*andelangum :* Per hanc chartulam libelli dotis, sive per festucam atque per andelangum ; dans dom Bouquet, *Recueil des historiens de France*, t. iv, p. 555.

(3) *Sciocch de Natal.* Si chiama cosi fra noi un ciocco o ceppo il piu grosso, che mettesi da banda per brucciare il di di Natale ; Cherubini, *Dizionario minalesc*, s. v. Sciocch.

(4) On l'y appelle *Yule-Clog* et *Christmas-Block.* Voyez Herrick, *Hesperides*, p. 509 ; Brand, *Popular antiquities*, t. i, p. 254-258, éd. de M. Ellis ; etc.

(5) *Mémoires de l'Académie celtique*, t. iii, p. 441 ; Cherubini, *Dizionario milanese*, loc. laud., et Thiers, *Traité des superstitions*, t. i, p. 525.

Adous, d'At dubba, Orner ; *Affourée*, de Fodr, Nourriture du bétail ; *Affribourdi*, d'Afred, Gelé et Burda, Violence ; *Agoucer*, de Gussa, Parler légèrement ; *Agrap*, de Greipa, Prendre ; *Agroussé*, d'At krusa , Attrister ; *Aingue*, d'Aungul ; *Alise*, de Leysa, Vide, Creux (1) ; *Amigraner*, de Hamaz, Devenir et Grana, Excellent ; *Ari*, de Har, Elévation ; *Arodiver*, d'At reida, Mettre en colère ; *Astiquer*, d'At staga, Revenir à la charge ; *Atori*, de Torr, Gâté ; *Auluer*, de Aulaz ; *Bade*, de Bada, Se baigner ; *Bagoul*, de Baga, Mauvais vers (2) ; *Bar*, de Bera, Porter (3) ; *Bartous*, de Barata, Combat ; *Bédière*, de Bedr ; *Boel*, de Bol, Habitation ; *Bisquer*, de Beiskiaz, Rager ; *Broc*, de Fraud (4) ; *Bru*, de Brud ; *Buret*, de Bud, Habitation (5) ; *Cachard*, de Kaka, Toucher du bout des doigts ; *Caillé*, de Kal, Tache ; *Calard*, de Kalinn, Malade ; *Cambot*, de Kampi, Qui a peu de barbe ; *Capon*, de Kapun, Chapon ; *Capucher*, de Keppa ; *Cas*, de Casa, Amasser ; *Cassetier*, de Kassi, Petit écrin ; *Chiper*, de Kippa, Dérober ; *Clanche*, de Klinka ; *Cline*, de Clini, Salir ; *Cotin*, de Kot ; *Cranche*, de Krank (6) ; *Crépir*, de Kreppa ; *Dale*, de Dal ; *Doure*, de Diup, Profond ; *Drugir*, de Draugaz ;

(1) Une origine celtique n'est pas non plus impossible puisque *Leyz* signifie encore en breton Moite, Humide.

(2) Peut-être aussi le radical du français *Bagatelle*.

(3) C'est sans doute aussi l'étymologie de *Bartée* ou *Baralée*.

(4) Les autres langues germaniques avaient sans doute des mots qui s'en rapprochaient davantage, car *Brauen* signifie en allemand Écumer.

(5) Il avait conservé sa première signification dans *Bur-le-Roi*, près de Bayeux, et *Bures* près de Neufchâtel.

(6) Dans le patois de Nancy, *Cranqua*, qui est aussi certainement dérivé d'un mot germanique, se prend dans une signification dont on s'explique très-bien la différence ; il signifie Mourir.

Écaucher, de Skaka ; *Élinguer*, de Slengia ; *Esprangner*, de Sprengia ; *Estamper*, de Stappa ; *Fignoler*, de Finn, Beau ; *Finer*, de Finna ; *Flaner*, de Flanni, Libertin ; *Flaquin*, de Flak, Surface plate ; *Flio*, *Flo*, de Flock; *Floquer*, de Flœkiaz ; *Gable*, de Gafl ; *Galapian*, de Galapin ; *Gales*, de Gala, Se réjouir (1) ; *Giffe*, de Kif, Querelle ; *Gilloire*, de Gilia, Lancer de l'eau ; *Glas*, de Glad, Joyeux ; *Gloute*, de Glata, Perdre ; *Gravé*, de Grafa, Trouer ; *Grimer*, de Grem, Blesser ; *Grison*, de Griot, Pierre (2) ; *Groïn*, de Groin, Verdoyant ; *Groler*, de Krulla, S'agiter (3) ; *Hair*, de Har ; *Hati*, de Hat ; *Haule*, de Hol (4) ; *Havron*, de Hafrar ; *Héri*, de Heri ; *Hogue*, de Haug ; *Hubi*, d'Ybinn ; *Inèle*, de Sniall (5); *Jacasser*, de Jagg, Jargon ; *Lague*, de Lag, Ordre (6) ; *Léican*, de Leikinn, Qui passe son temps à jouer ; *Létice*, de Læda, Fantôme ; *Lider*, de Lida ; *Lité*, de Litt, Mauvais; *Lourer*, de Lur, Faiblesse ; *Mattes*, de Mat, Aliment ; *Napin*, de Knapi ; *Naqueter*, de Gnaka, Rendre un bruit aigu ; *Ohi*, d'Oheill, Valétudinaire ; *Peuffre*, de Pelfr, Dépouille ; *Pouque*, de Poki ; *Quenottes*, de Kenni, Mâ-

(1) C'est aussi la racine du français *Gala* et *Régaler*.

(2) Le français *Grès* semble avoir la même origine.

(3) Il avait conservé son sens primitif dans le vieux-français *Croller*, *Grouiller* et peut-être *Grelotter*.

(4) Dans des glosses allemandes du VIIIe siècle, faussement attribuées à Kero, on trouve *Holi* avec la même signification ; dans Graff, *Althochdeutsche Sprachschatze*, t. I, p. XLIV.

(5) Il semble plutôt venir du vieil-allemand *Snel*, mais on trouve dans le *Voyage de Charlemagne*, v. 613 :

> Puis serrai si Jegers e ignals e ates :

et probablement le G indique ici seulement que le son du N était mouillé.

(6) Le patois normand prend aussi le mot français dans l'acception d'Espèce, Qualité.

choires ; *Raguin*, de Hrok, Insolent (1) ; *Ravenet*, de Hafan, Prendre ; *Refaire*, de Refiaz ; *Tac*, de Tak, Pleurésie ; *Troussé*, de Truss, Paquet ; *Trumutu* de Thrumu,
Tonnerre, Combat ; *Vatre*, de Vatn, Eau (2).

Il nous eût été facile d'augmenter cette liste de plusieurs mots ; mais leur étymologie nous paraît plus douteuse, et nous avons préféré en citer quelques-uns dont
la racine a disparu de l'islandais et s'est conservée dans
d'autres idiômes germaniques : *Ableter*, du gothique Able-
tan (3) ; *Abrier*, du vieil-allemand Adbirihan, Couvrir ;
Affray, du vieil-allemand Eiver (4) ; *Agasse*, de l'allemand Agaza ; *Agohee*, du vieil-allemand Gouh, Moque-
rie ; *Agrifer*, du vieil-allemand Greifen (5) ; *Ahonir*, du
vieil-allemand Hon, Honte ; *Argaigne*, de l'allemand
Arg, Méchant (6) ; *Aramie*, du vieil-allemand Ramen,
Affirmer ; *Averlant*, de l'allemand Haverling ; *Bénom*,
de l'allemand Beiname ; *Bougues*, de l'anglo-saxon Bog,
Marais et par suite terre mouvante ; *Brasillé*, de l'allemand Brezel, Patisserie qui craque sous les dents (7) ;

---

(1) C'est aussi la racine du français *Rogue*.

(2) Par une euphonie fort commune, on a changé le N en R ; c'est en
allemand Wasser et en anglais Water. C'est probablement aussi la racine de
Vautrer ; dans le patois normand *Vatré*, signifie Mouillé, Sali.

(3) Le normand lui a seulement donné un sens réfléchi.

(4) Le français *Affres* a mieux conservé la prononciation de l'allemand ;
c'est ce qui nous a empêché d'y voir une corruption d'*Effroi*, que l'on prononce en Normandie *Effrai*.

(5) Peut-être cependant est-ce une métaphore et signifie-t-il littéralement
Prendre avec des griffes.

(6) Le vieux français disait *Argu* et le normand en a formé le verbe *Erjuer*, en allemand *Aergern;* comme on voit, l'A y avait pris aussi le son d'un E.

(7) De *Braten*, Rôtir, Rissoler ; une autre étymologie est indiquée, comme
possible, dans le Dictionnaire.

Chipoter, du saxon *Cyppan* ; *Delle*, de l'allemand Theil (1) ; *Ecliche*, du vieil-allemand Slizzan, Mettre en pièces (2) ; *Fiée*, de l'allemand Viele, Beaucoup ; *Frioler*, du gothique Friks, Désireux, Avide ; *Gamaches*, de l'allemand Kamaschen ; *Gaut*, du saxon Wald (3) ; *Girie*, de l'allemand Ziererey, Minauderie (4) ; *Guincher*, de l'allemand Winken, Faire des signes avec les yeux ; *Han*, du vieil-allemand Han ; *Houter*, du saxon Haten ; *Houve*, du vieil-allemand Houvva ; *Hut*, du saxon Hœt ; *Licher*, de l'allemand Lecker, Friand ; *Lousse*, de l'allemand Lügen, dont le patois rhénan a fait Lus, Ruse, Artifice ; *Moisson*, de l'allemand Mez ; *Namps*, du saxon Nam, Gage (5), ou plutôt Namfeoh, Bétail qui sert de gage ; *Ram*, du vieil-allemand Ramma ; *Tar*, de l'allemand Theer (6).

L'anglais pourrait aussi nous fournir beaucoup de mots qui se retrouvent presque sans aucun changement dans le patois normand, comme *Beillée*, Belly ; *Chope*, To chop ; *Choquet*, en vieil-anglais Coket (7) ; *Clinque*, To clink ; *Cranière*, Cranny ; *Criquet*, Cricket ; *Dréchier*, To dress ; *Ebe*, Ebb (8) ; *Gounelle*, Gown (9) ; *Granter*, To

---

(1) Le TH se changeait habituellement en D, comme tous les philologues allemands l'ont remarqué ; l'anglais *Deale* en est un autre exemple.

(2) Le français *Éclisse* a la même origine.

(3) En vieux français *Gualt* ; une origine celtique ne serait pas impossible, si Altaserra avait eu quelque raison pour dire dans son *Rerum aquitanicarum* etc., p. 134 : *Bagaudae* dicti quasi Sylvicolae ; *Gau* enim lingua gallica *Sylvam* sonat.

(4) Il peut venir aussi du latin *Girare*.

(5) Le français *Nantir* a la même origine.

(6) En vieux-français *Terque*.

(7) *Coketa* en bas-latin, Vase servant de mesure.

(8) En danois *Ebbe*.

(9) En italien *Gonna*.

grent ; *Harer*, To hare ; *Picot*, Peacock ; *Reluquer*, To look ; *Remembrer*, To remember ; *Super*, To sup ; *Vimblet*, Wimble ; *Viquet*, Vicket. Mais, lors même que ces mots n'auraient pas une origine saxonne indépendante, il faudrait, pour en rien conclure, savoir s'ils ont été apportés en Angleterre dans le Xe siècle, ou en Normandie pendant le XIVe. L'occupation incomplète des Anglais y souleva d'ailleurs des répugnances trop générales pour qu'ils en aient modifié sensiblement le patois (1), et une foule de proverbes communs, qui se retrouvent dans les autres parties de la France (2), rend l'influence normande bien plus vraisemblable. On doit sans doute lui attribuer aussi beaucoup d'idiotismes que les grammairiens s'accordent à regarder comme purement anglais : telle est par exemple la construction du verbe substantif avec le participe présent. Benois disait dans sa Chronique rimée :

> Le noble gentil damisel
> Si plout a toz, e lor fut bel
> Qué a Roëm fust sejornanz (3).

(1) **La** prononciation fermée de l'A n'est pas certainement d'origine anglaise, puisque dans une foule de mots français dérivés du latin, il a pris le son de l'A ; *Aimer*, *Père*, *Mère*, *Faire*, etc.

(2) *He cut the grass from under his foot; He is as poor as a church mouse; Look for a needle in a bundle of hay; Love me, love my dog; There is not a pin to chuse between 'em;* etc. Ce n'est pas seulement, comme on voit, l'idée qui est la même ; de telles analogies se retrouvent trop souvent entre des peuples sans aucun rapport historique ensemble, pour qu'il y eût rien à en conclure ; mais l'expression est identique dans les deux langues. Quelquefois même la phrase proverbiale a été employée dans un autre sens ; ainsi *To ride the great horse* se dit du style et non de l'humeur.

(3) L. II, v. 12715.

La tournure si bizarre par laquelle les Anglais se demandent des nouvelles de leur santé, semble elle-même d'origine normande, puisqu'on lit dans le Lai de Havelok :

> Il li demandent de lur pere
> Et comment le fesoit leur mere.

Quelques noms géographiques pourraient seuls inspirer des doutes ; mais tant de hasards influent sur leur choix que des inductions auxquelles manque toute autre base, sont nécessairement bien suspectes ; ainsi , par exemple, *James*, la traduction anglaise de *Jacobus*, s'éloigne trop capricieusement du latin pour qu'on ne soit pas tenté d'y voir un nom importé d'Angleterre, et Benois parlait déjà, dans le XIIe siècle, de *Saint-James-de-Bevron* (1).

Il serait facile de trouver , dans le vocabulaire de plusieurs autres langues, des analogies aussi frappantes ; mais, lors même que les idiômes qui ont concouru à la formation du patois normand nous seraient complètement connus, on ne pourrait rien conclure d'une ressemblance de mots qui ne s'appuie pas sur les rapports historiques des peuples. Nous n'indiquerons donc donc aucune étymologie arabe (2), hébraïque (3), ni même espagnole (4). Si les ressemblances matérielles ,

(1) L. II, v. 15101.

(2) *Attifer* semble venir de *Thiphé*, dont la signification est la même.

(3) *Aré* semble venir de Haré ; *Caler*, de Cala, Cesser (ou du grec $X\alpha\lambda\alpha\omega$, Céder) , *Chamailler*, de Chamah, Dispute ; *Crac*, de Crac, Pierre ; *Machurer*, de Maccah, Blessure.

(4) Quelques mots comme *Arrousse (Jarrossia* en bas-latin, *Algarova* en espagnol) *Blé chico* (Chico, Petit), *Pagnolée* (Trèfle d'Espagne) montrent

qui paraîtraient les légitimer, n'étaient pas un de ces jeux du hasard que l'identité des organes de la voix dut rendre bien nombreux, elles tiendraient à des rapports communs avec une autre idiôme qui aurait servi d'intermédiaire. Peut-être seulement devrait-on faire une exception pour quelques mots dérivés du grec, comme *Apeur*, d'Ἀπορια, Circonstances embarrassantes ; *Bragues*, de Βραχος (1) ; *Cabot*, de Καϐος ; *Cacouard*, de Κακος (2) ; *Calin*, de Καλος, Bon, Doux, ou de Καλινδειν, Être assidu ; *Cortil*, de Χορτος (3) ; *Dia*, de Δια ; *Foinillard*, de Φονιος, Meurtrier ; *Gaurer*, de Γαυρος, Orgueilleux ; *Gobelin*, de Κοϐαλος (4) ; *Lobet*, de Λοϐος ; *Pion*, de Πινω, Boire ; *Tayon*, de Θειος (5) ; *Trémaine*, de Τριμηναιος ; *Triques-niques*, de Τριχων νεικος, Dispute pour des cheveux (6). Le grec resta longtemps usuel à Marseille (7) ; il le devint à Lyon pendant le II⁰ siècle (8), et nous

que l'Espagne ne fut pas sans influence sur l'agriculture normande ; mais nous ne croyons pas que *Charer* vienne de Charlar, ni *Vousoyer* de Vosear.

(1) Nous avons déjà indiqué comme possible une origine celtique ; dans le patois du Tarn qui fut plus soumis à l'influence grecque, on dit *Bragos*.

(2) Dans le patois lorrain *Cacozèle* signifie Zèle mauvais, indiscret, et *Cacou* est un mot injurieux en Basse-Bretagne.

(3) Ce mot pourrait venir également du latin *Hortus*, ou du vieil-allemand *Carlin* ; en provençal on disait aussi *Cortil* et le patois limousin l'a conservé.

(4) En allemand *Kobold* et en breton *Gobilin*.

(5) Oncle ; il y a une liaison semblable entre le latin *Avus* et *Avunculus*.

(6) Les autres patois ont aussi conservé quelques mots qui semblent d'origine grecque ; tels sont dans le patois de la Meuse *Gouri*, Cochon, de Χοιρος et dans le patois picard, *Iki*, Là, d'Εχει et *Écaras*, Échalas, de Χαραξ.

(7) Saint-Jérôme, *Opera*, t. IV, p. 254 ; Suétone, *De claris rhetoribus*, ch. I ; Strabon, *Géographie*, l. IV, p. 124 et 125, éd. de 1587.

(8) Saint Irénée s'en servait pour combattre les hérésies répandues dans

savons , par la Vie de saint Césaire , qu'on l'entendait
encore pendant le VI° dans toute l'ancienne Narbon-
naise (1). L'établissement des colonies phocéennes dans
la Provence ne fut point la seule cause de son influence;
les Romains lettrés en portaient partout la connaissance
avec eux , et Cicéron disait , dans son discours pour le
poète Archias : « Graeca leguntur in omnibus fere gentibus ; latina suis finibus , exiguis sane, continentur. »
Quelques-uns des mots grecs qui sont passés dans le
patois normand, semblent même avoir toujours été étrangers au provençal et aux autres dialectes intermédiaires.
Un fait plus significatif encore, c'est que l'argot a conservé des mots qu'il est difficile de ne pas croire dérivés
du grec : tels que *Affre*, Vie, de Φρην, Esprit; *Arton*,
Pain , d'Ἀρτος; *Esganacer*, Rire, de Γανος, Joie (2).

Quoique les envahissements continus du français
aient, depuis quelques années surtout, singulièrement
réduit le vocabulaire normand , peut-être une connaissance exacte de tous les mots nous eût-elle permis
de remonter plus sûrement à ses sources. Mais il est
peu de villages qui n'aient des expressions, sinon entièrement inconnues aux autres, au moins sensiblement
modifiées dans leur prononciation ou dans leur valeur;
et si l'on avait déjà cherché à les recueillir d'une ma-

son diocèse ; il dit même en termes positifs qu'il écrivait dans la langue du
pays : Ἁπλως και ἀληθως και ἰδιωτικως ; préf., p. 4, éd. de Grabe.

(1) Caesarii vita, lib. I, par. 11; Compulit ut..... instar clericorum, alii *graece*,
alii latine, prosas antiphonasque cantarent ; dans dom Bouquet, t. III,
p. 384.

(2) Ces mots se trouvent dans le dictionnaire argot, publié par Grandval,
à l'appendice de son poème intitulé : *Cartouche , ou le vice puni.*

nière complète (1), personne n'avait encore publié les résultats de ses recherches. Les glossaires partiels de MM. Louis Du Bois (2), Pluquet (3), Lamarche (4), Chrétien de Josse du Plain (5), Gourgeon (6) et de Lestang (7) sont, même dans leur étroite spécialité, déplorablement incomplets, et ne peuvent prétendre à aucune importance philologique. Ils ont réuni les mots au hasard, sans chercher à en généraliser la signification, et les ont publiés sans en fixer la date par aucun exemple et sans en éclairer l'histoire par l'étymologie. M. La-

(1) Le *Journal historique de Verdun*, de 1749, février, p. 182, annonça qu'un associé de la Société de littérature d'Orléans les avait recueillis dans l'intention de les publier, mais il ne l'a pas réalisée et on ne connaît pas même son nom.

(2) *Recherches sur l'étymologie et l'emploi des locutions et des mots qui se sont introduits ou conservés dans le département de l'Orne et qui n'appartiennent pas à la langue française de nos jours*, dans les *Mémoires de l'Académie celtique*, t. v., p. 39-50 et p. 173-180: le dernier mot est Gut. Mais nous avons appris par une réclamation de M. Du Bois, insérée dans le *Pilote du Calvados* du 5 décembre 1846, qu'un nouvel article, étendu à toute la province, a paru dans le quatrième volume des *Mémoires de la Société des antiquaires de France*.

(3) *Contes populaires, traditions, proverbes et dictons de l'arrondissement de Bayeux, suivis d'un vocabulaire des mots rustiques et des noms de lieu les plus remarquables de ce pays*; Caen, 1825, in-8°, et réimprimé à Rouen l'année suivante avec des additions.

(4) *Extrait d'un dictionnaire du vieux langage ou patois des habitants des campagnes des arrondissements de Cherbourg, Valognes et Saint-Lo*, dans les *Mémoires de la Société royale académique de Cherbourg*, Cherbourg, 1843, p. 125-157.

(5) *Usages, préjugés, superstitions, dictons, proverbes et anciens mots de l'arrondissement d'Argentan*; dans l'*Annuaire argentinois* et tiré à part, Alençon, 1835, in-18.

(6) *Glossaire du langage de Condé-sur-Noireau*, Caen, 1850, in-8°.

(7) *Glossaire du patois de l'arrondissement de Mortagne*; ce travail inédit nous a été communiqué par M. De La Sicotière.

marche seul a senti qu'on ne faisait point de la philologie comme de la statistique, en recueillant des documents par ordre alphabétique ; il a voulu leur donner
de la valeur par des recherches de linguistique compa-
rée , qu'une critique assez circonspecte n'a malheureusement pas toujours dirigées. Les productions en patois nous étaient aussi d'une bien faible ressource ;
nous ne connaissons de véritablement normandes que
quelques chansons grossières, pour la plupart inédites
et d'une date récente : la Farce des Quiolards (1) et la
Campênade, petit poème satirique de Lalleman. Le
caractère tout littéraire des vaux-de-Vire d'Olivier
Basselin, prouve qu'en les attribuant à un ouvrier foulon, la tradition s'est laissée tromper par un pseudonyme, que la nature bacchique de ses vers et les convenances de sa position obligeaient de se cacher derrière
un nom populaire, et nous n'hésitons pas à les attribuer à
Jean Lehoux, avocat de Vire, qui en fut le premier édi-
teur. Il adapta probablement à ses chansons quelques-
uns des refrains du foulon qui étaient restés populaires;
peut-être même se borna-t-il parfois à corriger quelques
pièces, mieux conservées que les autres dans les caba-
rets ; mais, malgré toutes ses affectations d'archaïsme,
il est impossible de ne pas reconnaître, aux recherches
de l'expression , aux souvenirs mythologiques et aux
tournures latines, la poésie d'un lettré qui n'oublie ses
connaissances classiques qu'après avoir laissé sa mémoire au fond de son verre (2). La Mazarinade, publiée

(1) Rouen, 1735, in-12.
(2) Il y a là, comme on voit, des questions fort curieuses et fort obscures ;

en 1649 sous le titre de *Les Maltôtiers ou les Pesquieux en yau trouble, en vers normands*, n'est qu'un mauvais pastiche sans vérité dont il était impossible de tirer aucun parti. Nous en dirons autant de *La Muse normande*, recueil satirique où Ferrand s'est efforcé d'imiter le patois purin, que l'on parle encore maintenant à Rouen, dans les quartiers Saint-Vivien et Martainville. Eussent-elles habilement copié la langue du peuple, ces poésies d'un bel-esprit prétentieux nous auraient été bien inutiles : ce singulier patois est trop essentiellement différent de celui du reste de la province pour qu'on puisse lui supposer une même origine (1) et les réunir tous deux dans le même vocabulaire. Pour combler les inévitables lacunes de notre travail, nous nous sommes adressé, par l'obligeant intermédiaire du Recteur de l'Académie de Caen, aux élèves des écoles normales primaires, et nous en avons reçu plusieurs petits glossaires fort bien faits, parmi lesquels nous devons citer surtout celui de M. Robet, élève de l'école d'Alençon. Mais, pour réunir dans sa main des éléments disséminés sur tous les points du pays, il faudrait les demander, plusieurs années de suite, à toutes les écoles normales de la province, et charger les Inspecteurs primaires d'en contrô-

mais M. Asselin a simplement réimprimé l'édition de Lehoux ; M. Du Bois y a ajouté plusieurs autres chansons, une préface intéressante et des notes philologiques à peu près inutiles, et M. Travers a pris dans les autres éditions tout ce qu'il a trouvé de bon à prendre. M. Lambert, conservateur de la Bibliothèque de Bayeux, possède encore quelques vaux-de-Vire inédits qu'aucun caractère saillant ne distingue des autres, et nous en avons vu une copie qui appartenait à M. Pluquet.

(1) C'est encore là une question fort intéressante que Gervais n'a point éclaircie dans son *Coup d'œil purin*.

ler la valeur sur place, et c'est ce qu'un simple particulier, sans autre titre que l'amour de la science, ne peut ni demander sans indiscrétion, ni obtenir avec assez de suite et d'exactitude (1). Heureusement plusieurs antiquaires distingués savaient par eux-mêmes les difficultés de notre entreprise, et nous ont affectueusement remis les matériaux qu'ils avaient amassés pendant de longues années. Pour faire apprécier toute l'importance de leurs communications, il nous suffira de nommer MM. de Gerville, le patriarche de l'archéologie normande ; De La Sicotière, Mancel, Bonnin, Poulet-Malassis et Alfred Canel. Malgré un si précieux concours, ce glossaire, comme toutes les premières publications de ce genre, n'en est pas moins nécessairement bien incomplet, et nous prions toutes les personnes qui portent quelque intérêt à l'histoire de notre province et aux origines de la langue française, de nous en signaler les lacunes et les inexactitudes. En corrigeant l'orthographe qui ne représenterait pas fidèlement la prononciation habituelle, en modifiant les interprétations qui ne conviendraient pas à certaines localités (2), et en nous indiquant de nouveaux mots, qui ne soient pas une simple corruption du français, ils nous fourni-

---

(1) Il serait bien à désirer que le Ministre de l'Instruction publique usât d'un moyen si facile, qui ne coûterait rien à personne, pour faire recueillir les vocabulaires de tous les patois de la France ; Napoléon en avait senti la nécessité et ne put en venir à bout.

(2) Pour rendre ce contrôle plus facile et plus sérieux, nous mentionnons soigneusement la provenance de chaque mot ; nous n'avons négligé cette indication que pour les mots qui sont d'un usage général dans plusieurs départements.

raient les moyens d'élever à la mémoire de nos ancêtres un monument qui , moins encore par son sujet que par la multiplicité des auteurs, appartiendrait à la province tout entière : nous ne réclamons pour nous que l'honneur de tenir la plume et le plaisir de leur en adresser nos remerciments.

ÉDÉLESTAND DU MÉRIL.

Caen.—Imp. de E. Poisson.—1849.

DICTIONNAIRE

DU

PATOIS NORMAND.

ABA

ABAISSE, s. f. (arr. de Mortain) Table basse, Buffet de service. *Et plures alios pauperes quos ad terram sedere faciebat, et super unum bassetum mappam ponebat seu extendebat*; *Acta Sanctorum*; Mai, t. IV, p. 534. *Abace* et *Basset* avaient la même signification en vieux-français; voyez Roquefort, *Glossaire*, t. I, p. 3, et du Cange, *Glossarium*, t. I, p. 612, col. 3, édition de M. Henschel. ABAISSE signifie aussi une Assiette en terre cuite, soit parce que les Latins disaient *Abacus soli*, soit parce qu'une assiette sert de *base* à ce que l'on mange; c'est en ce sens que l'on dit une *Abaisse de pâtisserie*.

ABAT, s. m. (arr. de Bayeux) Désordre; de *Mettre à bas, Renverser*. Dans l'arrondissement de Caen, la *pluie d'abat* est une pluie abondante, et un *homme d'abat*, un homme qui dérange tout. Quelquefois cette dernière expression se prend en bonne part et signifie quelqu'un qui *abat* l'ouvrage, qui travaille vite et beaucoup. Le vieux-français donnait un sens analogue

ABE

à *abattre*: Pour savoir la verite. la main de justice avoit este mises aux dittes queus (de vin) et fait deffenses qu'elles ne feussent meues; que depuis elles avoient este *abattues* et embotees: *Lettres de grâce*, de 1385, citées dans du Cange, *Glossarium*, t. I, p. 8, col. 1.

ABATER, v. a. (arr. de Bayeux) Raccrocher, Embaucher. Voyez ABÉTER.

ABAVENT, s. m. (arr. de Caen) Contrevent. Ce qui *abat* le vent: on le prend à Valognes dans l'acception de *Auvent*.

ABAUBER, v. a. Étonner, on dit aussi ÉBAUBIR.

ABAUMIR, v. a. (arr. de Caen) Affadir; de *Baume*.

ABÉLIR, v. a. et n. (Orne) Trouver *beau*, Plaire.

Mes la dame n'abelist point
Ce qu'ele en voit son fis aler,
Qui de li part sanz retorner.

De l'enfant de neige, B. R. n° 7218, fol. 242, recto, col. 1, v. 16.

Li rois a cui molt abeli
Les regarda molt bonement.

ADENEZ, Du cheval de fust, dans KELLER, Romvart, p. 107, v. 23.

L'Italien a fait aussi *Abbel-lire*, qui a le sens de notre *Embellir*.

ABET, s. m. Amorce; de l'islandais *Beita*, nourriture.

Le vieux-français avait formé de la même manière *Aeschier* (amorcer) d'*Inescare*:

Li deable a getey por nes ravir
Quatre ameçons aeschies de torments.

Poésies du roi de Navarre, t. II, p. 150.

Dans le *Dictionnaire roman* de dom François, Abec se trouve aussi avec la signification de Amorce, Appât.

ABÉTER, v. a. Amorcer; *At beita aungul* signifiait en islandais *Mettre de la nourriture à un hameçon*; de là le sens de Tromper, Attrapper, qu'ont pris *Abater* et le vieux-français *Abéter*:

Lui ne peut-il mie guiler
Ni engigner ni abeter

Fabliaux et contes anciens, t. II, p. 366.

Le vieux-français en avait fait *Béter*, chasser; voyez *De monacho in flumine periclitato*, v. 643, publié par M. Fr. Michel: *Chronique rimée de Benois*, t. III, p. 529.

ABIENER, v. a. (Orne) Améliorer: il se dit particulièrement d'un terrain: *Bene et Bone*. *Bien et Bon* sont pris souvent dans la même acception:

En vos o dirai ben e bon.

Troubadour anonyme, SENIOR VOS.

ABLET, s. m. Piége. On appelait en vieux-français *Ablère*, *Ablet*, un filet pour la pêche des ables et des autres petits poissons: *Ordonnances des rois de France*, t. II p. 12.

ABLETER, v. réfl. (arr. de Vire) Se laisser aller.

ABLO, s. m. Morceau de bois que les charpentiers mettent sous les pièces qu'ils travaillent pour les *lever de* terre; ce mot existe aussi en rouchi.

ABO, s. m. Morceau de bois que l'on attache au pied des chevaux pour les empêcher de passer d'un champ dans un autre. Saint Jérôme disait déjà: Fac tibi vincula et catenas (sive ἁλύσεις, qui hebraice appellantur *Mothoth*, et sermone vulgari *Boias* vocant); *In Hieremiam*, l. V, ch. 27, et on lit dans la vie de sainte Fides d'Agen: Jubet compedibus constringi quos rustica lingua *Boias* vocat; *Acta Sanctorum*, Octobre, t. III. C'est le radical du vieux-français *Buie*:

Vos ne nos poez pas fuir;
Kar nos vos faimes or sentir
Que buie peisent, ne s'est liez
Cil qui les traine od ses piez.

BENOIS, *Chronique rimée*, l. II, v. 2905.

C'est probablement aussi le radical du vieux-français *A-buisser*:

A la planche vint, sus munta;
Ne sai dire s'il abuissa,
U esgrilla, u meshanea;
Mais il chai, si se neia.

Roman de Rou, v. 5532.

Lesquels trouverent emmy la court de l'ostel dudit tavernier ledit Vigor qui se dormoit auquel l'un d'iceulx exposant se heurta ou abuissa, ou par l'un diceulx fut feru en soy heurtant ou abuissant a lui: *Lettres de grâce*, de 1397, dans du Cange, t. I, p. 749, col. 4.

En rouchi *Abou* signifie Peine, Embarras; dans le patois de la Vendée une autre métaphore a fait appeler *Abo* une petite digue en terre qui arrête un courant d'eau; *Talbo* y signifie grandes entraves, *Tall* veut dire *Grand* en anglais.

ABOFFRER, v. a. (arr. de Bayeux) Déprécier; de *Ab-offerre*, offrir loin de ce que l'on demande: comme *Surfaire*, faire, demander au-dessus.

ABOMINER, v. a. Détester. Avoir en *abomination*.

> Ta fureur perd et extermine
> Finalement tous les menteurs:
> Quant aux meurtriers et decepteurs
> Celui qui terre et ciel domine
>   Les abomine.
>
> Clément MAROT, *Psaume V*, v. 3.

Le français n'a conservé que *Abominable* et *Abomination*.

ABOTTER, v. a. Mettre un *Abo*.

ABOULER, v. a. Jeter ou Apporter vite; de *Boule*, globe de plomb qu'on lançait avec une fronde, ou de *Boulon*, trait d'arbalète.

ABOULEZ-CI-GAU (loc. de l'arr. de Valognes), Apportez-ici-vite. Voyez GAU. Nous ne savons d'après quel renseignement Roquefort a dit dans son *Glossaire de la langue romane*, t. I, p. 259, que *cigau* signifiait De mon chef, D'après ma tête.

ABRIER, v. a. Abriter; du vieil allemand *Ad-bi-rihan*, couvrir: ce mot n'avait point de T dans le vieux-français ni dans le provençal; voyez Roquefort, *Glossaire*, t. I, p. 9, et Raynouard, *Lexique roman*, t. II, p. 17. Il pourrait aussi venir d'*Arbor*, en patois nor-mand *Abre*. Vo. l'art. suivant.

ABRO, s. m. (arr. de Valognes) Petit arbre enduit de glu pour prendre des oiseaux. Le vieux français disait *Abre*, comme le patois normand:

> Quand il ot loüet le paien,
> À cel abre, bien fort et bien.
>
> MOUSKES, *Chronique rimée*, v. 7790.

> Pour l'amour du buisson va la brebis à l'abre.
>
> Proverbe du XVe siècle, cité par M. LEROUX DE LINCY, *Proverbes français*, t. I, p. 97.

ACA, s. m. Il pleut d'aca, Il pleut beaucoup; de l'islandais *Kaf*, inondation; *Kafa-rekia* signifie, comme *pluie d'aca*, une pluie abondante. Nous ne croyons donc pas qu'il faille écrire *Aga*, de *Gaster*, Détruire, Ravager, quoiqu'on dise dans le patois du Berry *Un agas d'eau*, et que le vieux-français employât *Agaste* dans le même sens.

ACAM et CAM, prép. Avec. On dit plus souvent *Acamté*, Avec toi; le régime a fait corps avec la préposition comme en français, où *ab* dans le sens de *cum*, et *hoc* sont devenus *avoque*, *aveuque*, *avec*.

Combien treuve je plus naturel et plus vraysemblable que deux hommes mentent, que je ne fois qu'un homme en douze heures passe *quant et* les vents d'orient en occident...Montaigne, *Essais*, l. III, ch. 11.

Dans le patois du Berry *Quant et* signifie aussi *Avec*, *En même temps que*; mais on donne dans la Vendée à cet assemblage de sons, qu'alors il faudrait orthographier autrement, le sens de *A côté*, *Auprès de*, et le mot qui en est formé pourrait venir de l'islandais *Kant*, côté, comme l'italien *Accanto*. Voyez aussi CANTER.

ACANCHIER, v. a. (Manche) Réussir, Avoir bonne *Chance*, que l'on prononce *canche*, de *Cadentia*. On dit aussi : Il a du hasard ; Il est bien tombé.

ACAR. Ce mot n'est employé que dans la phrase : *Il pleut d'acar* ; l'eau tombe avec autant de force que des cailloux. *Acarer* signifiait en vieux-français : Jeter des pierres, et l'on en a fait *Acariâtre*.

ACATER, v. a. Acheter : du latin *Ac-captare* :

> Sa mie en a a soi menee
> Que par sa peine a acatee.
>
> *Roman de Brut*, v. 2643.

Le second A s'est conservé aussi dans *Acabit* et *Achat* ; on trouve *Acapte* dans le *Nouveau coutumier général*, t. IV, p. 904, col. 2.

ACAUCHIER, v. a. (Orne) Appeler, *Causer à*.

ACCABASSER, v. a. et réfl. Accabler, Se replier sur soi-même ; dans le patois de l'Isère, *Accapa* signifie *Accroupi*, *Caché*.

ACCIPER, v. a. (arr. de Bayeux et de Vire) Escroquer, Chiper. *Acciper* avait le même sens en vieux-français.

ACCLAMPER, v. a. (Orne) Attacher, fixer ; de l'islandais *Klampi*, Agraffe, Cheville.

ACCLASSER, v. réfl. (arr. de Vire) S'assoupir, Fermer les yeux, de *Ac-claudere*. En provençal *Aclusar* signifiait *Fermer les yeux*.

> La nuoich quan lo sons m'aclusa.
>
> GIRAUD DE BORNEIL, *Quan la bruna*.

Le vieux-français lui donnait sans doute un sens différent :

> Mais, qui chaut, par tu les ensiut
> E les dechace et les consiut,
> Cum funt le chien le cerf alasse
> Qui del tut estanche e aclasse.
>
> BENOIS, *Chronique rimée*, l. I, v. 847.

ACCOINTER, v. a. Connaître particulièrement. Il s'emploie ordinairement, comme en vieux-français, dans un sens érotique :

> Ma demoisele vos volra accointier.
>
> *Raoul de Cambrai*, p. 221, v. 12.

Coindar signifiait en vieux-provençal, *Cajoler*, *Caresser*, et le patois de l'Isère se sert d'*Accoindo* dans le sens de *Fiançailles*.

ACCORDER, v. a. Promettre. Le vieux-français *Grant*, *Greanter*, *Creanter*, Accorder, avait aussi quelquefois la signification de *Promettre* ;

> Cil Turnus, qui ert ses voisins,
> Rices hom ert, sot que Latins
> Sa fille a Eneas donot ;
> Iries en fu, grant dol en ot,
>
> Car il l'avoit tostans amee
> E ele li fu creantee.
>
> *Roman de Brut*, v. 53.

ACCORDS, s. m. pl. Fiançailles. Ce mot signifiait aussi en vieux-français *Convention* et par suite *Droit*.

> Cis Clotan deust tot avoir,
> Car l'on (n)'i savoit si droit oir ;
> Mais cil qui estoit (*sic*) plus fort
> N'orent cure de son acort.
>
> *Roman de Brut*, v. 2253.

> Es vos Ogier et le roi acordes ;

C'est une acorde que comparont
[Eseler.]

Raimbert, *Chevalerie Ogier de*
[*Danemarche*, v. 12801.]

ACCOUFLER, v. réfl. (arr. de
Vire) Fléchir le genou en se
baissant.

ACCOURSÉ, part. pass. (Orne) Achalandé. Le français dit
dans le même sens *Une bouti-
que bien courue.* On lit dans
une lettre de grâce de 1383 :
Ledit exposant estoit mieulx
accoursez, c'est assavoir mieulx
achalandez.

ACCOUT, s. m. (arr. de Vire)
Appui ; du normand *Acouter.*
(*S'accouder, S'appuyer sur le
coude*, probablement ; voyez
plus bas le mot ACOUTER.)
Du Cange, *Glossarium*, t. 1,
p. 50, col. 4.

ACCRAVENTER, v. a. (arr. de
Mortain) Accabler, Briser ;
Craranter avait le même sens
en vieux français :

Lors commanda c'on exilast
Maupertuis, et tout cravantast.

Romans de Renart, t. IV, p. 297.

ACHOCRE, s. m. Homme ma-
ladroit, grossier : Tu joues
comme un achocre. Le patois
de Rennes donne à ce mot la même signification.

ACHOPPER, v. a. Broncher ;
on dit encore en français, Pierre d'achoppement. Le v. fr. disait
S'assoper : Il s'assopa a aucune
chose en la rue et chut en un
fangar ; *Lettres de grâce*, de
1383, dans Carpentier, T. I, col.
348.

ACHUQUETÉ, part. pass. (arr.
de Bayeux) Entété ; de *Souche*
que l'on prononce *chuque. Etre
entété comme un morceau de
bois* est une locution populaire.

ACLABOS, s. m. pl. (arr. de
Bayeux) Cris, Acclamations,
syncope de *Acclamabo.*

ACLAS, s. f. (Orne) Petite
barrière : de *Claudere* comme
Écluse. (*Clos* en basse Normandie se prononce *Clas.*)

ACOMMICHER, v. a. (arr. de
Bayeux) Etre deux à faire une
chose, la faire en commun.
Communier était aussi devenu
en vieux-français *Acommicher.*
On lit dans Froissart : Et fist
le roi dire grand planté de messes pour acommicher ceux qui
dévotion en avoient.

ACOQUETÉ, adj. (arr. de
Bayeux) D'un rouge vif.

ACORGER, v. a. (Orne). Lier
deux choses ensemble, de *Cor-
gée*, petite corde. Ce mot se
trouve aussi dans le patois du
Berry.

ACOUER, v. a. (arr. de Valognes) Attacher à la queue,
en patois normand comme en
v. fr. *Coue.* Il a la même signification dans la Vendée.
Montaigne disait aussi : Nous
n'avons pas faict marché en
nous mariant de nous tenir continuellement accouez l'un à
l'autre... *Essais*, livre III,
ch. 9.

ACOUER, v. a. et réfl. Se mettre à couver.

ACOUTER, v. n. et réfl. Accouder (*cubitare*) ; la forme
normande se trouvait aussi en
v. fr.

Il s'est acoutez sor le puis
Qui n'estoit pas toise et demie
Parfons.

Lai de l'Ombre, v. 868,

ACOUTRER, v. a. et réfl. Habiller : du vieil allemand *Choz-*

za, Cotte ; il se prend ordinairement en mauvaise part ; en rouchi *Cotron* signifie *Jupe*. *Acoutrer* n'est plus usité en français que dans le langage familier.

Acraco, adv. (arr. de Bayeux) *Acraco*, De hasard, De racroc ; on dit aussi *Agraco*.

Actaigner , v. a. (Orne) Balbutier en lisant. Voyez Actonner.

Actionner , v. a. Presser quelqu'un , le Tourmenter ; du bas-latin *Actionare*, intenter un procès, ou plutôt d'*Actio*. Shakspere employait *Action* dans le sens d'*Accusation*. I pray you since my action is entered and my case so openly known to the world , let him be brought in to his answer. *King Henry IV*, Part. II, act. 2., scèn. I. Dans le patois du Berry *Actionneux* a la signification d'*actif*.

Actonner, v. a. (Orne) Bégayer.

Acusser , v. a. Réduire un joueur sans argent, le Mettre à *cul-sec*, suivant une locution restée encore aujourd'hui populaire.

Adens , adv. Penché en avant, Sur le ventre , Sur les *dents*.

> Cil caient envers et adens.
>
> *Roman de Brut*, v. 7438.

> En langes suz les pavemenz
> Les veissiez culcher asdenz.
>
> Benois, *Chronique rimée* , l. II, v. 5199.

Adenter, v. a. et n. Mettre sens dessus dessous. Tomber sur les dents :

> Et regarda, si a Beron trove

> Mort et sanglent contre tere adente.
>
> Rambert, *Chevalerie Ogier de Danemarche*, v. 5708.

Borel s'est ainsi trompé en lui donnant le sens d'*Agraffer*, et en citant, comme exemple , ce vers d'un ancien poëme rapporté par Fauchet , *De la langue françoise*, p. 87 :

> Si l'a feru del branc que sur l'arçon
> l'adente.

Adenter signifie aussi Enchasser une pièce de bois dans une autre comme si elle y mordait : la même idée a fait créer le mot français *Mortaise*.

Adirer, v. a. Égaré, Perdu. Le ch. 87 de l'*Ancienne coutume de Normandie* est intitulé *Querelles des choses adirees*, et on lit dans le *Roman de Rou* :

> Puis a dit au Duc en l'oreille,
> Que il a eu moult merveille
> De la cuille qu'il a trouvee
> Qu'il out au mangier adiree.

Adlaisi , adj. (Orne) Fainéant, Inoccupé, *Qui a du loisir*. Ce mot se trouve aussi dans le patois de Rennes et dans celui de la Vendée , où il est un adverbe comme le *At leisure* des Anglais.

Adorémus, s. m. pl. Courbettes, Révérences; on ne l'emploie que dans la phrase *Faire des adorémus*. On chante aux Bénédictions une prière suivie de génuflexions, qui commence par *Adoremus*.

Adouler, v. a. et n. Rendre le mal plus vif, Être dolent.

> Dame, dist-il, por qu'estes adolee ?
> *Raoul de Cambrai*, p. 164, v. 16.

Adous , s. m. pl. Ornements, Parure.

La sont ii dames qui querront (l.
  creront) en Jhesu.
Kalles les ot amenees lassus:
Soixante furent vestues de bon fus;
Tos lor adous furent a or battus.

*Chevalerie Ogier de Danemar-
  che*, v. 13001.

Le français a conservé *Adou-
ber*, terme du jeu des échecs,
et *Radouber*, terme de marine:
le verbe islandais *At dubba* signifiait également *Orner* et *Ap-
prêter*, *Arranger*.

ADRET, A L'ADRET DE, prép.
Envers, Vis-à-vis de; on dit
aussi *A l'endroit de*. Cette préposition se trouve également
dans le patois de la Vendée.

ADREUGER, ADROGER, v.
réfl. (Orne) S'habiller grossièrement, grotesquement. Voyez
DROGUET.

ADVANTIVE (en), locut. adv.
Dans les temps *à venir*; on la
trouve aussi en v. fr. Et nous a-
vons en l'escriture que Ante-
Christ sera engendré en advantive de pere chrestian et de
mere juifve; *Journal d'un bourgeois de Paris*, p. 538, éd. de
M. Buchon.

AFFAUTURER, v. a. (arr. de
Vire) Priver, *Faire faute*.

AFFECTER, v. réfl. (arr. de
Bayeux) Se forcer, S'appliquer.

AFFÉTER, v. a. (arr. de Vire)
Raccommoder, Embellir.

Haubers e helmes afaitier.

Roman de Rou, v. 12469.

Par sun gent cors, par sa faiture.

Roman de Tristan, t. II, p. 26,
  éd. de M. Michel.

Fetisly signifiait même *Élé-
gamment* en vieil anglais:

And fals sat on a sisour
That softely trotted;

And favel on a flatterere
Fetisly atired.

Vision of Piers Ploughman, v.
1212.

On le prend aussi, comme
en vieux-français, dans le sens
d'Élever, Nourrir.

Mais ele l'avait alaitie
Et tout nouri et afaitie.

Morskes, *Chronique rimée*, v.
234.

AFFIER, v. a. Promettre,
Assurer.

Par fei, vos afi, se je l'truis,
Premier i ferrai, se jo puis.

Roman de Rou, v. 8888.

L'ancien provençal avait aussi *Afiar*.

AFFIQUET, s. m. Ornement
de toilette. De *Figere*, attacher,
on a fait *Afique*, épingle: *Affiquets se affichent aux bonnets*,
disait un vieux proverbe français:

En son pis avait une afique
D'or et de mainte piere riche.

PHILIPPE DE REIM, *La Manne-
kine*, v. 2223.

Les maîtres du Puy de Dieppe donnaient à la meilleure ballade une afique d'or; *Précis
analytique des travaux de l'A-
cadémie de Rouen pour 1838*,
p. 304. On s'est paré avec des
Affiques et par extension on a
donné le nom d'*Affiquets* à tout
ce qui servait à la toilette. Dans
les gloses d'un *Dictionnarium*
de Jean de Garlande, dont le
manuscrit est du XIVe siècle,
Monile est déjà expliqué par
Affike, et *Spinter* par *Affical*;
voy. Mone, *Anzeiger für Kun-
de der altteutschen Vorzeit*,
1835, col. 497.

AFFIQUETS, s. m. pl. Petits

tuyaux de bois ou d'ivoire dans lesquels on *fiche* le bout des aiguilles à tricotter. Le rouchi les appelle *Affiquaux*.

Affistoler, v. réfl. Se parer. Du latin *Fistula* le vieux français avait fait *Affistoler*, tromper, comme *Piper* de *Pipeau*;

> Homme pourveu,
> Qui a tant veu
> D'affistolez,
> Bien est cornu
> S'il s'est venu
> Prendre aux filetz.
>
> Guillaume Alexis, *Blason des faulces amours*, p. 263.

et a fini par lui donner, ainsi que le patois normand et celui du Berry, le sens d'*Appiper par la parure*.

Afflatrer, v. a. (arr. de Mortain) Terrasser, Renverser. Le vieux français disait également *Flatir* et *Flatrir*.

> Or escutez come jo fud fous
> E esperduz e entrepris,
> Ke un plain bacin d'ewe pris
> E sus le perron l'a flati.
>
> *Li torneimens Anticrist*; B. R. fonds de Notre-Dame, n° 5, fol. 213.

Afflubat, s. m. Manteau. Voyez le mot suivant.

Affluber, v. a. réfl. Couvrir, S'envelopper. On lit dans le *Roman de Rou* :

> La fist d'un mantel affluber,
> Du plus riche qu'il pout trouver.

C'est notre verbe *S'affubler*.

Affoler, v. a. Devenir fou; ce mot ne s'emploie ordinairement qu'au figuré :

> Dictes hardiment que j'affole
> Se je dy huy autre parole.
>
> *Farce de Pathelin.*

On s'en sert aussi en français : mais il vieillit beaucoup

Affondrer, v. a. Enfoncer, *Aller au fond* :

> L'un passe en noant, l'autre afonde.
>
> Guiart, *Branche des royaux lignages*, t. I, p. 270.

C'est notre verbe *Effondrer*.

Affongrer, v. a. (Orne) Rompre.

Affouer, v. a. (arr. de Valognes) Exciter; dans le *Dictionnaire roman* de dom François, on trouve *Affoer*, avec la signification de *Faire du feu*.

Affourcher, v. a. (arr. de Valognes) Enfourcher.

Affourée, s. f. (Orne) Fourrage; de l'islandais *Fodr*, nourriture du bétail; le *d* a disparu, comme dans *Fourrure* du gothique *Fodr;* le bas-latin *Fodrum* l'avait conservé.

Affourer, v. a. Donner à manger aux bestiaux; on dit dans le patois du Berry *Afféner*, donner du foin.

Affray, s. m. Effroi; du vieil-allemand *Eipar*, *Eiver;* on dit encore en français : les *Affres* de la mort.

Affresas, s. m. (Orne) Engoule-vent, oiseau de mauvais présage qui *effrayait*; le mot français *Fresaie* se rapproche moins de sa racine.

> Le hideux cri de la fresaie effraye
> Celui qui l'oit; elle vole de nuict
> Et a tetter les chèvres prend deduict;
> T'esbahis-tu s'elle se nomme effraye?
>
> *Oiseaux de Belon*, p. 28.

Affrillon, s. m. (Orne) Petit morceau de pâte qui s'attache aux mains du boulanger qui pétrit.

Affribourdi, part. pass. (Orne) Engourdi de froid.

Affronter, v. a. (arr. de

Valognes) Séduire une fille, la Tromper ; le vieux français lui donnait la même signification.

Affroquer, v. réfl. Faire de mauvaises connaissances; du *Froc* des moines. On donne une signification analogue au s. m. affroc.

Affurer, v. a. (arr. de Vire) Voler. *Furer* existait aussi en vieux-français ainsi que *Furt*.

> Oubliance de Dieu,
> Furt, larrecin, violence en maint lieu.

> J. Bouchet, *Triomphe de François Ier*, fol. 101.

Nous avons encore *furtif*.

Affuter, v. a. Ajuster, Réparer. Le français emploie aussi *Affuter* dans le sens d'*Aiguiser*.

Affutiaux, s. m. pl. (arr. de Bayeux) Objets peu nécessaires. Il avait le même sens en vieux-français. Voyez Roquefort, *Glossaire*, t. 1, p. 34; c'est probablement le même mot qu'*Affiquets*, objets de toilette, que le patois du Berry appelle *Affutiaux*.

Aga, interj. Tiens, Voyez un peu ; *Hagah* avait à peu près le même sens en hébreu, mais nous n'en croyons pas moins qu'il vient du saxon *Wardon*, *Argarder*, *Agarder*, en vieux-français et en normand :

> Hé! quel honneur, te voyant par la place
> Tout convert d'or, ainsi la populace
> Dire en arrière : Aga! voilà celuy
> Duquel la France a reçu tant l'ennuy.

> Vauquelin de la Fresnaye, *Satire*.

On trouve le même vocable avec la même signification dans le patois du Berry. Le plus souvent on joint à cet impératif la particule donc: *Agadon, Eguédon*.—Dans plusieurs cantons du Jura on dit *Ogo*.

Agalis, adv. (Orne) A ta honte.

Agasse, s. f. Pie. Il se trouve aussi en vieux-français, et La Fontaine s'en est encore servi ; *Fables*, l. XII, fabl. 11.

Agasser, v. a. et n. (arr. de Valognes) Crier après quelqu'un avec aigreur, d'*Agasse*, comme *Piailler* de *Pie* : les oiseaux *agassent* quand on approche de leur nid: on dit aussi *Egasser*.

Agenoillons, adv. A genoux.

> Prieres fait et oreison,
> An suspirs et agenoillons.

> *Légende de saint Bonus*, B. R., n° 7024, col. 2, v. 2.

Ager et Agier, v. a. Emanciper, Donner l'*âge*. Ce mot existait aussi en vieux français : Tout soit che que il ait bos aagie a couper : *Coustume de Beauvoisis*, ch. XIII. p. 76.

Aget, s. m. (arr. de Caen) Petite trappe dans une porte par laquelle on fait le guet, on *aguette*.

Car il ne pouvait bonnement prendre la peine d'aguetter ses commoditez comme font les jeunes gens... Desperriers, *Nouvelles*, p. 105.

Nous avons encore *Guet-à-pens* qui est une corruption d'*Aguet appensé*, embuche préméditée :

Un nommé Jacquemart le Oliviers a tue et murtry de fait et d'aguet appense, environ souleil escousse, Jean Lemaire. *Lettre de Charles V. roi de France, du 8 octobre 1419*.

AGET, s. m. (ar. de Vire) Habitude; Manière d'être, d'*Agri*: on dit *Ajeu* dans l'arrondissement de Caen. Dans le patois provençal *Agi* signifie *Action*.

AGIOS, s. m. pl. Longs discours; d'une litanie où le mot Ἅγιος est souvent répété.

AGIOTS, s. m. pl. Cérémonies, Caresses hypocrites; d'*Agere*, jouer, comme *Façons* et *Affetterie* de *Facere*.

AGIOTER, v. a. Flatter. Voyez l'article précédent.

AGOBILLES, s. m. pl. Petits meubles sans valeur : il se trouve en rouchi avec la même signification.

AGOGONNER, v. a. (Orne) Adoucir, Amadouer; du bas-latin *Agogare*, Donner à manger à discrétion (Voyez GOGON), ou du vieil-allemand *Gouggolon*. Faire le jongleur.

AGOHÉE, s. f. (arr. de Bayeux et de Valognes) Accueil bruyant; on dit aussi GOHÉE dans l'arr. de Caen. Selon Ausone *Gau* se trouvait dans Ennius pour *Gaudium*.

Ennius, ut memorat, replet te laetificans gau.

et l'ancien provençal avait *gauch* :

Amors vol gauch e guerpis los enics.
Pierre D'AUVERGNE, *De josta'ls*.

AGONIR, v. a. (arr. de Bayeux et Orne) AGONISER (arr. de Valognes; employé aussi dans le Berry) Attaquer, Accabler, Injurier. Athleta coelestis militiae dudum in palestra mundanae conversationis agonisans cuncos vitiorum viriliter debellavit: Odon de Cluny, *Sancti*

Geraldi vita, l. II, ch. 4. *Agonir* a la même signification en rouchi; peut-être est-ce une corruption euphonique de *Ahonir*. Voyez ce mot.

AGOSÉ, part. pass. (arr. de Caen) Rassasié, Qui en a jusqu'au *gosier*.

AGOUCER, v. a. (Orne) Irriter, Exciter contre quelqu'un. *At gussa* signifie en islandais *Parler légèrement*.

AGOUT, s. m. Assaisonnement; de *Gustus*.

AGOUTER, v. a. Assaisonner; il signifie aussi Donner du goût pour quelque chose; c'est le contraire de *Dégoûter*.

AGRAP, s. m. (Orne) Appât jeté sur la neige pour prendre des oiseaux; de l'islandais *At greipa*, Prendre, Saisir, Graper en vieux français :

Nef n'i demeure qu'il ne preingnent:
Tout est vendangie et grape.
GUIART, *Branche des royaux lignages*. t. II, v. 3770.

Agriper a la même origine. Voyez aussi ÉGRAT.

AGRATIER, v. a. Plaire, Agréer. Le vieux-français avait *Agrachier*, et le provençal *Agradar* :

Be m'agrada 'l bel temps d'estiu,
E dels auzels m'agrada 'l chanz.
Raimond DE MIRAVAL, *Be m'agrada*.

AGRIFER, v. a. Enlever de force, Prendre avec des *griffes*. Le bas-latin *Agriffare* avait un sens différent; il signifiait *Etendre ses griffes*: Bistardae et anates campestres contra aves rapaces horripilant plumas agrifando se, et elevant alas. Fridericus II, imperator, *De arte venandi*, l. I, ch. 56.

AGRIOCHES, s. f. pl. Agaceries, Efforts pour être *agréable*, qui se prononce *agriable* dans le patois normand.

AGRIOTTES, s. f. pl. Voyez AGRIOCHES.

AGOUSSÉ, part. pass. (arr. de Vire) Renfrogné.

AGUCHER, v. a. Aiguiser. Ce mot existait en vieux-français ; le provençal *Agusar*, l'espagnol et le catalan *Aguzar* ; le portugais *Aguçar* et l'italien *Aguzzare* se rapprochaient aussi davantage de la racine latine *Acuere*.

AGUILANLEU, AGUILANNEU, s. m. Étrennes, Présent du premier jour de l'an : *Ad viscum anno novo* : Paul Merula, *Cosmographia* : Solitos enim aiunt Druidas per suos adolescentes viscum suum curctis mittere eoque quasi munere bonum, faustum, felicem et fortunatum omnibus annum precari.

Trouva des varlets ou jeunes compaignons… qui alloient… querant *aquilen neu*. Le dernier jour de décembre ; *Lettre de* 1473, citée par Carpentier dans le *Glossarii supplementum*. En Anjou, on supprima, en 1595, une quête appelée *Aguilanneuf* que l'on faisait dans les églises le premier jour de l'an, et l'on défendit en 1668 de continuer à la faire même hors des églises. Dans le patois du Berry *Angilan* signifie encore *Etrennes*, et *Guilané*, *Aumônes du commencement de l'année*. Voyez, sur la cause de cette signification mythique du gui, M. Édélestand du Méril, *Histoire de la poésie scandinave*, prolégomènes, p. 100,

note 2.

AHAN, s. m. Peine, Fatigue, Souffrance : onomatopée, son qui s'échappe de la poitrine d'un homme essoufflé au moment d'un nouvel effort ; aussi disait-on autrefois *Haan* :

Molt i orent tuit grant haan.

Roman de Rou, v. 8655.

Pendant le moyen-âge on exposait à la vénération des fidèles le *Han* de saint Joseph conservé dans une bouteille. Le vieux-français ajouta aussi une prosthèse par euphonie :

Grant ahan sueffrent et endurent,

Roman de la Violete, v. 5608.

Au laboureur nonchalant
Les rats rongent son blé et ahan.

Proverbe du XVIe *siècle*, cité par M. LEROUX DE LINCY ; *Proverbes français*, t. I. p. 51.

AHANNER, v. a. Voyez ENHANNER.

AHEURT, s. m. (Orne) Coup appliqué sur une chose facile à déranger, de *Heurter*.

AHI, Interj. On excite ainsi les chevaux à avancer. C'est probablement une corruption de *ari* : Per las interjectios excita hom soen las bestias, coma *arri* : *Leys d'amors*, fol. 103, daus Raynouard, *Lexique roman*, t. I. p. 126.

Vous respondez : Hary, hary
C'est pour l'amour de mon mary.

Roman de la Rose, v. 8785.

Dans la Corrèze, on se sert encore de *Arry* pour presser la marche des bêtes de somme : c'est le radical du vieux-français *Harer* et de l'anglais *Hary*, exciter.

AHONIR, v. a. Déshonorer, faire honte ; *Hon* en vieil-allemand :

Brunun l'archeveske se tint por ahon'.

Roman de Rou, v. 4392.

Le vieux-français disait aussi AHONTER :

Adonc respondit Jalousie :
Honte, j'ay paour d'estre trahye ;
Car lecherie est tant montee
Que trop pourroit estre ahontee.

Roman de la Rose, v. 3683.

Ahontir est resté dans le patois du Berry, et l'on en trouve aussi quelques exemples en vieux-français. Voyez *Les quinze joies du mariage*, p. 172. Nous disons encore *Honni*.

AHOQUIER, v. a. (arr. de Caen) Accrocher, comme le vieux-français *Ahocher*; *Ahoquer* a conservé la même signification en rouchi.

AHOURDI, adj. (Manche) Engourdi de froid.

AHUBIR, v. a. (Orne) Mal recevoir. Recevoir quelqu'un comme un *Hubot*, Coquin, Canaille, en breton.

AHURIR, v. a. Abasourdir, Hébéter, du vieil-allemand, *Heuer*, *Haur*, tête de bête sauvage, *Hure*; AHURIR signifiait donc primitivement *Donner une tête de bête sauvage*. Par une figure semblable on disait de certains criminels qu'ils *portaient une tête de loup*; *Wargus sit*, hoc est expulsus, dit déjà le *Lex Ripuaria*, tit. LXXXVII. Le provençal disait *Aburar*, et il est remarquable qu'en allemand *Bar*, en saxon *Byre* et en islandais *Bior*, signifient *Ours*.

AIAUDE, Interj. qui marque la surprise (Orne) : peut-être le français *Tayaut*.

AIGRAS, s. m. Verjus. Personnes amblans aigrest, rai-

sin ; *Ordonnances des Rois de France*, de 1373 ; t. V, p. 676.

AILERON, s. m. (arr. de Valognes) Aile de volaille dont on se sert pour balayer les tables.

AILETTES, s. f. pl. Petites ailes garnies de crochets de fer pour conduire le fil sur le fuseau.

AINGUE, s. m. (arr. de Bayeux) Hameçon : ce n'est pas le *Hamus* latin, en vieux-français *Ain* :

Car le poisson c'on prent à l'ain.

Fabliaux anciens, t. II, p. 394.

mais le *Aungul* de l'ancien scandinave.

AINS, conj. Mais, comme en vieux-français. Il ne s'en effroya point, ains dit : Sparte n'est pas à un homme près ; Amyot, *Traduction de Plutarque*, Morales, t. IV, p. 56. Il signifie aussi *Avant* :

Ainz un an trespasse

Roman de Rou, v. 3263.

AIRAGE, s. m. Ressemblance d'air.

AIRE, s. m. Place vide de la maison, comme l'*Aire* de la grange, et l'*Ayraut* du vieux-français. Une place gaste, appellee ayraut... ouquel ayraut ou placé ; *Lettres de grâce de 1448*, citées par du Cange, t. I, p. 517, col. 2. C'était aussi le sens du bas-latin *Ayrale*, *Ayriale*, et de l'*Airal* provençal que M. Raynouard, *Lexique roman*, t. I, p. 40, a eu tort d'expliquer par *Basse-cour*, *Dépendances*, *Masure*, *Hangar*; il fallait dire *Place-vide* et *Grange*. De blato furato, invento in ayrali alicujus de aliqua villa, *Ancien document* publié par M. Cibrario, *Della storia di Chieri*, t. II, p. 494.

AIRER, v. réfl. S'irriter ; le vieux français avait pris aussi la forme AI.

Quand le duc l'olt oy, si fust moult trouble, et lui deffendit qu'il ne se partist point et moult airement prist ung baston ; *Mémoires de J. du Clercq*, l. V, ch. xx, t. III, p. 383, éd. de M. Buchon. Comme la colère double la force, *Air* avait pris le sens de *Force*. Impétuosité :

> Il conquist plus par son air
> Que ses oirs ne pot maintenir.
> *Partonopeus de Blois*, t. I, p. 18, v. 491.

> Puis l'a enpaint de tel air
> C'a la terre le fist cair.
> *Roman du comte de Poitiers*, v. 1173.

AIRIE, s. f. (arr. de Caen) ne s'emploie que dans la phrase : Une airie de pois, c'est-à-dire une planche de pois ; ce qui est labouré (*aratum*) en pois. On disait en vieux-français *Aree* : Dont l'en poing et fait aler les buefs en l'aree : *Lettres de grâce* de 1440, citées par Carpentier, t. I, col. 270.

AIRIÉE, s. f. (arr. de Bayeux) Quantité ; Ce qui se fait à la charrue (*arata*) ; on dit par figure Une airiée de toux.

AIRSES, s. m. pl. (arr. de Vire) Ébats ; peut-être une corruption d'*Aises*.

> Et il molt doucement le baise
> Ne li vaut soffrir nule autre aise.
> *Lai d'Ignaurès*, p. 15.

Dans la langue des troubadours, *Azers* signifiait *Élévation*, *Puissance* ; la racine serait alors probablement *Eri-gere*.

AIRURE, s. f. (arr. de Caen) Façon qu'on donne à la terre de labour. On se servait aussi autrefois d'*Arer*, *Airer*, *Erer* :

> N'iert point la terre lors aree.
> *Roman de la Rose*, v. 8421.

Autresi se li mains puissanz ere la terre au plus puissant, la charrue ne soit pas destorbee. *Etablissements de Normandie* éd. de M. Marnier. p. 46. Dans le patois de l'Isère. *Arari* signifie une charrue pour le labourage, et dans celui du Berry *Arriot*, une charrue sans avant-train : le français disait encore *Araire* au XVI siècle.

> Sangar picque ses bœufs et d'un luisant araire
> Setrace les sillons de son champ tributaire.
> DU BARTAS, *Œuvres*, p. 480.

AJUSTER, v. a. Joindre, Assembler, Rapprocher.

> Devant Marsilie as altres si s'ajust.
> *Chanson de Roland*, str. LXXII, v. 4.

Le français actuel dit *Juxtaposer*, mais il donne un sens complétement différent à *Ajuster*.

ALIPAX, s. m. (arr. de Valognes) Soufflet, Coup : corruption du latin *Alapa* ; le vieux-français disait *Alippe* :

> Chascuns sera malegripe ;
> S'ilz treuvent les gens maucourtois
> Horion aront et alippe.
> Eustache DESCHAMPS, B. R., n° 7219, fol. 270, col. 3.

ALISE, s. f. (arr. de Vire) Grande ornière, Bourbier ; on dit ailleurs ALISÉE. En breton *Leiz* signifie encore, Moite, Humide.

ALLELUIA, s. f. (arr. de Valognes) Oxalis qui pousse

dans le temps de Pâques : c'est le nom qu'on donne aussi à cette plante dans le milieu de la France ; voyez Boreau, *Flore du Centre*, p. 63.

ALLER (s'en), v. uniper. Laisser s'en aller : Un plat s'en va quand il laisse échapper les liquides ; cette locution est aussi usitée dans le Berry. Voyez FUIR.

ALLEU, s. m. (arr. de Caen) Tâche des aûtcrons, Cession qui leur est faite à forfait d'un travail quelconque ; c'est le sens primitif du vieux-français ALLEU.

ALLOSER, v. a. Louer : ce mot existait aussi en vieux-français ; on lit dans le *Doctrinal de Corteisie* :

Vous ne deves mie par mesdire avan-
chier
Ne pour vous aloser autrui des avan-
chier.

Voyez aussi le *Roman de la Rose*,
v. 5486.

ALLOUETTER, v. a. (arr. de Vire) Appeler ; à la chasse des allouettes, on les appelle avec un appeau.

ALLUCHER, v. a. Nourrir : il signifiait d'abord Cultiver : de *Louchet*, houe, bêche :

Nul ne doit aluchier mal arbre ne mal
herbe.

Jean DE MEUNG, *Testament*, v. 1392.

Puis on l'a appliqué aux hommes :

Luxure est ung pechié que gloutonie
aluche
Et si le fait flamber plus cler que
seche buche.

Jean DE MEUNG, *Codicile*, v. 1725.

ALLURE, s. f. Amble ; Un cheval d'allure, de promenade (ambulatio). *Allure*, joint à l'ad-

jectif *Grant*, signifiait en vieux-français le *Galop* : Et de la grant alleure des destriers, l'ung hurta a l'aultre ; *Jehan de Saintré*, ch. XXXVIII, p. 255.

Mais nun le pas ne l'ambleure,
Mais merveilles grant aleure.
BENOIS, *Chronique rimée*, l. II,
v. 14121.

ALOIGNE, s. m. Retard, Ce qui éloigne :

Dont le diray-je sans aloigne.
Ovide ms. cité par BOREL, s. v.

Voyez aussi du Cange, t. I, p. 191, col. 2, et Benois, l. II, v. 5629.

ALŒUVRÉ, adj. Actif, Empressé à l'ouvrage.

ALOUVIR, v. a. Affamer comme un *loup* : on dit aussi ÉLOUVIR.

A ses yeux élouvis, à sa mine pendable
Il le prend pour un chouan.
LALLEMAN, *La Campénade*, ch. III,
p. 29.

On dit *Aloubrir* en patois vendéen :

I vindis chez nous, i treuvis
Cinq cents cruse-bariques ;
Tretos, eme daux grands aloubris,
Mangiant in bone aétique.
Chanson citée dans les *Mémoires de l'Académie celtique*, t. III, p. 374.

ALOVIR, v. réfl. (Orne) S'assoupir. *Alogar* signifiait *Se coucher* en provençal :

Quan lay aura son trap tendut,
Nos alogerem d'enviro.
BERTRAND DE BORN, *Lo coms*.

ALUMELLE, s. f. Lame de couteau. On disait aussi en vieux-français *alemele* et *alemiele* :

Prist un cotel q'il vit sus le doblier
Dont un valles li tranchoit le mengier ;
Grans fu e lons et devant apointies ;
Li mances fu a fin or entaillies
Et l'alemele d'un poitevin acier.
Chevalerie Ogier de Danemarche,
v. 4247.

Un coutiel ot moult rice a pointe,
L'acier iert l'alemiele jointe.

> Philippe MOUSKES, *Chronique rimée*, v. 22057.

AMAIN, adv. (Manche) D'un usage commode; A portée de sa main; le vieux-français en avait fait un adjectif *Amani*, *Ameni*:

> .... Cil qui sert bien a dednit
> De chiens, il en est plus hardis,
> Plus apert et plus amenis
> En assaillant bestes terribles.
>
> Gace de la Vigne, ap. Roquefort, *Supplément au Glossaire*, p. 19.

AMALADIR, v. n. Devenir malade; on dit aussi *Enmaladir*, comme en vieux-français :

> Mes la reyne enmaladist.
> *Lai de Haveloc le Danois*, v. 231.
>
> E de c'enmaladi soentre
> D'enfermete si dolerose
> Qu'en ne s'offri plus angoissose.
>
> BENOIS, *Chronique rimée*, l. II, v. 39308.

Il y a dans le patois du Berry *amalader* et *enmalader*.

AMARRER, v. a. (Manche) Arranger, Mettre en ordre. Il signifiait d'abord préparer un navire à prendre la mer : *Teneatur prompta dicta navis parata et amarrata, prout hactenus teneri consuevit: Document de 1344*, cité par du Cange, t. I, p. 217, col. 1; et une population maritime a fini par l'appliquer à toutes ses occupations.

AMATIN, adv. Ce matin, comme *Aujourd'hui* Dans ce jour ; VOYEZ ANIEUT.

AMECHE, s. f. (Orne) Cerise aigre; on prononce AMÈGUE dans l'arrondissement de Caen, peut-être parce que le petit lait s'y appelle *Mègue*. A Rennes on dit *Dumèche*.

AMIGNARDER, v. a. Apprivoiser, Rendre *mignard*. Selon Roquefort, t. I, p. 59, il aurait signifié en vieux-français *Caresser*, *Flatter*.

AMIGNONER, v. a. Apprivoiser, Rendre *mignon*: peut-être le vieux-français *Amignoter* en est-il une corruption : *Mignon* signifie *Joli*, *Ami* en breton. AMIGNONER existe aussi dans le patois du Berry.

AMIGRANER, v. a. (Manche) Bouillir à petits bouillons, de l'islandais *Hamaz* devenir et *Grana* excellent.

AMOMI, adj. Fou.

AMONT, adv. En haut, comme en vieux-français :

> Et dist : Leves vous sus amont.
> GUILLAUME li Clerc, *Aventures de Frégus*, p. 88.

Il ne se dit plus guères qu'en parlant du vent: *Il est d'amont*, Il souffle des montagnes : c'est l'opposé du *Vent d'aval* qui donne ordinairement de la pluie :

> Ainz torne aval et par amont,
> Si com nature le semont.
>
> BLASTANGE DES FAMES, v. 13, dans Jubinal, *Jongleurs et Trouvères*, p. 75.

Quoique se rapprochant toujours du nord, le vent d'amont n'est pas partout le même; c'est celui qui, suivant les localités, donne plus habituellement du beau temps; on dit qu'il *remonte* quand il s'éloigne de l'*aval*. D'autres vents changent également suivant les localités; ainsi le vent de Galerne qui, suivant le *Dictionnaire de l'Académie*, souffle du nord-ouest,

est le nom que sur les bords de la Loire on donne au vent d'est.

AMOURETTE DES CHAMPS, s. f. (arr. de Bayeux) Anthemis arvensis (Camomille); *Amarotte* dans le patois de la Vendée : ce nom lui vient de son amertume comme celui du cerisier sauvage, *Amarel* en vieux-français; ou de la couleur jaune de sa fleur, *Amarillo* en espagnol ; *Amaryllis lutea*.

AMOUILLANTE, s. f. (arr. de Bayeux) Vache prête à vêler, dont les mamelles se gonflent de lait, ne sont plus *sèches*.

AMUSANT, part. prés. (Calvados) Fainéant, Qui *muse*.

ANCHIAS, s. m. (Orne) Enfant de mauvaise mine, qui vient mal : c'est probablement un mot corrompu: on lit dans la *Formule* 436 de Lindenbrog : Me gravis necessitas et anates pessime oppresserunt: et Festus donne à *Anates* la signification de maladie.

ANDAIN, s. m. (Orne) Enjambée; le bas-latin *Andena* avait le même sens, et il s'est conservé aussi dans le patois du Berry.

ANERTER, v. a. (Orne) Défricher, Mettre en culture (*Ars*).

ANGARIER, v. réfl. (Calvados) Se fourvoyer, S'attirer des embarras. *Angariae* signifiait en bas-latin des Servitudes personnelles. Nobiles et domini terrae permittant homines suos dies festos observare, et non compellant eos evectiones seu alias angarias prestare; *Concile de Trèves* (1310) publié par Martenne, *Thesaurus anecdotorum*, t. IV, col. 248.

ANGLAGE, s. m. (arr. de

Bayeux) Côtes de l'Angleterre

ANGOISSER, v. a. (Manche) Mettre en angoisse :

> Quant ti mal t'angoisseront fort,
> Tu iras a li par confort.

Roman de la Rose, v. 2705.

ANIEUT, ANIER, ANUIT, adv. Aujourd'hui ; Littéralement cette nuit (comme *Amatin*), parce que les peuples du Nord comptaient par nuits et non par jours. Spatia omnis temporis non numero dierum sed noctium finiunt; Caesar, *De bello gallico*, l. VI. Nec dierum numerum ut nos, sed noctium, computant : sic constituunt, sic condicunt, ut nox ducere diem videatur; Tacite, *De moribus Germanorum*.

L'anglais a conservé *Sennight* et *Fortnight* quinze jours ; et Shakspere s'est servi d'*Anight* dans le sens de *Cette nuit*. *Anet* est resté dans le patois de la Vendée, et le vieux-français avait *Enquenuit* (Hac nocte) :

Richard-Sans-Peur dit à un Moine qui avait eu la hardiesse de sortir la nuit de son couvent :

> Trop avez este, ce m'est vis,
> Enuit ainsos e entrepris.

BENOIS, l. II, v. 25890.

Cet exemple est si évident qu'il suffirait pour établir la vérité de notre étymologie, mais comme elle a été contestée, nous en citerons plusieurs autres.

> Ains le pendrai anuit o le matin.

Chevalerie Ogier de Danemarche, v. 2117.

> Od la lune sevie anuit eschilgaitiez
> Que flameng ne terrien ne scient enbuschiez.

JORDAN FANTOSME, *Chronique*, v. 138.

Quer jo li manderai anuit u al matin
K'il lait ester ma terre, si tienge son
            chemin.
     Roman de Rou, v. 3443.

Quant li cunte unt gabet, si s'en sunt
            endormit.
L'eschut ist de la cambre qui trestut
            ad oit.
    Voyage de Charlemagne, v. 618,
     et v. 625.
Par Deu! co dist li escut une ne lur
            en suvint;
Asez vus unt anut gabet et ascarnit.

ANOUILLÈRE, s. f. Vache qui
n'a pas produit dans l'année ;
on dit *Nolière* dans le patois de
la Vendée, et on disait *Naure* en
vieux-français.

ANTAN, adv. L'an dernier.

Et ressiflons la linotte mieux qu'an-
            tan.
    Farce des Quiolards, p. 30.

Ce mot existait aussi en
vieux-français :

   Mais ou sont les neiges d'antan.
     VILLON, *Poésies*, p. 24.

C'était l'opposé d'*Ouan* (hoc
anno), *Ogan* en provençal, *U-
guanno* en italien :

   Dit la dame: n'aiez paor,
   Je vous meterai en tel destor
   Ou il ne vous querra ouan.
    Fabliaux anciens. t. III, p. 314.

ANTENAIS, s. m. Poulain âgé
de plus d'un an, né l'année précédente. En rouchi on appelle
Antenoisse la laitue qu'on a
plantée avant l'hiver, l'année
précédente. Le vieux-français
donnait à ce mot une signification différente; voyez le *Mystère de la Passion* d'Arnoul
Gresban, cité par M. Paris,
Manuscrits françois, t. VI,
p. 305.

ANTRESIAIS, adv. (arr. de
Bayeux) Sur ces entrefaites,
Jusqu'à ce que ; probablement
une corruption d'*Interea* : on
trouve en vieux-français *Entreshet* avec la même signification :

Ce quident bien tot entreshet
Que ja contr'eus n'aiez recet.
     BENOIS, l. II, v. 21348.

ANY, pron. part. (arr. de Bayeux) Quelques ; c'est le mot
anglais ; il se prend aussi adverbialement dans le sens de
presque: Je n'n ai any plus.

AORÉ, adj. (Manche) Mur;
il ne se dit que du blé qui se
dore en mûrissant; Roquefort,
Glossaire, t. I, p. 72, cite le
vieux-français *Aour*, *Or*.

APART, Préposition toujours
suivie d'un pronom personnel:
Apart mei, en moi-même ; le
rouchi dit aussi *Apart mi* et le
français a emprunté *Aparté* à
l'italien.

APEUR, APOS, APOUS, s. m.
Défaut, Ennui ; Faire apos.
Manquer ; le bas-latin *Aporia*
signifiait *Pauvreté :*

Ejus ab aporia sese compscere cen-
            sent.
    FLODOARDUS, l. XIV. poëm. 18.

Suivant une glose de Papias,
citée par du Cange, t. I. p.
320, col. 2, *Aporia* aurait aussi
signifié *Anxietas*, *Taedium*.

APIÉ, s. m. Ruche (d'*apes*,
abeille) : ce mot existait aussi
en vieux-français. Quand les
abeilles essaiment, dans l'arrondissement de Caen on leur
présente une ruche en disant :
Apié bel! Apié bel !

APLETS, s. f. pl. Filets : l'*A-
ploidum* du bas-latin avait la
même signification : Ne navem
mittere, pedes ire ad piscandum, vel aploida sua mittere,
ad piscandum ponere, vel le-
vare praesumant ; *Charte de
1250*. citée par du Cange, t. I,

p 315, col. 3. On a par analogie nommé *Aplets* tout ce qui était d'un usage journalier ; les Cordages, la Menue vaisselle, les Outils, les Harnais, etc. Le vieux-français employait aussi ce mot dans ce dernier sens : Des forfaitures que les sergans prendront....... De ce qui sera porte a somme, auront la somme et les bas et aplait, autrement harnois ; *Ordonnances des rois de France*, (1376), t. VI, p. 228, art. 13. Dans le Jura et dans la Vendée, l'*Aplet* est un attelage de bœufs ; le patois du Berry lui a conservé une signification plus générale.

APLIE, s. f. (arr. de Vire) Réunion de pièces de terre assez considérable pour occuper un harnois ; dans le patois du Jura *Applier des bœufs* signifie *les Atteler à la charrue* ; le latin disait également *Applicare boves*.

APOLON, s. m. (arr. de Bayeux) Corset ; Apollon était le dieu de la beauté masculine ; dans l'Orne on dit *Pouliot*.

APONÉ, adj. Rassasié, Qui a le ventre plein : voyez PONÉ.

APPARIER, v. a. Appareiller ; ce mot existait aussi en vieux-français, et le patois de la Vendée en a fait *Apparayer* ; *Apariar* en provençal et en catalan ; *Aparear* en espagnol. *Appareiller* signifiait en vieux-français *Raccommoder* : Pour appareiller un pot de cuivre ou il aveit un pertuis, IIII d. *Comptes de l'Hôtel-Dieu d'Evreux*, de 1370.

APPÉTISSER, v. a. Donner de l'appétit : le français n'a que le participe présent.

APPLOMÉ, part. pass. Écrasé comme sous une masse de plomb ; il signifie aussi Profondément endormi :

...... Pardonnez-moi, je n'ose
Parler haut ; je crois qu'il repose :
Il est un petit aplomme.
     Farce de Pathelin.

Le français dit encore : Un sommeil de plomb ; c'est le *Ferreus somnus* des Latins.

APPOINTER, v. a. (arr. de Valognes) Rendre pointu ; Appointir en vieux-français.

AQUIAULÉE, s. f. (Orne) Suite, File ; probablement des chevaux que l'on attache à la *queue* les uns des autres.

AQUINABOS, s. m. f. Agaceries, Prévenances ; corruption d'*Acclinabo*.

S'uns dolenz fait une acropie
Ou un *enclin* devant s'image,
Lors li porte si boen coraige
Qu'ainz briseroit les uis de fer
Et totes les portes d'enfer.
     De monacho in flumine periclitato, v. 194.

AQUITOURE, s. f. (Orne) Chose faite sans soin et sans résultat. On appelait *Quot* ou *Quiste* un impôt forcé, consacré à payer les gardes-champêtres qui étaient fort impopulaires, et s'acquittaient très-mal de leurs fonctions.

Jamais ne furent contraints payer aucuns impots, toltes, quistes ou adempres ; Nostradamus, *Vie des poètes provençaux*, p. 104.

ARAÏ, adj. (arr. de Pont-l'Evêque) Enragé, que l'on prononce dans quelques localités *arajié*.

ARAMIE, s. f. (arr. de Caen) Arrangement. *Arramire* du vieil-allemand *ramen*, signifiait dans la basse-latinité, *Promettre de jurer, de prouver la vérité de ses assertions*; c'était pendant le moyen-âge la manière d'arranger les contestations judiciaires ; de là le sens d'*Aramir*, jurer, en vieux-français :

> E Dex jurer et aramir
> Ke mar i sunt Normanz venu.
> *Roman de Rou*, v. 12444.

Comme on ne jurait qu'avec un certain nombre de témoins, *Aramir* prit le sens de *Rassembler, Réunir*.

> Cist qui tant ont este puissanz
> Nobles, riches e conqueranz
> Et qui (l. que) serveient chevaliers
> Sovent a cent e a milliers,
> Ci n'en pout pas dis aramir
> A lui porter ne enfoir.
> Benois, l. ii, v. 39721.

Bataille aramie signifiait une *Bataille conrenue*, une *Bataille rangée* :

> Ki son anemi trove en bataille aramie.
> *Roman de Rou*, v. 1679.

Arca, interj. (arr. de St-Lo) Arrière, probablement une métathèse de *Raca*.

Arde, s. f. Morceau de bois qui se place sur le côté d'une charrette pour retenir le chargement. Il avait la même signification en vieux-français : Icellui Julian esmeu du cop print une arde ou baston d'une charrette a bœufs; *Lettres de grâce*. 1408, citées dans du Cange, t. I, p. 380, col. 3. Ce mot se trouve avec la même signification dans les patois du Berry et du Nivernais.

Arder, v. a. Bruler (d'*Ardere*).

> O que bon cueur mes livres arderois.
> *Vaux de Vire*, p. iii, édition de M. Travers.

Ce mot existait aussi dans le vieux-français :

> O diable ! il semble que j'arde.
> Diables, diables ! je brusle et ars :
> J'ars, je brusle de toutes pars,
> Je dépars en feu et en flamme.
> *Mystère de la sainte hostie.*

Aré, excl. Vois-tu ! Tiens ! Il signifiait en vieux-français et en bas-latin *Déjà, Présentement*. Retulit suo juramento quod *are* tres anni sunt lapsi ; du Cange, t. I, p. 382, col. 2. Rabelais emploie *Aresmetys* avec le sens de *Tout-à-l'heure* (horamet ipsa) *Prologue*, l. I. En hébreu vulgaire (rabbinique) *hare* a la même signification que le mot normand.

Arestison, s. f. Retard.

> Droit a Viane san plui d'arestison,
> S'en est torneiz Oliviers li frans hon.
> *Gerars de Viane*, v. 183.

Hrestan en saxon signifiait *Se reposer* ; anglais *Rest*.

Argaigne, adj. (Manche) Grognon. *Arg* signifie *Méchant* en allemand, et le vieux-français en avait fait *Argu*, Mauvaise humeur : Lesquelles raffardes et moqueries, avec les autres injures et violences devant dittes, le supliant print a grant argu. vergogne et desplaisir; *Lettres de grâce*, (1454) citées par du Cange, t. I, p. 390, col. 3.

Argancier, s. m. (Orne) Eglantier ; on trouve aussi en vieux-français *Arglantier* :

> Quant je voy dessous l'arglantier
> La bergiere.
> *Mystère de la Conception Nostre-Seigneur Jésus-Crist*, sc. xl.

Argenté, adj. (arr. de Bayeux) Riche, Qui a de l'argent.

Argouesme, adj. Rassasié,

Qui ne fait plus rien à table. On
lit dans Paul Warnefrid (Dia-
cre), l. VI, ch. 24 : Memento,
Dux Ferdulfe, quod me esse
inertem et inutilem dixeris, et
vulgari verbo *arga* vocave-
ris.

ARGUIGNER, v. a. (Manche)
Faire crier un enfant, Le rendre
argaigne : voyez ce mot.

ARI, s. m. (Orne) Pied d'une
haie, Bord d'un fossé. *Aria* signifiait, suivant du Cange (t.
I, p. 391, col. 1.), Locus qui nec
colitur, nec aratur.

ARIAS, s. m. pl. Tracas, Embarras, Obstacle ; Ce qui *arrête*
ou *arrière* ; il a la même signification en rouchi et dans les
patois du Nivernais et du Berry : le vieux-français disait
Arrie.

ARKAL, s. m. Fil d'arkal,
Fil de fer. L'Archal du vieux-
français avait conservé le sens
d'*aurichalcum* (ὀρειχαλκος) :

> Ainz estoit d'archal ou d'yvoire
>
> *Romans de la Violette*, v. 1590.
>
> Uns moult rice horloge d'arkal.
>
> Mouskes , *Chronique rimée* , v.
> 2561.

ARMELLE, s. m. Lame de
couteau ; voyez ALEMELLE : le
vieux-français disait également
Alme et Arme, Ame.

ARODIVER, v. a. (arr. de Vire) Ennuyer, Embêter ; l'islandais *At reida* signifie *Fâcher*,
Mettre en colère.

ARQUELIER, s. m. (Orne)
Querelleur, Homme qui tourmente : au lieu de *Arguelier*,
le vieux-français donnait la
même signification à *Arguil-
lonneux*; voyez ARGAIGNE.

ARREGARDER, v. a. Regar-

der : Cette forme existait aussi
en vieux-français , même dans
le style de cour : Car parmi les
grands , on n'arregarde pas a
ces reigles et scrupules ; Brantôme , *Dames galantes*. On disait aussi, comme en patois normand, *Aguarder* : Elle dist en
riant ; agardez quel oysel ! *Lettres de grâce* (1398) dans Carpentier, t. I, col. 383.

ARRIÈRE, s. f. Automne, Ar-
rière-saison ; le patois du Jura
dit *Aderri*, de *Derrain*, Dernier.

ARRONCE, s. f. Espèce de
vesce ; M. Roquefort se trompe
en croyant qu'il désignait en
vieux-français l'arroche ; t. I ,
p. 90 ; du bas latin *Jarrossia* :
Decima de Siligine, de Fru-
mento , de Hordeo , de Avena,
de Jarrossiis et de Vescis;
Charte de 1096 citée par du
Cange , T. III , p. 748, col. 2.
Le latin était lui-même une
apocope de l'espagnol *algarova ;* le vieux-provençal disait
erzs. Les Arronces sont des
Ronces dans le patois du Nivernais.

ARROQUER, v. a. (arr. de
Bayeux) Accrocher ; peut-être
une corruption euphonique
d'*Ahoquer ;* ce mot signifie
dans la Vendée *Arranger, Raccommoder*, c'est le vieux-français *Arroyer* dont la racine est
restée dans *Désarroi*.

ARRUNER, v. a. Ranger, Arranger.

> Bien arrunez, pendant jusques au
> groing.
>
> *Chansons normandes*, p. 180,
> éd. de M. Dubois.

Ce mot peut venir de l'islandais *At rynas*, Regarder avec

soin : on dit encore en Normandie que *l'œil du maître met tout en ordre* ; peut-être le vieux-français *Aüner* avait-il la même racine (*Adunare ?*) :

Trestote ira l'ovre autrement
Qu'il ne l'aunent, fait sei li dux.
        Benois, l. ii, v. 21351.

Arsei, adv. Hier soir.

Le lingnages sainte Marie
Est hui plus granz qu'il n'ere ersoir.
   Fabliaux anciens, t. ii, p. 296.

La forme provençale se rapprochait beaucoup plus de la forme normande :

Senher, veevos Folquet que venc arser.
      Gerar de Rossilhon.

Arselet, s. m. (arr. de Valognes) Vairon. Voyez **Darselet**.

Arsouille. s. d. d. genres (arr. de Valognes) Qui a des habitudes de débauche et de saleté ; apocope de *Garsouille*. Viles personas, quas *garciones* vocant, Mathieu Paris, anno 1256 ; voyez aussi Ordéric Vital, l. xiii, p. 904. Une multitude de racaille et de garçonaille mauvaise ; *Notice des manuscrits de la Bibliothèque dite de Bourgogne*, p. 10. En provençal *Gart* se prenait déjà en mauvaise part, comme *Garce* en français :

Dreitz ni razo no i vei mais tener gaire
Quan per aver es un gartz emperaire.
   Marcabrus, *Aivatz de chan*.

Du Cange nous semble donc s'être trompé en expliquant le latin *Garsallum* et le français *Garsoil* par *Guttur*. Odon Rigaud dit dans son *Regestrum visitationum* : Presbyter de Ribuef frequentat tabernas et potat ad garsoil ; p. 29, éd. de M. Bonnin. Dans le patois du Berry *Garsouiller* signifie *gâter, détériorer*. Le rouchi donne à *Arsouille* la même signification que le patois normand.

Art, adj. (Orne) Nu, Dépouillé ; nous ne le connaissons que dans la phrase *Cheval art*, cheval sans harnais. Voyez **Essarter**.

Aspergès, s. m. Goupillon ; En aspergeant les fidèles avec l'eau bénite, on chante une prière qui commence par *Asperges*.

Les fruits d'amours là ne furent pendans ;
Tout y s'échoit tout au long de l'année :
Mais bien est vray, qu'il y avoit dedans
Pour asperges une rose fennée.
   Clément Marot, *Opuscules*, p. 13.

Voyez aussi un compte de 1452, cité par M. Roquefort, *Supplément au Glossaire*, p. 146.

Assaisonné, part. pass. Qui vient à une époque convenable ; Qui est cultivé dans la bonne *saison* : ce mot se trouve aussi dans le patois du Berry.

Assassin, s. m. (Manche) Assassinat ; le rouchi le prend dans la même acception.

Assauter, v. a. Attaquer ; cette forme (d'*Assalire*) existait aussi en vieux-français, *Asauter*, *Asaut* ; *Asaus* de pez , briseure de mesons, *asauz* de charrue ; *Etablissements de Normandie* publiés par M. Marnier, p. 37 ; on lui conservait quelquefois un L étymologique :

Mais ainsi n'eschaperas pas,
Tu auras encore ung assault.
   Jehan Michel, *Mystère de la Passion*, 1ʳᵉ journ. sc. 11.

ASSAVEIR, v. a. Savoir ; cette forme existait en vieux-français dès le XIIe siècle :

Dunt lor fist li quens asaveir.

BENOIS, l. II, v. 26832.

ASSÉGRIR, v. n. (Orne) Rester en repos, N'avoir rien à craindre (*Securus*).

ASSENT, s. m. Bon-sens, Sens commun, parce qu'on s'accorde avec les autres.

A estre tout sien me consens,
Mais a lui dire ne m'assens.

ALAIN CHARTIER, *Livre des quatre dames*, p. 680.

Voyez aussi *Livres des Reis* p. 283 et *The lady and her dogs* dans le *Reliquiae antiquae*, t. I, p. 155. *Assent* avait en vieux-français une signification plus conforme à son étymologie :

Boins cevaliers et de grant sens
A vous estoit tous mes asens.

MOUSKES , *Chronique rimée*, v. 8736.

ASSOTER, v. a. Duper, Ennuyer, Rendre sot.

Que voulez-vous que plus vous die
Jeunes assotez amoureux :

Charles D'ORLÉANS, *Poésies*, p. 171, éd. de M. Champollion.

Et d'autre part si entendoit
Qu'a Valenciennes estoit Othe
Que li quens de Boulogne asote.

MOUSKES , *Chronique rimée*, v. 21506.

ASSOUIR, v. a. (Orne) Assommer, Étourdir ; probablement une coruption d'*Adsopire*. *Assabouir* a la même signification dans les patois du Berry et du Nivernais.

ASTICHER, **ASTIQUER**, v. a. Taquiner. *Staqa* signifie en islandais *Revenir trop souvent à la charge*. Peut-être le sens

primitif d'*Asticher* était-il *Toucher avec un bâton* ; en irlandais *Stic*, en gaël *Staoig*, en anglais *Stick* et *Stake*, en flamand *Stock*, etc. ; d'où est dérivé le vieux-français *Estache*. *Astiquer* signifie en rouchi *Toucher d'une manière peu convenable*.

Tuz les essent estikez, ocis e mal
bailli.

Jordans Fantosme, *Chronique rimée*, v. 1179.

ASTICOTER, v. a. Fréquentatif du verbe précédent ; il a la même signification dans les patois du Berry et du Nivernais.

ATACHER, v. a. Donner à *tâche*.

ATELLE, s. f. Bâton (arr. de Mortain) ; Morceau de bois de chauffage (Orne) ; Fragment, Éclat, en vieux-français.

Les lances volent en asteles.

Roman de Renart, t. III, p. 261.

Toz me palors depecies en astele.

Raoul de Cambrai, p. 70, v. 11.

De là le provençal et le catalan *Astellar* et l'espagnol *Astillar*, Briser. Dans le patois du Dauphiné *Eitello* signifie *Éclat de bois*.

ATICHER, v. a. (arr. de Bayeux) Agacer , Exciter. Voyez **ASTICHER**.

Car nul vieil sanglier hericie ,
Quant des chiens est bien aticie
N'est si crueux.

Roman de la Rose, v. 10167.

Nous disons encore *Atiser le feu*. *Atya* signifiait *Haine* dans la basse-latinité : Utrum appellati sunt odio, vel atya, vel per verum appellatum ; Bracton, l. III, tit. II, ch. 5, par. 3. *Astio* signifie *Envie* en italien, et Shakspere s'est servi d'*Ates* dans le sens d'*Instigation*, *Provocation*. Ces différents mots ont sans doute une liaison plus ou moins directe avec la déesse Até (Ἄτη) des Homérides ; Rabelais a dit dans ses *Fanfreluches antidotées* :

Maugré Até a la cuisse héronnière.

ATORI, adj. (arr. de Bayeux) Taché, Moisi. *Torr* signifiait en vieil-islandais *Gâté*, *Perdu*.

ATOUT, prép. (Manche) Avec.

Atout li dux Robert ses mains
Des fonz le lieve cum parrains.

> BENOIS, *Chronique rimée*, l. II, v. 6947.

C'est la préposition *Ab* réunie à l'adjectif *Tout*, comme elle l'est au pronom démonstratif dans *Avec ;* pendant le moyen-âge, *Od* avait la signification de *Avec*, et on lit dans Benois, l. II, v. 9216 :

Prendrons la vile e lui od tot.

ATOUT, s. m. Coup, Blessure. On a appelé *Coup d'atout*, un coup donné avec un instrument très-propre à blesser, et l'on a dit par abréviation *Atout*. Le français a conservé *Atout* dans un sens différent ; il signifie, dans presque tous les jeux de cartes, la couleur *Avec* laquelle on prend toutes les autres.

ATRA, adv. (Manche) A travers ; par une de ces figures si communes dans le langage populaire, *Tout atra* signifie *entièrement*. En provençal, en catalan, en espagnol et en portugais, *Atras* vient de *A retro*, et signifie *En arrière*, *A la renverse*.

ATTEDIER, v. a. Attrister, (*ad taedere*). Probablement il y a une faute de transcription dans ces vers :

N'abregeons point notre vie
Par trop nous *attodier*,
Cent ans de merencolie
Ne paieront pas ung denier.

> BASSELIN, *Vaux-de-Vire*, p. 191, éd. de M. Travers.

ATTIFER, v. réfl. S'habiller avec recherche, Se parer : il se dit de préférence des ornements de la tête (*Topf* en allemand). Le vieux-français l'employait aussi dans la même acception :

Elle fut cointe et bien tiffée.
Elle sembloit deesse ou fee.

> *Roman de la Rose*, v. 3503.

ATTITONNER, v. a. (Orne) Dorloter ; (*Ad titillare*).

AUBOUFFIN, s. m. Bluet : *Album fanum*, le bluet a les feuilles blanchâtres. Le vieux-français disait *Aubifoin*, et on le retrouve sous cette forme dans le centre de la France : Boreau, *Flore du Centre*, n° 772.

AUDIVI, s. m. (Orne) Autorité. Les gouverneurs qui avaient *audivit* du temps du roy Louis, ne moururent pas avec leur maistre, ainsi demourerent en gouvernement ; Olivier de la Marche, *Mémoires*, Introd., t. I, p. 218, éd. de Petitot. Les Orientaux se servent de cette formule pour exprimer leur obéissance : *Entendre est obéir*. En rouchi, *Audivi* signifie *Audace*, *Hardiesse* ; le patois de la Corrèze lui donne le même sens que la Normandie.

AULIÈRE, s. f. Oreille : on appelle aussi *Aulière* la partie des harnais qui passe derrière les oreilles du cheval.

Aulue, s. f. (arr. de Vire) Retard, Paresse, Billevesée ; Voyez le mot suivant.

Auluer, v. a. Retarder ; *Aulaz* signifie, en islandais, *Niaiser*, *Perdre son temps à des futilités*.

Aumailles, s. m. pl. Bestiaux (*Animalia*).

> Norois trova prenaut aumaille.
>
> Geoffroy **Gaimar**, *Chronique rimée* publ. par M. Fr. Michel, *Chroniques Anglo-Normandes*, t. i, p. 5.
>
> Les aumailles marcher lentement pas à pas.
>
> Vauquelin de la Fresnaye, *Satire à M. de Repichon*, v. 125.

On dit dans le canton de Vaud *Armaillé*.

> Les armaillés de Colombetta De bon matin se son lèvà.
>
> *Ranz des Vaches.*

Dans l'Isère on appelle un troupeau de bêtes à cornes *Armailli* ; en roumansch *Ermailli* signifie *Berger*, *Bouvier* ; on lit dans un *Caraula* du Moléson (Canton de Fribourg) :

> Necué lia faite la transshon ? Lie l'ermailli de Moleson.

Le vieux-français disait aussi *Almele* et *Amayle* :

> Oste dit homme en batayle ; Fuson dit homme de vif amayle
>
> *Traité sur le vieux-français* imprimé dans l'*Histoire littéraire*, t. xvii, p. 634.

Voyez le *Lai de Mélion*, p. 53, note.

Auquer, v. a. (Manche) Etouffer, Suffoquer ; peut-être une apocope de ce dernier mot ou une syncope d'*Occidere*,

Occir, Ochier en vieux-français : Si comme se je suis en ma meson manans loing des gens, et larrons viennent en ma meson par nuit, et je ou ma ma mesniee les aperchevons et les courons sus pour penre, et les prenons ou *ochions* por che que il trouverent en defense ; *Coutume du Beauvoisis*, ch. 39.

Auvarre, s. f. Perte, Avarie.

Avachir, v. n. Devenir lâche et mou comme une vache ; on dit par figure d'un soulier qui a perdu sa première forme qu'il est *Avachi*.

Aval, adv. En bas, Vent-d'aval, Vent de la vallée ; opposé à Amont. Voyez ce mot :

> Rou devint hom li roiz e sis mainz li livra.
> Quant dut li pie beisier, baissier ne se daingna ;
> La main tendi aval, li pie el rei leva,
> A sa buche le traist et li rei enversa.
>
> *Roman de Rou*, v. 1901.

Avaler, v. a. Descendre, Aller aval.

> Kaunt houre est a manger avalent les degres.
>
> *Satire sur les Dames* dans le *Reliquiae antiquae*, t. i, p. 162.

Jusqu'à ce qu'un homme de cheval l'alla saisir au corps et l'avalla par terre ; Montaigne, *Essais*, l. III, ch. 6.

Avau, prép. Lelong, Parmi, Au milieu.

> Passementee avaud les gambes D'un biau nerfil.
>
> *Chansons normandes*, p. 233, éd. de M. Dubois.
>
> Aval le mostier a tel joie Qu'ainc n'oi tele n'om ne fame.
>
> B. R. fonds de la Vallière, n° 85, fol. 120, verso, col. 1, v. 26.

AVEINDRE, v. a. Atteindre (*Avellere*) ; il se trouve aussi dans le patois picard et dans ceux du Nivernais et du Berry.

AVENA, s. f. (arr. de Mortain) Paille d'avoine.

AVERA, s. m. Bête malfaisante ; c'est le mot *Avers* avec une terminaison qui le fait prendre en mauvaise part. Voyez plus bas.

AVERLANT, s. m. (Manche) Lourdeau, Rustre, Brutal ; l'allemand *Haverling* a la même signification. *Averland* signifiait en vieux-français *Maquignon* ; Rabelais l'emploie dans le sens d'*Ami de bouteille*.

AVERNANT, adj. Plaisant à voir.

> Li paleiz fu listez de azur e avernant
> Par cheres peintures a bestes e a ser-
> penz.
>
> *Voyage de Charlemagne*, v. 344.

Peut-être l'A est-il une prosthèse (*Vernans*) ; car on lit dans J. Marot, *Poésies*, t. V, p. 366.

> Rose vernant, de dieu mere et an-
> celle.

AVERNOM, s. m. Sobriquet (*Adversum nomen*).

AVERS, s. m. pl. Animaux domestiques qui forment la principale richesse, l'*Avoir* d'un pays agricole. *Avoir* avait pris la même signification en provençal :

> E play mi quan li corridor
> Fan las gens e'ls avers fugir.
>
> Bertrand de Born : *Be m play*.

AVERSAT, s. f. Fou, Possédé du diable ; Erat a daemone vexata, et laedebatur potius in pede et in manu sinistris ; et faciebat opera quae faciunt ad-versatae ; *Acta Sanctorum*, Avril, t. II, p. 825. Le vieux-français *avertin* signifiait la Goutte et l'Epilepsie ; mais on le trouve dans le *Dictionnaire roman* de Dom François avec l'acception de *Homme toujours inquiet*, *Fantasque*. Ce mot ne s'emploie que dans l'expression injurieuse *Vieil aversat*.

AVETTE, s. f. Abeille. On trouve aussi *Avette* en vieux-français.

AVEUR, adv. (Manche) De bonne heure, Avant l'heure : *L'aveur ne doit rien au tardi*, dit un proverbe populaire.

AVIAS, s. m. Oiseau; *Aviaulx* en vieux-français ; c'est le mot latin avec une terminaison qui indique un pluriel.

AVISÉ, adj. Spirituel, Adroit. Voyez le mot suivant.

AVISER, v. a. Instruire, Informer.

> Raisons m' enseigne et avise,
> Et jou sai certainement,
> Que qui aime sans faintise
> Gent guierredon en atent.
>   Gilbert de Berneville, *Chanson
>   citée dans le Glossaire de la
>   langue romane*, t. i, p. 114.

Il signifie aussi Voir, Apercevoir, comme en vieux-français :

> E cil s'en sunt parti joiant,
> Enbrons e enchaperonnez;
> Unques ne furent avisez.
>   BENOIS, l. ii, v. 20794.

AVISION, s. f. Présence d'esprit, Bon sens.

AVOLÉ, adj. Etranger au pays, Aventurier, Qui a volé à : Et ceux qui estoient ainsi bannis dont il y avoit foison se tenoient a Saint-Omer le plus, et les appelloit on *avolez* : Froissart, t. I, ch. 39.

Paix ! coquin, marault, avolle ;
On ne scait dont tu es venu.
     Jehan Michel, *Mystère de la Passion*, 1re journée, sc. 9.

On le prend quelquefois dans l'acception d'*Etourdi, Homme léger ;* par une raison semblable, *Avol* signifiait *méchant, Vil* en vieil-espagnol :

Quando del avol ome derecho li daba.
     Vida de san Milan, st. 243.

et en provençal :

Et als avols es d'ergulhos semblans.

Rambaud de Vaqueiras, *Era m requier.*

Avoler, v. a. Lancer avec force, Faire voler.

Avondir, v. a. (arr. de Bayeux) Engraisser, Donner beaucoup à manger. Cum pane abundo et quinque mensuris de cervisia, id est *multo ;* Eckehard ; *De casibus Sancti-Galli* ch. 9.

Avorible, adj. Précoce. Voyez aveur.

B

Babinous, s. m. (arr. de Saint-Lo) Dévidoir, comme on dit ailleurs *Bobineux ;* ce mot vient sans doute des *Bobines* dont on se sert pour *devider :* peut-être cependant est-ce une corruption de badinous. Voyez ce mot.

Baboin, s. m. Bouche ; corruption de *Babines.* Ce mot ne s'emploie en français que dans l'acception d'*enfant.*

Bache, s. f. (arr. de Caen) Grosse toile. Suivant Roquefort, t. 1, p. 120, c'était en vieux-français une *Paillasse.* Ce mot signifie aussi le Balai avec lequel les forgerons jettent de l'eau dans leur fournaise.

Bacherolle, s. f. (Calvados) Tine, Grand vaisseau de bois pour porter de l'eau ; on disait en vieux-français *Bachole (Bacca).*

Bachot, s. m. (arr. de Bayeux) Petit filet en forme de vase (*Bacca*) pour pêcher des écrevisses. C'est probablement le même mot que le vieux-français *Bagau.*

Bacon, s. m. Lard salé.

Harengs et bacons
Sont bonnes provisions.

dit un vieux proverbe normand. Ce mot existait aussi en vieux-français ; voyez Villehardouin, *Histoire*, p. 62, et l'*Evangile a fames*, dans Jubinal, *Jongleurs et trouvères*, t. 1, p. 27 ; il s'est conservé en anglais.

Bacul, s. m. (arr. de Saint-Lo) Crapoussin, Homme *dont le derrière est peu élevé.* Dans le département de l'Orne ce mot est pris dans une acception différente ; il signifie une traverse en bois (*Baculus*) à laquelle les traits des chevaux sont attachés.

Badé, adj. (Orne) Couvert de boue ou d'eau. En islandais *Bada* signifie *Se baigner.*

Badinous, s. m. (arr. de Bayeux) Espèce de rouet, dont le travail ne demande aucune force et n'est qu'un *Badinage.*

Baffe, s. f. (Manche) Souf-

flet, Tape. Il avait la même signification en vieux-français.

BAGOUL, s. m. Bavardage,
Faconde. Ce mot existait aussi
en vieux-français, ainsi que
BAGOULER : Jacotin Pouletz le
print a moquer et dire plusieurs
goulardises.... auquel le suppliant dist que se il ne cessoit
de ainsi bagouler, que on lui
respondrait autrement : *Lettres de grace* de 1447, citées par
Du Cange, t. I, p. 536, col. 3.
Bagoul s'est conservé aussi
dans le patois du Berry.

BAGOULARD, s. m. (arr. de
Valognes) Bavard et par suite
Indiscret.

BAGUER, v. n. Il se dit d'une
couture qui est mal serrée ou
d'une étoffe qui fait un pli. *Baguer* signifiait en vieux-français *Emballer ;* probablement
l'étymologie est la même et le
mot patois veut dire *Ressembler à un paquet mal fait.*

BAGULOT, s. m. (Orne) Petit morceau de bois cylindrique terminé en cône (*Baculus*) qui sert à jouer.

BAHUIER, s. m. Coffretier,
fabricant de *Bahuts ;* en français *Bahutier.*

BAILLER, v. a. Donner.

Quand no no y eust baillé not' bru
                  dans l'Eglise.
     Muse Normande, p.176.

Ce mot qui n'est plus guères
employé en français est fort usité dans notre patois, ainsi que
dans ceux du Nivernais et du
Berry. Voyez pour son origine
le mot suivant.

BAILLIE, **BAILLE**: Forteresse,
et par suite Possession ; le sens
était le même en vieux-français.

Et dist li quens de Flandres : Se Dex
                  me beneie.
Mervelle m'ai de Deu qui tot a en
                  baillie.

     GODEFROYS DE BUILLON , *dans
       la Bibliothèque de l'école des
       Chartes*, t. II, p. 456.

Si ot Roume la signorie
Sor tot le mont, et la baillie.

     MOUSKES, *Chronique rimée*,
       v. 166.

Le sens primitif est resté
dans l'exemple suivant :

Les trois baillies du chastel
Ki sunt overt au Kernel,
Ki a compas sunt environ
Et defendent le dungun.

    Chastels d'Amour, dans WAR-
      TON, *History of the english
      poetry*, t. I, p.88, éd. de Price.

Voyez aussi Guiart, *Branche des royaux lignages*, v.
3177 : voilà pourquoi *Baillier*
signifiait quelquefois en vieux-
français *Saisir*. *Prendre :*

Mais or sui vieus et kenus et barbes,
Ne puis mais preu chevalcher ne er-
                      rer,
Baillier mes armes ne mon escu por-
                      ter.
    Chevalerie Ogier, v. 3601.

De la notre *Bail* et *Bailli ;*
ces différents mots viennent
sans doute de l'islandais *Bali*,
monticule, hauteur qui domi-
nait un pays et répondait de
son obéissance et de sa sûreté.

BAILLOUS, adj. (arr. de
Bayeux) Maladroit, comme un
homme endormi qui *Baille* toujours.

BAÏNE, s. f. (Orne) Mauvaise taverne.

BAIS, s. m. p. Moutons :
cette onomatopée n'est employée que par les enfants.

BALANT, adj. Fainéant :
Homme qui passe son temps à
Baler, Se promener en breton.

Danser en vieux-français.

Sire, empres le chanter
Deussiez bien baler.

Ysopet ii, fabl. xxviii, dans
Robert, *Fables inédites
du XIIIe siècle*, t. I, p. 4.

On dit aussi *Balaner*, Fainéanter. En islandais *Bala* signifie *Se substanter avec peine*, et cette étymologie est aussi possible que la première.

Balas, s. f. (arr. de Saint-Lo) Commère. Voyez l'article précédent.

Baléque, s. f. (arr. de Bayeux) Femme bavarde. Voyez **balant** et **balas**.

Baliette, s. f. (arr. de Valognes) Petit balai (Balayette).

Balle, s. f. Paille d'avoine que l'on met dans les paillasses; il a le même sens dans le patois de Rennes.

Baller, v. n. Flotter, Pendre.

J'avais de biaux gartiers de laine
Rouges et verts,
Qui me ballest avaud les gambes
Jusqu'aux mollets.

Chansons normandes, p. 233,
éd. de M. Dubois.

Ce mot existait aussi en vieux-français :

La veissiez tant destriers de Hongrie,
Tantes banieres qui contre vent balie.

Garin le Loherain, t. I, p. 95.

Balvauder, v. a. Regarder l'ouvrage les bras croisés; Travailler mal, sans prendre aucune peine; il a le même sens dans le patois du Berry, mais on dit plus souvent *Galvauder*. Voyez **Bavol** et **Bavoquer**.

Bambocher, v. n. Faire des orgies, mener une vie déréglée; on dit aussi un *Bambocheur*. Ce mot existe aussi en rouchi, et a probablement quelque liaison étymologique avec le français *Bambochade*.

Bamboler, v. réfl. (arr. de Vire) Se balancer comme les cloches que les enfants appellent par onomatopée *Binebans*.

Ban, s. m. Manière particulière de battre le tambour pour annoncer la publication d'un *Ban* de l'autorité municipale; il se trouve dans ce dernier sens dès le XIIIe siècle.

On fait le ban que nus ne soit si hardis, home ne feme, en tote ceste ville; *Ban des barats* de 1257 cité par Roquefort, *Supplément au Glossaire de la langue romane*, p. 36.

J'a est partout cries li bans
Qu'il n'i remaigne sers ne frans.

Chrestien de Troie, *Du roi Guillaume d'Engleterre* publié par M. Fr. Michel, *Chroniques Anglo-Normandes*, t. III, p. 159.

Il vient probablement de l'islandais *Bana*, Interdire, ou du celtique ; en gaël, en irlandais et en erse, *Binn* signifie Sentence. On appelle encore *Bans* les proclamations de mariage, et l'on a conservé dans les pays de vignobles le *Ban des vendanges*.

Bancelle, s. f. Petit banc sans dossier ; il a le même sens dans le patois du Berry ; on disait en vieux-français *Bancillon*.

Banne, s. f. Grande charrette garnie de planches, dont le nom vient sans doute du celtique, car il se trouve dans le patois de toutes les provinces, et on lit dans Festus : Benna, lingua gallica, genus vehiculi appellatur. On donne le même nom à de grands *paniers* à rebords, et *Benna* avait la même signification dans la basse-latinité ; c'est une hotte pour transporter la vendange dans un acte de 1493, cité par du Cange, t. I, p. 655, col. 3. Ce mot signifie en français une grosse toile pour couvrir les denrées que probablement on transportait autrefois dans une *Banne.*

BANNELÉE, s. f. Ce que contient une *Banne.*

BANNIE, s. f. Location aux enchères des places d'une église par l'autorité compétente. Une *Bannie* dans le Nivernais signifie un quartier de vignes que ses différents propriétaires doivent vendanger en même temps.

BANNON, s. m. (Orne) Enfant qui pleure.

BANNONER, v. a. (Orne) Pleurer.

BANNOT, s. m. Petite banne, dans le sens de charrette.

BANNOT, s. f. Herbes marécageuses ; *Bann*, au pluriel *Bannou*, signifie en breton *Jet, Pousse.*

BANON, s. m. (Orne) Cuve qui reçoit le cidre lorsqu'on pressure les pommes ; probablement de *Benna* qui signifie un *vase* dans la Vie de saint Rémy, publiée par Surius, *Vitae approbatae Sanctorum,* 13 janvier.

BANON (de), adv. (Calvados) En liberté ; on le dit des bestiaux qui ne sont ni piqués ni gardés. Le *Banon* était la faculté que les art. 81 et 82 de la Coutume de Normandie donnaient à tous les habitants d'une commune de faire paître leurs bestiaux sur les terres dont la récolte était enlevée. L'usage de cette faculté finit par être fixé au lendemain du jour de la Sainte-Croix , le 14 septembre ; mais pendant longtemps l'époque en fut déterminée par un *Ban* de l'autorité.

BANQUE, s. f. Tombe d'engrais, Rebord d'un fossé, Elévation de terre faite de main d'homme. On dit dans le même sens *Banc de gazon.*

BANQUÉ, part. pass. Celui dont les *Bans* sont publiés. On dit dans le Berry *Banché.*

BANVOLLE, s. f. (Orne) Girouette, Petit moulin-à-vent pour amuser les enfants. C'est probablement une corruption de *Banderole.* On lit dans *Le cry et proclamation publique pour jouer le mystère des Actes des Apôtres en la ville de Paris, faict le jeudy seizieme jour de décembre de l'an* 1540. Et premièrement marchayent six trompettes ayans *Baverolles* à leurs tubes, et bucines armoyez des armes du Roy nostre sire. — Dans la plupart des communes du département d'Eure-et-Loir , les jeunesgens font une procession le jour de la Mi-Carème, en portant des banderoles qu'ils appellent *Banvolles.* Voyez *les Mémoires de l'Académie celtique,* t. IV, p. 461.

BAQUER, v. n. (arr. de Valognes) Plier, Céder ; *Bagaz* signifiait en islandais *Être empêché, Être changé de position.*

BAR, s. m. (arr. de Bayeux) Civière ; probablement de l'islandais *Bera*, Porter, car plusieurs mots semblables ont des significations différentes qui se rattachent évidemment à la même idée ; tel est le français *Bière* et le bas-latin *Bara*. Paralytica.... delata fuit in quadam capsa, seu bara, equo ; *Sancti Bernardi Vita*, dans le *Vitae Sanctorum*, mai, t. V, p. 285.

BARATÉE, s. f. (Calvados) Boisseau, Demi-hectolitre. Ce mot vient sans doute aussi de *Bera* porter, et signifie la *Charge d'un homme* ; aussi le disait-on des liquides en basse-latinité (*Barrale*) et en patois venaisin ; le *barrau* était de vingt-sept pintes. Probablement le vague de cette mesure fut cause du sens de *tromperie* que *Barat* prit en vieux-français et que conserve encore *Baratterie*. L'anglais *To barter*, Trafiquer, appartient sans doute à la même famille.

BARBACRO, s. m. (arr. de Valognes) Grandes moustaches, Barbe en forme de crochet ; il signifie aussi par métaphore une grande cicatrice au visage.

BARBASSIONÉ, s. m. Génie malfaisant et barbu, ou plutôt Animal couvert de poil ; nous ne connaissons ce mot que par une chanson populaire que les enfants répètent le jour de Noël, en parcourant les champs avec des torches :

Taupes et mulots,
Sors de men clos,
Ou je te casse les os ;
Barbassionné,
Si tu viens dans men clos,
Je te brûle la barbe jusqu'aux os.

BARBELÉ, adj. (Calvados)

On ne l'emploie qu'avec *Gelée* ; Gelée blanche qui ressemble à des *barbes* de plume ; c'est une expression conservée du vieux-français, où l'on s'en servait aussi au propre.

Ennui ne mal ne li puet faire,
Tant i sceust lancier ne traire ;
Maintes sajetes barbelees
Tretes li a et entesees.

Gautier de Coinsy, dans Roquefort, *Glossaire*, t. I, p. 133.

Le français *Barbillon* a la même étymologie.

BARBELOTE, s. f. Grenouille.

Par lieux y eut cleres fontaines
Sans barbelotes et sans raines.

Roman de la Rose, v. 1385.

BARBOT, s. m. (Orne) Petite bulle qui se forme sur l'eau lorsqu'il pleut ou que les canards *Barbotent* ; *Bar* signifiait en vieux-français *Eau fangeuse*, *Vase*.

BARBOTTEAUX, s. m. pl. (Orne) Caparaçon.

BARGUIGNER, v. n. Marchander ; il avait la même signification en vieux-français.

Car lors ou il bargaignera
De seculiere marchandie
Dont sa richece multeplie.

Miroir de l'Ome dans Wright, *Vision of Piers Ploughman*, p. 552.

Bargain a conservé ce sens en anglais ; mais *Barguigner* signifie maintenant dans le sens familier *Hésiter*, et il a pris la même acception dans le patois normand ; il l'avait déjà dans le vieux-français :

Voir, ja n'i aura bargignie
Dist li senateurs longuement.

Philippe de Reim, *Roman de la Manchine*, v. 5226.

Le substantif y avait aussi une signification analogue :

Se merchi quier et ne la puis trover,
Morir m'estuet sans plus longe bar-
gaigne.

GASSES BRULEZ , *Chanson ma-
nuscrite*; B. R. Suppl. fr. n°
184, fol. 94, verso.

Cilz repont sans faire bargagne :
Gentilz dame, Dieux le vous mire.

*Histoire du chatelain de Cou-
cy,* v. 6749.

BARGOUILLARD , s. m. Bavard confus, inintelligible; proba-blement une corruption de *Bar-bouilleur ;* dans le patois du Dauphiné *Barfouillard* signi-fie un *parleur perpetuel.*

BARIFICOTER, v. a. (Orne) Lier; peut-être une abbrévia-tion d'*Emberlificoter.*

BARILLER, v. n. (arr. de Vire) Barboter.

BARTÉE, s. f. (Calvados) Voyez BARATÉE.

BARTEL , s. m. (Orne) Ins-trument qui sert à battre la crème : en islandais *Barata* signifiait *Combat ;* d'où est dé-rivé le bas-latin *Barrata,* Coup de baton, et le français *Barat-ter* et *Baratte.*

BARTOUS, s. m. (arr. de Saint-Lo) Ribaud , Tapageur ; de l'is-landais *Barata* , Combat.

BAS-AGE, s. m. (arr. de Va-lognes) Minorité ; *Bassier* si-gnifiait en vieux-français un *mineur.*

BASSE, s. f. Servante ; parce qu'elle est la dernière de la maison ou la plus jeune. Dans les *Dialogues de saint Gré-goire,* l. IV, ch. 4 : *Laetare, juvenis, in adolescentia tua* est traduit par : *Eslecce-toi , Juvence , en ta bacelerie : Basse*

serait alors une apocope du vieux-français *Bacele, Baissele:*

La bourjoisse si fu du moustier reve-
nue;
La baissele appella, elle est acourue·

Dit des trois Pommes, p. 14 ,
éd. de M. Trebutien.

BASSÉE, s. f. (arr. de Caen) Basque d'un habit; ce qui pend le plus *bas.*

BASSICOT , s. m. (Orne) Cage en charpente dans laquelle on élève les ardoises du fond des carrières.

BASSICOTER, v. a. (Orne) Dis-puter sur le prix d'une mar-chandise; chercher à la faire *Baisser,* comme *Chipoter* de l'anglais *Cheap,* A bon marché, A bas prix ; peut-être cependant vient-il de *Bassicot* et si-gnifiait-il originairement *Ti-railler , Agiter.* Le patois lor-rain lui donne le sens de *Tromper.*

BASTILLE , s. f. (arr. de Va-lognes) Basque d'un habit ; di-minutif du vieux-français *Baste;* le provençal moderne a aussi conservé *Bastos.*

BATACLAN , s. m. Bruit, Fra-cas ; peut-être une onomato-pée comme *patatras,* dont la dernière syllabe a été nasali-sée. Ce mot est fort usité dans le Nivernais.

BATIAUX , s. m. pl. Vieux meubles. Le sens de ce mot in-dique une population maritime peu riche.

BATIÈRE, s. f. Bât. Le fran-çais a conservé plus fidèlement la racine allemande *Bast.*

BATONNER , v. n. Manger vite.

BATTAISSON, s. f. (arr. de Valognes) Inclinaison qui donne de la solidité aux bâtiments; ce mot existait en vieux-français suivant Roquefort, *Glossaire*, t. I, p. 139. On dit aussi *Abattaison*.

BATTERIE, s. f. Aire de la grange. Tout endroit où l'on *Bat* une récolte quelconque.

BAUBE, adj. Engourdi par le froid; probablement du celtique, car le breton *bav* a la même signification. Le vieux-français avait *Abaubir* dont le sens était analogue :

En l'an que chevalier sont abaubi,
Ke d'armes n'oient, ne font li hardi,
Les dames tournoier vont a Laigny.

 HUES D'OISY, *Tournoiement des Dames*; B. R., n° 7222, fol. 50, recto.

Suivant le *Dictionnaire comique* de Lacombe, *Bau* signifiait autrefois *nigaud*, et *Baou* a conservé le même sens dans le patois de la Corrèze; voyez ABAUDER.

Probablement *Bobelin*, Bouvier, Vacher, (Imbécille) avait la même étymologie; *Bavidik* signifie Stupide en breton.

Nos en aromes plus grant pris
De nos prevoz et de nos mestres,
Que de cent bobelins champetres.

 De monacho in flumine periclitato, v. 128, publié dans BE-NOIS, *Chronique rimée*, t. III, p. 514.

BAUBER, v. a. (Orne) Bégayer; la signification primitive de *Balbus* s'était aussi conservée dans le vieux-français : Mouskes dit du fils de Charles-le-Chauve :

Loeys li baubes ot non,
Et saciez k'il ot cest sornon
Pour cou k'il estoit baubetere.

 Chronique rimée, v. 12745.

BAUCHIER, s. m. (arr. de Vi-

re) Ouvrier en *Bauge* :

A la compaignye d'ung bauchier
Venus sommes du Vau de Vire.

 Chansons normandes, p. 182, éd. de M. Dubois.

BAUDE, adj. (arr. de Bayeux) Engourdi, corruption de *Baube*.

BAUDOUR, s. f. (Calvados) Réjouissance, Festin.

Baudours et bobans
Ne font pas riches gens.

dit un vieux proverbe; la signification était la même en vieux-français .

Quant prez et bois sont en verdour,
Et cil oisillon par baudour
Chantent et par envoisure.

 Songe du Vergier.

Unde (d'un sacrifice offert par César après la prise de Nervie) usque in hodiernum diem, locus ille ab eventu rei, lingua romana *Baudour*, id est *gaudium deorum* (ce dernier mot est de trop), ab incolis nuncupatur; Jacques de Guyse, *Annales du Haynaut*, t. IV, p. 376.

BAUGE, s. f. (Orne) Lit; probablement du celtique : *Baoz* signifie *Litière* en breton; le bas-latin *Baugeum*, une petite maison; et le français *Bauge*, le lieu où le sanglier se couche.

BAUQUET, s. m. (Orne) Pommier qui n'est pas greffé, Sauvageon.

BAUQUETTE, s. f. (Orne) Fruit du *Bauquet*.

BAVERETTE, s. f. Pièce de l'habillement des femmes qui se met sur la poitrine; le français *Bavette* a la même étymologie.

BAVETTE, s. f. (Calvados)

Petite fille si babillarde qu'elle *Bave* en parlant.

Bavol, adv. Ce mot n'est employé que dans la locution *Filer bavol*; Filer grossièrement du fil qui n'est pas égal. *Bava* se prend en breton dans le sens d'*Engourdir*, *Endormir*; peut-être ainsi *Filer bavol* signifie-t-il *Filer comme une personne endormie*; plusieurs autres mots analogues rendent cette étymologie fort probable. Autrefois cependant les jeunes filles portaient en Normandie des voiles sur la tête, que les plus élégantes laissaient tomber plus bas que les autres, d'où le français *Bavolet*, et il ne serait pas impossible que *Filer bavol* signifiât *Filer comme une fille qui pense trop à sa toilette*.

Bavolette, s. f. Femme qui porte des *Bavolets*. On donne le même nom à la coiffure elle-même.

Bavoquer, v. n. Filer mal. Voyez BAVOL; *Bavocher* signifie en français *Imprimer mal*.

Bavreule, **Bavrole**, s. f. Bleuet.

Becailler, v. n. (Calvados) Babiller, Se prendre de *bec*. En patois provençal *Becud* signifie *Babillard*.

Bécard, s. m. Mouton—d'un an dans l'arrondissement de Bayeux,—de deux ans dans le département de l'Orne.

Becco (de), adv. (Orne) De trop peu, De moins qu'il ne faut; un bas *De becco* est un bas dépareillé; *Besk* indique en breton la privation d'un membre quelconque.

Bèche, adj. (arr. de Caen) Ce mot n'est employé que dans la locution *Coucher à tête bèche;* Avoir la tête où son camarade de lit a les pieds; de là le nom de *Tête-bèche* que l'on donne à un jeu appelé ailleurs *Pette-en-goule*. Voyez BÈQUE-VÈCHÉ.

Béchin, adj. Nigaud, Bête. Voyez BESCU.

Béclé, **Beuclé**, s. m. (Orne) Lait caillé.

Bedain, s. m. Veau ayant deux dents; *Bidens* signifiait en latin une Brebis de deux ans et *Bedon*, en vieux-français, un Poulain. Le vieux-français prenait *Bedel* dans la même acception que *Bedain*, mais il venait sans doute de *Vitellus*.

Bédanguer, v. n. (Manche) Bégayer.

Bédangous, s. m. (Manche) Bègue.

Bedée (de), adv. (Orne) Tout à-coup.

Bédiere, s. f. (arr. de Pont-l'Évêque) Lit. En anglais *Bed* et en islandais *Bedr*.

Bedot, s. m. (Manche) Dernier né d'une couvée; parce que le *Bedeau* ferme la marche des processions ou que *Bedier* signifiait en vieux-français *Sot*, et que le dernier d'une couvée est moins fort que les autres et par conséquent plus gauche.

Bedou, s. m. (arr. d'Avranches) Blaireau. On disait en vieux-français *Bedouan*, probablement parce que, pendant le moyen-âge, *Bedoin* signifiait par métaphore *Voleur*, *Pillard*.

Bedrot, s. m. (arr. de Bayeux) Dernier né d'une couvée. Voyez BEDOT.

Bégar, **Bégas**, s. m. (Orne)

Bâton percé de trous, auquel on suspend la lampe.

Bégas, Bégaud, adj. Maladroit, Niais, Sot ; il a la même signification à Rennes et dans le Blaisois. Peut-être at-il la même origine que *Béjaune* ou vient-il de *Bègue ;* on le trouve aussi en vieux-français. Voyez Roquefort, *Glossaire*, t. I, p. 143.

Bégaud, s. m. (Orne) Chandelier de bois avec une bobèche de fer à ressort.

Bégauder, v. a. (Orne) S'amuser à des riens, Faire le *Bégaud*.

Bégu, adj. (arr. de Valognes) Truite béguë, c'est la truite saumonée ; la femelle du saumon s'appelle en français *Bécard*, et *Bégek* en breton. Ce mot se dit en français d'un cheval qui marque encore, quoiqu'il ait passé l'âge.

Béguer, v. n. (arr. de Valognes) Bégayer ; cette contraction existe aussi en rouchi.

Béhazard, adv. (arr. de Valognes) Certainement.

Beillée, s. f. (Arr. de Mortain) Ventrée ; *Beil*, en patois vendéen, et *Belly*, en anglais, signifient *Ventre*.

Béion, s. m. Cuve du pressoir où tombe le jus des pommes écrasées ; *Béol*, signifie *Cuve* en breton.

Béjuel, adv. En sens inverse.

Bel ou plutôt Boel, s. m. Cour intérieure, attenant aux bâtiments ; probablement de l'islandais *Bol*, habitation. Tota villa in acquales redigitur partiones quas materna lingua vulgariter *Boel* appellant : Suc-

no, *Leges Scaniae*, l. IV, ch. 1. Il y a à Valognes une petite place entourée de maisons qui s'appelle le *Bel-Pinaud ;* la place qui était au milieu du château de Caen était aussi nommée le *Besle*, et Huet fait certainement à tort venir ce mot de *Bellum ; Origines de Caen*, p. 40, éd. de 1706.

Bèle, s. f. Espèce de potamogeton qui flotte sur les eaux ; en breton le Cresson aquatique s'appelle *Beler*.

Beluette, s. f. Etincelle. Beluga avait la même signification dans la langue des troubadours.

Bénamen, adv. (arr. de Pont-l'Evêque) Certainement ; probablement *Bene amen* : ce dernier mot est resté dans la locution vulgaire : *Il dit amen à tout*. Voyez Bilamen.

Bène, s. f. (arr. d'Avranches) Ruche ; autrefois *Banne* signifiait *Panier*.

Bénèque, s. f. (arr. de Valognes) Oie sauvage, probablement du bas-latin bernecha. Voyez Bernacle.

Bénom, s. m. Sobriquet ; c'est le mot allemand *Beiname*, surnom.

Bénoni, s. m. Enfant préféré par ses parents, *Benjamin* ; le dernier fils de Jacob avait été surnommé *Bénoni*, l'enfant de ma douleur, parce que sa mère mourut en lui donnant le jour ; et le patois normand a confondu deux noms qui désignaient la même personne.

Béquevéché, adv. (arr. de Caen) En sens inverse et par extension En désordre. Voyez Bèche.

Ber, s. m. Berceau.

Ce qui s'apprend au ber
Ne s'oublie qu'au ver

dit un vieux proverbe normand;
peut-être de l'islandais *Bera*;
Porter; au moins toutes les autres étymologies nous semblent-
elles très peu satisfaisantes.
Ber existait aussi en vieux-français, et il s'est conservé en rouchi :

La veissies tere escillier,
Fames honir, homes cachier,
Enfans em bers esboeler.

Roman de Brut, v. 13893.

Berca, Brebis; voyez **Berque**.

Berdailler, v. n. Parler mal;
probablement une corruption
de *Bredouiller*.

Berdale, s. f. (arr. de Valognes) Femme d'une conduite
déréglée. Voyez **Vredale**.

Berdanser, v. n. Trembler,
en parlant des choses; il signifie aussi Parler beaucoup; en
vieux-français *Bestancier* signifiait *Disputer*.

Bère, s. m. Cidre, la boisson la plus habituelle : Bouton
à fleur n'est pas pomme et
pomme n'est pas bère, dit un
vieux proverbe normand. En
vieux-français **Bère** signifiait
une boisson quelconque, même du poison; le *Boire amoureux* joue un grand rôle dans
le roman de *Tristan-le-Leo-
nois*.

Bereau, s. m. Broc, mal pro-
noncé.

Les pipés, les bereaux pleins de liqueur vermeille.

Vaux de Vire, p. 147, éd. de
M. Travers.

Berelle, s. f. Querelle après

Boire. En islandais cependant
le mot *Barata* signifie *Combat*, *Bataille*.

Berge, s. f. Estomac des oiseaux; on l'appelle aussi *Meu-
lette* (Voyez ce mot), et l'islandais *Berg* signifie une Pierre.

Berlaude, s. f. (Orne) Cuiller de bois.

Berlinguette, s. f. Petite
sonnette; c'est très-probable-
ment une onomatopée pour
Drelinguette.

Berluette, s. f. Etincelle;
corruption de *Beluette*, dont le
français a fait *Berlue*. Dans le
Berry, *Berluter* veut dire
Eblouir; ce sont probablement
deux formes du même mot.

Bernacle, s. f. (arr. de Valognes) Espèce de palmipède.
En français la *Bernacle* est un
coquillage d'où l'on croyait
autrefois qu'il sortait des canards.

Bernard-l'hermite, s. m.
(arr. de Valognes) Crustacée
parasite qui se loge dans une
coquille univalve.

Bernicle, adv. (arr. de Valognes) Corruption du français
familier *Bernique*, qui se trouvait aussi en vieux-français;
Roquefort, *Glossaire*, t. I, p.
148.

Bernicles, s. f. pl. (Orne)
Corruption nécessairement assez récente de *Besicles* (Bis o-
culi); dans le Berry on dit *Ber-
niques*. Voyez le mot précédent.

Bernousé, part. pass. Enve-
loppé dans une mauvaise affaire, Pris à un piège; littéralement *Sali* de *Bran*. Voyez
Embernousé.

Bérot, s. m. Bec d'une aiguière.

BERQUE, s. f. Mauvaise brebis. Voyez BERCA.

BERQUIGNOL, s. m. (Orne) Homme contrefait. Voyez BERQUE.

BERRICHON, s. m. (Orne) Femme dont les cheveux ou les habits sont en désordre; corruption de *Hérisson* qui s'emploie dans la même acception.

BERROUASSE (Il), v. imp. Il Bruine, Il tombe de la *Brouée*. Voyez BROUASSE; ces deux formes se trouvent aussi dans le patois du Berry.

BERZI, s. m. Bois de teinture rouge; corruption de *Bresil*.

BERZOLE, s. f. (Orne) Femme étourdie, Qui passe son temps à s'amuser; *Berza* signifie en breton *Célébrer une fête*.

BESCOCER, v. réfl. (Orne) Se troubler.

> Haro! Que fai? Je me bescoce;
> J'ai oublie le roy d'Escoce
> Et le bon conte de Duglas,
> Avec qui j'ai mene grant glas.
>
> FROISSART, *Treltie du joli buisson de Jonece*, Poésies, p. 238.

Bescocer signifiait aussi en vieux-français *Voler, Escamoter*.

> Et si soutis et soir et main,
> Que tant com l'on torne sa main
> Nos a une ame bescocie.
>
> *De monacho in flumine periclitato*, v. 183; BENOIS, *Chronique rimée*, t. III, p. 516.

BESCU, adj. Sot, Maladroit; il a le même sens en rouchi. Le breton *Besk* signifie *Écourté*, et l'on dit proverbialement *Ki besk n'co mad nemed da zibri boed*; un chien sans queue n'est bon que pour manger.

BESIN, adj. (arr. de Bayeux)

A demi ivre; *Besivre* signifiait en vieux-français *Fort ivre*; du latin *Bis ebrius*.

BESNY, s. m. (arr. d'Avranches) Escargot.

BESOT, s. m. Malheur; ce mot n'est employé que dans la phrase *Porter besot*; parce que le *Besot*, le double as, est le plus mauvais dé que l'on puisse amener.

BESTOURNER, v. a. et n. Renverser, Changer en mal; du bas-latin *Bistornare*: la signification était la même en vieux-français; saint Pierre dit dans le *Mystère* qui porte son nom:

> Doy mourir en crois bestournee,
> La face vers le ciel tournee.
>
> JUBINAL, *Mystères inédits du XVe siècle*, t. II, p. 86, v. 21.

BEUCHONNIER, adj. (arr. de Bayeux) Ivrogne. Voyez BOISSONNIER.

BEUGUIER, v. a. (Manche) Roter.

BEURGUIER, v. a. (Manche) Pousser, Bousculer. Voyez BURGUER.

BEZER, v. n. Changer de place, Aller et venir; il se dit surtout des vaches qui courent çà et là, quand elles sont piquées par les mouches.

BEZOT, s. m. (Seine-Inférieure) Dernier né d'une couvée. Voyez BEDOT.

BEZUET, adj. En sens inverse; probablement le même mot que BEJUEL.

BIANCHET, s. m. (arr. de Valognes) Corset, qui était autrefois *Blanc*; aussi l'appelle-t-on dans quelques localités *Blanchet*; le L s'est changé en I comme il arrive constamment en italien après le B.

Bibelle, s. f. Tumeur au front.

Bibet, s. m. Moucheron.

> L'araigne qui tous les ans
> Fesoit son nid au dedans
> Avec mouches et bibets
> Qu'elle prenoit dans ses rets.
>
> *Chansons normandes*, p. 210, éd. de M. Dubois.

Ce mot vient probablement du celtique; *Fibu* signifie *Moucheron* en breton, et ou lit dans une pièce en vieux-français :

> Les unes pernent wybez,
> Les autres mouche volaunz.
>
> *The lady and her dogs*, dans le *Reliquiae antiquae*, t. ɪ, p. 155.

L'ancien provençal avait aussi *Boba*.

Bibette, s. f. Petit bouton sur la peau, diminutif de *Bubo*, ou piqûre du *Bibet*.

> S'elle n'a mains belles et nettes,
> Ou de cirons ou de bubettes.
>
> *Roman de la Rose*, v. 13995.

Bibi, s. m. Bobo, expression du langage des enfants.

Bicacoin, adv. (Orne) En zig-zag, De travers, De biais.

Bicoin, adv. (Orne) Voyez le mot précédent dont celui-ci n'est qu'une syncope.

Bicoquet, s. m. (arr. de Caen) Ornement de tête, Parure de femme qui manifestait une *Double* (bis) *coquetterie*. Il y a à Caen une rue *Bicoquet*.

Bidoche, s. f. Machine en carton représentant par devant une tête de cheval et ayant derrière une longue queue de crin, qui joue un grand rôle dans les charivaris. Voyez le mot suivant.

Bidoque, s. f. (arr. de Vire) Vieux cheval, dérivé sans doute de **Bidet**.

Bie, s. f. (arr. de Vire) Cruche.

> Au voizin de fiebvre morant
> On faisoit boire eau de la bie.
>
> *Vaux-de-Vire*, p. 123, éd. de M. Travers.

Voyez **buie** et **burette**.

Bière, s. f. (arr. de Valognes) Fantôme, Revenant qui avait été couché dans une *Bière*; ce mot se prenait dans la même acception en vieux-français.

> Adonc se vont mettre a la veie,
> Vers la bierre vint dreit errant ;
> Mais plus sailli tost en estant
> Que l'om n'eust sa main viree;
> Dunc traist le duc Richart s'espee.
>
> Benois, *Chronique rimée*, l. ɪɪ, v. 25125.

Bieu, s. m. Ruisseau, Canal en bois qui conduit l'eau sur la roue d'un moulin.

> De faire bieus, murs e fossez.
>
> Benois, *Chronique rimée*, l. ɪɪ, v. 26711.

Probablement ce mot vient de l'islandais *Bedr*, en anglosaxon *Bed*, Lit, car le mot latin est *Bedum*, et on lit dans le *Voyage de Charlemagne*, v. 774 :

> Deus i fist miracles, le glorius del cel ;
> Que tute la grand ewe fait issir de sun bied.

Biez signifie aussi un ruisseau dans le Nivernais.

Bignoche, s. f. (Orne) Gros morceau de bois ; l'ancien provençal donnait la même signification à *Bigua*, et le bas-latin avait *Bigus* et *Biga*; *Bigues* est resté dans la langue des marins.

Bigre, s. m. Terme injurieux ; de *Bigre*, forestier,

Homme grossier, ou plutôt de *Bougre*. Ce dernier mot vient sans doute de *Bulgari*, nom que l'on donnait aux Albigeois, parce que leur chef spirituel résidait en Bulgarie. Voyez Matthieu Paris, année 1223. Ce nom s'étendit bientôt à tous les hérétiques et aux usuriers. —Ipsos autem nomine vulgari *Bugaros* appellavit, sive essent Paterini, sive Joviniani, vel Albigenses, vel aliis hæresibus maculati; Matthieu Paris, *Historia major*, année 1238. Ipsi usurarii quos Franci *Bugeros* vulgariter appellant; Matthieu Paris, *Ibidem*, année 1255. On donna le même nom aux pédérastes (*Bujarron* en espagnol), et on en fit le verbe *Bougeronner :* « Fut rapporté et estoit commune renommée, que icellui Lombart bougeronnoit, ou s'efforçoit bougeronner aucuns des enfants qui gardoient avec lui aux champs le bestail ; » *Lettres de grâce* de 1477, citées dans du Cange, t. I, p. 801, col. 1. Dans l'arr. de Lisieux, BIGRE signifie un Fromage blanc et salé.

BIHAN, s. m. (Orne) Rouet.

BIHORAGE, s. m. (Orne) Lieu mal cultivé, Fouillis.

BIHOT, s. m. (Orne) Petit vase attaché à la ceinture des faucheurs où ils mettent leur pierre à aiguiser. En breton, *Bihan* signifie Petit. Voyez BUHA.

BIJAUDER, v. a. (Orne) Faire le badin. Voyez BÉGAUDER.

BIJUDE, s. f. Petite cabane.

BILAMEN, adv. (arr. de Saint-Lo) Apparemment. Voyez BENAMEN.

BILAND, s. m. (Orne) Parasite ; probablement le même mot que BILENT.

BILANDER, v. n. (Orne) Aller d'une maison dans une autre pour voir ce qui s'y passe, Rôder.

BILENT, adj. Très-lent, Nonchalant; *Bis lentus*. On prononce aussi BILAIN.

BIMBELOT, s. m. Trousseau; ce mot signifie en français *Jouet d'enfant*.

BINDER, v. n. (Seine-Inférieure) S'impatienter. Nous ne connaissons ce mot que par le *Coup d'œil purin*, p. 23.

BINEL, s. m. (Orne) Guignon.

BINETTE, s. f. (Calvados) Petite houe dont on se sert pour *Biner*; ce mot existait aussi en vieux-français.

BINGOT, s. m. (arr. de Valognes) Stalle pour laver le linge que l'on appelait *Cabasson* en vieux-français.

BINGUET, s. m. (arr. de Valognes) Boisseau en paille, Nichoir.

BINOT, s. m. (arr. de Bayeux) Petit tas; *Bian* signifie *Petit* en breton.

BIOCHE, s. f. (Orne) Petite cruche ; diminutif de *Bie*.

BIONNER, v. n. (Orne) Travailler péniblement, comme un *Pionnier*.

BIROQUE, s. f. (arr. de Bayeux) Mauvais cheval. Voyez BIDOQUE.

BISACOIN, adv. (Orne) En zigzag. Voyez BICACOIN.

BISET, s. m. (Orne) Bloc de silex qui n'a pas été taillé. Peut-être ainsi M. Paulin Paris s'est-il trompé dans le *Romancéro françois*, p. 7, en expliquant

Pierre bise par *Pierre taillée* ; quand Roland veut briser son épée, lorsqu'il sent la mort approcher ;

De devant lui od une perre byse
Dis colps i fiert par doel et par rancune.

Chanson de Roland, st. CLXVIII, v. 4.

Et il n'est pas probable que les pierres de la gorge de Roncevaux eussent été taillées. Sans doute *Biset* signifiait autrefois la pierre noirâtre et dure que l'on appelle dans la Manche *Grison* (grès), et on finit par donner le même nom à toutes les pierres trop dures pour être taillées :

Mais plus vous truis dure que pierre
bise.

Au moins *Pierre bise* avait certainement cette signification en vieux-français ; car on lit dans le *Dis de la Tramontane*, str. x :

C'une aguille de fer i boute,
Si qu'ele pere presque toute
En un pou de liege, et l'atise
A la pierre d'aimant bise.

B. R. ms. 6988², fol. 6, verso.

Enterrez fu a Sain-Denis
En un sarqueu de marbre bis.

BENOIS, *Chronique rimée*, l. II, v. 20208.

On donne aussi dans l'Orne la même signification à *Bisec* et *Biseuil.*

BISETTE, s. f. Pain bis ; c'est aussi le nom que l'on donne dans toute la Normandie à la Macreuse, *Anas nigra* des naturalistes.

BISIEUTRE, s. m. (Orne) Malheur. Le mot *Bissextile* était fort corrompu, comme on le voit dans un calendrier du XIII° siècle publié par M. Ro-

quefort, *Supplément au Glossaire*, p. 195.—Bihestres kiet une fie en quatre ans et c'est quant on puet l'Incarnation partir en quatre parties en Weles (Noël) et se kiet le jor saint Mathiu en fevrier. Et tout ce qui se rattachait à l'année bissextile était regardé par les Romains comme de mauvais augure.—Quoties incipiente anno dies coepit, qui adjectus nundinis, omnis ille annus infaustis casibus luctuosus fuit, maximeque Lepidiano tumultu opinio ista firmata est ; Macrobe, *Saturnaliorum* l. I, ch. 13.—Nec videri die secundo, nec prodire in medium voluit, *bissextum* vitans februarii mensis tunc illucescens, quod aliquoties rei romanae cognorat fuisse infaustum ; Ammien Marcellin, *Historiarum* l. XXVI.

BISQUE, s. f. Mauvaise boisson, Piquette ; on dit aussi *Bisquantine*, peut-être parce qu'elle faisait *Bisquer ;* voyez ce mot. *Bisque* signifie en français un potage fait avec du coulis d'écrevisses.

BISQUER, v. n. Être vexé sans le faire paraître ; ce mot est resté aussi dans les patois du Nivernais et du Berry. *Beiskiaz* signifie *Rager* en islandais.

BISSAQUET , adj. *Bourgeois bissaquet* était le sobriquet que l'on donnait aux paysans qui prenaient des airs d'importance. De *Bissac*, parce que les paysans étaient plus pauvres que les habitants des villes, et que les mendiants portaient un sac pour recueillir les aumônes ; encore maintenant dans quelques campagnes de la Manche *Prendre une pouque* signifie *Mendier*.

BITER, v. a. et n. (arr. de Vire) Toucher.

> De moi je n'y bite
> Tant que l'en m'assaille.
>
> *Farce des Pates-Ouaintes*, p. 27.

Bita signifie *Mordre* en islandais et le français emploie *Mordre* dans une acception semblable : *Il n'y mord pas*.

BLAIRIE, s. f. (arr. de Valognes) Champ couvert de sa moisson, de son *Blé* ; ce mot avait la même signification en vieux-français. Il ne se trouve plus guères en patois que dans quelques noms de terre et de familles anciennes.

BLANC, s. m. Monnaie qui valait cinq deniers ; ce mot n'est plus usité que dans *six blancs*, (deux sous et demi). On le retrouve employé dans la même phrase dans les patois du Berry, du Nivernais, et de plusieurs autres provinces. La monnaie blanche était d'argent et la noire de cuivre : Totas monedas blancas o negras que correran et auran cors ; Tit. de 1424 , dans l'*Histoire de Languedoc* , t. IV , preuves, col. 423 ; encore maintenant le billon est appelé *Griset* en rouchi et le peuple de différentes provinces donne aux louis le nom de *Jaunets*. Les Blancs à la couronne qui furent frappés du 24 novembre 1354 au 24 janvier 1355 valaient cinq deniers chaque, et les édits des 24 août 1420 et 29 décembre 1473 firent frapper de petits blancs dont la valeur était la même. Il

y a eu deux espèces de pièces de six blancs, les premières s'appelaient *Niesles* de la tour de Nesle où l'on commença à en frapper en 1549, et les autres *Pinatilles* de Pinatel, officier des monnaies qui les fit faire en 1577 :

> Les droles et bons garcons
> Feront, chantans leurs chansons,
>   Un escot honneste,
>   A six blancs par teste ;
>   Ne soit ceste année
>   La cave fermée.
>
> Jean LE HOUX (Olivier BASSELIN),
> *Chanson inédite*.

BLÉQUE , adj. (arr. de Valognes) Blette. A demi pourrie ; *Bleich* en allemand signifie pâle et les fruits perdent leur couleur au moment où ils pourrissent ; cette origine est d'autant plus probable que *Blèche* signifie *Mou* et que le verbe français *Blésir* avait le sens de *Pâlir*, *Passer*. Voyez cependant le grec Βλάξ.

BLESTE, s. f. Motte de terre. Les *Mottes à brûler* sont appelées *Mottes à ardoir* dans l'*Etablissement des coutumes de Normandie* publié par M. Marnier, et *Blesta* avait le même sens dans la basse-latinité.

BLET , s. m. (arr. d'Avranches) Image; ce mot a le même sens dans le patois de Rennes.

BLETTER , v. n. (arr. de Valognes) Ne plus remuer, Devenir comme une *Bleste* ou un *Blet*. On dit d'un enfant peu remuant qu'il est sage comme une image.

BLEUBLEU , s. m. (Calvados) Bleuet, fleur très-*bleue* ; cette reduplication a, dans presque tous les idiomes , la force d'un superlatif. Voyez Adelung, *Mithridates*, t. I, p. 308 ; t. III, part. I, p. 264 et part. II, p. 433.

BLIANCHET , s. m. (arr. de Caen) Corset. Voyez BIANCHET.

BLIN, s. m. Mouton; contraction du vieux-français *Belin* :

> Qui de la toison du belin,
> En lieu de manteau sebelin
> Sire Ysangrin affubleroit
> Le loup qui mouton sembleroit.
>
> *Roman de la Rose*, v. 11645.

De l'islandais *Belia*, *Béler*, mieux que du latin *Balare* comme *Belier*. *Blin* est aussi une taupinière ; en breton, ce mot signifie *Cime*, *Hauteur*.

BLOCHE , s. f. Prune sauvage ; on disait en vieux-français *Beloce*.

> Tien, vilain, tien ceste beloce.
>
> JUBINAL, *Mystères inédits*, t. I, p. 19.

BLOQUE , s. f. Pièce de deux sous fort massive ; du français ou du vieil-allemand *Bloc*.

BLOQUET , s. m. Souche de bois ; *Manger au bloquet* signifie *Ne pas manger à la table*. Le *Bloquet* est aussi le nom que l'on donne au fuseau à dentelle ; il est dans ce cas un diminutif de *Bloc*.

BLOSSES , s. m. pl. (Orne) Yeux ; ce mot a probablement quelque liaison étymologique avec *Blika*, *Blicken*, *Regarder*, dont la racine se retrouve dans toutes les langues germaniques.

BLOUQUE , s. f. Boucle. Cette métathèse qui se retrouve dans le Nivernais et dans le Berry, avait déjà lieu en vieux-français. Lequel portoit en escharpe la grande espee de parement du roy, dont le pommeau , la croix , la blouque , le morgant et la bouterolle de la gaine estoient couvertes de velours azure et par dessus semees de fleurs de lys d'or ; Monstrelet, *Chroniques*, t. III, fol. 22, p. 1. M. Fallot dont la connaissance du vieux-français était si complète a dit dans ses *Recherches sur les formes grammaticales de la langue française*, p. 518 , qu'il ne connaissait pas la valeur précise de ce mot.

BOBAN , s. m. Somptuosités, Bombances :

> Baudours et bobans
> Ne font pas riches gens

dit un ancien proverbe normand que nous avons déjà cité. Ce mot vient sans doute de l'islandais *Bofi*, Vain, Orgueilleux, dont la forme s'est mieux conservée dans *Bouffi*, et dans le vieux-français *Bufois* :

> S'el tenoit on moult a cortois,
> N'ert plains d'orgueil ne de bufois.
>
> *De la borgoise d'Orlians*, v. 19.

BOBILLON, s. m. (Orne) Homme minutieux.

BOBINETTE , s. f. Loquet ; Perrault s'est servi de ce mot. dans le conte du *Petit chaperon rouge*.

BOEL, s. m. Cour intérieure voyez BEL ; on disait aussi en vieux-français *Boille* :

> De la tour estoit descendue ;
> Si s'esbatoit parmi la boille.
>
> *Roman de la Rose*, v. 13044.

BOGUE, s. m. OEil ; on dit dans l'Orne *Boguet*, mais ce mot n'est employé que par les enfants.

BOGUIE , s. m. Chassie, Maladie de l'œil.

BOILLE, s. f. (Orne) Gros ventre; *Buela* dans la langue des troubadours; *Boyau* s'écrivait *Boel* en vieux-français.

BOISE, s. f. (arr. de Valognes) Petite bûche, Petit morceau de *Bois*; on dit aussi *Boisette*.

BOIS-JAN, s. m. (Manche) Ajonc; corruption de *Boisjonc*, Bois pliant comme du *Jonc*. Ce mot existait aussi en vieux-français :

De bous ou de jaam sauvage
Ou de sarment de vine aret.

> *Poème sur Elie de Biville*, publié par M. Couppey, *Mémoires de l'Académie de Cherbourg*, 1843, p. 113.

BOISSONNER, v. r. S'enivrer, S'adonner à la *Boisson*.

BOISSONNIER, s. m. Ivrogne, Celui qui s'adonne à la boisson.

BOISTON, s. m. (Orne) Sabot sans bride qui *Emboîte* le pied.

BOITRON, s. m. (Orne) Voyez BOISTON.

BON, s. m. Plaisir, Volonté, Ce qui semble *Bon;* ce mot avait le même sens en vieux-français :

Por autre chose ne sui-je venus ci
For por oir vo bon et vo plaisir.

> *Raoul de Cambrai*, p. 246, v. 23.

Mes ge t'aurai ja tost basti
Tel plet, que trestot maugre toen
T'estoura fere tot mon boen.

> *Roman de la Charrette*, publié par Keller, *Romvart*, p. 480, v. 18.

BONDE-CUL, locut. adv. (arr. de Valognes) *Se mettre à bondecul* signifie *Lever le derrière en l'arrondissant comme une bonde;* cette expression était usitée en vieux-français :

Denys s'y jeue a bondecul.

> *Martyr de Saint-Denis*, dans Jubinal, *Mystères inédits*, p. 128, v. 10.

BONDRÉE, s. f. Femme grosse et courte comme une *Bonde*.

BÔNE-BÔNE , s. m. Colin-Maillard; il signifie aveugle dans une vieille chanson que chantent encore les enfants :

Limaçon bône-bône
Montre-moi tes cônes.

Voyez le mot suivant.

BÔNER, v. r. S'envelopper la tête, Se couvrir les yeux, Se *Borner* la vue; *Borné* s'emploie encore au figuré dans le même sens, et on disait en vieux-français *Bone* au lieu de *Borne:* Il fu jugie de la disme de la terre qui est dedanz les bones de la bande (l. lande) de Euretel; Marnier, *Etablissements de Normandie au XIIIe siècle*, p. 124. Quelquefois le R ne se prononce pas dans le patois normand devant le N et le L : on dit *Cône* pour corne; *Mêlan* pour merlan.

BONIAU, s. m. (Orne) Instrument de pêche en bois tressé qui barre les rivières, qui en *Bônie l'eau*. Voyez le mot suivant.

BÔNIER, v. a. (arr. de Vire) Fermer. Voyez BÔNER.

BOQUE, s. f. Coquille de noix, Noisette.

BORDE, s. f. Petite maison, Habitation isolée.

Se la borde est toute seule sanz cortil, la fame aura le tier en la borde; *Etablissements de Normandie au XIIIe siècle*, p. 7.

Pour raison du marchie y

commencerent les gens a faire et loges petites et bordes ; puis petit a petit y édifierent maisons ; *Cité de Dieu*, l. V, ch. 25, trad. par Raoul de Praelles, citée par M. Paris, *Manuscrits français*, t. I, p. 22.

Border, v. n. (arr. de Caen) Etre arrêté par un obstacle ; il se dit surtout des voitures.

Bosche, s. f. (arr. de Valognes) Il ne s'emploie que dans la phrase *Puer la bosche ;* c'est le nom d'une sorte d'ulcère fétide (en italien *Bozza*) qui était le caractère principal de la peste du xive siècle. Tantus timor omnes invaserat, quod statim dum ulcus, seu bossa qui vel quae in pluribus, in inguine, aut sub axilla apparebat cujusque, dimitteretur ab assistentibus ; *Vita Clementis* VI, p. 87. Aussi Amyot disait-il dans sa traduction de Plutarque : Un Nabis ou un Catilina qui n'étaient pas tant citoyens que bosses et pestes d'une cité ; *Morales*, t. III, p. 149.

Bosco, s. m. Bossu, Terme injurieux et méprisant qui se trouve aussi en rouchi.

Bosquier, v. a. Pousser, Serrer de près.

Boter, v. a. Décapiter. *Buter* a le même sens dans l'argot ; ils viennent sans doute de l'islandais *Buta* dont la signification est la même. *Boter* signifiait en vieux-français *Pousser*.

> Senz dote nule e senz freor
> A bote l'us, s'est enz entre.
>
> **Benois**, *Chronique rimée*, l. ii, v. 25053.

Or vos revoil conter del esquier

Que Bertrans ot bote ens el vivier.

> *Chevalerie Ogier*, v. 4647.

Il semble cependant avoir le sens de *Tourmenter* dans la *Voie du paradis* de Raoul de Housdaing :

> La vision des anemis
> Que li mestres d'enfer a mis
> Avec aus por aus tormenter,
> Por le dangier et por boter,
> Lor fet croistre et doubler lor paine.
>
> **Rutebeuf**, *Œuvres*, t. ii, p. 257.

Le français *Pied-bot* a sans doute le même radical.

Bouaille, s. f. Anneau, Bague ; par un changement très-fréquent l'islandais *Baug* était devenu *Boia* en bas-latin, et en vieux-français *Buie :*

> En aneaus et en buies les fist enchaainer

dit Wace dans le *Roman de Rou* ; *Bouaille* a probablement la même origine.

Boubique, s. f. (Orne) Cidre et poiré mêlés ensemble. Voyez **Halbique**.

Boucan, s. m. (arr. de Valognes) Noise, Querelle. Ce mot se trouve aussi dans les patois du Nivernais et du Berry ; il vient sans doute du *Bouc* qui jouait un grand rôle au *sabbat*. Voyez ce mot. Selon du Cange, il viendrait du grec Βουχανη, ce que rend peu probable l'absence d'un mot analogue dans l'ancien provençal et dans les autres patois qui auraient pu servir d'intermédiaires. Quoique ce mot ne se trouve pas dans les anciens glossaires, il existait en vieux-français, mais son acception était différente :

C'est boucane (boucanant?) de se
     tenir a une;
Le change est bon, ainsi comme l'on
     dit,
Par quoy j'ordonne que l'homme au-
     ra credit,
Qui changera tout ainsi que la lune.

> *Vieilles chansons*, Goth. sans
> date ni lieu, B. R. Y. n° 4457.

BOUCHILLON, s. m. (Orne) Pommier ou Poirier sauvages. Voyez BACQUET.

BOUCHON, s. m. Cabaret; du bouchon de branches vertes qui sert encore souvent d'enseigne. Ce mot se trouve aussi dans les patois du Nivernais et du Berry.

BOUDE, s. f. (Orne) Vessie; le français *Boudin* a la même origine, *Botulus*.

BOUDER, v. n. (arr. de Valognes) Renoncer à une chose qu'on avait entreprise, parce qu'on se reconnaît incapable de la faire.

BOUDUFFLÉ, adj. (Orne) Boursouflé d'orgueil, blessé.

BOUERKIN, s. m. (arr. de Coutances) Muselière que l'on met aux moutons pour les empêcher de brouter.

BOUESSONNER, v. a. (arr. de Valognes) Mettre en discorde, Chiffonner comme un *Bouchon* de paille que l'on prononce *Bouesson*.

BOUETTE, s. f. (Orne) Mangeaille d'un cochon.

BOUFFARD, s. m. Grand mangeur; plutôt de *Buffare*, Se gonfler de mangeaille, que du grec Βουφαγος, qui mange un bœuf, auquel le rattache Borel.

BOUFFER, v. r. (arr. de Bayeux) Se gorger d'aliments, Manger avec gloutonnerie; il a la même signification en rouchi et dans les patois du Nivernais et du Berry. On l'emploie aussi quelquefois à l'actif :

Quel coup-d'œil ravissant! Chacun
     dans le silence
La dévore des yeux et la bouffe d'a-
     vance.

> LALLEMAN, *La Campénade*, ch.
> III, p. 25.

Bouffée se disait aussi des liquides en vieux-français.

Tiens, Gobin, crocque ceste prune
Et puis boyras une bouffée.

> *Mystère des Actes des Apôtres*,
> l. I.

BOUFFON, s. m. (Orne) Gros morceau de pain; l'étymologie doit être celle que nous avons donnée précédemment au mot *Bouffard*, quoique dans la basse-latinité *Buffectus* signifiât *Pain* : Jussit afferre panem albissimum quem vocant *buffectum; Vitae sanctorum*, Mai, t. I, p. 339; c'est probablement le *Pane buffeto* des Italiens.

BOUFFRE, s. m. et interj. Voyez BIGRE.

BOUGES, s. f. pl. (arr. de Bayeux) Haut de chausses, Culotte. Villon disait aussi :

Je donne l'envers de mes bouges
Pour tous les matins les torcher.

Ce mot vient probablement de la forme lâche que l'on donnait aux culottes. Voyez l'article suivant.

BOUGETTE, s. f. Petit sac de toile. Malgré l'islandais *Belg*, ce mot vient sans doute du celtique; car on lit dans Festus : *Bulgas* Galli sacculos scorteos appellant. Pendant le XIIIe siècle, on disait *Boge* :

Ains menestreus n'i fu venus
A pie, c'a cheval n'en alast,
Et reube vaire n'emmalast
En sac ou en boge ou en male.

Roman de la Violette, v. 6580.

Plus tard on a dit *Bougette :* mais il signifiait un sac de cuir.

Bougie, s. f. (arr. de Mortain) Vessie. Voyez **boude**.

Bougonner, v. n. Gronder entre ses dents. Le *Boujonneur* était en vieux-français le nom du garde-juré qui veillait à ce que les réglements sur la fabrication des draps fussent fidèlement observés. — Nous leur vueillons octroyer qu'ils aient visiteurs et boujonneurs oudit mestier de drapperie ; *Ordonnance de 1376,* dans les *Ordonnances des rois de France,* t. VI, p. 196. — Dans un temps où l'industrie était si peu avancée, le bonjonneur devait avoir de fréquentes occasions d'être mécontent. *Bougonner* était employé dans le vieux-français avec le même sens, mais il n'est plus usité que dans le langage familier. — Ce mot signifie aussi en patois *Travailler mal, Chiffonner:* c'est probablement une corruption de *Bouessonner.* Voyez ce mot.

Bouguenette, s. f. (Seine-Inférieure) Maraude.

Sont les souldarts coureux de bouguenette.

Muse normande, p. 16.

Ce mot vient sans doute des *Bougettes* où les soldats mettaient ce qu'ils avaient dérobé.

Bougues, s. m. pl. (Manche) Lieux sablonneux au bord de la mer, dont le terrain est mouvant; il y a des *Bougues* à Quinéville et à Ravenoville. Ce mot vient sans doute de l'anglo-saxon *Bog*, Marais.

Bouillon, s. m. (arr. de Valognes) Bouc. Ce mot qui se trouve aussi dans le patois de Rennes, vient sans doute des *Bulles* de gaz qui s'élèvent à la surface des eaux fangeuses : on appelle une lande du canton de Briquebec, dont les extrémités sont très-marécageuses, *Lande des bouillons.*

Bouillonière, s. f. (arr. de Saint-Lo) Ornière, Passage fangeux. Voyez **bouillon**.

Boul, s. m. Faisceau de baguettes pour corriger les enfants qui se fait ordinairement avec du *Bouleau*, autrefois *Boul :*

De boul, d'osieres ou d'orties.

Miracles de sainte Geneviere, publiés par M. Jubinal, *Mystères inédits.* t. II. p. 277, v. 14.

Une origine islandaise ne serait pas cependant impossible; *Bal* signifie un *Faisceau.*

Boul-boul, s. m. Taureau : réduplication dont l'origine est certainement germanique: *Boli* en islandais, *Bolle* en hollandais, *Bulle* en allemand et *Bull* en anglais signifient un Taureau.

Bouler, v. a. (arr. de Valognes) Maltraiter, Pousser comme une *Boule.* Ce mot semble avoir été aussi usité en vieux-français. (Voyez Roquefort, t. I. p. 172); mais il l'était ainsi que le patois normand *Rouler,* beaucoup plus au figuré :

D'un borgois vous acont la vie,
Qui se vanta de grant folie,
Que fame nel' poroit bouler.
Fabliau de la Saineresse, v. 1.

Bouleux, s. m. (Orne) Sabots arrondis par le bout comme une *Boule.*

Boulieux, s. m. Sobriquet que l'on donnait aux Bas-Normands, parce qu'ils faisaient un grand usage de *Bouillie.* Evidemment il se prenait en mauvaise part, car Henry Estienne disait dans son *Traité de la conformité du langage françois avec le grec :* Avant de sortir de notre pays, nous devrions faire notre profit des mots et des façons de parler que nous y trouverions, sans reprocher les uns aux autres : *Ce mot-là sent sa boulie ; ce mot-là sent sa rave ; ce mot-là sent sa place Maubert.*

Boulvari, s. m. (arr. de Valognes) Désordre, Confusion. Voyez **houlvari.**

Bourde, s. f. Tourte aux pommes, qui sans doute avait d'abord la forme d'une *Boule.* Lesquelx compaignons jouans par esbattment a getter la boule ou le bourdeau parmi la ville de Trucy. *Lettres de grâce* de 1414, citées par du Cange, t. I, p. 728, col. 2. Nous devons dire cependant que la pâte de cette espèce de gâteau est fort peu cuite, et qu'en breton *Bourr* signifie du *Pain qui n'est pas cuit.* Dans les autres provinces, on dit *Bourdin.* Voyez le mot suivant.

Bourdelot, s. m. Petit gâteau rond fait avec une poire ou une pomme entourée de pâte ; Petite *Bourde.*

Bourdon, s. m. Serpent d'église, Basse. Le vieil-anglais l'employait dans cette acception :

That streit was comen from the court of Rome,
Ful loude he sang: Come hither, love, to me.
The sompnour bare to him a stiff burdoun ;
Was never trompe of half so gret a soun.

    Chaucer, *Canterbury tales*, v. 673.

Boure, s. f. femelle du canard ; *Boureta* avait le même sens dans la basse-latinité.

Bourette, s. f. (Orne) Etoupe, Petite bourrée. Ce nom se donne, à Valognes, à une espèce de simenet qui a la forme grossière d'un homme.

Bourgaut, adj. Dissipé, Libertin. Probablement ce mot a quelque liaison avec le *Burgator* de la basse-latinité, qui signifiait *Voleur de nuit.* — Tempus discernit praedonem a fure et a burgatore, furemque diurnum a nocturno ; Fleta, l. I, ch. 16, par. 6.

Bourguelée, s. f. (Orne) Feu de joie que l'on allume dans quelques communes la veille de l'Épiphanie ; peut-être de *Bourrée.* Au moins Coquillard donnait-il à ce mot le sens de *Feu clair de genêt,* et les genêts sont fort communs dans le département de l'Orne.

Bourgogne, s. f. (arr. de Bayeux) Coiffure particulière aux femmes de Bayeux qui vient de la Bourgogne, ou qui ressemblait autrefois à la coiffure militaire que l'on appelait *Bourguignote.*

Bouri, s. m. (arr. de Mortain) Hamac. Ce mot peut servir à expliquer un passage de la *Loi des Alamans,* dont les commentateurs ont deviné la signification un peu au hasard.

Si quis *buricas* in silvis, tam porcorum quam pecudum, incenderit, tit. 97. Évidemment *Burica* signifiait l'endroit où l'on retirait les animaux pendant la nuit ; c'est le vieil-allemand *Bur* qui s'est conservé dans l'anglais *Bourc* et le vieux-français *Bouron*. Voyez BURET.

BOUROT, s. m. (Orne) Flocon de laine que les moutons laissent aux buissons. Ce mot a probablement la même origine que le français *Bourre*, en bas-latin *Bourra*. *Bourot* signifie aussi un caneton, le petit de la *Boure*.

BOUROTER, v. n. Marcher gauchement et difficilement comme une *Boure*.

BOURRIER, s. m. (Orne) Mauvaises herbes. Ce mot a probablement une origine celtique, car Ausone emploie *Burrae* dans l'acception de *Choses d'aucune valeur*, de *Riens*, et nous ne croyons pas qu'il se trouve dans aucun autre écrivain latin.

BOURSICOT, s. m. (arr. de Valognes) Petite bourse; probablement de *Bursica* que nous n'avons cependant trouvé dans aucun glossaire. *Boursicot* appartient aussi aux patois du Nivernais et du Berry.

BOUSÉE, s. f. Excréments mous. Ce mot qui a la même origine que *Bouse*, s'emploie aussi dans cette acception à Rennes.

BOUSET, s. m. (arr. de Valognes) Matière fécale qui a quelque consistance. Voyez le mot précédent.

BOUSIN, s. m. Bruit, Tapage: mot très-usité dans le Nivernais et le Berry. La racine est probablement celtique, car *Bousara* signifie en breton *Assourdir*. Dans l'arrondissement de Saint-Lo, on donne à *Bousin* le sens de *Femme de mauvaise vie, qui fait le bousin*. En breton cependant *Boutin* signifie *Commun*: peut-être ainsi *Bousin* veut-il dire en ce sens *Femme commune*. Dans plusieurs patois provinciaux, *Bousingot* est pris dans une acception analogue. Il signifie *Tapageur, Pilier de cabaret.*— On appelle encore de ce nom, dans plusieurs provinces, le lieu où des gens de mœurs suspectes se réunissent pour danser.

BOUSINE, s. f. (Orne) Musette, Cornemuse. Ce mot qui, avec une légère différence de prononciation (Bozine), signifiait en vieux-français *Trompette*, vient sans doute de *Buccina*, instrument à vent. (Voyez Raynouard, *Lexique roman*, t. II, p. 268); cependant *Bugenn* signifie en breton *Peau de bœuf*, et l'on jouait de la cornemuse en faisant sortir l'air d'une outre en peau de bœuf.

BOUT s. m. (Orne) Ce mot n'appartient au patois que dans la phrase *Être sur bout*, qui signifie *Être debout*.

BOUTER, v. a. Mettre, Pousser.

Cha va bien, boute les toujour chinc
a chinc ;
Farce des Quiolards, p. 9.

Pis quand un autre s'y boutet.

Muse normande, p. 19.

On l'employait aussi en vieux-français dans cette double signification :

> Si tost com la clef i bouta
> Un joiel en a traist molt bel.
>> Adenez, *Du cheval de fust*, dans Keller, *Romvart*, p. 107, v. 11.

L'exposant bouta ou hurta ledit Jehan une foiz ou deux de l'espaule ; *Lettres de grâce* de 1379, citées par du Cange, t. I, p. 749, col. 1.

Le français se servait encore naguères de *Bouter* dans le sens de *Mettre*, et il a conservé la double acception que lui donne le patois normand dans la Flandre et dans les patois du Nivernais et du Berry.

Boutiquer, v. a. Arranger ; il ne se prend qu'en mauvaise part, et semble une corruption de *Bousiller*.

Bouvard, s. m. (Orne) Taureau, *Bouvillon* ; du latin *Bovellus*.

Bragues, s. f. pl. Culotte ; *Bragez*, en breton, a la même signification.

Braguette, s. f. Culotte.

> C'est un chasseur sans sa trompe,
> Sans braguette un lansquenet.
>> *Vaux-de-Vire*, p. 67, éd. de M. Dubois.

On appelle *Culottes à braguette* celles qui n'ont pas de pont ; probablement la préposition est de trop, et les *Culottes-braguettes* ont conservé la forme qu'on donnait à ce vêtement quand on l'appelait *Braguette*.

Braies, s. f. Culotte. Cette corruption de *Bragues* se trouvait déjà dans le français du xiii° siècle :—Il jurra que il est si malades que il ne puet venir a cort, et que il ne vestira braies en sa meson, ne instra de son menoir devant que il

vienge a la cort ; *Etablissements de Normandie*, p. 68. Ce mot ne signifie plus que le linge dont on enveloppe le derrière des enfants ; mais il s'est conservé dans *Débrailler*.

Braire, v. n. Crier, Pleurer comme un enfant :

> Si brait a haute vois et crie,
> Comme feme ki est dolente.
>> Guillaume li Clers, *Roman des aventures Fregus*, p. 23.

> Je suis certain qu'il viendra braire
> Pour avoir argent promptement.
>> *Farce de Pathelin.*

En français, *Braire* ne se dit plus que du cri de l'âne ; mais il a conservé dans le Berry et dans la Flandre le même sens qu'en Normandie.

Bramboler, v. a. (arr. de Vire) Balancer ; probablement du breton *Brancella*, Agiter, comme le provençal *Bressol* et le vieux-français *Bressolet*, Berceau ; *Lettres de grâce* de 1457, citées par Carpentier, t. I, col. 521.

Bran, s. m. Son de froment ; Ce mot vient certainement du celtique. On lit dans Pline, l. xviii, ch. 7 : Galliae quoque suum genus farris dedere : quod illic *brance* vocant. De là *Bren* en provençal, en vieil-espagnol et en vieux-français ;

> Vendre a l'enchere autant bren que farine.
>> J. Marot, *Œuvres*, t. v, p. 216.

Bran est aussi une apocope de *Branle* qui signifie *Danse*. On le prend encore dans l'acception de *Tournure*, *Démarche*.

Brané, adj. Marqué de taches de rousseur, qu'on appelle aussi à cause de leur couleur et de leur forme, *taches de son.*

BRANÉE, s. f. Son délayé dans de l'eau.

BRANES, s. f. pl. Mamelles ; *Brennid* en breton.

BRANGÉ, adj. (arr. de Vire) Bariolé. Voyez BRINGÉ.

BBANLE, s. m. (Orne) Axe de la meule d'un pressoir qui le met en *Branle.*

BRAQUE, adj. (arr. de Valognes) Vif, Emporté. *Braga* signifie en breton *S'amuser, Se donner trop de licence.*

BRASILLÉ, s. f. (Calvados) Galette cuite sur la *Braise. Brasiller* avait la même signification en vieux-français. Voyez Roquefort, t. I, p. 480.

BRASQUER, v. a. et n. Mal arranger ; c'est probablement une corruption de *Brasser.*

BRAVER, v. n. Exceller, Se parer. *Brav* signifie en breton *Beau, Agréable* ; ce radical se retrouve dans les autres dialectes celtiques, *Briaw* en gallois, *Breagh* en irlandais et en gallique.

BRÉAUD, s. m. (Orne) Criard sans raison. Voyez le mot suivant.

BRÉAUDER, v. n. (Orne) Crier fort et sans raison ; probablement ce mot a la même origine que *Braire.*

BREHAIN, adj. Stérile, Impuissant.

Ne doit pas hons brehains ester
O ceus qui puent engenrer.

WACE, Establissement de la Conception, p. 14, v. 4.

Voy Elizabeth, ta cousine,
Qui estoit brehaigne clamee,
Notre sire l'a tant amee,
Et sy bien y a proveu,

Six mois a qu'elle a conceu.

Nativité de Notre-Seigneur Jésus-Christ, dans JUBINAL, Mystères inédits, t. II, p. 48. v. 14.

Brechan signifie *Stérile* en breton.

BREHENNE, s. f. Perdrix qui n'a pas couvé. Voyez le mot précédent.

BRELETTE, s. f. (arr. de Valognes) Rosse. On donne aussi ce nom aux écorcheurs de mauvais chevaux.

BREMAN, s. m. (Seine-Inférieure et Calvados) Portefaix qui avaient fait une association sur laquelle M. de Formeville a publié d'intéressantes recherches dans le t. XII° des *Mémoires de la Société des Antiquaires de Normandie.* On disait d'abord *Berman*, et ce mot venait sans doute de l'islandais *Ber.* Porter, et *Man.* Homme. Voyez du Cange, t. I, p. 660, col. 1 et 2. *Brement* prit en vieux-français la signification de *Charge, Embarras*, et Cotgrave a cité dans son Dictionnaire une ancienne locution populaire : *Il n'a ni enfants ni brements.*

BRENÈCHE, s. f. (Orne) Petite ordure, diminutif de *Bran.*

BREUILLE, s. m. Duvet confus des jeunes oiseaux qui précède les plumes ; peut-être du breton *Brella*, Brouiller, Mettre les choses en désordre.

BREUILLER, v. n. (Orne) Rôder dans les bois, en vieux-français *Breuil :*

Dona broils, dona terres, dona granz critez.

Roman de Rou, v. 1930.

BRIC, s. m. Pont ; ce mot n'est plus employé que dans quelques

4

noms de lieu ; *Briquebec, Briqueville ;* il est devenu *Brac* et *Bruc ; Braquemont, Brucheville,* etc. ; on trouve encore en vieux-français *Brige* et *Bruge. Bryggia* en islandais et *Bric* en saxon avaient la même signification.

BRICHE, s. f. Terme injurieux, *Cuisinière de briche ! Que fais-tu là ? de la briche !* Sans doute il signifiait d'abord *Routine,* car en islandais *Bruk* signifie *Usage, Coutume,* et on lit dans les *OEuvres* d'Eustache Deschamps :

> Si tu prans femme qui soit riche,
> C'est le denier Dieu et la briche
> D'avoir des reproches souvent.

Mirouer de Mariaige, p. 226.

BRICOLI, s. m. Chou prêt à fleurir ; Brocoli ; en breton *Brouskaol* signifie *Jet de chou.*

BRICOLIQUE, s. f. Ce mot n'est usité que dans la phrase *Manger sa Bricolique,* qui signifie *Manger sa fortune:* c'est une corruption de *Bucoliques* que l'on emploie encore dans le langage familier.

BRICON, s. m. Coquin, Imprudent.

> Blasmez en seriez e tenu por bricon.

Roman de Rou, v. 4184.

BRIFFONNIER, s. m. (Orne) Marchand de volailles ; probablement du vieux-français *Brifer,* Manger avidement, qui est encore employé dans le langage familier.

BRIGAND, s. m. (arr. de St-Lo) Hanneton ; expression métaphorique tirée des ravages causés par cet insecte.

BRIGANDINE, s. f. (arr. de Caen) Planche mince qui sert aux cercueils ; la *Brigandine* était en vieux-français une cuirasse légère qui empêchait de sentir les coups.

BRIMBALER, v. a. Traîner çà et là ; ce mot formé par onomatopée, (*Bimbaler*), comme le *Bimbaum* des Allemands, signifie en français , *Agiter comme une cloche.*

BRIN , s. m. On l'emploie comme une négation explétive, ainsi que *Pas , Point , Mie , Grain , Goutte ,* etc.

BRINCANDER, v. a. (Orne) Remuer brin à brin.

BRINDELLE , s. f. Rameau ; on disait en vieux-français *Brondaille.* et l'on prononce dans quelques localités *Brondille.* Voyez BRINGE.

BRINGE, s. f. (arr. de Vire) Houssine, Petite baguette; probablement une métathèse de *Verga.*

BRINGE, adj. Rayé, Tacheté ; *Briz* signifie en breton *Bigarré;* mais la racine peut être aussi *Virgatus.* Voyez le mot précédent.

BRINGER, v. a. Fustiger, Frapper de *Bringes.* Ce mot se trouvait aussi en vieux-français.

BRINGUIER, s. m. Bœuf dont le poil est presque toujours *bringé.*

BRISCOT, s. m. (arr. de Mortain) Canard; peut-être une corruption du vieux-français *Briquet,* Sot. Stupide. Voyez BRICON.

BRISÉ, s. m. (arr. de Caen) Jachère qui vient d'être labourée; *un Brisé de foin.* Voyez le mot suivant.

BRISER, v. a. (arr. de Caen)

Labourer une terre qui ne l'a pas été depuis quelque temps. Peut-être ce mot vient-il de la ressemblance des deux expressions allemandes *Brechen*, Briser et *Brachen*, Jachérer.

Bristonner, v. a. Ébruiter ; l'origine de ces deux mots est probablement la même, quoique *baritoniser*, du grec βαρυτονιζειν, signifiât *chanter* en vieux-français.

Pan oncques mieux ne baritonisa
Diapason au son de ses musetes ;
Pythagoras oncques n'organisa
Diapante de si douces busetes.

L'art de rhétorique.

Brocson, s. f. Femme dont les manières sont grossières et les vêtements de mauvais goût. Voyez TOCSON.

Broe, s. f. (Manche) Écume ; *Fraud* a la même signification en islandais.

Broil, s. m. Bois. Ce mot qui remonte au VIIIe siècle, puisqu'il y a dans le capitulaire de Charlemagne *De Villis*, ch. 46 : Ut lucos nostros, quos vulgus *brogilos* vocat, semble venir du grec περιϐολιον, car on lit dans Luithprand, éd. de Pertz, *Monumenta Germaniae historica*, t. III, p. 355 : Nicephorus in eadem coena me interrogavit, si vos perivolia, id est briolia, vel si in perivoliis onagros vel caetera animalia haberetis.

Brombron, s. m. (Orne) Rouet, formé par onomatopée.

Bronchious, s. m. Hanneton ; peut-être du celtique : en breton *Bronz* signifie *Bourgeon ; jeune pousse* et *Choanen*, puce ; le hanneton serait ainsi

un insecte qui dévore les jeunes pousses. L'islandais *Brum*, feuille, et *Kiaka*, tondre, aurait le même sens. De là le *Brucus* de la basse-latinité : Brucis herbas et frondes corrodentibus, dans Muratori ; *Rerum italicarum scriptores*, t. XII, col. 1037.

On dit dans quelques localités *Bronchas* et *Bronfious*.

Brosse, s. f. Rossée ; ce mot ne s'emploie qu'au figuré, pour indiquer une espérance déçue, dans la phrase *Ça fait Brosse* ; le patois du Berry le prend dans la même acception. Voyez l'article suivant.

Brosser, v. a. Frapper, Rosser.

La fu brocies e feru des plusors.

Chevalerie Ogier, v. 245.

Brotillon, s. m. Tronçon : probablement de *Brouter*, comme *Broutilles*.

Brouir, v. a. Bruler à demi, *Roussir* ; il avait le même sens en vieux-français.

La chey ledit feu delez un cep... lequel cep fu un pou broui ou ars ; *Lettres de grâce* de 1374 ; citées par du Cange, t. I, p. 789, col. 2.

Brouir ne se dit plus en français que des fruits ou des blés, qui sont brûlés par le soleil. Dans quelques localités on dit *Brouer*.

Brousette, s. f. (Orne) Mâche.

Bru, s. f. Nouvelle mariée ; *Brud* a la même signification en islandais. Il y a dans l'arrondissement de Pontaudemer une mare où s'est noyée une nouvelle mariée que l'on appelle *Brumare*.

Brichet, s. m. Estomac :

ce mot qui signifiait en vieux-français Creux de l'estomac vient sans doute du breton *Bruched*, dont la signification est la même.

BRUMAN, s. m. Nouveau marié; Homme de la *Bru*; en islandais *Brudman* signifie *Garçon de noces*.

BU, adj. Complètement ivre, Qui a beaucoup trop *bu*.

BU, s. m. Village ou plutôt habitation, de l'islandais *Bud*. C'est le même mot que le *Bi* qui se trouve à la fin d'une foule de noms de lieux en Angleterre, en Suède, en Danemark et même en France (*Colombi*). Il y a près de Copenhague un village de *Querkebi*, qui porte ainsi le même nom que *Carquebu* dans la Manche et *Criquebeuf* dans la Seine-Inférieure.

BUAN, s. m. Brouillard humide. Voyez BUÉE.

BUCAILLE, s. f. Bocage; l'origine est la même.

BUCHER, v. a. Frapper à grands coups, comme avec une *bûche*. *Bûcher* signifiait en vieux-français *Abattre du bois, Faire des bûches*.

Le suppliant estoit a ung bois, appelle le bois Chamaillant, situe pres de la ville de Nyort, ou il buschait et abattait du bois; *Lettres de grâce* de 1449, citées dans du Cange, t. I, p. 736, col. 1.

BUÉE, s. f. Lessive; ce mot qui a vieilli était usité en vieux-français.

Entendîmes un bruit strident et divers comme si fussent femmes lavant la buée; Rabelais, *Pantagruel*, l. v, ch. 34.

Peut-être le radical de ce mot signifiait-il eau (voyez BUAN; car on lit dans Villon :

La pluie nous a buez et lavez.
Œuvres, p. 94.

BUETTE, s. f. (arr. de Saint-Lo) Brandon, *Buchette*.

BUFFE, s. f. Soufflet; il avait à peu près le même sens en vieux-français.

Par eulx fu la mainte buffe donnee.
Et maint tatin.

Déposition du roi Richard II, dans l'*Archaeologia*, t. xx, p. 304.

Le français a conservé *rebuffade*.

BUHA, s. f. Petit vase en cuir ou en bois attaché à la ceinture des faucheurs où ils portent leur pierre à aiguiser; en islandais *Bu* signifie *Bœuf* et *Ha*, cuir. Souvent c'est simplement une *Corne* de bœuf et *Haus* signifie *Crane* en islandais. Dans quelques localités on dit *Buhot*. Ce mot est aussi employé en Lorraine suivant dom François, *Dictionnaire roman*, p. 51.

BUHOT, s. m. (arr. de Vire) Gros sabot couvert.

BUHOTTE, s. f. (Calvados) Petite limace des jardins.

BUNÉE, s. f. (arr. de Bayeux) Caprice, Emportement; en breton *Buanek* signifie Vif, Emporté.

BUOTTE, s. f. (arr. de Bayeux) Piège à taupes; *Buie* signifiait *Entraves, Lien* en vieux-français.

Ses prisons commanda garder
E es granz chartres devaler,
Metre en buies e en ancus.

BENOIS, *Chronique rimée*, l. II, v. 18966.

Voyez ABO.

Bur, s. m. Habitation ; de l'islandais *Bud* ou du latin *Burgus*. Voyez BURET. Il y a-vait à Noron, près de Bayeux, une ferme, appartenante aux rois de la première race qui s'appelait *Bur-le-roi*.

Buré, s. m. Mue des oiseaux; peut-être du vieux-latin *Bura*, Lessive, parce que les oiseaux quittent alors leurs plumes pour en prendre de plus pro-pres.

Buret, s. f. Porcherie. Pro-bablement de *Bud* Habitation; d'où le bas-latin *Burum*, le *Bure* vieil-anglais et le vieux-français *Buron*.

> Ou s'el a maison ne buron
> Je conseille que la soit mise.
>
> *Miracles de Sainte-Geneviève*, dans Jubinal, *Mystères inédits*, t. ii, p. 204, v. 1.

Il pourrait cependant venir de *Bu*, Troupeaux, Bestiaux, car cette signification est la plus fréquente; *Burium* dans la basse-latinité; *Buron*, Vacherie en patois auvergnat et *Byre* en écossais :

> The croonin'kie the byre drew nigh,
> The darger left his thrift.
>
> *Water Kelpie*, dans Scott, *Mins-trelsy of the scotch borderers*. t. iii, p. 389.

Burguer, v. a. Pousser, Heurter; le vieux-français pre-nait ce mot dans la même ac-ception. Lequel Thomas en ce disant burga et bouta tellement qu'il la fist choir a terre ; dans Carpentier, *Glossarii supple-mentum*, t. I, col. 652.

Dans la langue des trouba-dours *Burs* signifiait *Coup*. *Choc*. Voyez Raynouard, *Lexi-que roman*. t. II, p. 271.

Busoquer, v. n. Passer son temps à des riens; Agir comme une *buse*, Jouer avec des *bu-sots*. Voyez le mot suivant.

Busot, s. m. Poil *follet* des adolescents qui sont encore niais comme des *Buses* ; par analogie on donne le même nom aux plumes qui n'ont pas atteint tout leur développe-ment. On appelle aussi *Busots* les Brins de paille et les Riens dont s'occupent les *Buses*.

Busse, s. f. (Orne) Demi-pièce ; peut-être du bas-alle-mand *Bute* (*Busse*), amende : Porro si quis equum, domum, aream, seu rem aliam in forma judicii impetierit, et in causa defecerit, suo tenetur adversa-rio, quem frustra convenit, de-cem solidos nomine ejus, quod *Bute* vulgariter appellatur ; dans Ludewig, *Reliquiae ma-nuscriptorum*, t. XII, p. 322.

Butée, s. f. Montagne rapide qui oblige de *buter* au haut d'une côte. Voyez ce mot. Il y a sur la route de Cherbourg à Valognes une grosse pierre que l'on appelle *la pierre butée*.

Buter, v. n. Arrêter comme si l'on était au *but* ; en bas-la-tin *Butare*, comme l'italien *Buttare*, signifiait *Jeter quel-qu'un à terre*. Voyez BOTER. *Buter* se prend aussi dans un sens réfléchi et signifie alors *S'entêter dans son opinion; Ne pas vouloir s'en départir*.

Butillée (en) adv. En abon-dance, En masse, Plein un *bu-tillon*. Voyez ce mot.

Butillon, (Manche) s. m. Pa-nier haut et étroit, qui a la forme d'une *bouteille*, en bas-latin *Butiglionus*. Voyez du Cange.

t. 1, p. 741, col. 2. Le mot précédent fait croire que *Butillon* a été pris aussi dans le sens de *Butallus* : Item quod de circu-lis carriariarum, butallorum, tinarium et similium vasorum; dans du Cange, t. 1, p. 824, col. 1.

C

CAABANS, s. m. pl. Vêtements, ou plutôt Meubles; voyez CABAS. Nous ne connaissons ce mot que par un vieux proverbe :

Boudoirs (Baudors?) et caabans
Ne font pas riches gens.

Voyez le mot suivant.

CABAGETIS, s. m. (Orne) Vieux meubles, ou Vieilles hardes, jetés en monceau. Voyez CABOT et CABAS.

CABARET, s. m. (Orne) Avant-toit; c'est le sens qu'il avait d'abord en français : Icellui sergent entra de fait en un petit cabaret, que on dit la *lanterne*, par ou l'en va ou celier dudit hostel; *Lettres de grâce*, de 1394, dans du Cange, t. II, p. 9, col. 1.

CABAS, s. m. (Orne) Tromperie; le vieux-français le prenait dans la même acception :

Princes, thrones, cherubins, seraphins
. . . .
Sauvent le roy des machinations
De tous nuysans, plains d'envie et cabas.

JEAN JORET, *Jardrin salutaire*, st. XXIX.

Il signifie dans l'arrondissement de Bayeux un Meuble lourd et grossier.

CABASSER, v. a. Tromper; ce mot existait aussi en vieux-français :

Journellement chascun son cas pourchasse;
Noises y sont, on y trompe et cabasse.

PIERRE GRINGOIRE, *Menus propos.*

CABIER, s. m. (Orne) Chat.

CABIN, s. m. (Orne) Buffet; probablement le même mot que CABAS, ou une contraction du breton *Ka-nastel*, Buffet, et *Bian*, Petit.

CABLER, v. a. (arr. Bayeux) Fermer violemment une porte ou une fenêtre; il signifiait en vieux-français Casser, Détruire.

CABOT, s. m. Demi-boisseau; on donne à cause de sa forme le même nom à une petite meule de foin; c'est le mot grec καβος, Mesure.

CABOURE, s. f. (arr. de Bayeux) Maison en ruines; voyez du Cange, t. II, p. 7, col. 3.

CABOUSSA, s. f. (Orne) Soupe au babeurre.

CABRE, s. m. (Orne) Bruit; peut-être de l'islandais *Kapp* et *Karp*, querelle.

CABREUX, s. m. (arr. de Bayeux) Conducteur, Petit marchand de bétail; il se prend en mauvaise part et vient sans doute du latin *Caprarius*, Chévrier : les chèvres s'appelaient *Cabres* en vieux-français, et n'avaient qu'une faible valeur.

Cachard, s. m. (arr. de Cherbourg) Paresseux. *Kaka* signifie en islandais Toucher du bout des doigts.

Cacouard, s. m. (arr. de Bayeux) Frileux, Malade. Selon Roquefort, *Glossaire*, t. I, p. 200, *Cacou* serait un terme injurieux en Basse-Bretagne : si ce renseignement était exact, une origine grecque serait certaine ; ces deux mots viendraient de κακος *Qui a du mal* et *Méchant*. Dom François dit aussi dans son *Dictionnaire roman*, p. 56, qu'en Lorraine *Caco-zèle* signifie *zèle mauvais*, *indiscret*.

Cagnard, s. m. (arr. de Bayeux) Réchaud ; le vieux-français s'en servait dans le même sens :

Quand nous goussames les harens
Que nous trouvasmes au caignard.

Mystère des Actes des Apôtres,
l. III.

Cagnolle, s. f. Mort (Seine-Inférieure) :

Si t'en ay touché parolle,
Je veux bien que la froide Cagnolle
Me pisse rompre devant toy.

Muse normande, p. 34.

Nous savons par Varron que *Casnar* signifiait *Vieillard* dans la langue osque ; *De lingua latina*, l. VII, par. 29, éd. de Müller.

Cagné, s. m. (Orne) Paille de sarrazin.

Caignot, s. m. Petit enfant ; probablement de *Canis*, Chien, *Quénaut*, Petit chien ; quoique l'allemand *Kind* signifie *Enfant* et que *Kin* s'emploie comme diminutif. On dit aussi *Queniot* et *Quenaille*.

Caillé, adj. Taché de blanc et de noir ; *Kal* signifie *Tache* en islandais.

Caillou, s. m. (arr. de Caen) Noyau ; en islandais *Griot*, d'où est venu *Grès*, signifie *Caillou*; peut-être est-ce l'origine du nom des *Griottes*, Cerises dont le noyau est fort gros.

Caimander, v. a. Mendier, Quêter :

Quand Téléphe et Pelé, bannis et caimandans,
S'efforcent d'émouvoir le cœur des regardans.

VAUQUELIN DE LA FRESNAYE, *Art poétique.*

Il a le même sens dans le patois du Berry.

Calard, adj. (arr. de Caen) Poltron, de l'islandais *Kalinn*, Malade, Engourdi de froid : ou plutôt de *Caler*. Voyez ce mot.

Calé, adj. Solide, Riche, Bien établi, du latin *Calere*.

Calée, s. f. (arr. de Valognes) Multitude, Grand nombre ; *Calare* signifiait en latin *Appeler*, *Réunir*.

Calenger, v. a. et n. Marchander, Retenir quelque chose dans un marché ; probablement c'est une extension du sens que lui donnait le vieux-français *Disputer*, *Contredire* :

La preie volonz prendre et la terre tendron ;
Se Français la calengent, nos nos i cumbatron.

Roman de Rou, v. 1237.

Calengia signifiait en bas latin *Réclamation* : Omni reclamatione seu calengia . . . .

omnino remota ; *Charte de* 1238, citée par Miracus, t. I, p. 421.

CALER, v. n. Céder, Faiblir, Fuir ; il existait en vieux-français :

Cette superbe vertu eust elle calé au plus fort de sa montre? Montaigne, *Essais*, liv. III, ch. 12.

C'est une expression probablement empruntée à la marine, où elle s'est conservée :

Hoec sunt lor veiles calees,
E la unt lor ancres getees.
BENOIS, l. II, v. 15692.

Saint Isidore disait déjà *Originum* l. IV, ch. 14, sect. 4 : Apud nautas *calare* ponere dicitur. *Caler* vient sans doute du grec χαλαν. Il a le même sens dans le patois de Rennes et du Berry, et l'on trouve aussi en italien *Calare*, en espagnol *Callar*, en provençal, en catalan et en portugais *Calar*.

CALESENIER, s. m. Fainéant, Homme qui achète des bestiaux pour les revendre. Ce mot signifiait primitivement un homme qui se faisait traîner en voiture (*Calesia*), au lieu de marcher à pied : Vehiculis depositis et calesibus abdicatis, gressu libero, etc.; *Acta Sanctorum*, Septembre, t. I, p. 771, col. 1.

CALIBARAUD, adj. (Eure) A moitié ivre.

CALIBAUDÉE, s. f. Grand feu clair. *Charibaudée*. dans le Nivernais et le Berry.

CALIBORGNETTES, s. f. pl. (arr. de Valognes) Lunettes.

CALIBERDA, adv. (Orne) Les jambes ouvertes. A califourchon.

CALIMACHON, s. m. Limace; on dit aussi COLIMACHON.

CALIN, adj. Caressant ; il ne se prend en français, qu'en mauvaise part.

CALIN, s. m. Eclair de chaleur, *Chaline* en vieux-français :

Ainz que l'soleiz deust espandre
Ses rais d'amunt e sa chaline.
BENOIS, *Chronique rimée*, l. II,
v. 19245.

Dans l'arrondissement de Valognes on dit CALUN.

CALO, s. m. (arr. de Vire) Fortune. Voyez CALÉ.

CALOBRE, s. m. (arr. de Bayeux) Houppelande de drap grossier; selon Roquefort, t. I, p. 205, *Calobe* signifiait en vieux - français un vêtement long sans manches.

CALOT, s. m. Ecorce du grain de sarrazin ou de colza; c'est une apocope d'*Ecalot*, Petite écale; en vieil-allemand *Scal*.

CALOTTE, s. f. Coup sur le haut de la tête, où se portent les *Calottes* : ce mot s'emploie en rouchi dans la même acception.

CALUCHOT, s. m. (Orne) Mauvais bonnet de nuit qui tombe sur les yeux et empêche d'y voir ; *Calu* signifiait en vieux-français une *Vue courte et basse*.

CALVET, s. m. (arr. de Valognes) Haut de la tête, où l'on devient Chauve (*Calvus*).

CAM, pr. Voyez ACAM.

CAMBOT, s. m. Marmot.

CAMBOTTE, s. f. (Orne) Espèce de panier où les chevaux portent le fumier.

CAMIOLÉE, s. f. Charretée; ce que peut contenir un *Camion*.

Camjous, s. m. Enfant qui ne croît pas ; il viendrait de l'allemand si l'on s'en rapportait à l'*Histoire des imaginations de M. Oufle :* Les enfants *Membes*, que Guillaume de Paris appelle *Champis* et les Allemands *Cambions*, sont criards ; ils épuisent cinq nourrices ; ils sont fort pesants et fort maigres ; Luther en ses Colloques règle leur âge à sept ans ; t. II, p. 37 : mais *Cambions* n'appartient pas à l'allemand usuel.

Campagne, s. f. (arr. de Valognes) Plaine. *la Campagne de Saint-Floxel* ; il vient sans doute du breton *Kompezen* dont la signification est la même, car *Kompez* signifie *Uni*.

Canehotte, s. f. (arr. de Valognes) Oie sauvage.

Canette, s. f. (Orne) Petite bille de marbre.

Cani, adj. (arr. de Caen) Moisi, à cause de la couleur blanchâtre de la moisissure ; *Canus* était devenu aussi en vieux-français *Canu* et *Chienne* (*Canes* selon Roquefort, t. I, p. 208, col. 1) :

Et fu entremellez de chiennes, si que le blanc passoit le noir ; *Roman des sept sages de Rome*, **B. R.** ms. n° 7974.

On se sert encore, surtout en vers, de *Chenu*.

Canibotte, s. f. Tige de chanvre, *Cannabis* en latin ; on dit aussi CANNEBOTTE.

Canne, s. f. Cruche ; probablement de l'islandais *Kanna*, quoiqu'on trouve dans Juvénal. sat. v, v. 88 :

Illud enim vestris datur alveolis quod Canna Micipsarum prora subvexit acuta.

mais les interprètes sont loin de s'entendre sur le sens de *Canna*. Le français a conservé le diminutif *Cannette* et le peuple de presque toutes les provinces en a fait *Canon*.

Cannée, s. f. Ce que peut contenir une *canne*.

Cannepetière, s. f. (arr. de Valognes) Canne creuse dont les enfants se servent pour lancer bruyamment des balles de filasse ; dans l'arrondissement de Bayeux on dit *Cannepetoure*.

Cant, (de) adv. De côté ; sans doute il vient de l'islandais *Kant* L'adoucissement de la prononciation et les caprices de l'orthographe ont beaucoup éloigné le français *Champ* de son radical ; mais le vieux *Cantel*, *Chantel* s'en rapprochait bien davantage :

Et fiert le roi en l'escu en cantel,
Chevalerie Ogier, v. 9015.

En rouchi *Can* signifie le côté étroit d'un objet quelconque.

Canter, v. a. Pencher, Mettre de côté, de *champ*. Le vieux-français disait *Aschanteler* :

L'espiez au cote li frie ;
Un poi la char li a blesmie,
Hurte l'a bien, si l'aschantele ;
Tot le remue de la sele.
Partonopeus de Blois.

Cantet, s. f. Pain entamé ; *Chanteau* en patois vendéen et *Chantiau* dans celui du Berry. Voyez CHANTEAU.

Caper, v. pr. (arr. de Valognes) Se renfrogner, Se cacher la tête comme sous une *Cape*.

Capine cauche, adv. Marcher à (arr. de Caen), Marcher sans faire de bruit, sur des souliers de peau de chèvre (*Capina*) dont on faisait les plus légères chaussures ; de là la signification de *Chapin* dans ce vers de Villon :

Aller sans chausse et sans chapin

où Borel a cru qu'il était question d'un *chapeau*.

CAPON, adj. Lâche, Poltron ; les *Chapons* fuient au lieu de se battre, et on les appelait autrefois *Capons* :

Lor capons cras ont al fu mis
Et puis si ont al vin tramis.
  MOUSKES, *Chronique rimée*, v. 19853.

CAPONNER, v. n. Refuser de se battre, Agir comme un *Capon*. Voyez ce mot.

CAPUCHER, v. a. Frapper violemment; c'est l'islandais *Keppa* dont le vieux-français adoucissait la prononciation :

Une hachette leenz ot
Dont il chapuisoit à la foiz.
  MÉON, *Nouveaux Fabliaux*, t. II, p. 383.

CAQUEUX, s. m. (arr. de Bayeux) Mauvais couteau qui sert à ouvrir les huîtres. *Kaka* signifie en islandais *Toucher sans précaution*; mais peut-être le mot de *Caqueux* vient-il de ce qu'il sert à vider le poisson que l'on met dans la *Caque*.

CARABAS, s. m. (arr. de Bayeux) Voiture aussi lourde que les anciennes machines de guerre, en bas-latin *Carabaga* :

Fecit orificio fossarum approximare.... carabagas qui jaciebant lapides magnos; dans Martenne, *Thesaurus anecdotorum*, t. II, col. 770.

CARAFON, s. m. (arr. de Bayeux) Bonnet à poil, et Béret pour les enfants, qui couvrent la figure, *Cara* dans la basse-latinité :

Postquam venere verendam
Caesaris ante caram.
  CORIPPUS, l. II.

Le rouchi dit *Carabène*; il ne serait pas impossible que ce fût une corruption de *Charabanc*.

CARAS, s. m. Il n'est usité que dans la phrase *Bâti comme un grand Caras*, et *Charagus* signifiait dans la latinité du moyen-âge un *Sorcier*.

Si qui viri ac mulieres divinatores, quos dicunt esse charagios atque sorticularios; *Concile de Narbonne* de 598, can. 14.

On dit encore maintenant *Bâti comme un sorcier*.

CARCAN, s. m. Personne méchante, Mauvaise jument ; c'est une expression métaphorique. Le *Carcan* tient le patient à la gorge sans qu'il puisse s'en débarrasser. *Croix* s'emploie en français par une figure analogue.

CARE, s. f. (arr. de Saint-Lô) Buche, Bloc, Morceau *carré* de bois ; on appelle en Dauphiné *Charin* un arbre qui ne vient pas bien et n'est bon qu'à brûler.

CARÊME-PRENANT, s. m. Galette frite, faite de farine de froment, que l'on mange dans les réjouissances du carnaval. On appelait en vieux-français le mardi-gras *jour de caresme-prenant*. Demi veel. viij. sols. jour de caresme - prenant ; *Compte de l'Hôtel-Dieu d'Evreux* de l'année 1370.

Cari, s. m. (arr. de Saint-Lo) Haridelle, Cheval qui n'est que de la chair (*caro*); *Carée* a la même signification dans le Berry. Voyez CARNE, et CAROU.

CARIMALLOT, s. m. (arr. de Vire et de Bayeux) Charivari : *Caramara* est le nom que l'on donne en rouchi aux masques.

CARME, s. m. Vers, du latin *Carmen*; ce mot qui se trouve dans les Vaux-de-Vire (p. 149 de l'édition de M. Travers), aurait par conséquent existé dans le patois normand si le foulon Olivier Basselin n'était pas le pseudonyme de l'avocat Jean Le Houx.

CARNE, s. f. Cheval sans énergie et sans vie; le N entrait dans toutes les flexions de *Caro*; on dit ailleurs *Carou* et le vieux-français employait *Charnier* dans une acception analogue.

Il ne sot tant son cheval esforcier,
Ne le passast uns roncins charnier.

Raoul de Cambray, p. 133, v. 4.

Caro signifiait aussi quelquefois un animal dans la basse-latinité. Voyez du Cange, t. II, p. 192, col. 3.

CAROU, s. m. Corps sans âme, terme de mépris.

CARPELEUSE (CHAPELEUSE), s. f. Chenille, littéralement *chair velue* ; en anglais *Caterpillar*.

CARRABIN, s. m. (arr. de Vire) Blé noir, Sarrasin; c'est probablement un jeu de mots. A Valognes *Sarrasin* signifie un mauvais sujet, sans foi ni loi.

CARRÉ, s. f. Coin, Angle, Malgré le latin *Quadratus*, ce mot vient probablement du celtique, car il se trouve dans

presque tous les patois et le breton *Ker* signifie *Arrête, Angle vif des pierres et des bois équarris*.

L'autre contava de Lavina,
Como fes lo breu ab cairel traire
A la gaita del ausor caire.

 Roman de Flamenca, dans RAYNOUARD, *Lexique roman*, t. I, p. 9.

Luyt ungs charbouche, merveillable
Sur toutes merveilleuses pierres,
Trestout rayant a quatre quierres.

 Roman de la Rose, v. 21340.

On disait aussi *Coron* :

De cordoan prist une pel;
Si l'a mise soz sun mantel;
L'un des corons laist defors pendre.

 MARIE DE FRANCE, *Fable* XLVIII.

Dans le patois du Jura *Se carrer* signifie *Se ranger*, *Se mettre de côté*.

CARRELET, s. m. (arr. de Vire) Feuillet, Petit *carré* de papier.

CARROSSE, (arr. de Caen) Stalle pour laver. Voyez BINGOT.

CARRUÉE, s. f. (arr. de Pont-Audemer) La terre qu'une *charrue* peut labourer en un jour ; *Carrucata* avait le même sens dans la basse-latinité.

CARSOGNE, s. f. Demi-boisseau; en basse-latinité *Cartagium* et en patois champenois *Cartel*.

CARTE, s. f. (arr. de Vire) Pinte : la *quatrième* partie du pot : le bas-latin *Carta* avait la même origine.

CAS, s. m. Avoir, Chose.

Riche avare est peu de cas.

 Vaux-de-Vire, p. 47, éd. de M. Dubois.

Probablement ce mot vient de *Casus*: le peuple était si pauvre, qu'il ne possédait que par *hasard*. Le bas-latin *Casus*, portion de la dot qui appartenait au mari en cas de survie ; le vieux-français *Echette* et le français *Casuel* se rattachent à la même idée : le patois normand prend aussi *butin* dans le sens d'*avoir*. *Cas* se trouve avec la même acception dans le patois du Berry.

Casse, s. f. (Orne, et arr. de Falaise) Léchefrite. *Cassa* signifiait en basse-latinité une *Casserole*, et cette extension de signification était trop naturelle pour n'avoir pas lieu ; on la trouve à Rennes, dans la Vendée et dans l'Anjou.

Cassetier, s. m. Étui ; dérivé comme *Cassette* du bas-latin *Cassetilla* ou de l'islandais *Kassi* ; on dit *Casseau* dans l'Orne.

Castara, s. m. (arr. de Bayeux) Homme bizarre, ailleurs Ivre ; sans doute il signifiait d'abord Querelleur. Voyez le mot suivant.

Castille, s. f. Querelle, Dispute ; ce mot qui ne s'emploie plus guères en français, était autrefois fort usité :

Si fut le siege mis et cloz
De tous costez d'icelle ville
Ou les Anglois furent encloz,
Et a toute heure avoient castille.

    Martial d'Auvergne, *Vigiles de Charles VII.*

Castilles, s. f. pl. Petites groseilles, *Kastilez* en breton ; peut-être sont-elles venues d'Espagne.

Castis ou plutôt **Catis**, adj. (arr. de Saint-Lo) Calin ; de *Chat*, qui se prononce *Cat*, comme le vieux-français *Catas* et *Cateux*, Fourbe, Rusé.

Casuel, adj. Fragile, Qui peut se briser.

Catau, s. f. Fille méchante, Catin ; syncope de *Catherine* qui a fini par se prendre en mauvaise part, comme presque tous les noms de femme.

Cataud, adj. (Orne et arr de Valognes) Faux, Sournois, on dit aussi *Catas*, comme en vieux-français. Voyez castis.

Catéfust, s. m. (arr. de Vire) Sourricière, probablement *Chat en bois*.

Catigner, v. a. (Orne) Serrer dans un endroit étroit ; *Catin*, de *Catinus*, signifiait en vieux-français un Petit plat, et *Catir* de *Quatere*, Presser.

Catiner, v. a. (arr. de Bayeux) Câliner, Flatter comme une *Catin*.

Catons (à) adv. A quattre pattes comme un *Chat*.

Catune, s. f. (arr. de Bayeux) Sourcil.

Catuner, v. r. Froncer le sourcil, Baisser la tête, Etre de mauvaise humeur comme un *Chat* ; à Valognes on dit *Catonner*.

Caucher, v. a. Chauler, Mélanger le froment avec de la *Chaux* avant de le semer, pour empêcher les insectes de l'attaquer. Il se dit aussi du mâle qui couvre sa femelle, et vient alors du latin *Calcare*, Presser ; ainsi que le prouve ce passage d'un document de 1437, cité par Roquefort, *Supplément*, p. 65 :

Et aveucq les dites quattre couppes de farine comblees a le couppe au tercheul, doit encoire avoir demi-boistel de farine sans caucquier.

On a voulu le faire venir de *Coq*, mais Olivier de Serres écrit *Chaucher* dans son *Théâtre d'Agriculture*, et Ronsard a dit dans ses *Joyeusetés* :

Pour mieux te jaucher un petit.

Cauches, s. f. pl. Bas ; de *Chausser*, en patois normand *Cauchier*. Quoique ce mot ait conservé son sens primitif dans *Haut de chausse*, le français lui a donné la signification de *Culottes* ; on trouve déjà dans le *Brut*, v. 7445 :

Qu'en lor cauces cotiax portaissent.

Cauchin, s. m. (arr. de Bayeux) Sorte de sable, Décombres que l'on emploie à réparer les *Chaussées*.

Caudelée, s. f. Lait caillé et aigri que l'on conserve pour l'hiver ; du bas-latin *Calidum*. Voyez la Vision de Wetinus dans Mabillon, *Acta sanctorum Ordinis sancti Benedicti*, siècle IV, part. I, p. 293.

Caudiot, s. m. Feu de joie, du latin *Gaudium*, Joie.

Caumomi, adj. Flétri, Desséché comme du *Chaume*.

Caut, adj. Adroit, Rusé :

J'ai perdu ceste occasion
Plusieurs fois d'une humeur peu
      caute ;
Mais ores puisque c'est du bon
Je ne feray plus telle faute.

  Vaux-de-Vire, p. 86 , éd. de
   M. Travers.

Il vient du latin *Cautus* et s'employait aussi en vieux-français :

  Il est caut larron
  Qui dérobe a un larron.

  Proverbes communs, réimpres-
   sion de M. Silvestre.

Nous avons conservé *Caute-*
leux qui a la même origine.

Cautelle , s. f. Ruse , Adresse :

Les pelerins deffent de la cautelle
Des ennemys qui leur font dure of-
      fense.

  Jean Joret , *Jardrin salutaire*,
   st. XXVI.

Cauton, s. m. Tige principale d'une plante, du latin *Caulis*, Tige.

Cauvet, adj. Espiègle ; dans la basse-latinité *Calrus* signifiait *Rusé*. Voyez du Cange, t. II, p. 39, col. 2.

Cauvette, s. m. Petite corneille, Choucas ; *Kauve* en vieux-français :

D'un vilein dist qui norrisseit
Une kauwe que mult ameit.

  Marie de France, *Fable* XLVIII.

On l'appelle en breton *Kavan*.

Cavel, s. m. Dévidoir ; en vieux-français *Cavelle* signifiait une *Cheville*.

Caver, v. a. Chercher.

Cavin, s. m. Fossé, de *Cavus*, Creux, comme le français *Cavée*.

Cénas, s. m. (Orne) Lit.

Cenelle, s. f. Fruit de l'aubépine ; on lui donnait le même sens en vieux-français :

Et vivent comme sauvechine
De la glant et de la faine,
De cel fruit que porte boscages,
De poires, de prunes sauvages ;
Meures manguent et ceneles.

  Chrestiens de Troyes, *du roi
   Guillaume d'Engleterre.*

Ce mot a la même signification dans le patois de Berry ; voyez Boreau, *Flore du Centre*, 442.

Cépiau , s. m. Serrure, Obstacle qui empêche d'ouvrir une porte : du bas-latin *Cepus*, Entraves; peut-être même avait-il déjà la signification que lui a donnée le patois normand, car on lit dans un compte de la fin du XIV° siècle, cité dans du Cange, t. II, p. 285, col. 21 : *Pro facione dictarum portarum, quorumdam ceporum.*

CÉTRES, s. m. pl. Gestes.

CHABERNAL, adj. Négligent. Qui fait mal ce qu'il fait. Voyez le mot suivant.

CHABERNAU, s. m. (arr. de Valognes) Savetier, peut-être du latin *Faber malus*, Mauvais ouvrier.

CHACOULER, v. n. Parler bas; peut-être une corruption euphonique de l'anglais *Chowter*.

CHAILLER, v. imp. Importer.

Ne nous chaille que couste.

    Vaux de Vire, p. 74, éd. de
    M. Travers.

On disait *Chault* en vieux-français :

Il ne chault a plusieurs qui tiegne la seigneurie, mais qu'ils soient prochains des proufflitz; Alain Chartier, *OEuvres*, p. 425.

CHAIRE, s. f. Chaise du latin *Cathedra :* le vieux-français était encore resté plus fidèle à l'étymologie :

Cum il vit la chaere, icele part se a-
                procet;
Li emperere s'asist, un petit se repo-
                set.

    Voyage de Charlemagne, v. 119.

CHALETTE, s. f. (arr. de Valognes) Pantouffle.

CHALIT, s. m. Bois de lit, *Chasse du lit;* le patois purin dit *Qualit :*

A men qualit falut prendre men'erre.

    Muse normande, p. 15.

Ce mot n'est guère employé en français : le patois de la Vendée l'a conservé.

CHALUMIN, s. m. (Orne) Petit couteau d'enfant. Voyez ALUMELLE.

CHALUT, s. m. (arr. de Bayeux) Espèce de filet.

CHAMPELURE, s. f. Canelle de tonneau; c'est une corruption de *Chante-pleure*, qui se trouve aussi dans le patois du Berry.

CHAMPEIÈRE, s. f. Sillon transversal qui termine un *Champ*.

CHANCE, s. f. Fortune; Shaksper l'emploie en anglais dans le même sens; il se dit en français de tout événement fortuit, heureux ou malheureux, quoique *Chanceux* ne se prenne qu'en bonne part. Le vieux-français *Mecheance, Mechies*, conservé dans l'anglais *Mischief*, avait été formé de la même manière. En gallois *Hab* signifie Chance, et *Hapus*, Heureux.

CHANIR, v. n. Chancir; du latin *Canescere*, Blanchir; voyez CANI : le patois du Berry, dit aussi *Chanir*.

CHANTEAU, s. m. Entamure, Morceau d'un grand pain; c'est le même mot que *Cantet*, dont la signification s'est modifiée dans quelques localités. *Canteau* en vieux-français signifiait Coin, Petite partie, et l'on a formé le français actuel *Échantillon*.

CHAOLORE, s. f. (arr. de Cherbourg) Fainéante, Paresseuse; du bas-latin *Cheolare*, Jouer à la choule, espèce de jeu qui ne convient qu'aux hommes : voyez CHOULER.

CHAPE, s. f. Morceau de cuir, placé entre le manche du fléau et la verge, qui les enveloppe tous les deux, comme une *Chape*.

CHAPER, v. n. Se promener en allant et venant comme les *Chapiers*.

CHAPIN (à), loc. adv. (arr. de Valognes) Nous ne la connaissons que dans la phrase *Aller à chapin*, Marcher sans faire de bruit, avec des souliers de peau de chèvre, et par suite pieds nus; voyez CAPINE CAUCHE.

CHARAIES, s. f. pl. Bagatelles puériles :

Car ce ne sont pas charaies
et je vos dis.... que vos sereiz
gariz de diverses maladies :
Rutebeuf, *Diz de l'erberié*, t.
I, p. 259.

CHARBONNETTE, s. f. Braise qu'on retire du four, Petit *Charbon*.

CHARÉE, s. f. Femme de mauvaise vie; voyez CARI et CARNE.

CHARER, v. n. (arr. de Cherbourg) Jaser, Causer; *Charlar* a la même signification en espagnol.

CHAS, s. m. (arr. de Valognes) Bouillon, le seul liquide que l'on bût *Chaud* ; la même idée a donné cette signification en espagnol et en catalan à *Caldo*, et on lit dans le *Paternoster de l'usurier* :

Ma béjasse me tient por fos ;
Ele me fait autel pot de chos
Con si j'avoie grand mainie.

 Dans Jubinal, *Rapport au Ministre de l'Instruction publique*, p. 34.

On appelait *Chaudeau* un bouillon que l'on donne aux mariés le matin du lendemain de leurs noces.

CHASSE, s. f. Pièce de terre fermée par une clôture; sans doute il ne se disait autrefois que des champs réservés pour la *chasse*, et l'on a fini par le dire également de tous les autres. Il signifie aussi un Petit chemin. Voyez le mot suivant.

CHASSER, v. n. Aller, Marcher; c'est probablement une métaphore tirée de la *chasse*, puisque *Chasse* et *Venelle (venari)* signifient également un *petit chemin*. Cependant on lit dans le *Songe d'enfer* de Raoul de Houdaing :

Par devant Cruaute tendras
Droit a Cope-Gorge ta voie,
Et d'ilueques si te ravoie
Avant, et saches sans abet.

 Dans JUBINAL, *Mystères inédits*, t. II, p. 394.

Il ne serait pas ainsi impossible que le normand *Chasser*, *Cachier*, fût une corruption du vieux-français *Sachier*, tirer. On dit encore en patois *Tirer tout dreit*, et on lit quelques vers plus bas dans la pièce que nous citions tout-à-l'heure :

Quiconques veut, en enfer vait:
Nus en nul tenz leenz ne trait
Que ja porte li soit fermee.

 Ibidem, p. 395.

L'expression *Voler à tire d'aile* s'est conservée en français.

CHATEL, s. m. Biens mobiliers ; sa signification était la même en vieux-français. Se aucuns est qui n'ait point d'eritage et il pramet a sa fame or ou argent en doere, quant vendra a la mort a l'omme, li docres soit pris del commun cha-tel ; *Etablissements de Normandie*, p. 7 , éd. de M. Marnier. En breton *Chatal* signifie *bétail*, troupeau ; les seules valeurs mobilières que l'on ait connues pendant long-temps. Le français *Cheptel* a conservé la même signification.

CHATELET, s. m. (Orne) Dévidoir, probablement à cause de sa forme qui ressemble à une petite tour.

CHATOURNE, s. f. Soufflet assez fort pour faire *tourner* la tête. Voyez TORNIOLE.

CHAUBERT , s. m. (Orne) Rhume.

CHAUDET, s. m. (Orne) Lit, parce qu'il y fait *chaud*.

CHANDIN, s. m. (Orne) Entrailles de cochon ; *chaudun* en vieux-français ; parce qu'on ne les mange que *chaudes* ou qu'on les *échaude* avant de les faire cuire.

CHAULE, s. f. (arr. de Bayeux) Vogue, Réputation.

CHAULER , v. n. Il se dit du blé qui a jauni avant d'avoir atteint tout son développement, que le soleil a trop *chauffé* ; on dit aussi ÉCHAULER.

CHAUVIR, v. n. Avoir l'air sournois; du bas-latin *Calvere*, tromper.

CHENOLLE, s. f. Nuque, Chignon; on dit aussi CHIGNOLLE.

CHENU, adj. Excellent, Fort, Solide, Riche ; cette signification si différente du français se trouve aussi dans le patois du Berry; en breton *Kann* signifie *brillant*.

CHER, s. m.(arr. de Bayeux) Paquet de chanvre ou de lin non roui, du bas-latin *Cherium*

dont la signification était la même.

CHÈRE , s. f. Visage ; il était très-employé en vieux-français et s'est conservé dans cette phrase familière : *Il ne sait quelle chère lui faire* ; et peut-être dans *Contrecarrer* ; il vient du latin *Caro* ou du grec Καρη.

CHERET , s. m. Rouet.

Pauvre cheret, qui dans des temps heureux
Filois mes amours et ma laine,
Je te délaisse, un destin rigoureux
A rompu ta corde et ma chaîne.

LALLEMAN, *Le Rendez-vous du départ*, act. 1, sc. 2.

Le vieux-français disait *Charret* suivant Dom François, *Dictionnaire roman*, p. 65 ; en breton *Kerr* a la même signification.

CHÉTRIN , s. m. Être rachitique ; peut-être de *Chétif*, quoique *Chero* ait la même signification dans le patois du Berry.

CHEVIR, v. n. Venir à bout; Mener à terme, à *chef* :

Cuides-vous pour dire et glatir,
Qu'on chevisse de pates-ouaintes.

Farce des Pates-Ouaintes, p. 12.

Il avait le même sens en vieux-français :

On ne peut chastier les yeulx
N'en chevir, quoy que l'en leur dyc.
Poésies de Charles d'Orléans, p. 384.

CHÈVRE, s. f. *Chevalet* pour supporter du linge mouillé; l'idée est la même.

CHIBOLLER , v. a. Déranger, Porter sans précaution ; dans le patois des Vorges *Quibauler* signifie *renverser*. Voyez DÉCHIBOLLER et TRIBOLLER.

Chibot, s. m. Espèce d'oignon; *Ciboule*. On trouve déjà dans *The vision of Piers Ploughman*, v. 4389, éd. de M. Wright :

> Chibolles and chervelles
> And ripes chiries manye.

Chico, adj. Il n'est employé qu'avec *blé* ; le Blé chico est plus petit que l'autre ; il est ainsi très-possible qu'il ait été importé d'Espagne où *Chico* signifie *petit*. Le français *Chiquet* a probablement la même origine.

Chicon, s m. Guignon.

Chieuret, s. m. Mauvais sujet.

Chiez, s. m. (arr. d'Avranches) Fléau.

Chiffon, s. m. Gros morceau de pain ; ce mot se trouve aussi dans le patois de Rennes : on dit en rouchi *Chippe*, *Chiquet*, et dans le patois lorrain *Cugnon*.

Chignole, s. f. (arr. de Valognes) Manivelle ; à Bayeux il signifie un Mauvais couteau.

Chimes, s. f. pl. (arr. de Bayeux) Rejetons de choux ; en vieux-français *Chimenée* signifiait une *Touffe d'arbres*. Voyez Roquefort, *Glossaire*, t. I, p. 255.

Chinchoux, adj. Médiocre, Passable ; en vieux-français *Chinche* signifiait *Hideux*, *Désagréable*.

Chingre, adj. Qui donne peu et avec peine. Voyez PIN-GRE.

Chinture-saint-Martin, s. f. Arc-en-ciel ; plusieurs autres langues le rattachent également à saint Martin ; c'est *Arc-san-Marti* en provençal, *Arc de sant Marti* en catalan et *Arco de san Martin* en espagnol.

Chipautet, s. m. (arr. de Bayeux) Soufflet ; il signifie aussi un Sac à tabac.

Chîper, v. a. Prendre, Confisquer à son profit ; de l'islandais *Kippa*, Voler, Dérober. Les habitudes pillardes des anciens Scandinaves expliquent pourquoi, malgré l'identité de la signification, ce mot ne réveille aucune des idées honteuses qui s'attachent au vol.

Chipie, s. f. Femme acariâtre.

Chipoter, v. n. Marchander ; probablement du saxon *Cyppan*, devenu en vieil-anglais *Chepen* (voyez *The vision of Piers Ploughman*, v. 9648), et en anglais moderne *Cheapen*. Comme en marchandant on passe souvent d'un objet à un autre, *Chipoter* a pris la signification de *Toucher à tout*. Le sens que lui donne le français, *Faire peu à peu*, *lentement*, *Vétiller*, s'éloigne encore plus de la signification primitive.

Chipotier, s. m. Qui touche à tout ; *Chipoton* dans le patois du Berry. Voyez le mot précédent.

Chipper, v. n. Pousser une cépée, que l'on appelle *Chippée* en Normandie.

Chique, s. f. Chiffon ; le français *Déchicqueter* a le même radical. Dans l'arr. de Saint-Lo *Chique* signifie aussi un coup au visage ; c'est sans doute une abréviation de *Chiquenaude*. Dans l'arr. de Caen une *chique* est une chose difficile à mâcher; une *Chique de jus noir :* il ne se dit en français que du tabac.

CHIQUER, v. a. et n. Manger; il ne signifie plus en français que *Mâcher du tabac.*

CHIQUETAILLER, v. a. Couper sans intelligence, Déchiqueter, *Tailler des chiques.* On dit aussi *Chigailler.*

CHLÉ, adj. (arr. de Vire) Mou.

CHOAINE, s. m. (Manche) Pain blanc, Gâteau, et par extension Une bonne chose quelconque : *Il a mangé son choaine le premier* est une locution populaire fort usitée. Probablement ce mot ne vient point de *Canus* blanc, ainsi que le croyait Roquefort; mais de *Canonicus,* comme le prétend Ménage : c'était du *Pain de chanoine;* au moins *Cler-matyn* avait la même signification en vieil-anglais :

Ne no beggere ete breed
That benes inne were,
But of coket and cler-matyn
Or ellis of clene whete.
Vision of Piers Ploughman, v. 4407, éd. de M. Wright.

Une origine celtique n'est pas non plus impossible : en breton *Choanen* signifie Pain blanc, léger.

CHÔLER, v. n. Tourner; en vieux-français *Chol* signifiait une Boule.

CHON, s. m. Grande cuillère de bois.

CHONCHONNER, v. n. Faire ensemble; peut-être du latin *Cum,* Avec.

CHOPE, s. f. Conversation; en anglais *To chop* signifie *Disputer.*

CHOQUER, v. n. Trinquer, *Choquer* les verres ; il a la même signification dans le patois du Nivernais.

CHOQUET, s. m. Pot en étain; *Coket* signifiait en vieil-anglais un *Vase servant de mesure,* et le bas-latin donnait le même sens à *Coketa.*

CHÔRER, v. n. Marcher lentement, Couver une maladie, Se promener pour voler ; *Korra* signifie en islandais Respirer difficilement.

CHOUINE, s. f. Terme du jeu de briske, qui signifie que l'on a dans la main l'as, le roi, la dame, le valet et le dix d'atout.

CHOÛLER, v. a. Provoquer. Il signifiait en vieux-français *Jouer à la choule;* mais comme ce jeu consistait à se renvoyer une boule de bois avec une raquette, il a fini par se prendre dans le même sens que *Renvoyer la balle.*

CHOUMAQUE, s. m. (Orne) Cordonnier ; c'est le nom anglais *Shoesmaker* ou l'allemand *Shuhmacher.* Comme le cuir de Cordoue était le meilleur, les ouvriers ont prétendu ne travailler qu'avec du *Cordouan* et le nom de *Cordonnier* s'est substitué à l'autre :

Et de soulers de cordouan.
GUIART, *Branche des royaux lignages,* t. I, p. 136.

CHOUPE, s. f. (Orne) *Houppe* d'un bonnet ; *Huppe* d'un oiseau.

CHOUQUARD, adj. Entêté comme une *souche.* Voyez le mot suivant : on dit encore *Entêté comme un morceau de bois.*

CHOUQUE, s. f. Grosse racine,

Souche ; dans quelques localités on dit *Chuque.*

CHÙE , s. f. Ciguë ; *Vert comme chûe* est une locution fort usitée.

CHUNTRE, s. m. Sentier.

CHURET , s. m. (arr. de Valognes) Gredin. Voyez CHIEURET.

CHOUTRIN, s. m. (Orne) Mauvais lit ; il signifie une Petite maison dans le patois du Berry.

CIGNOGNE , s. f. (arr. de Bayeux) Mélange de son et d'orties hachées.

CLACASSE , s. f. Piquette , Mauvaise boisson.

CLAIRE-VAIE , s. f. (arr. de Valognes) Garde-fou en pierres de taille découpées à jour , sur une galerie; *Claie-voie* en Lorraine, suivant Dom François , *Dictionnaire roman .* p. 71.

CLAMPIN , adj. Négligent , *Lambin.*

CLANCHE , s. f. Loquet ; de l'islandais *Klinka* dont la signification est la même.

CLAPUCE , s. m. Mauvais cidre.

CLAQUARD , adj. Babillard ; Qui fait du bruit comme un *claquet.* Ce mot signifie aussi une Grive très-bruyante et une Espèce de crabe.

CLAQUET , s. m. Digitale pourprée, dont les enfants s'amusent à faire *claquer* les fleurs.

CLAVETTE , s. f. Espèce de vérou ; de *Clavus* clou ou de *Clavis* clef. On appelait *Clavette* en vieux-français une fiche de fer qui servait à fermer les contrevents.

CLAVETTE , adj. Bavard : en rouchi *Clipet* signifie *babil.*

CLAVIOT , s. m. Baton avec lequel on tourne le moulinet d'une charrette pour serrer ce qu'elle contient avec des cordes : de *Clavis* clef. En provençal *Clavar* signifiait *Fermer* , *Enfermer*, et le français a encore *Enclaver.*

CLIAIS , s. m. (arr. de Saint-Lo) Fléau ; *Clas* a la même signification dans le patois du Berry.

CLICHE , s. f. Diarrhée. *Clichard* est un sobriquet que l'on donne encore aux habitants de Bayeux, parceque, suivant une vieille tradition, pour les punir d'avoir chassé saint Gerbold leur évêque, Dieu les affligea de lienteries et d'hémorroïdes.

CLIMUCHETTE , s. f. Jeu où l'on *cligne* les yeux pendant que les autres *se mussent.* Quoique cette origine semble assez probable , elle n'est pas certaine ; en gaël. en erse et en irlandais *Cluich* , *Cluithe* , signifie *jeu* , *amusement*, et les enfants disent *jouer à cacher.* On donnait à ce jeu le même nom pendant le moyen-âge, car un des Juifs qui vient de perdre les yeux pour avoir porté la main sur le cercueil de la Vierge, dit dans le *Mystère de l'Assomption :*

Nous sommes droictement en point
De jouer a la cline-muche.

CLINE , s. f. Mauvaise brebis: en islandais *Klien* signifie Petit, et *Klini*, Salir. Gâter.

CLINQUE. s. f. Coqueluche : *Cliquer* signifiait en vieux-français *Rendre un son bruyant :* en anglais *To clink.*

CLIOCHER , v. n. Boiter : on

disait *Cloicher* en vieux-français.

> Armez desus le destrier blanc
> Qui ot tot plain coste et flanc;
> Bien fu ferre, pas ne cloicha.
>
> *Roman de Perceval*, B. R.
> n° 6837, fol. 371, verso.

De là l'expression normande *Aller à cloche-pied*, aller sur un pied, en clochant. Le français *Clocher* n'est plus employé que dans le style familier.

CLIOUCIR, v. a. (arr. de Saint-Lo) Souffler.

CLOPINER, v. n. Boiter, Être *écloppé*. En vieux-français *Clop* signifiait *Boiteux* :

> Et d'espee donner main cop
> Et espauler et faire clop.
>
> *Roman de Renart*, t. IV, p. 148.

Jean de Meung qui boitait fut surnommé *Clopinel*. Tous ces mots viennent sans doute de l'islandais *Klepp*, Tumeur, Nodus, ou de l'allemand *Klopfen*, Boiter. Le français emploie encore *Clopiner* dans le style familier.

CLOPOING, s. m. Crabe, qui ressemble à un *poing clos*.

CLOQUER, v. n. Glousser. Dans quelques localités on dit *Clouqueter*.

CLOS, s. m. Pièce de terre; dans la Basse-Normandie les champs sont presque toujours enclos de haies ou de murs. Ce mot dérivé du latin *Clausus*, fermé, existait aussi en vieux-français :

> Et lors troeve-on les violettes
> En vregiers, en gardins, en clos.
>
> FROISSART, *Poésies*, p. 133.

Co, adv. Encore. Cette contraction qui se trouve en rou-

chi, existait aussi en vieux-français :

> Diex! Cor ne sui esmerillons ou gais,
> Ja ne feis desqu' a vos c'un eslais.
>
> *Raoul de Cambrai*, p. 234, v. 9.

Co s'emploie aussi quelquefois avec la signification de Pourquoi.

COCANE, s. f. Narine.

COCHELIN, s. m. (Orne) Sorte de gâteau long, et par extension Présent. *Cochet* signifiait en vieux-français le cadeau en vin ou en argent qu'un nouveau marié faisait à ses garçons de noces.

COCHON, s. m. Cloporte. On donne aussi ce nom au fruit de l'églantier et du mespilus oxyacantha, parce qu'il n'est bon que pour les *cochons*.

COCHONNET, s. m. Ce mot a la même signification que le mot patois *Cochon*. En provençal le fruit du fusain s'appelait *Colonhet*.

COCHONNIÈRE, adj. Ce mot qui ne s'emploie qu'avec *ronce* se dit de l'églantier. Voyez COCHON.

COCI, adj. Courbatu, Harassé. Voyez ÉCAUCHER.

COCO, s. m. Œuf, onomatopée. En vieux-français les marchands d'œufs se nommaient *Coconniers*; voyez Roquefort, *Supplément au Glossaire*, p. 65, v° CAUCHERAU. Les enfants appellent une poule une *Cocotte*, et dans le dialecte slavon de Servie on lui donne le nom de *Kokosh*.

COESME, s. f. (arr. de Cherbourg) Fiente; on dit aussi *Coesmer*, Fienter.

COÉTE, KEUTE, s. f. Lit de

plume ; le vieux-français disait *Coute :*

Mais il n'i ot coute, ne oreillier,
Ne couvretoir qui vausist un denier.

Auberis li Borgonnons, dans Keller, *Romvart,* p. 208, v. 31.

Le français en avait fait *Couette,* mais il est maintenant hors d'usage.

CŒURIAL, adj. Appétissant : on dit aussi dans le même sens *Avoir le cœur au ventre.* Le français *Cordial* a été formé par une idée semblable.

CŒURU, adj. Courageux. Qui a du *cœur.*

COFFERT, p. pass. (arr. de Vire) Meurtri ; c'est probablement le même mot que le suivant.

COFFI, p. pass. (arr. de Bayeux) Bosselé, Chiffonné.

COFFIN, s. m. Cornet, Enveloppe de papier ; sans doute du latin *Cophinus,* Corbeille ; il avait le même sens en vieux-français :

J'en empliray sy mon coffin.

Vie de saint Fiacre, publiée par M. Jubinal, *Mystères inédits,* t. I, p. 340, v. 17.

COGER, v. a. (Orne et arr. de Vire) Forcer, Obliger ; du latin *Cogere* dont la signification est la même.

COHAN, s. m. Pot de terre dont l'anse est par-dessus.

COIMELER, v. n. Pousser des cris plaintifs.

COIS, s. m. (arr. de Bayeux) Paquet de chanvre roui.

COLE, s. f. Mensonge. En vieil-anglais *Coll* signifiait *Faux, Trompeur :*

A col fox, ful of sleigh iniquite

CHAUCER, *Canterbury tales,* v. 15221.

Thy prophesy poysonly to the pricke goth :
Coleprophet and colepoyson thou art both.

HEYWOOD, cent. VI, ép. 89.

COLIFEMMÉ, s. m. Homme qui imite les femmes, *Colin efféminé ;* on dit aussi *Colin-fillette* et *Miché-fillette.*

COLLER, v. a. Interdire quelqu'un, Mettre dans l'impossibilité de répondre. En vieux-français *Coler* signifiait *Frapper* et peut-être par extension *Mettre hors de défense.*

Ci out encontre e tas e fole,
E qui ne s'i enbat e cole
Honiz en crient estre a sa vie.

BENOIS, *Chronique rimée,* t. II, v. 21492.

Coll signifie en gaël *Perte, Dommage.*

COLLIER, s. m. Cheval de trait, enharnaché d'un *collier.* En provençal les portefaix s'appelaient *colliers : Neguns colliers ni home que porte a col no pagua res : Charte de 1283,* citée par M. Raynouard, *Lexique roman,* t. II, p. 436 ; et un titre de 1423 montre qu'il en était de même en vieux-français, il est intitulé : *Chirographus de quittatione Winagii des coliers et des browetiers.*

COMÉRIAL, adj. (arr. de Vire) Affable.

COMME TOUT, loc. adv. (arr. de Bayeux) Beaucoup ; cette locution existe aussi en rouchi et dans tous les patois du centre de la France.

COMPÔT, s. m. Récolte qui dispose la terre à recevoir du blé. Dans le patois lorrain *Compost* signifie *comput des temps* suivant Dom François. *Dictionnaire roman*, p. 75.

CONFONDRE, v. a. Gâter, Salir ; le vieux-français lui donnait le même sens :

> Luxure confond tout la ou elle s'a-
> coutre.
>
> JEAN DE MEUNG, *Testament*, v.
> 1809.

CONROI, s. m. (Orne) Terre glaise. Le breton *Kourrez* signifie un massif de terre glaise qui retient l'eau. Probablement on a pris aussi ce mot dans une acception plus large ; il a dû signifier ce qui est *uni*, *lisse* ; car Nicot dit que *Conroyer du bois* c'était le *Dresser à la hache*, et Roquefort donne à ce verbe le sens de *Tanner*, *Aprêter le cuir*. Le vieux-français *Corroi*, Ordre, Rang et par suite Bataille, semble en être une corruption.

CONTRE (tout) loc., adv. Tout près. Comme dans quelques locutions encore en usage, *Contre* signifiait Auprès en vieux-français :

> Contre lui vint Ernout clochant
> A dous des coilverz apoiant
>
> BENOIS, *Chronique rimée*, l. II,
> v. 12309.

Vente d'une maison seans en la rue du Castel-Bourgeois, faisant touquet contre l'esglise des Freres Prescheurs ; *Titre de 1429*.

CONTREBOCHE, s. f. Grande quantité.

CONTRU, s. m. Partie inférieure d'une porte coupée en deux ; contraction de *contre l'uis*, qui se prononce *ûe*.

COQUÉRAN, s. m. (arr. de Coutances) Hermaphrodite : de

Coque (concha) et *Ran*, priape de mer, nom commun à plusieurs espèces d'holothuries.

CORNART, adj. Cheval poussif ; soit parce qu'il souffle comme dans un *cor*, soit parce que l'on a étendu le sens de ce mot qui signifiait d'abord châtré, *Ecorné*, Qui n'est pas entier : Un mouton cornut u coillut ; *Charte de 1265*, citée par Carpentier, t. I, col. 1048.

CORNEBICHET, s. m. (arr. de Valognes) Coquillage univalve. que l'on appelle aussi *Bernard l'ermite*. Ce nom s'étend à plusieurs espèces du genre pagure.

CORSÉ, adj. (arr. de Vire) Repu, Qui en a plein le *corps*. Voyez DÉCORSE. Il se dit aussi d'une sauce épaisse et substantielle. Voyez CORSU. On lui donne aussi le sens de *Couru*.

CORSÉE, s. f. Curée. Voyez le mot précédent.

CORSER, v. n. Lutter corps à corps.

CORSU, adj. Qui a du *corps*; il avait le même sens en vieux-français :

> Adobes-le, Biaus pere, Callos dist ;
> Car asses est, et corsus, et fornis.
>
> *Chevalerie Ogier de Danemarche*, v. 7287.

CORTINE, s. f. Couverture de lit, Rideau ; du latin *Cortina*, que le vieux-français avait conservé :

> Qui le tenroit tot nu soz sa cortine,
> Miex li valroit que nule rien qui vive.
>
> *Raoul de Cambrai*, p. 219, v. 9.

> Le mescredi un vent venta
> Qui les courtines adenta.
>
> GODEFROI DE PARIS, *Chronique
> rimée*, v. 5347.

Coser, v. a. (Orne) Blamer; on le trouve en vieux-français :

Je meisme me blasme et cose.
Roman de la Violette, v. 1311.

Ce mot vient sans doute du bas-latin *Causare*, Mettre en *cause*, ou de l'islandais *Kussa*, S'indigner.

Coset, s. m. (arr. de Cherbourg) Ornement; peut-être signifiait-il d'abord un *Collier* et vient-il de *Cos*, nom que le patois donne au *Cou*.

Cosseau, s. m. Tuyau de la plume; Plume non taillée.

Cossi, adj. Meurtri, Fatigué; il existait en vieux-français :

Tu m'as trop lourdement coyssy;
Je suis tout ronps et tout frayssy.
Martyre de saint Pierre et saint Paul, dans Jubinal, *Mystères inédits*, t. i, p. 71, v. 14.

Cotée, s. f. Rangée.

Cotin, s. m. Petite maison, Niche; il avait la même signification en vieux-français :

A un pastur s'acumpaingna,
En sun cotin od li entra
Roman de Rou, v. 6808.

Kot en islandais, signifie une chaumière.

Cotiver, v. n. Satisfaire ses besoins naturels. En islandais *Kota* signifie *Partie cachée d'une maison* ; peut-être ainsi ce mot signifiait-il d'abord *Se retirer dans un coin secret*.

Cotter, v. n. Jaillir. *Le roman de la Rose* l'a employé dans le même sens :

Les flotz la heurtent et debatent,
Qui tousjours a lui se combatent
Et maintesfois tant y cotissent
Que toute en mer s'ensevelissent.

Couaille, s. f. (Orne) Torchon, corruption de *touaille*

(voyez ce mot), et, par une image encore employée en français, Femme sale.

Couas, s. m. Corneille, Corbeau dans l'Orne. C'est une onomatopée.

Coucou, Cri des enfants pour avertir qu'ils sont cachés; dans la Corrèze, *Coucu* signifie *Se cacher*.

Couer, v. a. et n. Couver; le v a été syncopé.

Couet, s. m. (arr. de Vire) Ruban de fil.

Couie, s. f. Vase où les faucheurs mettent leur pierre à aiguiser : dans quelques localités *Couaé*. On dit *Cueillu* dans la Bresse et *Couvier* dans le Jura; le patois vendéen donne à la pierre à aiguiser le nom de *Coue*; c'était *Coyer* en vieux-français.

Couillère, s. f. (arr. de Bayeux) Cornet de parchemin dont on se sert en guise de tabatière.

Coulage, s. m. Défaut d'ordre, Gaspillage; c'est le mot français *Coulage* employé métaphoriquement.

Couline, s. f. Torche de paille; le vieux-français l'employait dans la même acception. En breton *Goulou* signifie *lumière* et *Goulaouen*, *luminaire*. Peut-être si cette tradition ne se rattache pas au culte du soleil qui existait certainement chez les anciens Celtes, ce mot a-t-il signifié aussi *paille*, *fumier*; car on chante en brûlant une *Couline* le jour de l'Epiphanie :

Couline vaut lolo,
Pipe au pommier,
Gerbe au boisset.

Coup (a) adv. Vite, A temps: il existait en vieux-français :

> Tu te hastes trop mollement ;
> On ne juge pas si a coup.
> *Farce nouvelle des deux Savetiers.*

Coupet, s. m. Tête d'un arbre, Sommet, Cime : on dit dans quelques localités coupelle. Le vieil-anglais donnait la même signification à *Koppe*.

Coupière, s. f. (Orne) Morceau de cuir qui joint, au moyen des chappes, les deux parties du fléau.

Coupler, v. a. et réfl. Accoupler, Se marier ; le vieux-français avait retranché aussi la première syllabe :

> Di que je fus couplé sous le joug
>   d'hyménée
> Avec une jeunesse à toute vertu née.
>   Vauquelin de La Fresnaye.

Coupiette, s. f. Culbute. Voyez cumblet.

Cour, s. f. Maison rurale, entourée de terres. La racine de ce mot se trouve dans la Loi salique : Si quis vero canem custodem domus sive curtis... furatus fuerit aut occiderit : Tit. vii, p. 3, texte de Charlemagne.

Courage, s. m. Ce qu'on a sur le *cœur* ; le vieux-français lui donnait le même sens :

> Les suens a fait a sei venir
> Pur sun curage descovrir.
>   Benois, *Chronique rimée*, l. i, v. 1799.

Couraie, s. f. Fressure ; du *cœur* qui en fait partie. Il existait aussi en vieux-français :

> Fiert Olivier parmi le dos
> D'une lance fort aceree,
> K'il (*sic*) li tresparce la coree.
>   Mouskes, *Chronique rimée*, v. 7241.

Cette signification reçoit quelquefois des modifications : on dit d'une forte secousse qu'elle va *Dépendre la couraie*, ce qu'on exprime dans le Berry par *Dépendre l'estomac*. Le rouchi prend *Couraie* dans le même sens que le patois normand.

Courant (d'ivraie), s. m. (Eure) Partie d'ivraie mélée au blé.

Courge, s. f. (Orne) Morceau de bois dont on se sert pour porter les seaux sur ses épaules ; il a le même sens dans le patois de la Vendée.

Courgée, s. f. Petite corde qui termine un fouet ; *Courgie* en vieux-français :

> D'or fu li bastons
> Ou la courgie estoit noee.
>   *Roman de Gauvain*, cité par Borel.

Dans l'Orne *Courget* signifie une lanière de cuir au bout d'un baton ; par une extension naturelle de signification le patois du Jura a appelé un fouet *Ecourge*.

Courgeot, s. m. (arr. de Vire) Tige de chou.

Courtil, s. m. Jardin :

> Toutes fois moy et mon jardin,
> Nous différons en une choze,
> Je me vueil abreuver de vin
> Et d'eau nostre courtil s'arroze.
>   Olivier Basselin, *Vaux-de-Vire*, p. 145, éd. de M. Travers.

Ce mot existait aussi en vieux-français :

> L'uis a ouvert de son cortil.
>   *Roman de Renart*, t. i, p. 188.

Courtine. Ce mot ne s'emploie que dans la locution *Faire courtine* ; elle signifie Relever son jupon pour se chauffer, *l'accourcir.*

Coutre, s. m. (Seine-Inférieure) Sacristain.

Coutume, s. f. Impôt :

Liard'a liard la coutume s'amasse.

Proverbe normand.

Il avait le même sens en vieux-français : Chacune nef qui vient au port de Caen, se elle arrive au port et elle est fretee a Caen, de quiconques lieu que elle vienge elle doura la solle et loial coustume, et se elle se veult partir du port, elle doura doble coustume : *Etablissements de Normandie,* p. 85.

Crac, s. f. Fruit de l'épine noire dont le noyau est très-dur et très-gros. Selon Borel *Craig* signifiait *pierre* en vieux-français et l'on appelle les noyaux des *cailloux* ; peut-être à l'imitation de l'allemand, où les fruits à noyau s'appellent *Stein-obst*, littéralement *fruit à caillou.* Voyez CAILLOU et CRAU.

Crachinage, s. m. Pluie fine et épaisse; du latin *Crassus*, épais.

Crahagneux, s. m. Qui marchande, Qui conclut difficilement un marché.

Craisset, s. m. Lampe à crochet, dont le nom existait aussi en vieux-français :

Or le tient Berengiers pour fol
Quant il i vint sans le craisset.

Fabliau d'Aloul, v. 826.

Il vient probablement du celtique, car on dit dans le patois rumonche *Craisu*, dans celui de l'Isère *Creisieux* et en breton *Creusol.* Le latin *Cratera* est cependant pris quelquefois dans la même acception : Et ibi stant in lecto quindecim crateres aurei cum oleo, ardentes diu noctuque ; *Itinerarium sancti Willibaldi,* n° 18.

Cralée, s. f. (arr. de Bayeux) Grappe et par suite Quantité.

Cranche, adj. (Orne) Malade; de l'allemand *Krank*. Peut-être le vieux-français *Crombe* avait-il la même racine :

Crombes et impotens te ferai
Des grans cops que je te donrai.
Guimneville, cité par du Cange,
t. III, p. 645, col. 3.

Crane, adj. (Orne) Fier ; (arr. de Bayeux) Beau ; il signifie *Tapageur* en français, mais il est presque entièrement hors d'usage. Peut-être le vieux-français *Crenu* avait-il la même racine.

El chief li unt son heaume assis,
E cheval freis livre e quis,
Iguel, d'Espaigne, bai, crenu.
BENOIS, *Chronique rimée,* t. II,
v. 21812.

Quoiqu'il nous semble plutôt venir de *Crinis,* A tout crin.

Cranière, Vieille maison, pleine de crevasses qui s'appellent en anglais *Cranny.* En vieux-français *Cranner* signifiait *Boucher des fentes.*

Crapoter, v. n. Marcher sur les pieds et sur les mains, comme un *crapaud.*

Crapoussin, s. m. (arr. de Valognes) Petit crapaud ; expression injurieuse que l'on applique aux enfants et aux hommes de très-petite taille.

Craque, s. f. Mensonge, *Craquerie;* ce mot se trouve aussi en rouchi.

CRASE (à), loc. adv. Elle n'est employée que dans la phrase , Il pleut à crase, en abondance : à tout *écraser*.

CRASSE , s. f. Ce que fait un Crasseux, et par extension Tout mauvais procédé : *Il m'a fait une crasse*, il m'a manqué. Dans le patois du Berry *Crasse* signifie une *chose nuisible d'une nature quelconque*.

CRASSINER , v. imp. Il se dit d'une pluie fine et épaisse qui tombe. Voyez CRACHINAGE.

CRAU , s. f. Pierre tendre qui se trouve à la surface des carrières ; il y a dans les environs d'Arles un lieu pierreux que l'on appelle la *Crau*.

CRAULER , v. a. Bouillir à l'eau.

CRÉATURE , s. f. Femme, et par suite Servante.

CRÉDENCE , s. f. Petite armoire dont les tiroirs sont au-dessus des portes, et par conséquent trop élevés, pour ne pas être hors de toute atteinte. On lui donnait ce nom parce qu'en vieux-français *Crédence*, de *Credere*, signifiait *confiance:*

Ecce ancilla Domini ;
L'ancelle Dieu suis en effet;
J'ay parfaicte credence en luy
Et selon ton dict me soit faict.

Mystère de la Conception de N. S. Jésus-Christ, scèn. XXVII.

Rabelais emploie *Crédenciers* pour *buffetiers*, l. IV, ch. 64.

CRÉLIER , v. n. Frissonner.

CRÉPIR , v. réfl. Se tirer, Se tendre : *Il se crépit sur ses ergots* signifie *il s'allonge sur la pointe des pieds*.

CRÉPONNER , v. a. Pétrir avec le poing. Presser: on dit aus-

si CRÉPOUSER.

CRESSIR , v. a. (Orne) Presser violemment ; on l'emploie aussi neutralement et il signifie alors Mourir.

CRESTELLER , v. n. Crier comme une poule :

Ma femme s'y brait et crestelle.

Chanson normande , publiée par M. Dubois , p. 186.

CRÉTINE , s. f. (arr. de Caen) Crue d'eau, du latin *cretus* qui était devenu dans la basse-latinité *cretina*. Il faut ainsi corriger ce passage cité par du Cange, t. III , p. 71 , éd. des Bénéd. : Quod si forte in hieme vel ex abundantia pluviarum vel ex resolutione nivium *aquae inundatio* fieret, quam vulgo *Eretinam* vocant. *Cretine* se trouvait aussi en vieux-français :

En riviere fet cretine sovent,
Les ruisseaus s'en enflent ensement.

PIERRE D'ABERNON , *Enseignements d'Aristote*; B. R. fonds de Nostre-Dame , n° 277 , fol. 181 , v°, col. 2 , v. 23.

CRÉTER , v. n. (arr. de Bayeux) Frissonner, Avoir une sensation désagréable quelconque.

CRÉTON , s. m. Peau croustillante qui reste dans la graisse quand on la fait fondre.

Laissez jusqu'au retour les tripes, les
    crétons;
Quand l'ennemi nous presse, au dia-
    ble les gueultons!

LALLEMAN, *La Campénade*, ch. I, p. 9.

On appelait en vieux-français les fritures dans la graisse du *Crétonné*.

Vielles prestresses au cive,
Noires nonnains au cretonne.

RAOUL DE HOUDAING, *Songe d'En-*

fer, publié par M. Jubinal, *Mystères inédits*, t. ii, p. 401.

Crette, adj. Bien mis, Propre.

Crignas, adj. (arr. de Bayeux) Malpropre, Sale comme une *crignasse*. Voyez ce mot.

Crignasse. s. f. Perruque, Cheveux mal peignés.

Crigne, s. f. (arr. de Caen) Croute frisée, Herbe entrelacée comme une *crignasse*.

Crignée, s. f. Lacs en *crin* que l'on tend sur un appât.

Crilloire, s. f. (Orne) Trachée-artère des animaux par laquelle ils *crient*.

Crioche, s. f. Béquille, Bâton terminé par un *croc*, comme la béquille l'est par un *bec*.

Crique, s. f. (Calvados) Point du jour ; *il se lève dès la crique* ; dans l'arr. de Vire ce mot signifie aussi l'Œil d'un enfant.

Criquet, s. m. Grillon ; onomatopée qui se trouve dans l'anglais *Cricket*.

Criquette, s. f. (arr. de Valognes) Dent ; à Caen on dit *Crique*.

Criquoi, s. m. (arr. de Bayeux) Bruit que l'on croit entendre la nuit, et qui n'est que le battement de l'artère, parce qu'on se demande : *Quel est ce cri?*

Croc, s. m. (Orne) Fripon, aphérèse d'*Escroc*.

Crocher, v. a. Courber comme un *crochet* ; Rendre *crochu*.

Croller, v. a. et réf. Remuer ; il existait aussi en vieux-français :

Il ne se crolle ne remue.

Dolopathos, p. 183.

Crosser, v. a. Maltraiter au physique et au moral, Mettre en *croix* ; nous disons dans le même sens *crucifier*. En vieux-français *croissir* signifiait *briser* et par suite *craquer*.

En la plus halte tur m'en munterai
       a pet
E pus sur les espees m'en larrai de-
        rocher.
La verrez brans crussir e espees bri-
        sier.

Voyage de Charlemagne, v. 545.

L'a si feru parmi le dos,
Ke toz li fet croissir les os.

Roman de Rou, v. 13539.

Crouen, s. f. Pomme que le vent fait tomber ; dans le patois de l'Isère *Croeï* signifie *fruit vermoulu*..

Crouillet, s. m. (Orne) Verrou ; on le trouve aussi en vieux-français. Ronsard a dit :

Mais il fait un grand bruit dedans
     l'estable, et puis
En poussant le crouillet de sa corne
      ouvre l'uis.

Croulans, s. m. pl. (arr. de Saint-Lo) Mares, Fondrières : en vieux-français *Croliz*, *Croulière* avaient la même signification.

Crouler, v. n. (arr. de Vire) Roucouler.

Croules, s. f. pl. Bouillie d'avoine à l'eau ; on dit aussi *Craules*. Voyez CRAULER.

Crouleur, s. m. Amateur de pigeons : *Qui dit crouleur dit voleur* est un proverbe fort usité. Voyez CROULER.

Croupette, s. f. Révérence, parce que l'on *s'accroupit*, comme *Courbette*, parce que l'on se *courbe*.

S'uns dolenz fait une acropie
Ou un enclin devant s'image.

*De monacho in flumine pericli-
tato*, v. 194.

CROUTTE, s. f. Clos, Espace de terre cultivé autour d'une maison de campagne, ce que M. Guérard appelle la *Terre salique*. Sextarium frumenti percipiendum in masura sua cum crota adjacente ; *Charte de 1252*, citée par Huet ; *Ori-gines de Caen*, p. 298. Beau-coup de champs et de fermes portent ce nom en Basse-Nor-mandie ; on le trouve déjà dans des titres de la première moi-tié du XIVe siècle : Jouxte les crottes de Banville ; *Charte de 1342*, rapportée par Pluquet, *Contes populaires de l'arron-*

dissement de Bayeux, p, 135 : Jouxte la crotte Dighague ; *Charte de 1302*, *Ibidem*, p. 139. Ce mot se trouvait aussi en vieux-français :

Les Juis en ont mors, molt en font
grant maiscel ;
Mais que dis en garirent en la crote
Japhel.

De Vespasianus l'empereor, Ms. de l'Arsenal, B. L. F. n° 283, fol. 83, recto. col. 3.

CUEUVER, v. a. Fermer la porte.

CUISSON, s. f. Fournée, ce qui *cuit* ensemble.

CUMBLET, s. m. *Culbutte* ; probablement une corruption.

CUSSER, v. n. (Orne) Se plaindre beaucoup. Voyez ACUS-SER.

CUSTOS, s. m. Sacristain ; c'est la forme et la significa-tion latines.

D

DABÉE, s. f. Forte pluie, *Daube* d'eau. Voyez DAUBE.

DACER, v. a. Payer contre son gré. La *Dace* était un im-pôt perçu plus spécialement sur les marchandises, qui mal-gré son étymologie (*Data*, un don) était fort impopulaire : Ad multas teneantur collectas, con-tributiones, dacias sive steuras ; *Charte de 1286*, publiée par Ludwigt, *Reliquiae manus-criptorum*, t. IV, p. 267.

On trouve déjà dans Sido-nius Apollinaris, l. V, let. 13 : Tributum annuum datare.

DALE, s. f. Vallée ; du norse *Dal*, dont la signification est la même : il ne se trouve plus que dans quelques noms de lieu

situés surtout en Haute-Nor-mandie, Dippedale, Darnedal : le vieux-français l'employait seul.

Par dales Robert s'est plongies.

Robert-le-Diable, fol. F. II, recto. col. 2, éd. de M. TRE-BUTIEN.

Voyez DARNE.

DALLE, s. f. Canal par où les eaux s'écoulent. La *Coutu-me de Bretagne*, art. 698, l'emploie dans le même sens ; il signifie aussi Flaque d'eau.

DALLÉE, s. f. Urine d'un animal assez abondante pour remplir une *dalle*.

DALLER, v. a. et n. (Orne) Uriner, en parlant des hom-mes.

Dalot, s. m. Petite *dalle*; ce diminutif est aussi un terme de marine.

Dangier, s. m. Puissance, Domination; de *dominium*: voyez le *Journal des Savants de Normandie*, t. I, p. 47. On le trouve aussi en vieux-français:

Mais c'est or cil que poi le crient,
N'est or de rien en son danger.

> Benois, *Chronique rimée*, l. II, v. 14244.

Le droit de *Danger* était un dixième de la valeur des bois que l'on payait au souverain pour remplacer la suzeraineté que le défrichement lui faisait perdre.

Dansparou, loc. adv. (arr. de Valognes) on ne l'emploie que dans la phrase: *Tout laisser dansparou*, qui signifie *Laisser un ouvrage dans l'état où il se trouve, sans rien achever*.

Dardaine, s. f. (arr. de Bayeux) Pièce de six deniers en cuivre, sur laquelle les glossaires ne donnent aucun renseignement, quoique son nom se trouve aussi en vieux-français et en provençal. *Dardanarius* signifiait dans la basse-latinité un petit marchand qui ne vendait que pour de faibles sommes, et on aura peut-être à cause de cela appelé les pièces de menue monnaie *dardaines*.

Dariole, s. f. Soufflet.

Darne, s. f. Portion, Morceau; on dit encore en français une *darne de saumon*. Il y avait autrefois à Caen un domaine situé dans une vallée que l'on appelait *Darnetal*: l'église de la paroisse où elle était se nommait St-Pierre-de-Darnetal. En breton *Darn* a la même signification.

Darre, s. f. (Manche) Gros ventre; peut-être aussi gros qu'un derrière, car on trouve *Darr* avec cette signification en vieux-français; cependant *Diaraok* signifie en breton la partie antérieure d'un homme par opposition au derrière.

Darselet, s. f. (arr. de Valognes) Petit *dard*; on dit aussi par aphérèse arselet; c'est le nom de l'épinoche, gasterosteus aculatus.

Dasée, s. f. (arr. de Bayeux) Monceau, *Tas*; il signifie aussi, peut-être par analogie, Bouse de vache et tout ce qui en a la consistance et la forme.

Date, s. m. (Manche) Urine; il existait aussi en vieux-français, suivant Roquefort, *Glossaire*, t. I, p. 342.

Daube, s. f. Chûte, probablement par extension. Voyez le mot suivant.

Daubée, s. f. Volée de coups: *Dauber* signifie encore en français dans le style familier *Battre à coups de poing*.

Dauber, v. a. (Orne) Prêter à usure; en vieux-français *Daube* signifiait *tromperie, fraude*.

Debaltafriser, v. a. (arr. de Valognes) Démonter, Défaire.

Débaucher, v. réfl. Se désoler; il a la même signification en rouchi: de *Debacchare* en bas-latin, *ravager, désoler*.

Paganorum quoque infestationes quae olim patriam debacchaverant: *Acta Sanctorum*

Ordinis sancti Benedicti, siècle V, p. 49.

DÉBERNÉQUER, v. réfl. (arr. de Bayeux) Se dépêtrer, Se tirer d'une position qui faisait *berner*, qui rendait ridicule.

DÉBET, s. m. (arr. de Valognes) Dégel; on en a fait aussi un verbe impersonnel *Débéter :* quand quelqu'un perd de sa force, on dit en Normandie qu'il en *redoit*.

DÉBÉTILLER, v. a. Dépêtrer, Tirer d'une position qui rendait *bête :* on l'emploie aussi comme verbe réfléchi.

DÉBINE, s. f. (arr. de Valognes) Ruine, Position d'un homme qui *doit* plus qu'il ne possède ; on s'en sert ordinairement avec le verbe *tomber :* il est tombé en débine.

DÉBINER, v. a. (arr de Vire) Calomnier, User, Ruiner au physique et au moral.

DÉBOULER, v. n. Enfuir au plus vite, Courir comme une *boule*.

DÉBRAGUER, v. n. (arr. de Bayeux) Se développer, Sortir de son enveloppe; *Brag* signifie en breton Qui germe, Qui fait saillie. Ce mot ne se dit que d'un écusson qui commence à pousser.

DÉBRÉGER, v. réfl. Se débarrasser, Se tirer de la nasse, *Bregin* en vieux-français.

DÉCANILLER, v. n. Fuir comme un chien; du latin *Canis :* ce mot existait en vieux-français ; il s'est conservé dans le patois du Berry.

DÉCARÊMER, v. réfl. Se dédommager par un bon repas des austérités du *carême ;* on lit dans une chanson berri-

chonne :

Il saute sur le fricot
Et s'décarême comme il faut.

DÉCASSER, v réfl. Se dépêtrer, Se tirer les pieds d'une casse, en vieux-français un *Coffre de bois*.

DÉCHAFRE, adj. Gourmand, *Safre ;* il signifie aussi Qui brise tout, et on lit dans *La mort du roi Gormond*, v. 121 :

Le hauberc rompu et desafre.

DÉCHAOLER, v. a. (arr. de Cherbourg) Transporter d'un endroit dans un autre ; voyez le mot suivant. Il signifie aussi Médire, Calomnier ; peut-être parce qu'on dit dans le même sens *Mettre quelqu'un sur sa raquette*.

DÉCHIBOLLER, v. a. (arr. de Valognes) Transporter d'un endroit dans un autre; *Bouler d'ici*.

DÉCHILER, v. n. (arr. de Bayeux) Tomber du *ciel*.

DÉCORSE, s. f. Diarrhée, Ce qui fait vider le *corps ;* on dit aussi *Décorsé*.

DÉCROUER, v. n. Tomber de haut, Descendre de *croix* qui se prononce *crouet* ou du breton *Kroga*, pendre. Voyez ENCROUER.

DÉDUIT, adj. (arr. de Cherbourg) Espiègle, Malin, Qui se demène : de *deducere*. Potavit ultra mensuram vinum, seque calefecit et movit inordate, et alias se deduxit circa mulieres ; *Lettres de grâce* (1363); citées dans du Cange, t. II, p. 770, col. 3.

DÉFAÇON (de) loc. adv. (arr. de Valognes) *Être de défaçon* se dit d'une chose facile à vendre.

dont on *se défait* facilement. Le vieux-français donnait un sens différent à *défaçon*; il venait de *Defectus* et signifiait *mort :*

A Bedeforde out un bacheler
Qui (l. Que) la gent firent en curt juger
A defaçon.
Vie de Saint-Thomas de Canterbury, v. 1255.

DÉFAUT, s. m. Pulmonie ; c'est le *défaut* par excellence , celui dont les suites sont les plus graves : le bas-latin prenait *Defecit* dans le même sens ; voyez *Acta Sanctorum*, Juin, t. V, p. 144.

DÉFÊLER, v. réfl. Assouvir sa colère, Passer son *fiel*.

DÉFERNER, v. n. Déchoir.

DÉFINER, v. n. Terminer, *Finir;* il existait aussi en vieux-français :

Tout ensi son chanter define.
Roman de la Violette, p. 12.

On dit également *Décesser* pour *Cesser*.

DÉFUBLER, v. n. Deshabiller; le contraire d'*Affubler;* on le trouve aussi en vieux-français :

Devant le roi fu desfublee,
Qui merveille l'a esgardee.
Roman de Brut, v. 7153.

DÉGANER, v. n. (arr. de Valognes et de Caen) Contrefaire.

DÉGESTÉ, adj. (Orne) Qui se tient mal, Qui a de mauvais *gestes*.

DÉGOBILLER, v. n. (arr. de Valognes) Vomir abondamment, Rejeter ce que l'on avait *gobé*.

DÉGOIS, s. m. Babil, Gazouillement ; de *Dégoiser :*

Belle qui menez tel desgoys,
Dictes moy qu'esse a dire.
Chansons normandes, p. 190.
éd. de M. Dubois.

On le trouve aussi en vieux-français.

DÉGOTÉ, adj. (arr. de Bayeux) Rusé, Spirituel ; il a le même sens en rouchi. Il se dit aussi d'un homme qui a perdu sa maîtresse ou sa place.

DÉGOULER, v. n. Vomir, Rejeter ce qu'on avait *engoulé*.

DÉGOULINER, v. n. Couler *goutte à goutte;* le patois du Berry l'emploie dans la même acception.

DÉGOUT, s. m. Eau qui tombe de la *gouttière ;* il existait aussi en vieux-français :

La fors , la n chet li degoz
Girrai , la ert mis monumenz.
BENOIS, *Chronique rimée*, l. II, v. 26423.

Il se dit par analogie du jus qui tombe de la viande, lorsqu'elle est à la broche et le vieux-français lui avait donné la même extension :

Fais les rostir , toi Gadifer,
Trempe ton pain dans le degoust.

DÉGRABOLISER , v. a. (arr. de Bayeux) Déprécier , Médire.

DÉGRAVINER, v. a. (arr. de Valognes) Dégrader une muraille, En faire tomber le sable , le *gravier;* le français *Dégravoier* a mieux conservé sa racine.

DÉGRÉLIR, v. réfl. Se divertir, S'égayer. Voyez GRÉLE.

DÉGRIOLER , v. n. Glisser sur la glace ; il se trouve aussi en rouchi. Voyez GRILLER.

DÉGROULER, v. n. Crouler, Dégringoler.

DÉGUISÉE, s. f. Femme qui a quitté ses habits ordinaires pour en prendre de plus beaux. En vieux-français *Déguisée* signifiait *embellie* :

> Plus cointe ne plus desguysee
> Ne l'auroye ja demandee.
> *Roman de la Rose*, v. 567.

DÉHAIT, s. m. Tristesse, Affliction. Voyez HAITIER ; il existait aussi en vieux-français :

> A Loun, plein de grant deshet,
> Kar bien sevent que mal lor vet,
> Sunt entre Osmunt e son seignur
> En crieme, en dote e en error.
> BENOIS, *Chronique rimée*, l. II, v. 13821.

Dihet signifie en breton *déplaisir, désagrément*.

DÉHAUMER, v. a. Battre, Maltraiter, Arracher le *haume*.

DÉLABRE, s. m. (arr. de Bayeux) Garnement, Destructeur, Qui *délabre* tout.

DÉLANDOUX, s. m. Eteignoir.

DELLE, s. f. Portion de terre labourable, Sillon ; dans le sens de l'allemand *Theil* et de l'anglais *Deale*.

DÉLURÉ, adj. Vif ; de *Luron*.

DÉMARER, v. n. Bouger, le contraire d'*Amarer* ; en breton *Amar* signifie *chaine, cable*.

DÉMENCE, s. f. (arr. de Valognes) Décrépitude ; il se dit aussi des choses : Cette maison est tombée en démence.

DÉMENÉ, s. m. (Manche) Soins du *ménage* ; du vieux-français *Se démener*, S'occuper, Se tourmenter, qui est encore resté dans le style familier. Probablement l'étymologie exigerait que l'on écrivît *Démainer* ; on lit encore dans la *Chonique rimée* de Mouskes, v. 21557 :

> Mais tous li plus en demanier
> Ne li sorent que consillier.

DÉMENTER, v. réfl. Se tour-

uenter, Se travailler l'esprit (*mentem*) ; il avait le même sens en vieux-français :

> Por desirrier del roi autisme
> Se dementoit a soi meisme.
> WACE, *Establissement de la Conception*, p. 65, v. 5.

> Et cil, qui ne set, en sa rime
> Qu'est consonant ou leonime,
> Ne puet, comment qu'il s'en dement,
> Avoir certain entendement.
> GUIART, *Branche des royaux lignages*, prologue, v. 5.

Comme en vieux-français il signifie aussi Se lamenter :

> Demente sei e plaint sovent.
> BENOIS, *Chronique rimée*, l. II, v. 11390.

et Perdre la tête, Entrer en *démence* :

> La veissiez ces sales fondre
> Et ces biaus hostiex craventer,
> Enfanz et femes dementer,
> Menesteriex braire et crier.
> GUIART, *Branche des royaux lignages*, t. I, p. 249.

DEMOISELLE, s. f. Petite mesure d'eau de vie (1/2 décilitre) ; ce qu'une *demoiselle* en pourrait boire.

DÉMON, s. m. (Orne) Eteignoir.

DÉPATOUILLER, v. réfl. Se tirer d'un mauvais pas, Se dépêtrer.

DÉPÉTRONNER, v. a. Arracher les rejetons du pied d'un arbre, le *Dépêtrer*.

DÉPIAUSTER, v. a. Ecorcher, Oter la *peau* ; dans le Nivernais on dit *Depiauter*.

DÉPIT, s. m. Mépris, du latin *Despicere* ; il avait aussi cette acception en vieux-français :

> Abiathar le volt sacrer al deu despit.
> GUERNES, *Vie de saint Thomas de Cantorbery*, p. 7, v. 25.

Dépiter, v. a. (Orne) Défier ; cette extension du sens que lui donne le français se trouve aussi dans le patois du Berry.

Dépiteux, adj. Dédaigneux :

La belle alors me respond, despiteuse.

> Olivier Basselin, *Vaux de-Vire*, p. 54, éd. de M. Dubois.

Dépoter, v. a. (arr. de Valognes et de Caen) Transporter le cidre d'un tonneau dans un autre ; à Rouen on dit *Dépotager*.

Dérain, adj. Dernier ; cette forme qui se rapproche plus que le français du mot primitif (*de retro*) existait dans l'ancienne langue :

Dieux ! Je voy bien qu'ilz soufreront
A Romme leur derain martire.

> *Martyre de saint Pierre et de saint Paul*, publié par M. Jubinal, *Mystères inédits*, t. I, p. 101, v. 8.

Déresner. v. n. Déparler ; *Resner* signifiait en vieux-français *parler :*

Si com l'arcevesque Turpins.
Li bons clers, li cevaliers fins,
Resnoit ensi a Carlemainne.

> Mouskes, *Chronique rimée*, v. 8340.

La *Coutume de Normandie* l'emploie dans le sens de se *Défendre en justice*, *Nier avec serment*.

Déri, adv. (arr. de Coutances) En *dérive*.

Derlinguer, v. n. (arr. de Cherbourg) Faire du bruit ; onomatopée tirée du bruit des sonnettes. *Derliner* se trouve aussi dans le patois du Berry.

Dérompre, v. n. (Manche) Discontinuer, *S'interrompre*.

Déruner, v. a. (Calvados) Défaire, Déranger. Voyez aru-

ner ; il se trouvait aussi en vieux-français.

Dérusionné, adj. (arr. de Vire) Fin, Gai.

Déshabillé, s. m. (arr. de Valognes) Robe *habillée*.

Désert, adj. Ruiné, Abandonné ; le vieux-français lui donnait la même acception :

Mult par-est grans duels quant on
                 pert
Lou vrai sepulcre ou Deus fut mis,
Et ke li saint leu sont desert
Ou nostre sire estoit servis.

> Maistre Renas, *Complainte sur la prise de Jérusalem*, publiée par M. Jubinal, *Rapport au Ministre de l'Instruction pu-bique*, p. 39.

C'est le sens de l'anglais *Deserted*.

Désoreiller, v. a. (arr. de Caen) Couper l'*oreille* à quelqu'un : on dit ailleurs *Esoreiller*.

Dessaisonner, v. a. et n. Etre ou Mettre hors de *saison:* il existait aussi en vieux-français. Les plaisants propos estoient dessaisonnéz en un temps de guerre et d'afflictions ; d'Aubigné, *Baron de Féneste*, préface.

Desseulé, adj. Qui est abandonné, Laissé *seul* ; il se trouve aussi en rouchi.

Dessouler, v. n. Déseni-vrer. Voyez soul.

Desur, prép. Dessus ; le R de la racine latine était aussi resté en vieux-français :

E le plum departir e desur mei des-
                 rumpre.

> *Voyage de Charlemagne*, v. 574.

Detourbier, s. m. Trouble, Dérangement ; du latin *Disturbare :*

6

On dit que bien souvent entre bec et
cuillier
Il vient (du ?) destourbier.

OLIVIER BASSELIN, *Vaux-de-Vire*,
p. 95, éd. de M. Travers.

C'est un proverbe que cite de
Brieux, *Origines de coutumes
anciennes*, p. 36 :

Entre la bouche et la cuillier.
Il arrive souvent du détourbier.

DÉTRAT, s. m. Sentier battu;
du latin *Tractus*.

DÉTRITS, s. m. pl. Décombres; du latin *Detritus*; on dit
en Provence *Détriter les olives
sous la meule*.

DETTEUSES, s. f. pl. (Manche) Fruits abattus par le vent;
on dit ailleurs *Detteuil*.

DEUMET, s. m. (arr. de Pont-
l'Evêque) Duvet ; du bas-latin
Duma :

Innascitur vero avibus plu-
magium multiplex; pullis nam-
que noviter genitis primo innascuntur illae, quae nec sunt
ut pili, neque ut lanulae, sed
habent naturam inter utrum-
que; quae cooperiunt, et a fri-
gore quoquomodo defendunt.
Secundo innascuntur aliae,
quae dicuntur lanulae, a qui-
busdam dumae; Fredericus II,
De arte venandi, l. I, ch. 45.

DÉVALER, v. a. et n. Descendre, Tomber ; on le trouve
aussi en vieux-français :

De la plus haulte tur de Paris la citez
Me larrai contreval par creance devaler.

Voyage de Charlemagne, v. 36.

Fall signifie *chûte* en islandais, et *tomber* en anglais.
Voyez AVAL.

DÉVANTÉE, s. f. Plein un *de-
vantier*.

DEVARUBLE, s. m. (Manche)

Qui use et déchire tout. Voyez
VAROU.

DEVIGNON, s. m. Projet ; Ce
qu'on a *devisé*.

DEVINAILLE, s. f. Enigme à
deviner ; il existait aussi en
vieux-français :

Legiere est ceste devinaille:
Chascuns quide estre tot sachant
Por quei vos teneiz l'enfant.

BENOIS, *Chronique rimée*, l. II,
v. 13174.

Mais il y signifiait habituellement non pas l'énigme que
l'on devinait, mais le sens
qu'on lui supposait :

Mais c'est tout trufe et devinaille;
Nus n'est fisiciens fors Dieux.

ADAM D'ARRAS, *Vers de le mort*,
v., 35.

DEVISE, s. f. (arr. de Bayeux)
Borne qui *divise* les terres ; on
le trouve aussi en vieux-français.

Et quant les deviseurs auront
veu et enquis et regarde les
leus et places, ils doivent marcher la devise la ou ils sont
assentis et boner la cune no-
velle devise; *Assises de juris-
prudence*, ch. 265.

DIA, int. Cri pour faire aller les chevaux à gauche; en
breton au contraire c'est pour
les faire aller à droite : cela
prouve l'origine grecque; $\delta\iota\alpha$, *à
travers*, *de côté*.

DICHENAVANT, adv. Doréna-
vant. Il est formé de la même
manière que le *D'aqui, avant* du
provençal et de l'ancien catalan, et que le *D'ist di en avant*
du serment de 842.

DIDACER, v. n. Rabacher ;
fréquentatif dérivé du latin
Dicere.

Digue, s. f. (arr. de Caen) Femme de mauvaise vie.

Diguer, v. a. Piquer ; en vieux-français. *Eperonner.* Voyez le mot suivant.

Diguet, s. m. Piquet ; on trouve aussi dans le vieux-français *Digart*, éperon ; *Digoire*, arme pointue, et le français moderne a conservé *Dague*. Tous ces mots semblent venir du celtique ; au moins *Dag* exprime-t-il en breton une idée semblable.

Diolovert, s. m. (arr. de Coutances) Faiseur de mariages ; en breton *Didalvez* signifie *fainéant, vaurien.*

Disputer, v. a. (Manche) Gronder ; la même série d'idées a fait du vieux-français *Tenser*, disputer, le français actuel *Tancer.*

Do, prép. (Calvados) Avec ; métathèse d'*Od*, qui se trouve très-fréquemment en vieux-français :

> Si ot od lui un cevalier
> Pour lui aprendre et consillier.
>
> Mouskes, *Chronique rimée*, v. 12957.

Un changement semblable se retrouve dans les autres langues ; ainsi le *Da* des Italiens semble venir du latin *Ad* ou *Ab*; en gaël *Mi* et *Ym* signifient *Je* et *Moi*; en breton le même renversement a eu lieu, c'est *Me* et *Em*.

Dobiche, s. f. (Orne) Vieille femme avare.

Dobicher, v. réf. S'habiller ridiculement, comme une *Dobiche*.

Dodeigne, s. f. Tête.

Dodiner, v. n. Remuer la tête : dans le patois du Berry on dit *Dodeliner* ; en français *Dodiner* est un terme d'horlogerie, qui signifie aussi *Avoir un certain mouvement* ; mais il n'a pas cours dans la langue usuelle.

Dona, s. m. (Orne) Homme sans esprit; en rouchi *être Don* ou *Donte* signifie *être pénaut* ; probablement du breton *Dona*, doux, apprivoisé.

Dône, s. f. (Orne et Calvados) Poupée : ce mot signifie en breton *doux, docile.*

Doré, s. m. Enduit. Voyez le mot suivant :

Dorée, s. f. Tartine couverte de beurre ; on donne aussi au verbe *Dorer* la signification de *beurrer*, et on l'a dit par extension de l'application d'un enduit quelconque.

Doudoux, s. m. (arr. de Valognes) Bonbon.

Doui, s. m. Lavoir, Courant d'eau, Routoir ; il y a à Biéville, près de Caen, un courant d'eau que les habitants appellent *Doi*. Ce mot se trouvait aussi en vieux-français et dans la basse-latinité :

> Usque ad doct Herberti; *Etablissements de Normandie*, p. 4.

> Ensement va com loutre par vivier
> Quant les poissons fait en la dois mucier.
>
> *Garin le Loherain*, t. I, p. 264.

> A toi, pour ce de la fontaine Helye
> Requier avoir un ouvrage authentique,
> Dont la doys est du tout en ta baillie
> Pour refrener d'elle ma soif ethique.
>
> Eustache Deschamps, *Ballade à Chaucer*, publiée par M. Wright, *Anecdota litteraria*, p. 14.

Doué est dans le patois de la

Vendée le nom d'une pièce d'eau où on lave, et *Doie* signifie dans le Jura une source ; la *Doie d'Ain*, la *Doie de Buron*, etc. : il est donc fort probable que ce mot ne vient pas, comme on l'a dit, du latin *Ductus*, mais d'un mot celtique qui convenait à toutes ces différentes significations ; et en breton *Dour* signifie eau et *Douez*, un fossé plein d'eau.

DOUELLE, s. f. Planche d'un tonneau, *Douve* ; on dit aussi *Douvelle*.

DOUILLANT, adj. (arr. de Bayeux) Douloureux. Voyez le mot suivant.

DOULER, v. n. Souffrir ; du latin *Dolere* (Voyez ADOLER) ; il existait en vieux-français :

Dolant en furent trestuit si anemi.
Raoul de Cambrai, p. 21. v. 12.

DOURDÉE, s. f. (Orne) Volée de coups ; on emploie aussi dans le même sens le v. a. *Dourder*.

DOUVE, s. f. Grand fossé plein d'eau, Etang ; *Diup* en islandais signifie *profond ;* c'est la racine des noms de *Dieppe*, de la *Douve*, de la *Dive* et probablement du *Doubs*.

DRAGLER, v. a. (arr. de Rouen) Boire, Avaler :

No ne seret de queu bechon dragler.
Muse normande, p. 4.

DRAÎNER, v. n. Parler lentement, Rester en arrière, *Traîner*. A Rennes *Drene* signifie Répétition d'une chose qui ennuie celui qui l'écoute.

DRAMER, v. a. Battre ; *Dramm* signifie en breton *une poignée de verges*.

DRANET, s. m. (arr. de

Bayeux) Espèce de filet, *Trainasse*.

DRAPET, s. m. Linge ; on dit aussi *Drapeau* et *Drapel*.

Il n'a ni lange ni drapeau,
Et dans cet état misérable
On ne peut voir rien de plus beau.
Vieux Noël inédit

LA QUIOLE.
Mais o qui sont (les écus) ?
CALTELOLTE.
Dans ma pouquette, envelopais d'un
drapel.
Farce des Quiolards, p. 8.

DRAS, s. m. Vêtement ; il avait la même signification en vieux-français :

Dras de dolor et de plor prist.
WACE, *Etablissement de la Conception*, p. 22, v. 3.

Cilz saint Roumains estoit cilz qui norri saint Benoit, et li bailla les dras de religion ; *Recueil des historiens de France*, t. III, p. 195.

DRÉ-NŒUD, s. m. Double-nœud ; Nœud *droit*, bien fait : cette expression existe aussi dans le patois de Rennes.

DRÉCHIER, v. réf. S'habiller ; le français ne donne pas cette signification au verbe *Dresser :* c'est l'acception de l'anglais *To Dress*.

DRIGANT, s. m. (arr. de Bayeux) Toupie. Voyez DRUGIR.

DROGUER, v. n. Attendre long-temps, Se donner au diable comme une *drogue ;* il se prend en rouchi dans la même acception.

DROUE, s. f. Espèce d'avoine ; *Droe* en vieux-français :

Mais mon pain resamble becuit,
Il est fait ou d'orge ou de droe.
Roman de Cortois d'Arras, B. R.
nº 1830, fonds de St-Germain.

DRU, adj. Fort, Vigoureux,

Bien portant ; le vieux-français lui donnait le même sens :

De che me souvient il sans plus,
Que me dist qu'estoie trop drus.

Guigneville, cité par du Cange, t. II, p. 942, col. 3.

Il signifie aussi Pressé, Serré, comme en vieux-français :

Ung grand tas de Dyables plus drus
Que moucherons en air volant.

Mystère de l'Assomption.

Le provençal *Drut* se prenait dans toutes ces acceptions.

Druger, v. n. S'amuser, Se réjouir.

Il ne faut pas faire vie qui druge, mais vie qui dure; *Proverbe normand.*

Le vieux-français prenait *Druges* dans une acception analogue :

Certes, ce n'est mie de druges,
Que tu es si chetiz et las.

Les deux bordeors ribaus, v. 11.

Dans le patois de l'Isère *Drugeïé* signifie *se réjouir.*

Druges, s. m. pl. Il ne s'emploie que dans la phrase *Avoir les druges*, qui signifie *Ne pas tenir en place* : littéralement *Etre possédé du démon ;* au moins *Drouk* et *Droug* signifient en breton *méchant, mau-*

vais. Voyez le mot suivant.

Druger, v. n. Courir de côté et d'autre ; *Draugaz* signifie en islandais *errer comme une âme en peine ;* l'anglais a le verbe *Drudge*, remuer toujours, et le patois du Jura emploie *Druger* dans le sens de *cabrioler.*

Duire, v. a. Maîtriser, Corriger; du latin *Ducere;* le vieux-français disait également :

Ki co duit e gouvernet, ben deit estre
poant.

Voyage de Charlemagne, v. 97.

Il signifie aussi Convenir. Voyez le mot suivant :

Duisant, adj. Convenant :

Je scay bien que tu me garde
Et me vas favorisant ;
A la personne vieillarde
Mauvais boire est-il duisant.
Nenny, nenny, hélas ! Nenny.

Olivier Basselin (Jean Lehoux), *Chanson inédite.*

Dumer, v. n. Perdre sa plume, et par extension son poil, et même toute autre chose. Voyez DEUMET.

Durer, v. n. Attendre, Prendre patience ; le bas-latin donnait le même sens à *durare.*

Festinus eo; durate hic, Comites.

Comédie sans nom, act. IV, sc. 10; B. R. n° 8163.

E

Ebarre, s. f. (arr. de Valognes) Cri. Il n'est presque jamais employé qu'avec le verbe *faire*, et signifie alors Rembarrer.

Ebaubir, v. a. et n. Ebahir, Rendre *baube*. Voyez ce mot.

Il se disait aussi en vieux-français :

Et si mus et si ebaubis
Qu'il ne saura ni blanc ni bis.

Fabliau de la vieille truande.

Mais on ne l'emploie plus que

dans le style familier.

EBE, s. m. Reflux.

Tout ce qui vient d'ébe s'en retournera de flot; *Vieux proverbe* cité par de Bricux, *Origines de coutumes anciennes*, p. 78.

Ebb est resté en anglais, et *Ebbe* en danois.

EBELINER, v. a. Voyez BE-LIN.

EBÉLUER, v. a. Eblouir; peut-être une corruption d'*Eberluer*, donner la *berlue*; voyez le mot suivant. Dans le Berry, on dit *Eberluter*.

EBERLOUETTE, s. f. Eblouissement. Voyez ÉBÉLUER.

EBLAQUIER, v. a. Ecraser, Rendre *bléque*. Voyez ce mot.

EBLÉTER, v. a. Ecraser les petites mottes de terre, les *blettes*. Voyez ce mot.

EBLÉTEUX, s. m. Instrument dont on se sert pour *ébléter*.

EBOÉLER, v. a. Ecraser, Faire sortir les *boyaux* du corps; il existait en vieux-français.

La veissiez tere eseillier,
Fames honir, homes cachier,
Enfans em bers esboeler.

Roman de Brut, v. 13893.

EBOQUILLER, v. a. Il ne s'emploie qu'avec *les yeux*, et signifie Empêcher de voir; *Bogue* en vieux-français signifiait *chassie*.

EBOUDINER, v. a. (arr. de Valognes) Faire sortir les *boudins* du corps; on dit aussi *Ebouiner*.

EBOUQUETER, v. a. Épointer, Rompre le *bout*.

EBRAIT, s. m. Cri; de *braire:* le vieux-français avait *Brait*.

Li quens Raoul a son ostel s'en vait;

El destrier monte, fait sonner son retrait,
De Paris ist, n'i ot ne cri ne brait.

Raoul de Cambrai, p. 38, v. 24.

EBROTÉ, adj. (arr. de Cherbourg) Ebréché, *Brouté*.

ECALIER, s. m. (arr. de Valognes) Barrière fixe en forme d'*échelle;* on dit aussi *Échalier* dans l'Orne et dans le Berry.

ECALOTER, v. a. (arr. de Bayeux) Ecosser, *Ecaler;* (arr. de Valognes) Ecorcher un bouton, En arracher la *calotte*.

ECAME, s. m. Barrière de cimetière, qui est ordinairement fixée et précédée de plusieurs marches en pierre : *Eschamel*, du latin *Scamnum*, signifiait en vieux-français *Marche-pied* :

Et l'eschamel sur quoy li roys tenoit ses piez; Joinville, *Histoire de saint Louis*, p. 45.

ECANCHON, adj. Rachitique, Tremblant sur ses jambes; le vieux-français avait le verbe *Escancherer*, S'agiter :

Ki oist li felon crier,
E le veist escancherer,
Denz reguigner, bras degeter,
Gambes estendre e recorber.

Roman de Rou, v. 586.

L'islandais *Skaka* a la même signification.

ECARER, v. n. (arrond. de Bayeux) Impatienter; littéralement Jeter des pierres. Voyez ACARER.

ECAUCHER, v. a. Ecraser; de l'islandais *Skaka*, Briser, ou du latin *Calcare*. Voyez CAUCHER et COCI; le vieux-français disait *Ecacher*.

ECAUCHETTE, s. f. (arr. de Bayeux et de Saint-Lo) Casse-noix. Voyez le mot précédent.

ECHAMPIR, v. réfl. Se débarrasser ; littéralement Sortir de *champ;* l'italien *Inciampare* est formé de la même manière.

ECHARDER, v. a. (Orne) Ecailler. Voyez JARD.

ECHAUBOUILLER, v. réfl. S'exténuer de chaleur, Se faire *bouillir* de *chaud,* et, par extension, de fatigue.

ECHAUFFURE, s. f. (arr. de Valognes) Pleurésie ; on dit aussi ÉCHAUFFAISON; le *chaud-refroidi* du patois du Berry est un mot mieux fait.

ECHAUGUETTER, v. a. Surveiller exactement. Voyez ESCARGAITE, qui s'écrivait quelquefois *Escalgaite* en vieux-français ; *Chanson de Roland*, str. CLXXVIII, v. 8.

ECHAULER, v. n. (Calvados); voyez CHAULER.

ECHAUMETRER, v. a. Effaroucher à force de coups, en parlant des animaux ; littéralement *Mettre* hors de son *chaume.*

ECHERPILLER, v. a. (Manche) Couper par morceaux ; il semble venir du latin *Excerpere ,* plutôt que de l'islandais *Skacka,* faire tort, et *Spillir,* Dépouiller violemment, Détruire ; quoiqu'on lise dans Bouthillier ; *Somme rurale,* l. I, tit. 28 :

En Normandie l'on appelle *escharpelerie* violence ; si coume de tollir a autrui le sien en voie ou en chemin, par les champs ou en lieu public.

ECHINEUX, s. m. Grand couteau à *échiner ;* il signifie aussi un Homme qui a une longue *échine.*

ECHOITE, s. f. Acquisition ,

Ce qui *échoit ;* il se trouve déjà dans des documents du XIIIe siècle.

Li chevaliers ainz nez aura le fie de hauberc tout entier, si qu'il ne sera pas partiz ; li autre frere auront les eschoites egalement; *Etablissements de Normandie,* p. 9.

ECLICHE, s. f. Eclat, Morceau ; du vieil-allemand *Slizzan,* Mettre en pièce; il existait aussi en vieux-français :

A l'estandart fu li caples mortal ;
Ogiers i fiert de cortain le roial,
Que les esclices en volent contreval

Chevalerie Ogier, v. 5144.

Le français *Eclisse* a la même origine. Il signifie aussi une Seringue en sureau avec laquelle les enfants se jettent de l'eau. Voyez ÉCLIPER.

ECLIPÈQUE, s. f. Tiroir lattéral d'un coffre.

ECLIPER, v. ?. Eclater, Eclabousser ; dans le premier sens, on dit aussi comme en rouchi *Eclifer*, et dans le second *Eclincher.*

ECLIQUETTE, s. f. Batte de masques ; de *Cliqueter,* faire du bruit.

ECŒURÉ, adj. Dégoûté, Découragé, Qui n'a plus de *cœur;* le patois du Berry dit *écœurdi.* Être *Ecœuré* ou *Ecœuréi,* signifie aussi Avoir mal au cœur.

ECOFFIR, v. a. Tuer. Voyez ESCOFFIER.

ECÒMANT, adj. Affadissant, Dégoûtant ; peut-être de l'anglais *To come* et le contraire d'*Avenant ;* on dit dans le même sens: Il ne me revient pas.

ECOPIR, v. a. et n. Cracher, et par extension Vomir; il existait aussi en vieux-français :

Escopi la enmi le vis.
Roman de Renart, t. i, p. 98.

On dit aussi *Ecopissure*, Crachat.

Ecornifler, v. a. Voler; d'*Ecorner*; le sens du français est bien plus restreint.

Ecouer, v. a. Couper la *queue*. On dit aussi *Equeuter*.

Ecouffle, s. f. (arr. de Valognes) Cerf-volant; en islandais *Kefli* signifie *bâton, surface plate*, et l'on dit également *Sec comme un bâton* et *comme une écouffle*. Cependant le milan qui plane habituellement très-haut, se nommait aussi *Escoufle*. (Voyez le *Roman de l'Escoufle*, Bibl. de l'Arsénal, B. L. F., in-4°, n° 178), et il ne serait pas impossible qu'on eût donné le même nom au cerf-volant qui s'élève très-haut et reste à peu près immobile.

Ecourre, escoutre, v. a. *Secouer*, et par métaphore Repousser; il vient sans doute du latin *Succutere*. Ce mot existait en vieux-français avec la même forme :

Et doibt le fourier battre et escourre le lict et mettre a point la chambre: Olivier de la Marche, *Mémoires*, t. II, p. 494. éd. de Petitot.

Granz fu li cols, molt fist a resoigner :
Si l'escoua qu'il fist agenollier.
Raoul de Cambrai, p. 102, v. 8.

Ecourre dans le patois du Jura, *Ecaure* en romanche, et *Eicouré* dans le patois de l'Isère, signifient *battre le blé*; delà le nom d'*Escoussour*, que le vieux-français donnait au *fléau*.

Ecoussin, s. m. Botte de

paille; le français dit, dans un sens à peu près semblable, un *coussin de paille*.

Ecoute-s'il-pleut, s. m. (arr. de Valognes) Nom méprisant que l'on donne aux moulins dont le courant a besoin d'être grossi par les *pluies*.

Ecrabouiller, v. a. Ecraser, Mêler en écrasant, comme le vieux-français *Acrabiller*; voyez Roquefort, *Glossaire*, t. I, p. 19. L'islandais *Krabba* signifie *mélanger, confondre*.

Hachez, écarbouillez, érintez, épiau-
trez,
Etreulez, émeultez, éventrez, étripez.
LALLEMAN, *La Campénade*, ch. i, p 9.

Ecrière, s. f. Petit crustacé qui vit dans l'eau douce; on dit à Valognes *Ecrelle*. Ce dernier mot semble une corruption d'*Ecrouelle*, nom que le vieux-français donnait à l'écrévisse, du bas-latin *Scrophula*.

Educhir, v. a. (arr. de Coutances) Affiler: s'il ne faut pas écrire *Aiguchir*, Aiguiser, c'est une corruption d'*Adoucir*, parce que le travail est moins *rude* quand on se sert d'outils bien affilés.

Educquer, v. a. Elever; c'est le mot latin qui s'est conservé aussi dans le Berry.

Efestoui, adj. (Orne) Enjoué, Gai, comme dans un jour de *fête*.

Effabi, adj. Pâle, Troublé, (arr. de Vire) Effronté; probablement de l'islandais *Favis*, Sot, Grossier.

Efforbir, v. n. (arr. de Valognes) Devenir fort, Cesser d'être *forbu*. Voyez ce dernier mot.

EFFOUCHIÉ, p. pas. *Effarouché;* il se dit surtout des bestiaux rassemblés en grand nombre qui sont saisis d'une sorte de terreur panique.

EFFOUILLE, s. f. Bétail produit, ou engraissé dans une ferme pendant l'année.

EFFRITER, v. a. Effrayer; probablement de l'anglais *To fright.*

ÉGACHIR, v. a. (Orne) Ecraser, faire du *gachis.*

EGAILLER, v. réfl. (Orne) S'éparpiller, S'étendre; on dit *Evailler* à Rennes et dans la Vendée. Il est aussi actif et signifie Déchirer.

EGALUER, v. a. (arr. de Valognes) Eblouir.

EGASSER, v. a. Voyez AGACER.

EGAMELÉ, p, pas. Ecrasé; *Kama* signifie en islandais *taché*, *gâté*, et le vieux-français *Gamafrer* voulait dire *frapper, blesser.*

EGLAVÉ, p. pas. (Manche) Mort de faim; *Gleipa* signifie en islandais *dévorer*, *avaler gloutonnement.*

EGOHINE, s. f. (arr. de Valognes) Petite scie à main; il existait aussi en vieux-français.

EGOHINER, v. a. (arr. de Valognes) Egorger, Frapper avec une *égohine.*

EGOSILLER, v. réf. S'user le *gosier* à force de crier.

EGRAT, s. m. Piége pour prendre les oiseaux. Voyez AGRAT. Il se dit aussi par apocope pour *Egratignure.*

ECRIMER, v. a. Egratigner; littéralement Devenir féroce, du vieil-allemand *Grimm.*

EGRINFLER, v. a. (arr. de Vire) Egratigner avec les griffes; on dit aussi GRIFFER et ÉGRINCHER.

EGROUGE, s. m. (Orne) Instrument à dents qui sépare le lin de sa graine. Voyez le mot suivant.

EGRUGETTE, s. f. Egrugeoir.

EGUENÉ, adj. Avare; du latin *Egenus*, pauvre, parce que l'indigence force à l'économie. Voyez ÉQUENÉ.

ÉLAVARE, s. m. (arr. de Valognes) Petite digue qui *élève* le niveau de l'eau.

ELÉNU, s. m. (Orne) Homme grand, *Elancé*, et, par extension, Maigre. De mauvaise mine, Mal habillé.

ELEVURE, s. f. Petit bouton qui s'*élève* sur la peau.

ELIENÇOURE, s. f. (arr. de Vire) Seringue en sureau qui *lance* de l'eau.

ELIGNER, v. a. (arr. de Valognes) Elaguer, corruption d'*Aligner.*

ELINDER, v. n. Glisser sur le feu: *Eslider* avait la même signification en vieux-français.

ELINGUE, s. f. Fronde. Voyez le mot suivant.

ELINGUER, v. a. et n. Lancer; de l'islandais *Slengia;* littéralement Se servir de l'*élingue*: de là le vieux-français *Eslingur.*

E li eslingur (*fundibularii* dans la *Vulgate*) avirunerent la maistre cited e grant partie en detruisirent; *Livres des Reis,* l. IV, ch. 5, v. 25.

Elinguer signifie aussi Repousser bien loin, comme avec une fronde, et Répandre des bruits mensongers, En donner à garder; probablement ce dernier sens vient de l'extension que l'on avait donnée à *Jacere* :

Cum amisso discrimine vera an vana jaceret thesauros gallici auri a patribus occultari jecit; Tite-Live, l. VI, ch. 14.

ELOQUETER, v. a. Déchirer, Mettre en *loques*.

ELOSSER, v. a. Sécouer, Ebranler; il existait aussi en vieux-français :

> Si deffandi qu'il n'i eust
> Nus si hardi, qui que il fust,
> Si comme il avoit son cors chier,
> Qui pierre en osast esloichier.
>> *Roman de Parceval*, B. R. n° 6837, fol. 47, verso.

Voyez LOCHER.

ELUGER, v. a. Tracasser, Déranger, Ennuyer.

> Et si la cervelle m'éluge.
>> *Muse normande*, p. 30.

Elenge signifiait en vieil-anglais *triste, affligé* :

> Hevy-chered I yede, and elenge in herte.
>> *Vision of Piers the Ploughman*, v. 13930.

ELUNÉ, adj. Aveugle; syncope d'*Eluminatus* qui se trouve dans Sidonius, l. VIII, lettre 11.

EMAQUER, v. a. (arr. de Caen) Ecraser, probablement de *Mâcher* ; on dit dans le Jura *Emâcher*.

EMBERLIFICOTER, v. a. Engeôler, Embarrasser au propre et au figuré, Aveugler, Donner la *berlue* ; le vieux-français employait dans le même sens *Emburclicoquer*.

> Et cuyde par nuit a la lune
> Emburcliquoquer fortune.
>> *Roman de Fauvel*, B. R. n° 6812, fol. 33.

Le français a conservé *Em-*

berlucoquer* dans le style familier, et l'on trouve dans le patois des autres provinces *Emberlauder*, *Emberliner* et *Emberlafer*.

EMBERNOUSÉ, adj. Barbouillé, Sali de *bran* ; le rouchi et le patois du Berry disent *Emberné*.

EMBLAYER, v. a. Mettre en *blé* ; il existait aussi en vieux-français.

> E si pes est fete, si que li tenanz lest la moitie de la terre, et tote la terre est emblayee ? *Etablissements de la Normandie*, p. 96.

EMBLER, v. a. Voler.

> Pour resconfort embler nos verres
> Et se gaudir de nos repas.
>> *Vaux-de-Vire inédits*, p. 219, éd. de M. Travers.

On le trouve aussi en vieux-français :

> VA-T-EN QUITTE
> Par votre foy, que craignes-vous?
> LA MÈRE
> Ma substance que chacun emble.
>> *Farce des Pates-Ouaintes*, p. 5.

EMBOBELINER, v. réf. S'envelopper la tête dans du linge, comme dans un *Bobelin*, nom que l'on donnait en vieux-français à une espèce de chaussure.

EMBRENINQUER, v. a. Embarrasser; corruption d'*Emberliner*. Voyez EMBERLIFICOTER.

EMBRICOLER, v. a. (arr. de Valognes) Mettre la *bricole* à une vache, Enheuder. Voyez ce mot.

EMBRONT, s. m. Essor; dans le patois du Jura *Embruer* signifie *Mettre en mouvement*.

EMBROUILLAMINI, s. m. Méprise, *Embrouillement* d'affaires ; le patois du Berry s'en sert aussi dans cette dernière acception.

EMBRUNCHIR, v. n. Devenir sombre, noir ; littéralement *brun* ; il existait en vieux-français.

> Ades quierent-ils le sepulcre
> Nostre Seigneur, ce m'est a vis,
> Embronchiez ont tantoz les vis
> Et par samblant moult se despisent.
>
> GAUTIER DE COINSI, *Miracles de la Vierge*, l. i, ch. 2.

Voyez aussi la *Chanson de Roland*, str. CCLXXIX, v. 4.

EMEILLÉ, adj. (Orne) Inquiet, Qui est en *émoi* : en vieux-français *émoie*.

EMERAS, adj. (arr. de Bayeux) Joyeux, Animé ; le vieux-français *Eme*, Ame, Esprit, s'est aussi conservé dans le Jura, où il signifie *Esprit, Intelligence*.

EMEULTER, v. a. (arr. de Vire) Luxer. Voyez la citation d'ÉCARBOUILLER.

EMEY, s. m. Partie du pressoir sur laquelle on écrase le marc de pommes : voyez le mot suivant. On appelait en vieux-français *émiouere* une machine propre à broyer, à *émietter*.

EMIER, v. a. Emietter ; il existait en vieux-français.

> Jehans le vit', molt l'en pesa ;
> De la macue qui pesa
> Le fiert tel cop en la caboce ;
> Ce ne fu pas por lever boce,
> Ainz esmie quanqu'il ataint.
>
> *Fabliau d'Estourmi*, v. 213.

Voyez aussi le *Livre des Reis*, p. 300.

EMMÊLER, v. a. Embrouiller, Obscurcir, *Mêler dans*.

EMMIAULER, v. a. Tromper comme un chat ; il se trouve aussi dans le patois du Berry.

EMOLENTÉ, adj. (arr. de Bayeux) Fatigué, Brisé de douleurs ; le mot patois est resté plus fidèle à l'étymologie (*Molitus*) que le français *Moulu*.

EMOQUER, v. a. Exciter comme des mouches que l'on fait bourdonner quand on s'en approche ; voyez MOQUE. Il signifie aussi Chasser les mouches, et avec le pronom réfléchi S'agiter en bourdonnant.

EMOUSSE, s. m. (Orne) Arbre propre à être émondé.

EMOYER, v. réf. S'émouvoir, Se mettre en *émoi*; il existait en vieux-français :

> Li reis sout ke dist voir, durement
> s'esmaia.
>
> *Roman de Rou*, v. 4147.

EMPAFFÉ. p. pas. (Orne) Engoué à force de manger, *Empiffré*.

EMPANSURE, s. f. Indigestion de ruminants qui produit un gonflement de la *panse*; on dit aussi en rouchi *une vache empanchée*.

EMPATURER, v. a. Embarrasser dans des liens, et, par métaphore, Engager quelqu'un malgré lui, le Jeter dans une mauvaise affaire. Ce mot vient de l'usage qu'ont les cultivateurs d'attacher par le *pâturon* les chevaux qu'ils laissent dans les champs.

EMPÊCHÉ. p. pas. Embarrassé, Atteint ; il se disait aussi en vieux-français :

> Et pour le occupation de Gamot Regnault qui est empesche du mal monseigneur saint Ladre ; *Testament* (1426) cité par Roquefort ; *Supplément au Glossaire roman*. p. 226.

EMPOTER, v. a. Mettre en bouteille, en *pot* ; il signifie aussi Emprunter, peut-être à cause de la nature de la chose empruntée.

ENCAGER, v. a. Emprisonner; Shaksper se servait aussi de *Cage* dans le sens de prison.

ENCHARGER, v. a. *Charger* quelqu'un de quelque chose ; *Ensarger* dans le patois du Berry.

ENCHARBOI, s. m. (Orne) Grand morceau de toile qui retient la *charrée* sur la cuve ; on dit aussi *Encharreux*.

ENCHIFFONNÉ, adj. (arr. de Valognes) Enchifrené.

ENCONTRE, prép. Contre ; il existait en vieux-français.

Nous leur devions aidier encontre le soudanc de Damas ; Joinville, *Histoire*, p. 108.

ENCOVIR, v. a. Désirer ardemment, follement; de l'islandais *Kof*, embarras de l'esprit :

Par foi ! fait-ele, je radote
Quant jou ai chelui encovi,
C'onques de mes deus iex ne vi.

Roman de la Violette, v. 3106.

Nous avons encore *Convoiter*, et l'on trouve *Encobir* dans le vieux-provençal.

ENCRÉPI, adj. (arr. de Valognés) Invétéré, Calleux.

ENCROUER, v. a. *Accrocher*, Suspendre, Mettre *en croix*, qui se prononce *crouet* en patois normand.

Faictes au gibet mener
Et que nous les y encroue.

Chansons normandes, p. 177, éd. de M. Dubois.

Il existait en vieux-français :

De moi poez, se vous voles,
Faire toutes vos volentes,
Livrer a duel et a tourment,

Ardoir u encruer au vent.

GUILLAUME LI CLERS, *Aventures Fregus*, p. 127.

La forme usitée dans l'Orne, *Encrucher*, ferait croire de préférence à une corruption d'*Accrocher*, si le c ne se trouvait en latin (*crucem*).

ENDAGNÉ, adj. (arrond. de Bayeux) Invétéré.

ENDÉMENÉ, adj. Evaporé, Espiègle, Entêté; du latin *Demens*, fou ; on dit aussi *Enteméné*.

ENDORMOIR, s. m. (Orne) Grande tasse que l'on vide le soir avant de s'*endormir*.

ENDREIT, prép. Envers, A l'égard de : du latin *In directum* ; il existait en vieux-français.

Ke chescun bon fut endreit sei
Et endreit des autres en bone fei.

PIERRE DE VERNON, *Enseignements d'Aristote*.

ENFANTÔMÉ, adj. (arr. de Bayeux) Ensorcelé, Qui voit des *fantômes*.

EMFLUME, s. f. Fluxion, Enflure.

ENFOURSURE, s. f. Fonds de sangle d'un lit.

ENGALU, adj. (arr. de Vire) Gourmand, Goulu.

ENGASER, v. a. (Orne) Embourber; peut-être une corruption d'*Envaser*.

ENGAVER, v. réf. Se bourrer de nourriture jusqu'au *gavion*; en rouchi il est actif et se dit surtout des volailles auxquelles on fait manger de trop gros morceaux de pâte.

ENGIN, s. m. Ruse, Tromperie; du latin *Ingenium* ; il existait en vieux-français :

N'est pax merveilles se cis set del engin,
Quant il est fius au fort larron Basin.

> *Auberis li Borgonnon*, dans
> Keller, *Romvart*, p. 220, v. 7.

Il n'est plus usité en français
que dans le proverbe : Mieux
vaut engin que force.

ENGIGNIER, v. a. Tromper ;
il existait en vieux-français :

> Traie l'ai et engignie,
> Car aillours se fust porcacie.
>
> GUILLAUME LI CLERS, *Arentures
> Fregus*, p. 205.

ENGRUGER, v. réfl. S'enticher;
en vieux-français *Engregier* signifiait *désirer passionnément*,
suivant Roquefort, *Glossaire*,
t. I, p. 460.

ENGUEUSER, v. a. Tâcher de
se faire donner quelque chose
en flattant, Tromper comme
une *gueuse*, nom que l'on donne
encore aux femmes de mau-
vaise vie.

ENHANNER, v. n. Etre essoufflé, et, par extension, Souffrir :

> Hellas ! il est byen enhanné
> De la grant douleur que j'avoye.
>
> *Chansons normandes*, p. 163,
> éd. de M. Dubois.

Il existait en vieux-français:

> Se joustice en terre n'estoit
> Li mondes ahanet seroit.
>
> *Du provost d'Aquilée*, v. 361.

C'est probablement une onomatopée métaphorique ; les
fendeurs de bois et les charpentiers accompagnent leurs
plus pénibles efforts du cri de
Han, et pendant le moyen-âge
le *Han* de saint Joseph était
conservé dans une bouteille.
En rouchi *Ehancer* signifie
haleter, *respirer avec peine*.

ENHASÉ, p. pas. (Orne) Af-
fairé, Empressé ; *Hâte* s'écrivait en vieux-français avec un
s qui s'est conservé dans l'anglais *Haste*.

ENHÂTER, v. a. Presser,
Exciter : il existait en vieux-
français :

> Sire Gauvains estoit enhasti
> De foler sur ceux de defors,
>
> *Roman de Merlin*, cité par Bo-
> rel.

ENHERSÉ, p. pas. (arr. de
Bayeux) Invétéré, Enraciné ;
du latin *Inhaerere*, être attaché.

ENHEUDÉ, p. pas. (arr. de
Valognes) Lié avec des *heudes*.
Voyez ce mot.

ENLISÉ, p. pas. (arr. de
Mortain) Embourbé. Voyez
ALISE.

ENMITOUFLER, v. réfl. S'envelopper la tête comme avec un
amict ; on dit aussi *Amitou-
fler*.

ENOTER, v. a. Oter le brou ;
dans quelques localités on prononce le c du radical latin
(nucem) ENOCTER.

ENOULER, v. a. Moudre grossièrement; du latin *Enucleare*.

ENQUÉRAUDER, v. a. Ensor-
celer : en vieux-français *Ca-
raude* signifiait *sortilège* :

> Mil conjuremens,
> Mil caraudes, mil espiremens....
> Femmes faisoit encamuder
> Et les hommes enfant suer.
>
> *Roman d'Eustache le Moine*.

ENQUERVOISER, v. a. Accrocher, Mettre en croix.

ENRUBISQUEUX, adj. Amoureux, Echauffé, Rouge comme
un *rubis*.

ENS, adv. Dedans; il existait en vieux-français :

> Fors s'en istront, vos entrez enz;
> Si ne seez coartz ne lenz.
>
> BENOIS, *Chronique rimée*, t. II,
> v. 721.

ENSANGMÊLER, v. a. (arr. de Bayeux) Mettre en colère, *Mêler le sang*.

ENTEL, pr. Tel.

Tu es tout cinticule qui me fas ; *Farce des Quiolards* , p. 12.

C'est probablement le sens que l'on donnait au vieux-français *Entulle :*

Et dist : Amis, ne r'alez mie
Avec la male compaignie
Des gloutons, ne des lecheors,
Ne des entulles pecheors.

    RAOUL, *Voie du paradis*, dans Rutebeuf, *Œuvres*, t. II, p. 235.

ENTENTE, s. m. Jugement, Capacité d'*entendre ;* il signifie aussi Pensée, Ce que l'on *entend ;* le vieux-français le prenait dans ces deux acceptions.

ENTEURI, adj. (arrond. de Bayeux) Taché, Moisi. Voyez ATORI.

ENTOUR, adv. Environ ; il existait aussi en vieux-français :

Pur ço David d'iloc s'enturnad od tuz ses cumpaignuns, entur sis cenz qui il i out ; *Livres des Reis*, l. I, ch. XXIII, v. 13.

ENTREGENT, s. m. Habileté de conduite : Il a de l'entregent. On dit aussi : Il sait bien son entregent ; le vieux-français disait *Entreget*.

ENTROMPER, v. n. Enfoncer le soc dans la terre.

ENVIER, v. a. Envoyer ; cette contraction se trouvait aussi en vieux-français :

Le duc Louis d'Orléans, frère de Charles VI, provoquant à la guerre son ennemi Jean Sans-Peur, duc de Bourgogne, chargea sa devise d'un baston noueux, se jactant que là où il frapperoit, la bigne s'y leveroit, et davantage portoit escrit en ses enseignes : *Je l'envi ;* Claude Paradin , *Devises héroïques*.

On dit *Invier* dans le Jura ; l'espagnol a *Enviar*, et l'italien *Inviare*.

ENVIRON, adv. A l'entour, Aux *environs ;* du latin *in gyrum* , ou du vieil-allemand *Umbiring ;* les troubadours lui donnaient aussi une signification plus conforme à l'étymologie :

Quan lay aura son trap tendut
Nos alogerem d'enviro.

    Bertrand de Born, Lo coms.

EPATER, v. a. Déchirer un drageon, Une *patte ;* il s'emploie aussi avec le pronom réfléchi, et signifie alors Tomber sur les mains, que le peuple appelle les *pattes*.

EPATTE, s. f. (arr. de Vire) Etoupe.

EPAVILLER, v. a. Eparpiller ; probablement du latin *Pavor* , crainte.

EPÉLIR, v. a. (Orne) Démêler la laine, la mettre en *peloton* , qui s'appelait en vieux-français *Espillier*.

EPESTOUI, adj. (Orne) Etourdi. Voyez PESTER.

EPIFRA , s. m. (Orne) Eclat de bois.

EPILER , v. a. Oter les broussailles.

EPINOCHE, s. m. (arr. de Bayeux) Fausset.

EPLAPOURDI, adj. (arr. de Bayeux) Etonné, Effaré, Abasourdi.

EPOURER , v. a. (Orne) Effrayer, Faire *peur* ; du latin *Expavescere*, en vieux-français *Epeuter*.

EPROGNE, s. f. Chêne dont la tête est coupée. Voyez ES-PRANGNER.

EPROGNER, v. n. Se vanter, Conter des histoires qui n'ont ni queue ni tête.

ÉQUELETTES, s. f. pl. (arr. de Valognes) Petites *échelles* dont les barreaux dépassent les traverses, que l'on met de champ sur les chevaux pour y suspendre des bottes de foin ou de paille.

ÉQUENÉ, adj. Affamé, Affaibli :

Je sis si équene que, pensant me ra-
ver,
Je ne serais quasi trainer mes poures
guestes.

Muse normande, p. 42.

Voyez ÉQUENÉ ; dans le patois du Berry *Acni* signifie *éreinté, épuisé, tombé d'inanition*.

EQUERBOTTER, v. a. (arr. de Valognes) Eparpiller de petites choses ; probablement un fréquentatif d'*Equerpir*. Voyez ce mot.

EQUERDER, v. a. (arr. de Valognes) Enrager ; il ne s'emploie qu'avec le verbe *Faire*.

EQUEREL, s. m. (arr. de Bayeux) Enfant faible, mal venant. Voyez ÉQUENÉ.

EQUERPIR, v. a. (arr. de Valognes) Eparpiller, Mettre en fuite.

ÉQUILLE, s. f. (arrond. de Bayeux) Petit poisson allongé, du latin *Acicula*, appelé à Valognes *Lançon* (Voyez ce mot); c'est l'*Ammodyta tobianus*.

EQUIPOLLER, v. a. (arr. de Valognes) Compenser, Faire deux parts égales ; la signification française est restée plus conforme à l'étymologie, *valoir autant que*.

EQUOREUR, s. m. (arr. de Bayeux) Homme chargé de la vente du poisson ; du latin *Aequor*.

ERACER, v. a. (arr. de Coutances) Arracher.

ERAFLER, v. a. Egratigner ; il existait aussi en vieux-français, et l'on trouve dans le *Dictionnaire roman* de don François *Arrafler*; on dit aussi *Erifler*.

ERAMIE, s. f. (arrond. de Bayeux) Exposition, Représentation : *Etre en éramie* signifie littéralement *Etre planté debout comme un arbre* (ramus). Voyez Pluquet, *Roman de Rou*, t. I, p. 85.

ERBELINE, s. f. (arr. de Falaise) Chair de mouton, de mauvaise qualité.

ERCIS, adv. De nouveau ; peut-être du latin *Rursus*.

ERDRE, v. a, (arr. de Valognes) Griller, Rôtir ; peut-être du latin *Ardere*.

ERGANE, adj. (arrond. de Bayeux) De mauvais humeur ; *Aerger* en allemand.

ÉRIVIÈRES, s. f. pl. Etrennes ; il existe aussi à Rouen, suivant de Brieux, *Origines de coutumes anciennes*, p. 4.

ERJUER, v. a. Ennuyer, Fatiguer ; de l'allemand *Aergern*, Chagriner, ou du grec ἐργασία, Chagrin ; car *Argui* est resté dans le patois de Marseille. Le vieux-français avait aussi *Arguer* :

Mais li maus qui l'argue et cose

Le tenoit et hastoit de pries.

> Mouskes, *Chronique rimée*, v. 23788.

Erliser, v. n. (arrond. de Bayeux) Reluire ; du latin *Relucere* : à Valognes on dit *Relure*.

Erné, p. pas. Ereinté ; le patois est resté plus fidèle à l'étymologie (*Renes*) ; en rouchi on dit *Érané*. Ce mot s'emploie aussi métaphoriquement ; on dit à Caen d'une bête qu'on ne peut pas faire obéir qu'elle est *Ernée*.

Eroncer, v. n. (arr. de Caen) Arracher les *ronces*.

Ersei, adv. Hier soir ; il existait en vieux-français :

> Osmunt le proz, avant-erseir,
> Par son engin, par son saveir,
> Le traist de Loun la complie.
>
> Benois, *Chronique rimée*, l. ii, v. 14179.

Eru, s. m. (Canton de Marigny) Lierre ; ailleurs on a, comme en français, réuni l'article au latin (*Hedera*), en en rendant même la prononciation plus rude, *Gliéru*.

Erusée, s. f. (Orne) Essor, Volée ; *Erre*, *Errée* signifiait en vieux-français Voyage, Marche, Diligence :

> Ainsi come en ce penser estoit, survint ung escuier qui venoit vers lui moult grant erre, monté sur ung cheval de chasse ; *Roman de Gerard de Nevers*.

Erusser, v. a. (Orne) Effeuiller une branche avec la paume de la main.

Esbigner, v. a. Tuer : il s'emploie aussi comme v. réf., et signifie S'évader, S'esquiver ; il existe avec ce sens dans le patois des environs de Paris :

> Et l'amant qui s'sent morveux
> S'esbigne en disant : si j'tarde,
> Si j'mamuse à la moutarde,
> Nous la gobons tous les deux.
>
> Désauciers, *Parodie de la Vestale*, act. ii, 7e couplet.

Esbrouf, s. m. (arr. de Vire) Il s'emploie ordinairement avec le verbe *Faire*, et répond à la locution populaire *Faire de l'embarras*.

Escachette, s. f. (arr. de Saint-Lo) Casse-noix ; peut-être est-il dérivé immédiatement de l'islandais *Skaka*, briser. Voyez cependant ÉCAUCHETTE.

Escarbillard, s. m. (Calvados) Fou, Etourdi.

Escarbouiller. v. a. Ecraser ; il existait aussi en vieux-français :

> Et quand il doit tonner, crainte que la tempête
> Pour les maux qu'il a faits n'escarbouille sa tête.
>
> Scévole de Sainte-Marthe.

Voyez ÉCRABOUILLER.

Escargaite, s. f. Action d'épier, De faire le guet, et par suite Vigilance ; il existait en vieux-français :

> Par l'escargaite Droom le Poitevin,
> Le fil le roi en laissa fors issir.
>
> *Chevalerie Ogier*, v. 1122.

Il signifiait aussi Espion, Sentinelle. Voyez le v. 6795.

Escofier, v. a. Tuer, Assassiner ; probablement de l'islandais *Skafin*, Brave, Intrépide, dont le vieux-français avait fait *Scafion*, Voleur de grand chemin. Le patois normand dit aussi *Escafer* ; *Escofir* en provençal, et *Sconfiggere* en italien, ont la même signification.

Escot, s. m. Promenade plantée d'arbres autour des remparts d'où l'on faisait le guet ; *Skot* signifie en islandais Lieu secret, Cachette.

Escourre, v. a. Repousser, *Secouer*. Voyez ÉCOURRE.

Escousse (d'), adv. Tout d'un coup, D'une seule *escousse*. Voyez le mot précédent :

Sont gens qui veulent tout d'escousse
Me faire mourir pauvrement.

> *Vaux-de-Vire*, p. 99; éd. de M. Dubois.

Escrais, s. m. Éclat; *Escrever* signifiait en vieux-français *Se fendre*, *Éclater*.

En droit la chambre la dedanz
Si escreva le murs fendans.
> *Fabliau de Piramus et Tisbé*, v. 297.

Esiquié, adj. (arr. de Valognes) Mince, Chétif ; du latin *Exiguus*.

Espaigner, v. a. Épargner :

Il portoit a sa ceinture
Ses souliers qu'il espaignoit.
> OLIVIER BASSELIN, *Vaux-de-Vire*, p. 187; éd. de M. Travers.

Espèche, s. f. Épingle ; le patois est resté plus fidèle à l'é- tymologie ; du latin *Spiculum* ou de l'islandais *Spik*.

Espéciauté (par), loc. adv. (arr. de Valognes); Pour sa beauté, sa rareté; littéralement Par préférence ; *Par espécial* s'employait dans le même sens en vieux-français :

Que vas-tu grondir ne groucier
Contre moy par espécial.
> *Miracles de sainte Geneviève*, publiés par M. Jubinal, *Mys- tères inédits*, t. I, p. 260, v. 13.

Espérer, v. a. Attendre : une extension aussi naturelle de signification se trouvait dé-

jà en grec (Ἐλπίζειν), en latin (*Sperare*), et en anglais (*Hope* ; voyez entre autres le *Canter- bury tales*, v. 4027). En Lan- guedoc et dans la Vendée, *Es- pérer* a aussi la double significa- tion que lui donne le patois normand.

Esprangner, v. a. Ravager, Briser ; l'islandais *Sprengia* a la même signification.

Esquainter, v. a. Assom- mer, Tuer ; le vieux-provençal donnait à *Esquintar* le sens de *Déchirer*, *Mettre en pièces* :

Comenseron greumens a plo- rar e lurs vestirs a esquintar ; *Histoire abrégée de la Bible*, citée dans le *Lexique roman*, t. III, p. 191.

Essart, s. m. Friche, Terre inculte, et par analogie Brous- saille, Bois; probablement d'*Exardere* ; delà le sens de *Massacre*, *Destruction* que lui donnait quelquefois le vieux- français :

Certes, mult le fait bien Robert le fiz
Bernart;
De cele gent estrange fait merveillus
essart.
> JORDAN FANTOSME, *Chronique ri- mée*, v. 1052.

Mais il se prenait aussi dans l'acception que lui donne le pa- tois normand :

Puis verra les tors en l'essart
Et le grant vilein qui les garde.
> *Chevaliers au Lion*, dans Kel- ler, *Romvart*, p. 538, v. 21.

La u out vignes u vergiers,
Furmenz u altres bels essarz,
Creisseit buissons de tutes parz.
> BENOIS, *Chronique rimée*, l. I, v. 1138.

Dans le patois de l'Isère *Eys- sart* signifie encore *Lieu in- culte*

7

Essartum avait aussi quelquefois le même sens dans la basse-latinité, car on lit dans le *Regestrum visitacionum Archiepiscopi rothomagensis*, p. 264 : Invenimus ibi deffectum... quantum ad usurpacionem reddituum Capituli per episcopum de essartis bosci de Nuilyaco.

ESSAVER, v. a. Écorcher légèrement.

ESSERBER, v. a. (arr. de Vire) Élaguer avec une *serpe*.

ESSENILLER, v. a. (Orne) Éparpiller comme un *essaim*.

ESSENTE, s. f. (arr. de Lisieux) Petite planche carrée dont on se sert au lieu d'ardoises pour couvrir les maisons.

ESSIAU, s. m. Écluse ; du latin *Exitus :* on le trouve aussi en vieux-français. Voyez Roquefort. *Supplément au glossaire*, p. 150.

ESSOINE, s. f. Excuse ; il existait en vieux-français :

Se chil qui apele ou qui est apeles vieut avoir avoue qui se combate pour lui, il doit montrer son essoine quant le bataille sera jugiee ; *Coustume de Beauvoisis*, ch. LXI , p. 308

ESSOURDRE, v. n. (arr. de Rouen) S'élever. *Sourdre;* (arr. de Valognes) Éclaircir ; peut-être est-ce une corruption d'*Essarter*, car il se dit le plus souvent d'un plant.

ESSUI, s. m. (arr. de Valognes) Serviette, *Essuie-main :* dans le patois du Berry *Essiot* signifie un torchon pour essuyer la vaisselle.

ESTAMPER, v. a. (arr. d'Avranches) Broyer, Écraser :

de l'islandais *Stappa*, qui était aussi passé dans le vieux-français :

Ses herbes estampe et destempre,
Sa puison tout a point ateinpre
A la semblance de moure.

Roman de la Violette, v. 3459.

ESTORÉ, part. passé. Muni ; du latin *Auctorare*, Se pourvoir , Faire sa provision ; le vieux-français venait sans doute d'*Instaurare* :

Cil Dame Diex qui le mont estora
Saut la contesce et ciax qui ames a.

Raoul de Cambrai, p. 11, v. 12.

ESTRAGAUCHINES, s. m. pl. (arr. de Mortagne) Hypothèques , probablement du latin *Extra*, Au dehors, et du vieux français *Gauchir*, Pencher, Incliner : il signifierait alors Demi-aliénation.

ÉTAQUER, v. a. Enlever l'herbe qui se trouve sur la terre avec une bêche.

ÉTAU, s. m. Chaume. Voyez ÉTOUBLE.

ÉTAUDIR, v. a. (arr. de Valognes) Assommer ; peut-être *Étourdir*, Donner un coup d'étour.

ÉTERMINE , adj. Maigre, *Exterminé*.

ÉTERMINE, s. f. (arr. de Mortagne) Étisie ; il ne s'emploie que dans la locution Être en étermine, et vient, sans doute, du latin *Exterminare* qui avait pris pendant le moyen-âge le sens du français Exterminer.

ÉTERSE, s. f. Brosse; du latin *Extergere*, Nettoyer.

ÉTEURDRE, v. a. (arr. de Valognes) Pétrir, *Tordre* ; parce qu'en pétrissant on replie la pâte.

ÉTIBOQUER, v. a. Agacer, Tourmenter, Exciter.

ÉTIBOT, s. m. Agacerie, voyez le mot précédent :

O z'étibots de ste bechon bouillie.
    Muse Normande, p. 3.

ÉTIQUER, v. a. Eplucher.

ÉTISSER, v a. Exciter ; peut-être une méthathèse.

ÉTOUBLE, s. m. Chaume resté debout ; il existait aussi en vieux-français :

Comme pourcelets en estoubles.
    GUIART, *Branche des royaux lignages*, t. II, p. 158.

L'ancien provençal *Estobla*, *Stobla* avait encore plus de rapport avec la racine latine *Stipula*; *Estouble* est resté dans la Vendée, *Etrouble* dans le Berry et *Ectoublo* dans le Dauphiné.

ÉTOUPAS, s. m. Fagot d'épines, Broussailles qu'on a *étoupées* ; voyez le mot suivant.

ÉTOUPER, v. a. Couper les broussailles ; il s'emploie aussi dans le sens du français, et signifie Enduire d'argile la gueule d'un four.

ÉTRA, s. m. Piste, *Trace* sur la neige.

ÉTRAIN, s. m. Paille.

D'estrain et de chenevotte.
    Vaux-de-Vire, p. 48; éd. de M. Dubois.

Il vient sans doute du latin *Stramen*, ou de l'islandais *Stra*, et se trouvait aussi en vieux-français.

Premier ne demanderent c'un pou de repostaille,
Atout. 1. pou d'estrain ou de chaume ou de paille.
    RUTEBEUF, *Des Jacobins*, t. I, p. 176.

ÉTRALLER, v. refl. (arr. de Valognes) S'étaler.

ÉTRAMILLER, v. a. Éparpiller.

ÉTRAQUER, v. a. (arr. de Caen) Suivre à la *trace*.

ÉTRASE, s. f. (arr. de Mortagne) Chose chétive, Ombre ; il n'est guère employé que dans cette phrase : Ch'est eune étrase que cet effant.

ÉTREULER, v. a. (arr. de Valognes) Jeter sans ordre, en monceau (arr. de Vire) Ecraser sous la roue ; voyez ÉCARBOUILLER.

ÉTRILLER, v. a. Arracher en déchirant.

ÉTRIVER, v. a. Disputer, et par suite Marchander, Combattre comme enro uchi et en vieux-français :

La fille ne sot que respondre,
D'ire et de honte cuida fondre,
Ne pot a son pere estriver,
Ne il ne la vaut escouter.
    Roman de Brut, v. 1821.
Tencie avez e estive,
Tart couche e matin leve.
    BENOIS, *Chronique rimée*, l. II, v. 23501.

Ce mot ne s'emploie plus guère, qu'avec le verbe *Faire* et signifie *Vexer*, *Tourmenter* ; l'islandais *Strid* a la double signification de *guerre*, *attaque* et de *vexation*.

ÉTROGNER, v. a. Émonder ; probablement une corruption d'*Eprogner*. Voyez ÉPROGNE et ESPRANGNER.

ÉVALINGUER, v. a. (arr. de Valognes) Jeter, Lancer ; *Elinguer* de, *af* en islandais.

ÉVARER, v. a. Effrayer, Rendre *effaré*. Voyez VAROU.

ÉVIPILLON, s. m. Goupillon.

ÉVRASQUIER, v. a. (arr. de Valognes) Arracher en déchirant.

EXPOSITION, s. f. (arr. de Valognes) Danger auquel on s'*expose*.

F

FAI

Fabin, s. m. Espion ; terme injurieux, qui signifiait sans doute autrefois *sot* comme le *Faris* islandais, ou *bâtard* comme le *Favonius* de la basse-latinité ; voyez Isidore, *Originum* l. IX, c. 5, § 25.

Faguelin, adj. (arr. de Mortagne) Faible de tempérament.

Failli, part. passé. Maigri ; en breton *Fall* signifie *chétif* ; mais peut-être ce mot vient-il plutôt de l'allemand *Fehlen*, manquer, ou du latin *Fallere*, dont on a fait sans doute *Défaillance*. Il s'emploie avec le même sens dans le patois de Rennes.

Faim-valle, s. f. Appétit continuel, Mauvaise faim ; *Fall* signifie *mauvais* en breton.

Faindre, v. réfl. et n. Se baisser, S'affaisser, Etre paresseux, Ne pas se remuer :

> Des que Belins cria s'ensagne,
> Il n'i a un sol qui se fegne.
>
> *Roman de Brut*, v. 3057.

Ces diverses acceptions se rattachent toutes à une idée de *faiblesse* qu'exprimait le vieux-français *Fain* :

> Si ne menjai-je riens, ce sachiez des
> yer main,
> Nonpourquant me donna l'ermite de
> son pain;
> Car je n'en poi mengier tant ert le
> mien cuer fain.
>
> *Berte aus grans-pies*, str. XLIX,
> v. 11.

La racine est sans doute celtique, car *Fainne* en ecossais et *Faine* en irlandais signifient

FAL

langueur et l'anglais a conservé *Faint* et *To faint*.

Fait, s. m. Avoir, Fortune, Biens meubles ; le vieux-français lui donnait le même sens (« Elle est modeste, elle prend soin de son fait, bonne ménagère », Remy Belleau), et il l'a conservé dans le patois du Berry. Dans la basse-latinité *Factum* signifiait même *Domaine*, *Propriété territoriale*. Voyez du Cange, t. III, p. 182, col. 2.

Faitelait, s. m. Lait caillé ; *Fetiz* signifie en breton *épais*, *compacte* ; le même mot se trouve sans doute en roumansche, car on lit dans le *Ranz des vaches* :

> L'on me lou cô a la zoudaire
> Devan qué fusse affeta.

Faiturier, s. m. Syndic des confrairies (*Factuarius*).

Falle, s. f. Gorge, probablement du vieil-allemand ou de l'islandais *Hals*, dont le s disparaît dans les flexions :

> Vray est que moi qui suis enclin
> A dormir à l'aise au matin,
> Ne chanterois de si bonne heure ;
> Mais ayant un peu sommeillé,
> Puis de vin ma falle mouillé,
> Ma chanson seroit bien meilleure.
>
> Olivier Basselin (Jean-le-Houx),
> *Chanson inédite*.

Un autre exemple de l'emploi de ce mot se trouve dans l'édition de M. Dubois, p. 123.

Fallipoux, s. m. (Orne) Homme de mauvaise mine ; peut-être faut-il écrire *Failli-*

pou, Pou maigre ; on appelle une personne décharnée un *Lapin vidé*.

FALMÈCHE (Orne), FALUMÈCHE (Eure) , et FOLUMÉQUE (Calvados) s. f. Étincelle, *Flammèche*.

FALUE , s. f. (Manche) Galette très-lourde ; il peut venir de l'islandais *Fylla*, Rassasier ; de l'anglais *Fail*, disette (Voyez FAMINO) ; ou du bas-latin *Fallum*, Étain ; on dit dans le même sens un *Gâteau de plomb*.

FAMULER, v. pr. (arr. de Mortagne) Se familiariser ; littéralement Devenir de la maison : du latin *Famulus*, Domestique.

FAMINO , s. m. (Orne) Petit pain de sarrazin, qu'on ne mange que dans les temps de *famine*.

FANFLUE , s. f. Berlue ; il se prenait en vieux-français dans le sens de *Fanfreluche*.

FANGUE, s. f. Fange. Les autres langues romanes avaient aussi le son dur , *Fang* ou *Fanc* en provençal et en catalan; *Fango* en italien et en espagnol ; *Fanc* en vieux-français : Un vivier empres les fontaines de Desierre , qui est aterriz et plainz de fanc; *Lettres de grace* (1478), citées par Carpentier, t. II, col. 361. Dans l'arr. de Saint-Lo on prononce *Fongue*.

FAQUIN, s. m (arr. de Bayeux) Élégant ; cette signification si étrangère au français se trouve aussi dans les patois du Berry et du Tarn. On attachait sans doute une idée défavorable à la toilette, car *Fakænn* signifie en islandais *maladroit, incapable* et *Vak* en breton *fainéant, paresseux*. Voyez FARAUD.

FARAGE, s. m. (Orne) Communauté ; on dit en français *Faire avec quelqu'un*.

FARAUD , adj. (Manche) Élégant ; il ne se prend qu'en mauvaise part. Quoique Frédégaire se serve de *Faro* dans le sens de *Baro*, ce mot qui se trouve aussi dans les patois du Berry et du Jura, vient sans doute de l'islandais *Fadr*, élégant ; le D a disparu comme dans *Fodr* dont on a fait *Fourrage*.

FARETTE, s. f. (arr. de Bayeux) Moisissure qui vient sur les baissières de cidre ; *Var* signifie en breton *Sur, Dessus*; et *Fardi* en islandais *Lie* , *Moisissure qui vient sur l'huile*. Dans d'autres localités la *Farette* se nomme *Champignon*.

FATRAIN, s. m. (arr. de Mortagne) Petit chanvre : c'est probablement le même mot que *Frétin* dont la signification est semblable.

FAU, s. m. Hêtre ; *Fao* en breton. Ce mot existait aussi en vieux-français :

Berte fu ens el bois assise sous un fo.

Berte aus grans-pies, p. 48.

FAULAU ou FOLLO, s. m. (Orne) Feu-follet ; ailleurs ce mot est corrompu autrement, on dit *Fifollet*.

FAUQUET, s. m. (Manche) Croc-en-jambe; de *Faux*; le vieux-français disait *Fauchet*.

FAUTER, v. n. Commettre une *faute*.

FAUTOISET , s. m. (arr. d'Avranches) Émouchet; *Oiseau* qui se prononce *oiset* a sans doute été ajouté au *Fau* (*Falco*) du vieux-français :

Et plus isnaus que faux ni espervier.

Roman d'Agolant, p. 61, éd. de Bekker.

Favas, s. f. pl. (Manche) Tiges sèches de fèves ; *Favaz* a la même signification en breton, mais il est probable que ces deux mots viennent du latin *Faba*.

Fêle, adj. (arr. de Bayeux) Fort, Courageux, comme en rouchi ; probablement de l'islandais *Fella*, tuer, renverser ; selon M. Dubois, *Mémoires de la Société des Antiquaires de France*, t. IV, p. 235, *Fel* signifierait, dans quelques localités de l'Orne, *Faible* ; il viendrait alors peut-être de l'islandais *Feill*, Vice, Défaut : en vieux-provençal *Esfelnezir* avait le sens d'*Altérer*, *Rendre mauvais* :

E m n'esfelnezis ma color.

Guillaume de Cabestaing, cité dans le Lexique roman, t. III, p. 301.

Fener, v. a. Rendre ses excréments ; il ne se dit que des chats. Voyez FIAN.

Ferlampier et **Frelampier**, (arr. de Bayeux et de Valognes) Écervelé, Mauvais sujet. Ce mot existait aussi dans les autres provinces : Elle est amoureuse d'un grand ferlampié ; *La précaution inutile* dans le *Théâtre italien de Gherardi*, t. I, p. 527.

Ferlande, s. f. Mauvaise pièce de monnaie ; du bas-latin *Ferlingus*, le quart d'un denier, dont on avait fait en vieux-français *Ferlin* et *Frelusque*. Voyez le mot suivant.

Ferluches, s. f. Copeau très-mince, Dolure ; du bas-latin *Ferlingus*, pièce de monnaie

de la plus faible valeur, en vieux-français *Frelusque*, dont par une idée semblable on a fait *Fanferluche*.

Fermaigne et **Fermine**, s. m. Meuble pour enfermer des effets, *Fermant*. On appelait en vieux-français les bijoux qui fermaient *Fermaus* ; Mouskes, *Chronique rimée*, v. 11085, et *Fermailles* ; *Inventaire des joyaux de la maison de Bourgogne*, publ. par M. Barrois, *Bibliothèque protypographique*, p. 331.

Férousses, s. f. pl. Jambes : de *Fero*, je porte.

Fersir, v. n. Transir, Tremblotter ; de l'islandais *Farsiuk*, gravement malade, d'où vient sans doute *Farcin*, en vieux-français *Fersin*.

Fertillon, s. m. Il ne s'emploie que dans la locution Etre en fertillon, en agitation, comme un dé dans un cornet (*Fritillus*), Etre en gaité. Frétiller : cette dernière acception fait penser à *Frigilla* ; on dit proverbialement : *Il est gai comme un pinçon*.

Feru, adj. Vigoureux ; du latin *Ferox* ou du breton *Feru*, dont la signification est à peu-près la même : dans le patois de la Vendée on dit *Férieux*.

Feslamper, v. a. (arr. de Mortagne) Fesser, Battre.

Feupes, s. f. pl. (arr. de Mortagne) Mauvais vêtements ; Friperie, en patois *Feuperie*. Voyez PEUFFE.

Fêt, s. m. (Manche) Toît, Faîte, Faîtière.

Fêtre, s. m. Panaris.

Feurre, s. m. Paille, Fourrage : de l'islandais *Fodr*, nourrir. *Faire gerbe de feurre à Dieu* était un vieux proverbe qui nous a été conservé par Rabelais, l. 1, ch. 11. Ce mot existait aussi en vieux-français.

FIAN, s. m. Fumier, *Fiente*; cette forme se trouvait aussi en vieux-français :

> Ou descent le fiens et l'ordure.
>> *Martyre de saint Denis*, publié par M. Jubinal, *Mystères inédits*, t. 1, p. 160, v. 19.

et elle s'est conservée en rouchi.

FIARACHE, s. f. (Orne) Communauté, mélange.

FIAT, s. m. (arr. de Bayeux) Foi, Confiance; ce mot se trouve aussi en rouchi; le T ne se fait pas sentir dans le patois chartrain; dans la Manche, on dit *Fiauté*.

FIAU, s. m. Fleau pour battre le grain; le L s'est changé en I, comme il arrive souvent en italien lorsqu'il est précédé d'un F. On dit aussi FLET.

FICHANT, adj. (Manche) Extrêmement contrariant. Voyez le mot suivant.

FICHER, v. a. Appliquer, Mettre, comme le *Ficher* du vieux-français :

> Qui en trouver fiche s'entente
> Bien se doit garder qu'il ne mente.
>> GUIART, *Branche des royaux lignages*, prol. v. 1.

On dit aussi *Fichier* le camp, S'en aller au plus vite, Décamper; *Fichier* (Appliquer, Donner) *des coups*, et *Fica* signifiait en provençal *Blessure, Coup*. Employé avec la forme réfléchie *Ficher* signifie *Se moquer*; il vient sans doute du bas-latin *Ficare* dont l'origine est incertaine; on trouve seulement en suédois avec une signification semblable le verbe *Fickas*.

FICUU, adj. (Manche) Perdu, Condamné; les autres significations ne sont pas particulières au patois.

FIÉE, s. f. (Calvados) Grande quantité; probablement de l'islandais *Fiol*, foule, ou de *Fe*, troupeau, en vieil-allemand *Vihu*; en Dauphiné, selon Roquefort, *Supplément au glossaire roman*, p. 165, *Feie* signifie encore *troupeau*, mais dans le petit vocabulaire que M. Champollion-Figeac a mis à l'appendice de son livre sur les patois, on ne trouve que *Feia*, brebis. Il ne serait pas impossible non plus que *Fiée* fût une contraction de *Fieffée*; encore maintenant en français *Fieffé* donne une valeur superlative aux substantifs auxquels il est joint.

FIEGE, s. f. (Orne) Roseaux sèches avec lesquels on empaille les chaises communes.

FIELLU, adj. Courageux. Voyez FELE.

FIFOTTE, s. f. (arr. de Bayeux) Frai de poisson rejeté par la mer, dont on se sert comme engrais; peut-être de l'islandais *Fisk*, poisson et *Fodra*, nourrir.

FIGNOLER, v. n. Etre élégant, Se faire beau; il se trouve aussi en rouchi, et dans le patois de Reims. *Finn* signifie en islandais *agréable à voir*.

FIGNOLEUX, s. m. (Seine-Inférieure) Elégant. Voyez *Le coup d'œil purin*, p. 19; il a la même signification dans le patois du Berry.

FILEBERT (Noix de) s. m. (Manche) Aveline; saint Filebert qui avait beaucoup enrichi l'abbaye de Jumièges, y avait sans doute introduit de meilleures noisettes. Voyez Benois, *Chronique rimée*, l. I, v. 934, et *Acta sanctorum*, août, t. IV, p. 66-95.

FILOTIER, s. m. (Orne) Tisserand, Ouvrier qui tisse du *Fil*.

FILSET, s. m. Petit garçon; de *Filius*. Un fait qui prouve d'une manière remarquable la supériorité physique des hommes du Nord, c'est que *Mog* qui avait la même signification en islandais est devenu en vieux-français MEGIN, *Mescin*, Jeune homme robuste. A Caen et ailleurs on dit aussi *Fiston*.

FINAKÉ, s. m. Rusé; il se prend souvent en mauvaise part comme *Finaud*.

FINER, v. a. (Manche et Calvados) Trouver; comme l'islannais *Finna*, le vieil-allemand *Findan* et l'anglais *Find*.

FINGUE (par ma) s. m. (Manche) Par ma foi; à Condé-sur-Noireau, PAR MA FONGUE: le vieux-français disait *Figue:* Ma figue, vous êtes un beau faiseur d'enfants; Desperriers, *Onzième nouvelle*. En rouchi et dans le patois de la Vendée, on dit *Figue*.

FION, s. m. Dernier poli, Fini; avec le verbe *Avoir* il signifie Avoir l'adresse nécessaire pour réussir.

FISQUER, v. a. (arr. de Bayeux) Regarder, corruption de *Fixer* que le peuple emploie dans cette acception.

FISSET, s. m. (arr. de St-Lo) Petite barre (*Fixus*).

FISSIAU, s. m. (Calvados) Barre d'un treillage. Voyez FISSET; c'est aussi une corruption

du français *Fuseau*.

FLAGEOLET, s. m. (Manche) Haricot. Corruption de *Phaseolus*, autrefois *Faseol:* L'exemple y est manifeste en pois, febves, faseols, noix, alberges; Rabelais, *Pantagruel*, l. III, ch. 8. Ce mot se trouve aussi dans le patois du Berry.

FLAINDRE, v. n. (arr. de Rouen) Reculer; peut-être une corruption de *Faindre*. Voyez ce mot.

Pis men parpoint qu'est fait en fachon
de courtine
Fait que je flains souvent a baisser
mon esquigne.

Muse normande, p. 42.

FLAMBÉE, s. f. Feu clair; ce mot se trouve aussi dans le patois du Berry; le vieux-français disait *Flambe:*

D'autre part avoit un dragon
Qui devers ocidant voloit,
De sa gheule flambe jetoit.

Roman de Brut, v. 11532.

FLAMMICHE, s. f. (arr. de Mortagne) Pain cuit à la hâte, à la *flamme*.

FLANCHET (de mouton), Épaule, Morceau du *flanc* d'un mouton; en rouchi on dit *Flanquet*; le vieux-français *Flanchet* signifiait *flanc, côté*.

FLANER, v. n. Aller raconter ce qu'on vient d'entendre, et par suite Fainéanter; il ne se prend à Rennes que dans sa première acception, et à Langres que dans la seconde; on a fait le substantif *Flaneur*. En breton *Flatra* a la même signification.

FLANIER, s. m. Avare; en islandais *Flanni* signifie *libertin*.

FLANNER, v. n. Flatter par intérêt; en islandais *Fladra* signifie *tromper par des flatteries*.

FLAQUIN, adj. Maigre, Efflanqué ; probablement de l'islandais *Flaki*, Surface platte.

FLARIES, s. f. pl. (Orne) Grandes réjouissances.

FLÉLER, v. n. (arr. de Bayeux) Etre agité avec violence : il ne se dit que d'une porte. Dans l'arr. de Rouen ce verbe est aussi actif ; *Fléler des fruits* y signifie les *agiter avec violence* et par suite les *abattre*. Voyez FLOQUER.

FLEU, **FLIEU**, s. f. Farine. L'islandais *Flur* signifie également une *Fleur* et du froment de première qualité ; l'anglais *Flour*, farine et *Flower*, fleur, se prononcent à peu-près de la même manière ; le breton *Bleud*, farine et *Blein*, fleur, ont de grands rapports de son, et l'on dit en français *Fleur de farine*.

FLEUME, s. m. (arr. de Bayeux) Crachat, Pituite ; du bas-latin *Fleuma*. Ce mot existait aussi en vieux-français :

Remue fleume et maint autre mal.

    EUSTACHE DESCHAMPS, *Œuvres*,
    p. 166.

FLIE, s. f. et **FLION**, s. m. Petit coquillage univalve (*Felinae, Pelinio*), le *Patella vulgata* de Blainville.

FLIO, **FLO**, s. m. (Manche) Troupeau ; de l'islandais *Flock*, troupe ; on trouve aussi *Flo* en vieux-français :

Puis leur tramist par huiz ouverz,
Grant flo d'Anglois de fer couverz,
Qui si forment les entrepristrent
Que riches et pauvres ocistrent.

    GUIART, *Branche des royaux li-*
    gnages, v. 1693.

FLIP, s. m. (arr. de Bayeux) Boisson composée de cidre, de sucre et d'eau-de-vie ; de l'anglais *Flip*, cordial.

FLIPSAUCER, v. a. et n. (arr. de Caen) Avaler, Manger : du français *Frip-sauce*.

FLON, s. m. (arr. de Vire) Mal épidémique, qui avait sans doute d'abord quelque rapport avec le mal de saint Gerbold :

Hé dea ! j'ai le mau Sainct-Garbot ;
Suis-je des foireux de Bayeux ?

    BLANCHET, *Farce de Pathelin*.

car *Flon* signifiait en vieux-français *flux de rentre*.

FLONÉ, part. passé. (Orne) Mis en fureur, *Felon*, du saxon *Felle*, signifiait en vieux-français *méchant, emporté* ; et l'on en avait fait *Affélonnir* et *Enfelonner*, Se mettre en colère. Voyez Froissart, t. II, ch. 44. On l'emploie aussi substantivement, et il signifie alors Taureau en fureur ; on sous-entend *Taureau*.

FLOPER, v. a. (Orne) Battre quelqu'un ; le substantif est *Floupée*. Voyez VELOPER.

FLOQUER, v. n. Etre remué, Etre agité, Flotter ; de l'islandais *Flækias*, de l'allemand *Flakern*, ou du bas-latin *Floccare*, qui ont la même signification ; *Floquer* a la même acception dans le patois picard. A Valognes, il signifie aussi *Faiblir* et à Condé-sur-Noireau, *Devenir faible*.

FLOQUET, s. m. Sobriquet donné aux habitants du pays de Caux, probablement parce qu'ils n'avaient pas cette ténacité de caractère qui distingue la race normande. On lit dans le *Catholicon* de Joannes de Janua : Floccus, *floichel de laine*, gallice *loquet*, id est parva massa lanac et dicitur a *flo*, *flas*, quod leviter flatu impellatur huc et illuc.

FLOUER, v. a. et n. Voler ; c'est probablement une contraction de *Filouter*

FLOUETTE, s. f. (Manche) Girouette (*Fluctuo*).

FLUBER, v. n. (arr. de Mortagne) Remuer les épaules pour se gratter. Voyez **FRIPPER**.

FOICELLE, s. f. (Orne) Vase percé de trous pour égoutter le fromage, Panier de jonc qui sert au même usage ; on disait en vieux-français *Fissele*, *Feisselle* :

Mais au combattre, tex en est la novele,
Ne valent mie ung froumage en fissele.
    Raoul de Cambrai, p. 48, v. 2.

Je lui porterai mon fourmage
Dans cette fesselle de jon.
    MARGUERITE DE VALOIS, *Comédie
    de la Nativité de Jésus-Christ.*

Voyez **FISSIAU**. On dit aussi *Froicelle* et le patois du Dauphiné a également ajouté un r *Freissela*.

FOINILLARD, s. m. Rôdeur ; le sens primitif était sans doute Assassin ; selon Huet, *Additions aux origines de Ménage*, autrefois en Normandie on donnait par dérision à l'épée le nom de *Foisne*, du grec Φόνος, meurtre. Selon Roquefort, *Glossaire*, t. I, p. 644, on donnait à certains brigands le nom de *Foillars*.

FOISILLER, v. a. (arr. de Mortagne) Remuer la cendre, Déranger les meubles pour le plaisir de les déranger.

FOLLE, s. f. Trombe qui tournoie ; du vieux-français *Folier*. errer, s'égarer :

Par mer folia (Eneas) longement ;

Maint grant peril, maint grant tourment
Et maint travail li estut traire.
    Roman de Brut, v. 21.

FOLLES, s. f. pl. (arr. de Bayeux) Filets qu'on tend en pleine mer, dans les grandes marées et qui sont souvent enlevés par la force des vagues.

FONCÉE, s. f. (arr. de Valognes) Portée d'un animal qui met bas.

FONCER, v. n. (arr. de Valognes) Se précipiter, Avancer sur ; on dit dans le même sens en terme d'escrime *Tirer à fond*: ce mot est aussi employé en rouchi. Il signifie encore Payer, Faire les *Fonds :*

Il fault foncer ou je veulx qu'on me
tonde.
    Chansons normandes, p. 176,
    éd. de M. Dubois.

En français ce sens est maintenant hors d'usage.

FONDELER, v. n. Préparer la terre pour le sarrazin, y mettre beaucoup d'engrais, lui donner du *fond*.

FORANGUE, s. f. (arr. de Bayeux) Croûte qui vient sur les lèvres des malades ; peut-être du latin *Foras Angere*.

FORBANNIR, v. a. Chasser, *Bannir* dehors (*Foras*) :

Et chiquanerie
Qui puisse estre forbannie
De nos mayzons.
    BASSELIN, *Vaux-de-Vire*, p. 17 ;
    éd. de M. Travers.

Le français a conservé *Forban* dont la signification est restée plus conforme à son étymologie.

FORBU, adj. Rendu de fatigue, Incapable de continuer sa route (*via*); *Forbeu* signifiait en vieux-français *hors de la voie*.

FORCÉE, s. f. Portée d'un animal qui fait ses petits; *Fourcher* signifie en rouchi *fourmiller*, *foisonner* ; peut-être cette image est-elle tirée des arbres qui *fourchent* quand ils poussent plusieurs branches sur la même tige.

FORCES, s. f. pl. (arr. de Bayeux) Grands ciseaux de jardinier (*Forceps*); en rouchi on appelle *Eforches* les ciseaux dont on se sert pour tondre les draps : ce mot existait aussi en vieux-français.

FORIÈRE, s. f. (Calvados) Sillon de travers, au bout, en dehors (*Foras*) du champ.

FORIÈRES, s. f. pl. (Eure) Sentiers pour accéder les propriétés rurales, qui sont en dehors (*Foras*) des champs.

FORMAL, s. m. (arr. de Caen) Bouton, Furoncle et généralement toute espèce de mal extérieur (*Foras Malum*).

FOUADRAILLER, v. n. Faire fracas, Faire claquer son *fouet*.

FOUAILLE, s. f. Feu vif de peu de durée ; pendant le moyen-âge *Feu* se prononçait *Fou* :

E fous e flambes i est apareillez.

> *Chanson de Roland*, st. CLXXXI,
> v. 11.

Dans le commentaire du dictionnaire de Jean de Garlande, écrit pendant le XIIIe siècle, on trouve *Ignacia*, gallice *Fouace* ; *Paris sous Philippe-le-Bel*, p. 593. Dans le Jura on appelle *Fouailles* des torches ardentes que les jeunes gens portaient autrefois sur les montagnes, le jour de Noël.

FOUATINE, s. f. Feu clair. *Ce n'est que feu et fouatine*, dit une locution normande.

FOUATINES, s. f. pl. Verges, dont on se sert pour *fouetter*.

FOUATRINER, v. n. (Orne) Se dit de quelque chose que le vent enlève.

FOUÉE, s. f. Feu clair, Incendie ; ce mot signifie en rouchi une *Brassée de bois mort*. Dans le Calvados on lui donne le sens du vieux-français *Fouace*, c'est une galette cuite à l'ouverture du four.

FOUI, s. m. (Orne) Four.

FOUILLIS, s. m. Pêle-mêle, Désordre.

FOUINER, v. n. (Orne) Murmurer. Voyez OUINER. A Valognes, il a conservé comme en rouchi et dans le patois de Rennes, le sens du vieux-français ; il signifie *Fuir* comme une *Fouine* qui se cache dans un trou, quand elle court quelque danger.

FOUR, s. m. (arr. de Valognes) Bouche ; le vieux-français trouvait l'image trop forte et se servait du diminutif *Fourcele* :

Li bouque apres se poursievoit
Graile a cors (?) et grosse u moilon,
Fresque et vermeille plus que rose ;
Blance en denture, jointe et close
Et apres fourcele menton.

> *Jeus Adan le Boçu*, dans Keller,
> *Romvart*, p. 321, v. 22.

On appelle aussi *Four de la culotte*, l'Endroit où elle se *Fourche ;* ce mot se trouve aussi dans le français *Carrefour*. On dit également le Four d'un arbre.

FOURBANCER, v. n. Toucher à tout ; il signifiait en vieux-français *Polir*, *Nettoyer*.

FOURCELLE, s. f. Poitrine, Estomac :

Gosier qui naturellement

Est mon entonnoir tres fidelle,
Ne laisse entrer en ma fourcelle
Breuvage s'il n'est excellent.

OLIVIER BASSELIN (Jean-le-Houx)
Chanson inédite.

En vieux-français il signifiait l'os du sternum (Kanelbon), suivant les glosses du temps d'Edouard II (1307-1327), publiées dans le *Reliquiae antiquae*, t. II, p. 78 : la *Chanson de Roland* st. CLXIV, v. 4, lui donne le sens de *mamelle* :

Desur son pis, entre les dous furceles.

et on lit dans *Raoul de Cambrai*, p. 40, v. 22 :

Je te norri d'el lait de ma mamele,
Porquoi me fais dolor soz ma forcele.

FOURE, s. f. Cours de ventre; corruption de *Foire*.

FOURÉE, s. f. (arr. de Bayeux) Filet qu'on attache sur les bancs de sable avec de petits pieux, de manière à former un parc ouvert.

FOURGOTER, v. n. Remuer dans un trou avec une baguette; peut-être une corruption de *Fourgonner*, ou du breton *Fourgasa*, agiter, remuer.

FOURLORE, s. m. Feu-follet.

FOUROLLE, s. f. Torche : de *Fou*. Voyez FOUAILLE.

FOURQUET, s. m. (arr. de Valognes) Entre-deux des jambes, de *Fourche*.

FOURRÉE (poire) adj. (arr. de Valognes) Molle, et par suite Blète.

FOUTILLE, s. f. (arr. de Mortagne) Faîne; de *Fau* que l'on prononce souvent *Fou*. Voyez cependant FOUTINETTE.

FOUTIMASSER, v. n. Agir en imbécille, comme un *fou*; *Macan* en saxon et *Machen* en allemand, signifient *faire*, *agir*. Ce mot signifie dans le patois du Berry Tourmenter quelqu'un au moral.

FOUTINER, v. n. Faire peu de chose, Perdre son temps à des riens, comme un *fou*.

FOUTINETTE, s. f. (arr. de Caen) Objet de peu de valeur, Plaisanterie sans importance; il se dit aussi d'un breuvage composé d'eau, de sucre et d'un peu d'eau-de-vie; probablement parce qu'il est peu enivrant.

FRAINVALLE, s. f. Boulimie (Voyez FAIMVALLE); corruption de *Fringale*. Le patois normand a aussi *Frainvallier*, qui a la *Frainvalle*.

FRAMBIR, v. n. Fureter.

FRAMBOYER, v. a. Nettoyer, Curer (*Fourbir*); en islandais *Fran* et *Frammbœvilegr* signifient *brillant* et *beau*.

FRANC, adj. Vigoureux, Excellent; le meilleur blé s'appelle du *Franc-blé* et l'on dit d'une personne très-robuste qu'elle est *franche du collier*.

FRARIN, adj. Dolent, Chétif; comme en vieux-français :

Ne de cuer povres ne frarins,
Ne blastengiers de ses voisins.

Fabliaux et contes anciens, t. I, p 207.

Voyez aussi du Cange, t. III, p. 593, col. 3.

FRATER, s. m. (arr. de Vire) Barbier; autrefois Chirurgien, soit parceque les chirurgiens formaient une confrairie, soit parce qu'ils étaient *fratres servientes* des médecins. Boursaut a dit dans ses *Poésies* :

Qu'Esculape son fils lui serve de frater.

FREMAILLES, s. f. pl. Affaires,

de l'islandais *Fremia*, faire, comme le français de *Facere* ; en vieux-français il signifiait sans doute *Pari*, *Gageure*, de *Firmare*.

Vous savez bien de fi, sans faille,
Que l'autrier fesimes fremaille
Entre moi et l'enfant Gerart.
Roman de la Violette, v. 733.

FRÉMEUR, s. f. Frayeur (*Fremor*) ; le français a le verbe *Frémir*.

FRÉNAILLER, v. n. Faire un bruit irritant ; du grec Φρήν.

FRÉRAGE, s. m. Association étroite ; le français actuel dit dans le même sens : *Etre frère avec quelqu'un*, et on trouve en vieux-français *Frairie*. Voyez Martenne, *Thesaurus anecdoctorum*, t. I, col. 1351.

FRETTE. s. f. (arr. de Vire) Long bâton (*fretus*) et par suite long ruban pour entourer les enfants et les empêcher de tomber ; le mot français *Frette* a la même étymologie.

FRETTER. v. a. (arr. de Vire) Emmaillotter. Voyez le mot précédent.

FREULER, v. a. (arr. de Vire) Battre ; *Frel* signifie *Fléau* en breton et le peuple dit encore en Normandie : Il l'a battu comme avec un fliais. FREULER signifie aussi Froisser, Frôler, et il vient du bas-latin *Fricticulare* ou du breton *Freura*, herser ; il s'emploie aussi avec la forme réfléchie et signifie Se gratter. Dans d'autres localités on dit *Friller*.

FREULÉE, s. f. (arr. de Vire) Rossée. Voyez le mot précédent.

FREULIER, s. m. (arr. de Bayeux) Mauvais sujet ; on dit d'un très-mauvais sujet qu'il est toujours dans les batailles.

FREUMENT, adv. (arr. de Bayeux) Durement, Fortement.

FRICOT, s. m. Festin, Bonne chère ; peut-être de l'islandais *Fryg*, plaisir ; ce mot se trouve dans le patois du Berry avec la même signification ; de là sans doute le vieux-français *Frigoter* et *Fringuer* ; dans le patois de l'Isère, *Frico* signifie un *Homme enjoué, gaillard*.

FRICOTER, v. n. (arr. de Valognes) Faire bombance. Voyez le mot précédent. On dit aussi *Fricoteur*. La signification est la même en rouchi et dans le patois du Berry.

FRIMOUSSE, s. f. Figure, Mine ; du bas-latin *Frumen*, en vieux-français *Frume*. Voyez du Cange, t. III, p. 424, col. 3.

FRINOT, s. m. Garçon meunier ; du latin *Farinarius*.

FRIOLER, v. n. Avoir grande envie ; selon Cotgrave il signifiait en vieux-français *To consume, To devour*, et il a conservé un sens analogue dans la locution normande : *La langue m'en friole* ; peut-être du gothique *Friks*, désireux, avide. Dans l'arrondissement de Vire on dit *Frilloler*: le français *Affrioler* a la même origine.

FRIOLET, s. m. (arr. de Valognes) Petit haricot en grain : de l'islandais *Frio*, graine, semence.

FRIPPE, s. f. (arr. de Vire) Dos.

Tandis que vous mangez le chaudin
et la trippe,
Ils peuvent tout à coup vous tomber
sur la frippe.
LALLEMAN, *La Campénade*, ch. III, p. 17.

Molière a dit dans le même sens :

Gare une irruption sur notre friperie.

Dépit amoureux, act. III, sc. 1.

FRIPPER, v. n. Se frotter le dos dans ses habits, parce que sans doute cela les chiffonne. On l'emploie activement dans le même sens · *Fripper les épaules*. Il signifie aussi Faire bombance :

Mais de fripper y n'en est pu nouvelle ;
Le pain est cher, le bois et la candelle.

FERRAND, *Muse normande*, p. 4.

Le français s'en servait autrefois dans cette acception.

FRIQUENELLE, s. f. (Orne) Celle qui cherche des friandises ; selon Roquefort, t. I, p. 644, ce mot signifiait en vieux-français Jeune femme galante.

FRISDU, s. m. Friche, Terre inculte ; suivant Nicot ce mot existait aussi en vieux-français.

FRISON, s. f. (arr. de Bayeux) Boucle de cheveux *frisés*.

FROE, s. f. (Manche) Sciure de bois ; on dit à Nancy *Froux*.

FROLÉE, s. f. (arr. de Bayeux) Pain émietté dans du cidre.

FRONTEAU, s. m. Bourrelet d'enfant, qui lui garantit le *front* ; il a la même signification dans le patois du Berry.

FROT, s. m. (arr. de Lisieux) Étoffe grossière en laine dont on faisait autrefois des *frocs*.

FRU, adj. Avide.

FRUMER, v. a. Fermer ; cette forme se trouvait aussi en vieux-français :

S'a un vies cofre desfrume ;
Si en trait unes armes teus
Que jou bien vous soi dire que(u)s.

GUILLAUMES LE CLERS, *Romans des Aventures Fregus*, p. 4.

FUESLON, FULON et FURON, s. m. Taon ; de *Frélon*.

FUMER, v. n. (arr. de Valognes) Etre vexé, Rager ; comme en vieux-français :

Qui que s'en marrisse ou s'en fume,
Pour l'honneur de vostre personne,
Joseph, Jesus le corps vous donne.

JEHAN MICHEL, *Mystère de la Passion*, journ. IVᵉ, sc. 12.

Ce mot a sans doute été fait par analogie à *S'enflammer ;* la *contrariété* précède la *colère*, comme la *fumée* précède la *flamme*.

FURLUCHÉ, part. passé. (arr. de Rouen) Hérissé, Irrité :

Furluchés ainchin que des coqs.

FERRAND, *Muse normande*, p. 27.

FURLUFFER, v. a. (arrond. de Rouen) Fâcher, Pousser à bout ;

Chest pour nous faire furluffer.

FERRAND, *Muse normande*, p. 26.

Peut-être le même mot que le précédent.

FUTÉ, part. passé. (Calvados) Rempli, Rassasié, Blasé.

FUTER, v. réfl. (Calvados) Se mettre en colère, Se rassasier et par suite Dépenser.

G

GABASSER, v. n. (Orne) Sautiller.

GABEGIE, s. f. Ruse, Tromperie (voyez GABER), et par suite

Intelligence, Menée secrète; ce mot a la même signification en rouchi et dans le patois du Berry.

GABELOU, s. m. Sobriquet injurieux donné aux douaniers et aux préposés de la *Gabelle*, que l'on retrouve dans presque toutes les langues; *Gabelot* en catalan, *Gabellador* en provençal, *Gabelliere* en italien, etc.

GABER, v. a. et n. Plaisanter, Se moquer; *Gabba* en islandais:

> Dame, dites-le-vous a gas?
> De gaber, dist-ele, n'ai cure.
>
> *Fabliaux anciens*, t. III, p. 6.

GABERIEN (de Couanettes) s. m. (arr. de Bayeux) Sot; mot-à-mot, Trompeur de femmes.

GABLE, s. m. (arr. de Vire) Pan de mur, Pignon; *Gafl* en islandais.

GABOTTER, v. n. (Orne) Se balancer en dansant.

GACHARD, s. m. (arr. de Saint-Lo) Malpropre; de *Gâcher*, en vieil-allemand *Waskan*, comme *Gâchis*.

GACHE, s. f. Galette, Gros pain de sarrazin, Pain mal fait, *gâché*, comme on le dit en français dans le style familier.

GADE, s. f. (Orne) Vase de bois dont on se sert dans les pressoirs; *Gadde* en languedocien et *Jede* dans le patois de la Vendée; probablement de l'islandais *Jata*, jatte.

GADES, s. f. pl. Petites groseilles; dans l'arrondissement de Mortagne on dit *Gadelle*. Voyez GRADES, GRADILLES.

GADOLIER, s. m. (arr. de Bayeux) Mauvais sujet, Garnement; en breton *Gadal* signifie *libertin, débauché*.

GAFFÉE, s. f. (Seine-Inférieure) Morsure de chien: en provençal, en catalan, en espagnol et en portugais *Gafar* signifie *mordre*.

GAFFER, v. n. Mordre à emporter le morceau, Manger en glouton, comme un chien. Voyez le mot précédent. Dans le patois du Jura on dit *Jaffer*; mais il ne s'emploie que dans la seconde signification.

GAGE, s. m. Avoir, Ce qui appartient; en vieux-français *Gach*:

> Biaus sir, por Dieu merci, fet nous
>   render nos gach.
>
> *Privilege aux Bretons*, dans Jubinal, *Jongleurs et Trouvères*, p. 53.

GAGIER, v. a. (arr. de Valognes) Parier: il signifiait sans doute d'abord Assurer en donnant un gage de sa parole, car le bas-latin *Gagiare* signifiait S'engager: Quod gagiabit nobis emendare ad voluntatem nostram et de hac nobis dedit Guillelmum de Hoctentot: Eudes Rigault, *Regestrum visitationum Archiepiscopi rothomagensis*, p. 225, éd. de M. Bonnin.

GALAFFRE, s. m. (arr. de Cherbourg) Glouton. Voyez LUFFRE: ce mot existe aussi dans le patois du Berry; en rouchi on dit *Galafe*. Le diable est appelé *Goulaffre* dans les *Miracles de la Vierge*, par Gautier de Coinsy, suivant du Cange, t. III, p. 593, col. 3.

GALAIGNIE, s. f. Tout ce que l'on peut porter dans ses deux mains réunies: de *Gallon*, mesure, en bas-latin *Gelo*, *Gilo*, qui vient probablement de l'hébreux *Gula.*

GALAPIAN, s. m. (arr. de Bayeux) Vagabond, Mauvais sujet ; il a mieux conservé la signification et la forme de l'islandais *Galapin* que le *Galopin* du français, le *Ganipion* de l'Orne et le *Galapiot* du Berry.

GALATINE (être en) s. f. (arr. de Bayeux) Garder la chambre; *Galetas* de l'arabe *Calata*, se disait en vieux-français *Galatas.*

GALÉ, part. passé. Maltraité, Contraint :

> Je suis bien galée
> Et de près contrainte.
>
> *Farce des Pates-Ouaintes*, p. 22.

GALES, s. f. pl. Joies, Réjouissances :

> Avec les gales bon temps.
>
> BASSELIN, *Vaux-de-Vire*, p. 167; éd. de M. Travers.

On le trouve aussi en vieux-français :

> Il y aura beu et galle,
> Chez moy, ainsque vous en aillez.
>
> *Farce de Pathelin.*

Dans le patois de l'Isère *Gallibourda* signifie *faire bombance.* Ce mot vient sans doute de l'islandais *Gala*, chanter et par suite se réjouir; le français en a fait aussi *Gala* et *Régaler.*

GALETER, v. n. (arr. de Bayeux) Trembler de froid; en islandais *Kaldi* signifie *froid.*

GALETIÈRE, s. f. (Orne) Plateau en fonte, à rebords, où l'on fait des *Galettes.* Voyez HAITIER.

GALIMAFRÉE, s. m. Ragoût copieux ; peut-être pour *Galisafrée* Voyez GALES et SAFRE.

GALIMOT, s. m. (Orne) Galette de sarrazin.

GALINE, s. f. Jeu qui consiste à abattre avec des sous un bouchon sur lequel on a mis de l'argent; on l'appelle aussi *Bouchon, Galoche* et *Quilleboche;* son nom vient sans doute de l'islandais *Gala*, se réjouir, s'amuser ; il se trouve dans le patois du Jura.

GALIR, v. n. (arr. de Cherbourg) Jeter le sarrazin sous le fléau ; du breton *Gwalen*, fléau, *Gwialenna*, battre avec le fléau. Ce mot signifiait *jeter* en vieux-français :

> Et moult se plainst del roi Ricart,
> Le felon cuviert, le gagnart,
> Qui sen boin ostel li toli
> Et ses banieres fors gali.
>
> MOUSKES, *Chronique rimée*, v. 19805.

GALLET, s. m. Levier; du breton *Gwalen*, gaule, bâton : on dit aussi Galon.

GALLOIS, adj. Gaillard, Galant :

> Je suys bon vivois
> Et compaignon gallois.
>
> BASSELIN, *Vaux-de-Vire*, p. 125; éd. de M. Travers.

Probablement de l'islandais *Gala*, se réjouir, s'amuser ; de là le vieux-français *Galloises*, réjouissances :

> Et puis s'en vont pour faire les galloises
> Lorsque devroient vaquer en oraison.
>
> LEROUX, *Dictionnaire comique*, t. I, p. 560.

Et le sens primitif de *Gaillard :*

> But let them be such as they were, by chaunce
> Our banquet doone, we had our musicke by
> And then, you knowe, the youth must needes goe daunce.

First galiards, then larous and hei-
degy.

Nicholas BRETONS, *Woorkes of a
young wit*, cité par Ritson,
Ancient songs and ballads,
t. I, p. LI.

GALMIN, s. m. Petit-valet ;
probablement l'origine du français *Gamin* est la même.

GALOCHE, s. f. Voyez GALINE.

GALON, s. m. (arr. de Bayeux)
Mesure de quatre litres, encore
en usage en Angleterre ; en
rouchi *Galot* signifie un *broc*.

GALOP (donner un), s. m.
Reprimander, Gronder fortement ; on dit dans le même sens
faire aller et *donner une danse*.
Quelquefois on se sert aussi du
verbe :

Puisque pour toy suis ainssy galopee,
Or et argent, de Dieu soys-tu mauldit !

Farce des pales ouaintes, p. 24.

Dans le langage trivial *Gallé*
signifie *battu*, *rossé*. Voyez le
Dictionnaire comique de Leroux.

GALOTTER, v. n. (arr. de St-
Lo) Carillonner ; ce qui n'arrive
que dans les réjouissances.
Voyez GALE et GALLOIS.

GALUE, adj. Qui louche ;
Voyez ÉGALUER.

GALVADAIRE, s. m. (arr. de
Bayeux) Vagabond, peut-être
signifiait-il d'abord Mauvais
ouvrier ; voyez le mot suivant.

GALVAUDER, v. a. et n. Travailler vite et mal ; Gâcher ; A-
battre des pommes avec une
gaule.

GAMACHES, s. f. pl. Grandes
guêtres en toile que l'on met
sur ses culottes, c'est une corruption de l'allemand *Kamaschen* qui se trouve aussi dans
le patois de Rennes.

GAMBET, s. m. Croc-en-jambe ; on disait en vieux-français
Jambet :

Mult li a tost fait le jambet :
Trebuche a le moine al pas.

BENOIS, l. II, v. 25569.

GAMBETTE, s. f. (arrond. de
Bayeux) Petit couteau à manche recourbé ; ce mot existait
aussi en vieux-français (*Cam-
pa*).

GAMBIER, s. m. Qui a de
mauvaises jambes ; *Gamby* signifie *boiteux* dans les patois
du Berry et du Jura. Le patois
de Bayeux prend ce mot dans
une autre acception ; il désigne
ainsi un Morceau de bois auquel les bouchers suspendent
la viande.

GAME, s. f. Ecume qui vient
à la gueule d'un animal ; *Kahm*
signifie en allemand la moisissure blanche qui vient sur le
vin et sur la bierre ; mais peut-
être ne doit-on pas s'attacher à
cette étymologie, *Game* signifie
Accès de rage dans le patois de
la Vendée, et l'islandais *Gram*
signifie *Fureur*.

GAMME, s. f. Forte remon-
trance et par suite Soufflet.

GANDOLER, v. n. Balancer,
Remuer ; en vieux-français
Gandiller ; le provençal *Gan-
cillar* signifie *chanceler*. Voyez
GUENCHIR.

GAPAS, s. m. (Orne) Balles
d'avoine ; en vieux-français et
dans le patois du Berry *Gapier*.
Voyez LIMAS.

GARCE, s. f. Féminin de garçon ; on le prend presque toujours en mauvaise part, comme
en français :

Mais je ne veux tant boire ;
J'aime mieux entre mes bras
La grosse garce noire ,
Couchée entre deux draps.

Chansons normandes, p. 226,
éd. de M. Dubois.

Dans les arrondissements d'Argentan et de Mortagne, on dit *Garcette*.

Garcu, s. m. Jupon (*Garde-cul*) : Il ne nous reste pu que le garcu a ma tante ; *Farce des Quiolards*, p. 30.

Gardeheur, s. m. (arr. de Bayeux) Borne, de *Heurter*.

Gargache, s. f. Culotte.

J'avais une belle gargache
D'un fin coutil,
Passementée avaud les jambes
D'un beau nerfil.

Chansons normandes, p. 233,
éd. de M. Dubois.

Le vieux-français disait *Gargaisse* qui s'est conservé dans le patois du Jura ; le français *Grègues* semble avoir la même origine.

Garot, s. m. (Orne) Petit pain de blé.

Garreau, s. f. (Orne) Levier ; ce mot qui vient sans doute du latin *Quadratus*, comme *Carrel*, signifiait en vieux-français *gros bâton*.

Garsonnière, s. f. (arr. de Valognes) Fille trop libre, qui imite ou aime trop les *garçons*.

Gas, s. m. Garçon ; probablement une abréviation de *Gars* : il se prend en mauvaise part dans l'Orne.

Gase, s. f. (Orne) Bourbier, Vase ; peut-être de l'islandais *Vatn*, eau ; le v s'est aussi changé en g dans le patois du Berry ; *Gaujer* y signifie Enfoncer dans la boue.

Gaspille (jeter à la), s. f. (arr. de Valognes) Jeter des dragées ou des sous à une troupe d'enfants qui se battent pour les ramasser ; du français *Gaspiller* ou de l'islandais *Gafa*, Don et *Spilla* , Gâter , Perdre.

Gater (de l'eau), v. a. (arr. de Vire et de Mortagne) Uriner ; on dit ailleurs *Lâcher de l'eau*, c'est la locution islandaise *At kasta af sér vatni*.

Gaton, s. m. (arr. d'Argentan et de Mortagne) Bâton ; on trouve aussi en vieux-français *Gaston*, suivant Roquefort, t. I, p. 674 : *Gite* signifie *solive* en rouchi.

Gatouner, v. a. (arr. de Mortagne) Employer un *gaton* pour serrer la corde qui tient la charge d'une voiture ; Frapper fortement.

Gatte, s. f. Marelle, jeu où les enfants tracent une figure qui ressemble à une grande porte , en anglais *Gate ;* la rue de Geôle , à Caen, se nommait autrefois *Gatte-hole* , porte creuse, ou plutôt passage creux, parce qu'à l'exemple du grec Πυλη, *portes* avait ce sens en français : le passage étroit qui est à l'est de l'embouchure de la Dive, s'appelle encore maintenant *Houlgatte*. Il y a aussi à Carentan une rue *Holgate*.

Gattecofve, s. f. Sorte de gâteau en forme de *jatte* fort creuse (*Cava*), que l'on faisait autrefois à Dieppe, suivant Brieux (*Origines de coutumes anciennes*, p. 65), et qui peut signifier seulement *Gâteau-Goffe*.

Gattes, s. f. pl. (Orne) Espace resserré, où tourne la meule d'un moulin. Voyez GATTE.

GAU, s. m. (arr. de Bayeux) Coq (*Gallus*); sa forme latine s'était conservée dans le vieux-français :

Ainceis que li gal fust chantant
Vindrent a Corci dreit errant.

BENOIS, l. II, v. 14057.

Mais on y trouve aussi cette forme :

Devant le jor, ains que gaus ait cante.

Chevalerie Ogier, v. 7605

Voyez JAU.

Gaud, adj. Niais, aphérèse de Nigaud.

GAUDRIOLES, s. f. pl. (arr. de Mortagne) Cabrioles de joie; la signification que lui donne le français indique aussi que la racine est le *Gaudium* des Latins.

GAUNETER, v. n. (arr. de Mortagne) Bavarder au lieu de travailler.

GAUPAILLER, v. n. Manger avec avidité; de l'islandais *Gapa*, Engloutir : dans l'arr. de Mortagne il signifie *Gaspiller*.

GAUPLUMÉ, adj. (arr. de Bayeux) Mal peigné; Aussi mal arrangé qu'un coq sans plume; le vieux-français avait aussi cette expression.

GAURE, s. f. Grosse femme sans souci ; probablement du vieux-français *Gore* (χοιρος).

GAURER, v. réfl. Se pavaner; de γαυρος Orgueilleux.

GAUSANT, adj. (arr. de Mortagne) Désagréable. Voyez GOSER.

GAUT, s. m. (arr. de Bayeux)

Bois, comme en vieux-français :

Adont recorna une fois,
Qu'aucuns n'en fust remes el bois,
Si durement et si tres haut,
Qu'en retentirent bos et gaut.

MOUSKES, *Chronique rimée* , v. 7816.

Du vieil-allemand ou vieux-saxon *Wald*, qui avait conservé sa forme primitive (*Gualt*) dans la *Chanson de Roland*, str. CLXXXI, v. 21 ; quoique Altaserra ait dit *Rerum aquitanicarum* p. 134 : Bagaudae dicti quasi *sylvicolae; Gau* enim lingua gallica *sylvam* sonat.

GAUTIER, s. m. (Orne) Oie mâle, Jars ; en patois normand et en breton *Gars* ; en islandais *Gassi*.

GAVAILLER, v. a. (arr. de Bayeux) Gaspiller. Voyez GAUPAILLER.

GAVAST, ad. (arr. de Bayeux) Brutal ; *Gavache* avait aussi une signification injurieuse en vieux-français :

Il vous traiteroit de gavaches ,
Vous me faisiez tant les bravaches.

SCARRON , *Enéide travestie*, l. v.

Peut-être ce mot vient-il du *Gavascho puerco* que les Espagnols appliquent aux Français.

GAVER, v. réfl. Se bourrer, Se gorger, S'en mettre jusqu'au *gavion*.

GAVIGNON, s. f. Ivresse gaie. Voyez le mot précédent.

GAVILLEUX, adj. (arrond. de Vire) Périlleux, Dangereux ; en breton *Gwal* signifie *mauvais, nuisible*.

GÉGIGNE, s. f. Ventre; peut-être de *Gignere*, Engendrer, ou une corruption de *Gésine*, qui nous semble venir plutôt de l'islandais *Geta*, Concevoir, que du latin *Jacere*, en vieux-français *Gésir*.

GÉLIF, s. m. (arr de Bayeux) Creux qui se forme dans un arbre à moitié pourri ; il signifie en français Un arbre fendu par la gelée.

GÉNOTTES, s. f. pl. Racines bulbeuses, bonnes à manger, du *Bunium bulbocastanum*, du *Bunium denudatum*, de l'*OEnanthus pimpinelloïdes* et du *Neum tuberosum* ; dans la Seine-Inférieure on les appelle *Jarnottes*, et *Anotes* dans le Berry ; Voyez Boreau, *Flore du Centre*, n° 531.

GENSER, v. a. et réfl. (arr. de Valognes) Se déranger, Mettre de côté, en islandais *Kanta* ; comme on se *dérangeait* pour un but quelconque, *Genser* avait en vieux-français le sens d'*arranger*, *agencer* :

Recognoissez les dictz de nostre maistre
Et vous gencez pour lou remede y
mettre.

BOURDIGNÉ, *Légende de Faitfeu*, p. 4.

C'est le sens qu'on lui donne à Vire, et, ainsi qu'*Arrangé*, il y a pris aussi la signification de *vêtu*.

GERCE, s. f. Brebis qui n'a pas encore produit ; on dit aussi *Vieille gerque* (*Verrex*).

GIFFE, s. f. (arr. de Valognes) Soufflet ; à Bayeux on dit *Giffle* ; de l'islandais *Kif*, Querelle. Il s'est conservé aussi dans le patois des Vosges.

GIGALER, v. n. (arr. de Mortagne) Se divertir à l'excès. Voyez GINGLER.

GIGORNE, s. f. Bûche mal taillée, *Cornue*. Voyez GITE.

GILER, v. n. (arr. de Mor-

tagne) Fuir, Couler ; en islandais *Gilia* signifie Lancer de l'eau, et *Giler* a conservé le même sens dans les patois du Berry et de la Vendée.

GILLOIRE, s. f. (Orne) Seringue ; dans le Jura on appelle les seringues en sureau *Gicles*.

GIMER, v. n. (arr. de Valognes) Pleurer, Se plaindre, Gémir (*Gemere*).

GINGLER, v. n. Rire, Badiner ; il signifie *s'amuser* en rouchi.

GINGUE, s. f. Urine des animaux dans le fumier.

GINGUER, v. n. (arr. de Mortagne) Jouer en montrant son adresse ou sa force.

GIPOUTRER, v. n. Folâtrer.

GIRIES, s. f. pl. Grimaces, Affectations hypocrites (*Girare*).

GIROT, s. m. Qui fait des grimaces, Qui se plaint ridiculement, Bête ; on dit aussi *Girotin*. Dans le Calvados *Gilles* se prononce encore *Gire*.

GITE, s. f. Soliveau ; on dit aussi GIÉTE et GITRE ; en vieux-français, selon D. François, *Dictionnaire roman*, p. 131. on appelait les chantiers GETTES et GITTES.

GLAS, s. m. pl. Réjouissances ; de l'islandais *Glad*, Joyeux, qui se trouve aussi en anglais.

GLATIR, v. n. Aboyer, Crier :

Se forment bret, si haut glatist.

MÉON, *Nouveaux fabliaux*, t. II,
p. 51.

Sarrazins comme chiens glatissent.

GUIART, *Branche des royaux lignages*, t. II, p. 38.

En islandais *Gleta* signifie

Poursuivre, Harceler.

GLEUMER, v. a. Engloutir ; nous ne connaissons ce mot que par le *Coup-d'œil purin*, p. 62.

GLORER, v. n. (Orne) Dormir mal.

GLOT, s. m. Ver blanc qui se trouve dans la viande gâtée ; *Glete* signifiait en vieux-français *Ordure, Corruption.* Voyez GLOUTE.

GLOT, adj. (arr. de Bayeux) Terre glotte, mal labourée, qui n'a pas été émottée. Voyez le mot suivant.

GLOUTE, adj. Perdu, Corrompu, Gâté ; *Glata* signifie *perdre* en islandais.

GNIAF, s. m. Savetier.

Vingt anes attelés, trottant d'un pas
           égal,
Trainent le fier Raulin, des gnafs le
           coriphée :
Cent faisceaux de tranchets lui ser-
           vent de trophée.

      LALLEMAN, *La Campénade*, ch. III. p. 33.

GNIAQUÉE, s. f. Morsure de chien ; on dit à Bayeux *Gnaffée*; mais *Gnac* signifiait en vieux-français *coup de dent*, suivant Roquefort, t. 1, p. 693.

GNIAS, s. m. (arr. de Mortagne) Enfant à la mamelle.

GNIEU, s. m. Œuf couvé qu'on laisse dans le nid (*Nidensis*) ; on dit aussi *Gniai*, et dans les patois du Berry, du Jura et de la Vendée *Gniau*.

GNIOLE, s. f. Niaiserie. Voyez le mot suivant.

GNIOLER, v. n. Niaiser, Dire ou Faire des Niaiseries ; peut-être de *Genolius*, petit-esprit.

GNIOT, s. m. Niais ; voyez le mot précédent ; dans le Berry on dit *Gniogniot*.

GO, v. n. (arr. de Valognes) Ce verbe n'est usité qu'à l'impératif. Pour donner le signal du départ, les enfants disent Go, du francisque *Gahen*, Se hâter; de là le sens du provençal *Gau*, Élan ; on lit dans le *Gerar de Rossilho :*

Passet sotz Rossilho del prumier gau

Le vieux-français employait *Go* dans le même sens : J'entrerai tout de *go* (d'emblée) dans la taverne ; *Don Quichotte* (trad. d'Oudin), p. 2.

GOBANT, adj. Gourmand ; de *Gober*, manger avec avidité.

GOBELIN, s. m. Lutin, Esprit-follet : on connaissait ce mot en Normandie dès le XII° siècle, car on lit dans Orderic Vital, l. v, p. 556. Daemon enim, quem de Dianae phano expulit (sanctus Taurinus) adhuc in eadem urbe (Evreux) degit et in variis frequenter formis apparens neminem laedit. Hunc vulgus *Gobelinum* appellat. Ce nom vient sans doute du breton *Gobilin*, Lutin, du grec Κοϐαλος ou de l'allemand *Kobold*.

GOBET, s. m. Morceau que l'on *gobe*, comme dans le style familier, et par suite Fragment.

GOBINE, s. f. Repas, Bonne chère. Voyez GOBANT.

GOBINER, v. réfl. (arr. de Vire) Se rengorger, Faire le fat ; en vieux-français *Gobe* signifiait *vaniteux :*

La terre meismes s'orgoille
Par la rousée qui la moille,
Et oblie la poverte
Ou ele a tot l'yver esté ;
Lors devient la terre si gobe

Qu'el velt avoir novele robe.
Roman de la Rose, v. 55.

GÔCE (être à sa) s. f. (arr. de Bayeux) Etre à son aise; l'islandais *Gots* signifie *richesse*.

GODAN (donner dans le) s. m. (arr. de Valognes) Guépier; probablement de l'anglais *Goddam*, Donner dans la damnation de Dieu. Voyez GODONNER.

GODENCES, s. f. pl. (arr. de Mortagne) Contes improvisés pour amuser (*Gaudere*).

GODENDA, s. m. Scie de maçon; c'était autrefois le nom d'une espèce d'arme usitée en Allemagne, ainsi que nous l'apprend Guiart dans sa *Branche aux royaux lignages*, t. II, v. 5428.

A granz bastons pesanz ferrez,
A un lonc fer agu devant
Vont ceuz de France recevant.
Tiex bastons qu'il portent en guerre
Ont nom *godendac* en la terre.
Goden-dac, c'est bonjour a dire
Qui en francois le veust descrire.

Dans l'Orne on dit GODEN-DARDES.

GODICHE, adj. Ridicule, *Gauche*; il se trouve aussi dans le patois de Langres.

GODONNER, v. n. Jurer, Murmurer; de l'anglais *Goddam*.

GOGAILLE, s. f. (arr. de Bayeux) Sot, Niais, Qui amuse les autres (*Joculari*); on se sert encore en français dans le style familier de *Goguenard* et de *Goguettes*.

GOGON, adj. Doux, Mignon; *Gogeer* signifie en breton *fourbe, trompeur*.

GOGUE (en) expr. adv. (arr. de Mortagne) Etre en joie; de *Jocus* comme *Goguette*.

GOHANNIER, s. m. (arr. de Caen) Celui qui va chercher à la ferme le repas des moissonneurs. Peut-être vient-il du vieil-anglais *Goon*, Aller, et signifie-t-il seulement Celui qui va, Qui fait les commissions; voyez *The vision of Piers the plougman*, v. 1192. Cependant *Hyne* s'employait autrefois avec la signification de *Domestique*, *Laboureur* :

And if my neghbore hadde any hyne
Or any beest ellis
Moore profitable than myn.
Vision of Piers the ploughman,
v. 8755.

Gohannier aurait alors signifié primitivement *Laboureur-commissionnaire* et on s'en sert encore maintenant dans la même acception.

GOHÉE, s. f. Joie bruyante, Eclat de rire. Voyez AGOHÉE.

GOLO, s. m. (arr. de Bayeux) Buveur; en breton *Goulléi* signifie *vider*, mais une corruption de *Goulu* semble aussi probable.

GOMER, s. m. Palais; de l'islandais *Gomr*; il existait aussi en vieux-français :

Quar il boivent a granz gomers.
HENRI D'ANDELI, *Bataille des sept arts*, v. 10.

GORER, v. n. Regarder manger avec envie d'en faire autant; le vieux-français *Goret* signifiait *pauvre*, *gueux*.

GOROT, s. m. Ulcère; du breton *Gôr*, Abcès, Tumeur; le français en a sans doute dérivé *Goitre* et le vieux mot *Gourre*, en patois normand *Gorre*; cependant *Gorrière* signifiait en vieux-français *Prostituée*; on appelait Isabeau de Bavière la *Grand'Gorre*, et nous lisons dans la Moralité de l'*Enfant prodigue* :

LA GORRIÈRE.

Allez, villain !

FINCUER-DOUX.

Allez, maraut !
Venez-vous chercher les gorrieres,
Faire banquetz et bonne chere
Et vous n'avez de quoy fournir ?

GOSER, v. a. (arr. de Mortagne) Rassasier excessivement et par métaphore, Ennuyer.

GOSSE, s. f. (arr. de Valognes) Mensonge innocent, pour rire, pour se *Gausser* ; dans le patois du Berry on dit *Gausse*.

GOSSIER, s. m. Paille de sarrazin.

GOUAILLER, v. a. Plaisanter ; il se trouve aussi dans le patois du Berry. Voyez le mot suivant.

GOUAPER, v. a. (arr. de Valognes) Plaisanter ; *Goapaer* en breton. Voyez GABER.

GOUBELIN, s. m. Fantôme, Revenant ; probablement le *Kobold* des Allemands. Dans un ms. du XIIIᵉ siècle, dont quelques extraits ont été publiés dans le tome second l'*Altdeutsche Blatter*, on lit déjà p. 75: Quidam in archiepiscopatu de Wyuelin, cum una die arcam suam plenam denariis aperiri, invenit super eos simiam sedentem et dicentem : Noli tangere pecuniam quia est Colewin, id est dyaboli.

GOUBELINÉ, p. pas. (arr. de Valognes) Qui a des visions, Qui voit des Goubelins.

GOULAYANT, adj. (arr. de Mortagne) Qui se mange avec facilité. Voyez le mot suivant.

GOULE, s. f. Bouche ; corruption de *Gueule*, qui se trou-

vait aussi en vieux-français :

A teus i fist les poinz trencher
Et des goules les denz sacher.
BENOIS, l. II, v. 26823.

Le français a conservé *Goulée*, *Goulu*, *Engoule-vent*, et le patois normand en a fait *Goulard*, *Gouliban et Goulimaud*, Gourmand.

GOULER, v. n. Vomir ; probablement pour *Dégouler*, comme *Dégobiller* de *Gober*.

GOULIAS, s. m. (Manche) Mauvais plaisant, Farceur ; du bas-latin *Goliardus*, devenu en vieux-français *Gouliardois* et *Golias* dans les poésies attribuées à Walter Mapes.

GOULINE, s. f. Petit bonnet de nuit qui serre exactement la tête. Voyez MARGOULINE.

GOUNELLE, s. f. Jupon ; ce mot existait aussi en vieux-français, ainsi que le *Gown* des Anglais :

Einz devendroit noune
E veitroie goune.
Lai del Corn, v. 531.

Dante a dit dans le *Paradiso*, ch. XXVI. v. 72 :

Allo splendor che va di gonna in gonna.

GOURAS et **GOURAUD**, adj. Gourmand ; tous ces mots viennent probablement du vieil-allemand *Geren*, Désirer avidement.

GOURCIR, v. a. (Orne) Ecraser par une violente pression. Voyez GOURFOLER.

GOURER, v. a. (arr. de Bayeux et de Mortagne) Tromper ; (arr. de Vire) Vexer ; *Gour* signifie en breton *malice couverte*, *méchanceté*. Les pharmaciens appellent les drogues falsifiées des *goures*, et

le français emploie *Goureur*
dans le sens de *Trompeur*.

GOURFOULER, v. a. (arr. de
Bayeux) Presser dans la foule,
et par suite Meurtrir ; Pierre
Larrivey l'a employé dans le
premier sens :

D'un hiver englacé tout roidy de froi-
dure ,
Et qui gourfoule tout d'un pas auda-
cieux.

Dans le patois du Berry on
dit *Garfouler*.

GOURGOUSSER, v. n. Com-
mencer à bouillir, et au figuré
Murmurer ; on le trouve aussi
en vieux-français.

GOURMACHER, v. n. (arr. de
Mortagne) Manger malproprement.

GOUROUFFLE, s. m. Insecte
qui se trouve dans les fours
(*Blatta orientalis*).

GOUSPILLER, v. a. Houspil-
ler, Traiter comme un *Gouspin* ; on le trouve aussi en vieux-
français : C'est fort bien fait
s'il vous gouspille ; *Naissance
d'Amadis* dans Gherardi, *Théâtre italien*, t. v, p. **74**.

GOUSPIN, s. m. (arr. de Valognes) Gamin, Petit polisson.

GOUSSON, s. m. Fruit de l'é-
glantier. Voyez COCHONNET.

GOUVILLER, v. n. (arr. de
Mortagne) Se moquer de quelqu'un en face.

GOUVILLON, s. m. Espèce
d'anneau ; de *Copula*, comme
Goupille ; c'est probablement
le même mot que le *Gorion* du
vieux-français :

Ne l'puet tenir aniaus ne govion.

Chevalerie Ogier, v. 400.

GOUYÈRE, s. f. (arr. de Pont-
Audemer) Mesure pour la

crème, qui était déjà en usage
au milieu du xv° siècle ; voyez
M. Alfred Canel, *Histoire de
Pont-Audemer*, t. I, p. 104.

GRAANTER, v. a. Accorder,
en anglais *Grant* et dans la
basse-latinité *Graantare* ; il se
trouvait aussi en vieux-français :

Et que lor femmes sunt donees ,
Otreiees e graantees.
BENOIS, l. II, v. 15594.

On dit également *Granter* ,
comme en vieux-français ; voyez *Les quatre livres des Rois*,
p. 27.

GRABOTTE, s. f. (Orne). Tête
de graine de lin.

GRACES, s. f. pl. (arr. de Valognes) Amabilités, Coquette-
ries ; de *Grace* ou de *Grati-
tude*.

GRACIER, v. a. (arr. de Valognes) Remercier, Rendre
grâces (*Gratari*), comme en
vieux-français :

Li dux le voit, Deu prist a gracier.
Chevalerie Ogier, v. 6285.

GRADELIER, s. m. (arr. de
Bayeux) GRADILLIER (arr. de
Valognes) Groseiller non épi-
neux. Voyez le mot suivant.

GRADES, s. f. pl. GRADILLES,
Petites groseilles, parce qu'elles
sont disposées par *gradation*
le long des grappes.

GRADILLE, s. f. (arr. de St-
Lo). Oseille, dont l'acidité est
proverbiale comme celle des
petites groseilles. Voyez le
mot précédent.

GRAFFINER, v. a. Gratter légèrement ; en breton *Krafina*
signifie *égratigner*. Ce mot
existait aussi en provençal
(*Grafinar*) et en vieux-français,
mais avec le sens du breton : Il

leur mordoit les aureilles ; ils luy graphinoient le nez ; Rabelais, l. i, ch. 11.

GRAILLONNÉ, adj. (arr. de Mortagne) Sale, Malpropre, Qui sent le *graillon*.

GRAILLOT, s. m. (Orne) Miette ; selon Leroux, *Dictionnaire comique*, t. I, p. 590, *Graillon* aurait signifié en vieux-français un *reste de viande*, une *bribe*.

GRANGETTE, s. f. (Orne) Petite cage pour prendre les oiseaux.

GRANMENT, adv. Grandement ; cette crase se trouve aussi en rouchi et en vieux-français.

GRAPPE, s. f. (arr. de Bayeux) Crabe ; cette corruption a sans doute été amenée par le mot suivant.

GRAPPER, v. réfl. (arr. de Bayeux) S'attacher fortement ; en breton *Krapa* signifie *Saisir avec un grappin ; Cramponner*.

GRASSET, **GRESSET**, s. m. (Manche) Lampe en fer ; *Graset* signifiait *huile* en vieux-français.

De malheur je n'avions ni gresset ni candelle.
FERRAND, *Muse normande*, p. 4.

GRATTER, v. a. (Manche) Prendre ; *Kreista* signifie *extorquer* en islandais, et nous serions tentés d'y rattacher le français *Regrattier*, Revendeur.

GRAVÉ, adj. (Manche) Marqué de petite vérole ; en islandais *Grafa* signifie *creuser*, *trouer ;* et Roquefort donne à *Graveure* le sens de *fente*, *ouverture*.

GREC, adj. (arr. de Bayeux) Avare. Arabe ; comme le français *Grigou* ; il signifie aussi Rusé, Fourbe, et on lit dans saint Jérôme *Epistola* x *ad Furiam :* Impostor et Graecus est ; le *Grickr* des Islandais a le même sens que le *Punicus* des Romains.

GRÉCÉ, s. m. (arr. d'Alençon) Grenouille verte.

GRECQUERIE, s. f. (arr. de Bayeux) Trait d'avarice, Juiverie ; voyez GREC.

GREDOLLE, s. f. (arr. de Mortagne) Branche d'arbre sèche qui tombe naturellement ; peut-être du latin *Gradi* qui devient *Gredi* dans les composés *aggredi*, *ingredi*, etc.

GRÈGE, s. f. (arr. de Saint-Lo) Affinoir.

GRÈLE, s. f. (arr. de Valognes) Personne tombée d'une position brillante dans le malheur. Voyez le mot suivant.

GRÉLÉ, p. pas. Marqué de petite vérole ; on l'a dit du visage comme d'un champ que la grêle a empêché de réaliser l'attente que les apparences avaient fait concevoir.

GRÉMIR, v. a. Ecraser, Briser ; *Grem* signifie en islandais *blesser*, *attaquer*. On en a fait le fréquentatif *Grémiller* et le substantif *Grémillon :* probablement la racine de *grumeau* et de *gruau* est la même.

GRENONS, s. m. pl. Moustaches, Favoris (*crinis*) : Si li coupa la barbe a touz les grenons ; *Recueil des historiens de France*, t. III, p. 227. On trouve plus souvent en vieux-français *Guernons :*

N'unt mie barbe ne guernons,

Co dist Heraut, com nos avons.
Roman de Rou, t. II, p. 174.

GRETTE, s. f. (Orne) Chénevotte.

GRIBICHE, s. f. (arr. de Valognes) Vieille femme méchante dont on fait peur aux enfants ; peut-être de l'islandais *Grim*, attaquer, et *Bita*, mordre. Voyez cependant GRICHE.

GRICHE, s. f. (arr. de Bayeux) Grimace de mécontentement. Voyez GRICHU.

GRICHER, v. n. Etre de mauvaise humeur. Voyez GRICHU.

GRICHEUX, adj. Moqueur, Qui fait *Gricher*. Voyez GRICHU.

GRICHIR, v. n. (arr. de Cherbourg) Pleurer. Voyez GRICHU.

GRICHU, adj. Qui est de mauvaise humeur ; en breton *Grisiaz* signifie *emporté, méchant;* c'est probablement la racine du vieux-français *Engres* et de *Griesche* qui s'est conservé dans *Pie-Grièche* et *Ortie-griesche*.

GRIFFER, v. a. Egratigner comme avec des *Griffes ;* ce mot existe aussi en rouchi.

GRIGNE, s. f. Croûte de pain, en vieux-français *Grignon ; Krina* signifie en breton Ronger avec les dents et nous avons encore *Grignotter*.

GRIGNER, v. n. (arr. de Bayeux) Etre maussade ; on le trouve aussi dans le patois du Berry ; en breton *Grinouz* signifie *hargneux, querelleur*.

GRILLER, v. n. (arr. de Valognes) Glisser ; probablement parce que les clous que les paysans portent sous leurs souliers tracent des lignes parallèles, qui ressemblent aux barres de fer d'un *gril ;* on dit aussi *Dégriller* et le vieux-français donnait le même sens à *Esgriller :*

A la planche vint, sus monta ;
Ne sai dire s'il abuissa,
U esgrilla, u meshanea,
Mais il chai ; si se neia.
Roman de Rou, v. 5532.

GRIMÉLIS, s. m. Mélange.

GRIMELU, adj. Marqué de petite vérole.

GRIMER, v. a. Egratigner ; probablement de l'islandais *Grem*, Blesser, Attaquer, l'étymologie de *Grommeler* semble la même. Voyez ÉGRIMER.

GRINCHER, v. a. Egratigner; quand il est neutre il signifie Cligner.

GRINGALET, Homme sans consistance ; en breton *Gragaler* signifie *Piailleur*, *Criard ;* selon Roquefort, t. I, p. 715, il se disait en vieux-français d'un *cheval maigre et alerte ;* dans le Berry et dans le Jura on lui donne le même sens qu'en Normandie.

GRIPER, v. a. Grimper ; probablement le normand est plus fidèle à son étymologie que le français, car la voyelle n'est pas nasalisée dans *Gravir*, et les montées se nomment dans la Haute-Saône des *Graps*.

GRISON, s. m. Quartz ; de l'islandais *Griot* Pierre, qui s'est conservé en français dans *Griottes*, nom que l'on donne à une cerise dont le noyau (*Caillou* dans le Calvados) est fort gros, ou de sa couleur *grise :*

Huet, pren celle pierre bise,
Sy l'esboche a ton grant martel.
Miracle de Ste-Géneviève, dans Jubinal, *Mystères inédits*, t. I, p. 265, v. 14.

Comme le *grison* est la plus dure des pierres, cette dernière étymologie pourrait expliquer celle de *Biseau*, mal taillé, taillé comme une pierre bise.

Grobis, adj. Important, Fier (*Bis grossus*). Il existait en vieux-français :

> Sa, Maistre, ne rebellez point ;
> Faictes vous icy du grobis.
>   *Mystère de la Résurrection*,
>   scèn. iv.

et La Fontaine a appelé le chat *Rominagrobis*.

Grog, **Groc**, s. m. (Orne) croc (Calvados) Aspérités de la boue gelée, qui rendent les chemins raboteux : on dit proverbialement d'une boue assez gelée pour ne pas céder sous le pied *les crocs portent*.

Groin, s. m. Nom de plusieurs petits caps marécageux de la côte d'Avranches et du Bessin, qui se conservent plus verts que tout ce qui les entoure ; en islandais *Groin*, *Green* en anglais, signifie *verdoyant*. Le vieux-français avait aussi *Gronelle* et le bas-latin *Gronna* et *Gronnia*.

Groler, v. n. Tousser ; de l'islandais *Krulla*, Remuer, S'agiter, la racine de *crouler* et de *grelotter*, *gruler* en vieux-français. Le bas-latin *Grollare* et le vieux-français *Croller* s'employaient au propre comme l'islandais ; ainsi on lit dans une citation du *Roman de la Rose* dans Charpentier, t. III, p. 570, col. 1 :

> Ainssy comme un ymage mue,
> Qui ne se crolle, ne ne mue.
> Sam pie, sans mains, sans doi croller,
> Sans ex mouvoir (*sic*) et sans parler.

Grolles, s. f. Vieilles savattes ; en languedocien *Grou-*le : on trouve aussi en vieux-français *Groules* et *Grolles*.

Gromenchier, v. n. (arr. de Cherbourg) Grogner, Grommeler ; *Gram* en islandais et *Grimm* en allemand signifient *furieux*, *méchant*.

Gronée, s. f. (arr. de Bayeux) Une certaine quantité. Ce qu'on peut porter dans un tablier ; on dit aussi *Grenée*. En breton *Groun* signifie amas, monceau, réunion. Mais comme dans le second livre des *Miracles de la Vierge*, Gautier de Coinsi appelle le giron ou des poches *Grons* :

> Tout en ourant l'erbe a cuellue.....
> Ses grons en a la dame emplie.

une autre origine (du latin *Gremium*) ne serait pas impossible.

Grosset, s. m. Parement de fagot, plus *gros* que les petites branches qui s'y trouvent ordinairement.

Grou, s. m. Eau épaisse et puante ; on dit aussi *Grau*. Ce mot peut venir de l'islandais *Grotta*, Lie d'huile de poisson ; de l'allemand *Grube*, Cloaque ; ou du bas-latin *Groua*, Marais.

Groucer, v. a. (arrond. de Cherbourg) Remuer légèrement ; à Vire il signifie, comme en vieux-français, *Gronder* ;

> Et, s'il i a nul qui en grouce,
> Ne doubtez que ne le courouce
> Tant que la vie li touldray.
>   *Mystère de Robert-le-Diable*, p. 2.

Mais on donne en Normandie à *danse* le sens de *forte réprimande* et *Groa* signifie à la fois en islandais *mettre en mouvement* et *se mettre en colère*. Une origine celtique ne serait pas non plus impossible, car le breton *Krôza* signifie *murmurer*, *gronder*.

GROUER, v. a. Abattre des fruits, Faire sortir le grain de sa capsule ; *Krouer* signifie *cribler* en breton. On le prend aussi quelquefois dans l'acception de *Se fâcher*, ainsi qu'en vieux-français :

     Aimez le bien, je n'en grouz mie.

     Roman de la Violette, v. 3023.

GROULONNER, v. n. (arr. de Saint-Lo) Renacler.

GUANCHER, v. n. Aller, comme *Ganga* en islandais ; le vieux-français *Guenchir* avait modifié sa signification primitive ; il signifiait *aller de côté, en arrière, tourner* :

     E Normanz si se tindrent, ke nuls
                 d'els ne guenchi.

     Roman de Rou, v. 1532.

     Chançon, va-t-en pour faire mon mes-
                       sage
La ou je n'os trestourner ne guenchir,
Que tant redout la male gent ombrage.

     CHASTELAIN DE COUCY. *Chanson* XIX.
     st. 5, p. 71.

Voyez aussi *Les quatre livres des Rois*, p. 153 ; *Raoul de Cambrai*, p. 118, v. 15 ; *Chevalerie Ogier de Dancmarche*, v. 5872 et Rutebeuf, *OEuvres*, t. I, p. 290.

GUE, s. f. Ruine ; ce mot a probablement quelque affinité étymologique avec *Gueux*.

GUÉDÉ, adj. Parsemé, Farci. Gonflé ; *Gæda* signifie *enrichi* en islandais. On donne aussi à *Guédé* le sens d'*empiffré*, *gorgé de nourriture*, qu'il avait en vieux-français et qu'il conserve dans le style familier.

GUÉDINER, v. n. (arr. de Pont-l'Evêque) Trembler de froid.

GUÉDOT, s. m. Cochon. Voyez GUÉDÉ.

GUÉLOT, s. m. Moutarde blanche (sinnapis arvensis).

GUENETTE, s. f. (arr. de Mortagne) Femme de mauvaises mœurs ; corruption de *Gouine*.

GUENER, v. a. Crotter ; le patois de la Vendée lui donne la même signification, peut-être a-t-il quelque liaison étymologique avec *Guenaux*, qui, suivant Leroux, *Dictionnaire comique*, t. I, p. 604, signifie *gueux*, *mendiant*.

GUENIPE, s. f. (arr. de Saint-Lo) Vilaine femme, *Guenon* ; dans l'arrondissement d'Argentan, on dit *Guenuche*.

GUERBIÈRE, s. f. (arr. de Bayeux) Grande bouche, qui pourrait avaler des *gerbes*.

GUERDONNER, v. a. Récompenser ; Donner ce dont on est digne, en vieil-allemand *Werd*; ou peut-être Donner beaucoup ; au moins *Werth* a pris ce sens dans *Werthschatzen*.

           Fy de beauté
Qui son amant de desplaisir guer-
                       donne.
Au lieu de bien qn'il avait mérité.

     OLIVIER BASSELIN, *Vaux-de-Vire*,
     p. 143, éd. de M. Travers.

Ce mot n'est plus d'usage en français.

GUERMENTER, v. a. et réfl. Se lamenter et par suite Se préoccuper, Se mêler, Tourmenter ; en gallique *Garm* signifie *cri*, *plainte*. Ce mot avait les mêmes acceptions en vieux-français, ainsi on lit au commencement du *Roman de la Rose* :

Forment me pris a guermenter
Par quel art et par quel engin
Je peusse entrer dans ce jardin.

et dans le *Roman de Garin*, Bibliothèque de l'Arsenal, n° 181, fol. 88, recto, col. 2, v. 30 :

Sire Girbert, por l'amor Dieu merci,
Ne soupirez ne vus guementez si.

GUERNE, s. f. Poule.

Ils n'ont laissé porc, ne oue,
Ne guerne, ne guernelier.
Chansons normandes, p. 178, éd. de M. Dubois.

Guernelier qui signifie sans doute *coq* n'est plus usité.

GUERNOTTER, v. n. Grelotter.

GUERVÉ, s. m. (arr. de Vire) Gruau.

GUÉTRUER, v. n. (arr. de Cherbourg) Gazouiller.

GUETTER, v. a. Regarder ; c'est une extension fort naturelle de la signification du mot français qui a conservé le sens de l'islandais *Gæti*, Epier, Observer. Il s'emploie aussi avec la forme réfléchie et signifie alors Se procurer :

Barbe rouge et noirs cheveux,
Guette-t'en si tu peux ;

dit un proverbe normand.

GUEULARD, s. m. Qui parle haut et souvent, Qui est fort en *gueule* ; il signifie aussi comme en rouchi : Qui mange sa fortune.

GUEULTON, s. m. Festin, Banquet.

Laissez jusqu'au retour les tripes, les
                                    crétons;
Quand l'ennemi nous presse, au diable
                            les gueultons.
LALLEMAN, *La Compénade*, ch. I, p. 9.

GUEZETTE, s. f. (arr. de Caen) Fille étourdie, insolente ; en breton *Gwez* signifie *sauvage*, *grossier*.

GUIBOLLE, s. f. (Orne) Jambe ; il ne se dit qu'en mauvaise part ; en islandais *Vippa* signifie *tourner*, *remuer*.

GUIBRÉE, s. f. (arr. d'Alençon) Présent ; de la foire de Guibray où l'on achette beaucoup de cadeaux. On dit à Caen dans le même sens: Donnez-moi ma foire.

GUICHON, s. m. Petite Tasse de bois.

GUIDEAUX, s. m. pl. Sorte de filet.

GUIGNER, v. a. et n. (arr. de Valognes) Lancer des pierres ; on l'emploie aussi avec la signification qu'il a conservée en français dans le style familier: probablement le hollandais *Guignar* et l'espagnol *Guinar* ont été empruntés au français.

GUIGNEUX, adj. Moqueur, Qui regarde d'un air moqueur.

GUILER, v. n. Crier d'une voix aiguë (*Gueuler?*).

GUILVESSÉE, s. f. (arr. de Bayeux) Prise de tabac ; probablement un Rien, une Billevesée, qui se dit *Guilvesée* dans le patois de Rennes.

GUIMBLET, s. m. (arr. de Mortain) Vilbrequin.

GUINCHER, **GUINCHOTTER**, v. n. Lancer des œillades les yeux à demi-fermés ; de l'allemand *Winken*, Faire des signes avec les yeux.

GUITIS et **GUITUS**, s. m Gosier.

H

HAG

Hager, v. a. (arr. de Mortagnes) Détruire, Briser; peut-être une corruption de *Hacher*.

Hagnette, s. f. (arr. de Bayeux) Couteau qui ne coupe pas; dans le patois de Rennes on appelle une serpette *Hignette*. Ce mot signifie aussi Béquille et vient sans doute de l'islandais *Hagna*, Servir, Être nécessaire.

Hague, s. f. (arr. de Valognes) Fruit de l'aubépine, qui s'appelle *Hôgan* en breton. C'est aussi le nom que l'on donne à l'extrémité du Cotentin, où les pirates normands s'étaient fortifiés au moyen d'un fossé dont les restes sont connus sous le nom de *Haguedik*. C'était, comme on sait, leur usage : Normanni devastata ex maxima parte Hlotharici regni regione, prope fluvium Clyla, loco qui dicitur *Lovonium*, sepibus (more eorum) munitione capta, securi consederunt; *Annales Fuldenses*, année 891, dans du Chesne, *Scriptores Normannorum*, p. 18.

> Rous ne li suen qui od lui erent,
> Defenses firent e fossez
> Granz e parfunz e hauz e lez,
> Clos environ cume chastel.
>
> Benois, *Chronique rimée*, l. ii,
> v. 3442.

Voyez aussi Dudon de Saint-Quentin, l. ii, dans du Chesne, l. cit. p. 77; Guillaume de Jumièges, l. ii, ch. 10, *Ibidem*.

HAI

p. 228 et le *Roman de Rou*, t. I, p. 64. Selon Ihre, l'islandais *Hagi* aurait signifié Haie, nous ne le connaissons qu'avec le sens de Pâturage, mais probablement *clos*; au moins le vieil-allemand *Hag* et l'anglo-saxon *Hacg* nous portent à le croire. La racine de *Haie* pourrait même être celtique; car dans le patois de l'Isère *Agi* signifie Haie, Buisson; dans celui des Vosges *Haigis* signifie Bosquet et le vieux-français *Haie* avait le plus souvent la signification de Bois; la Haie de Valognes, la Haie d'Ectot, Saint-Germain-en-Laye, etc.

Hai, s. m. Partie inférieure d'une porte coupée en deux; Treillage qu'on y substitue pour empêcher les enfants de sortir; voyez **Haiset**.

Haim, s. m. (arr. de Bayeux) Hameçon; c'est le latin *Hamus*, avec la prononciation mouillée du patois normand, ailleurs on dit *Ins*.

Haingeux, adj. (arr. de Bayeux) Remuant, Méchant, Haïssable; du vieux-français *Hainge*, Haine, ou plutôt de *Henger*, Fatiguer (*Angere*).

Haingre, adj. Maladif; c'est le latin *Aeger*, avec la forte aspiration du Nord, qui s'est aussi conservé dans le français *Malingre*.

Haïon, s. m. (Orne) Bar-

rière en broussailles pour boucher une brèche, Petite *haie*.

HAIR, s. m. (arr. de Vire)
Chevelure ; en islandais *Har*
et en anglais *Hair*.

HAIRE, adj. De mauvaise
humeur ; il se dit surtout des
enfants. Voyez AIRER.

HAISET, s. m. Partie inférieure d'une porte coupée en
deux ; du bas-latin *Haisellus*,
en vieux-français ainsi que
dans l'Orne *Haise* : Comme
Pierre Playart.... vouloist mettre en une cour de la maison
ou il demeurait, une *haise* qu'il
avoit faite pour obvier que le
bestail de la ville n'entrast en
sa court ; *Lettres de grâce* de
1371, citées dans du Cange,
t. III, p. 646, col. 1. On dit
proverbialement des amoureux :

S'ils n'entrent par le haiset,
Ils entrent par le viquet.

Ce mot signifiait sans doute
originairement Une petite porte
comme l'Huiselet du vieux-
français.

HAISIER, s. m. (arr. d'A-
vranches) Ridelle, du bas-
latin *Haia*. Voyez HAISET.

HAITER, v. n. (Haute-Normandie) Plaire, Être agréable;
du breton *Heta* dont la signification est la même :

Vous autres, dittes, s'il vous haite,
Voz nous, et vous venes offrir.

Farce des pates-ouaintes, p. 6.

Cette origine semble d'autant plus probable que HAITER
signifiait aussi en vieux-français *Désirer*, et que le mot breton se prenait dans la même
acception ; le français *Souhaiter*
appartient certainement à la
même racine.

HAITIER, s. m. (arr. de Valognes) Petite poêle à rebords
dont on se sert pour faire la galette, qui figure dans toutes les
réjouissances ; ce qu'exprime
le breton *Heta*, comme l'islandais *Gala*.

HALABRE, s. m. (arr. de Bayeux) Garnement ; probablement de *Helluo* que l'on retrouve sous son ancienne forme
en vieux-français ; voyez aussi
Hellir dans Roquefort, t. I.
p. 746.

HALAISER, v. n. Respirer
difficilement ; de *Halitare*, ou
de son dérivé français.

HALBI, s. m. Mélange égal
de cidre et de poiré ; *Halb* en
allemand et *Half* en islandais
signifie *moitié*. Voyez MITOYEN.

HALER, v. a. Tirer ; de l'islandais *Hallda*, Tenir, Tirer
à soi ; cette origine est d'autant plus probable que le suédois *Halla* a aussi rejeté le D,
et que *Haler* appartient aussi
à la langue de la marine, qui,
comme on sait, a emprunté
une très grande quantité de
mots à l'islandais.

HALIPRE, s. m. Gerçures
des *lèvres*, qui les dessèchent
et les durcissent, comme si
elles étaient *hâlées* ; à Valognes
on dit HALITRE.

HALITRE, s. m. Grand air
sec qui gâte la peau, qui la
hâle.

HALLEFESSIER, s. m. Terme
de mépris, Qui *tire* le derrière.

HALLEMÊCHE, s. f. Dispute,
où l'on finit par se prendre aux
cheveux et se *haler* les *mêches*.

HALLOTER, v. n. (arr. de
Caen) Remuer le crible, le
Tirer doucement de droite à

gauche pour amasser la paille sur le devant.

HALOT, s. m. (Orne et Calvados) Petit valet qui conduit les chevaux par la bride, qui les *tire*. On trouve *Hillot*, en vieux-français, avec un sens à peu-près-semblable :

Ce vénérable hillo fut adverti
Ce quelque argent que m'aviez dé-
                parti.
    LEROUX, *Dictionnaire comique*,
      t. II, p. 20.

Mais nous ne croyons pas comme l'a dit Roquefort, t. I, p. 754, qu'il vienne des *Ilotes* des Lacédémoniens.

HAM, s. m. Hameau. Ce mot ne se trouve plus que dans quelques noms de communes. Le *Ham* dans l'arrondissement de Valognes, *Ouistreham* dans l'arrondissement de Caen ; il vient certainement des langues du nord ; en islandais *Heim* signifie *maison* et Ulphilas l'a employé dans le sens de *village*.

HAMBOUINER, v. n. (arr. de Valognes) Traîner la jambe, probablement pour *Gambouiner* : dans les Vosges *Cambiner* signifie Boiter.

HAMMÉE, s. f. (arr. d'Argentan) Cépée ; ailleurs on donne ce nom à une forte haie de saules, probablement parce qu'ils poussent beaucoup de jets.

HAN, s. m. (arr. de Bayeux) Fantôme dont le nom vient probablement de l'allemand ; voyez Grimm *Deutsche Mythologie*, p. 524.

HANAP, s. m. Coupe, Verre à boire.

Remplir nos hanaps.
    BASSELIN, *Vaux-de-Vire*, p. 173,
      éd. de M. Travers.

Ce mot se retrouve en breton avec la même signification ; il existait aussi en vieux-français : Grans vesseaus d'argent ne hanaps d'or ; *Ordonnances des rois de France* (1332), t. II, p. 86.

HANNE, s. f. (arr. de Bayeux) Vieille femme ; *Hanne* signifiait en vieux-français une Vieille cavalle ruinée ; plutôt du latin *Hinna*, Mule, que du gallique *Anner*, qui signifie Une jeune vache, comme le veut Huet dans ses *Additions aux Origines de Ménage* ; mais en breton *Hena* signifie Très-vieux.

HANNEQUIN, s. m. Enfant désagréable, Petit mulet (*Hinnus*).

HANNEQUINER, v. n. Faire une chose avec peine, avec *hans ;* Voyez ENHANNER ; c'est probablement la même idée qui avait fait appeler en vieux-français les laboureurs *Hanniers*. Il signifie aussi Tâtonner, Hésiter.

HANNES, s. f. pl. (arr. de Valognes) Culottes ; le patois de Rennes l'emploie dans la même acception ; ailleurs il signifie Coeffe, *Hennin*, en vieux-français, et on lui donne quelquefois dans l'Orne la signification de Veste.

HANNELLE, s. f. Menu bois ; *Heniau* en vieux-français.

HANNOCHE, s. f. (Orne) Gros morceau de bois. Ce mot et le précédent se rattachent sans doute à un radical commun qui signifiait *Bois ;* leur différence tient à leur terminaison, qui indique l'une un diminutif et l'autre un augmentatif ; voyez aussi HANNOT.

HANNONER, v. n. (arr. de Valognes) Parler en s'arrêtant et se reprenant à chaque instant, peut-être comme un *âne*. Iceluy avec sa bouche d'asne ne fait qu'asnoner ; Balde ne peut entendre son langage asnin ; *Histoire macaronique*, t. II, p. 276.

HANNOT, s. m. (Orne) Petit vase en bois.

HANTE, s. f. Manche d'un fouet ou d'une faulx ; probablement de *Hasta*, car on appelait en vieux-français les lances des *hanstes* et on lit dans le *Roman du Saint Graal* : Le hanste de la crois estoit toute vermoille.

HANTIER, s. f. Butte de terre.

HAQUETER, v. n. (arr. de Mortain) Jaboter. Parler à tort et à travers ; en breton *Hakein* signifie Bredouiller, et *Haquier* a le même sens dans le patois des Vosges.

HARASSOIRE, s. f. Poële percée de trous pour faire cuire des marrons que l'on se *harasse* à remuer.

HARDELÉ (œuf), adj. (Calvados) du bas-latin *Hardellus ;* voyez du Cange, t. III, p. 625, col. 3. Les œufs hardelés n'ont pas de coquille ; ils sont pondus par des coqs et quand on les met dans du fumier de cheval, il en sort des serpents dont l'huile est excellente pour composer des filtres et transmuer les métaux : voyez la recette de l'or espagnol dans Théophile, *Diversarum artium schedula*, p. 180. Dans l'Orne on dit *Hardé* et *Hardré*.

HARDELLE, s. f. Jeune fille complaisante :

Si j'en beuvois byen soubvent,

Fauldroit la hardelle.

> *Vaux-de-Vire*, p. 198, éd. de
> M. Travers.

HARDER, v. a. Troquer.

Oh! que de bon cueur mes livres harderois
Pour les escots ou tu serois !
Gentil breuvage, ah! tu m'es trop amy
Pour te boire a demy.

> JEAN LE HOUX (Olivier Basselin),
> *Chanson inédite.*

HARDOUIN, s. m. (Orne) Négociateur de mariages ; on dit aussi au féminin *Hardouine*. Il ne se prend qu'en mauvaise part, ainsi que les autres mots qui se rattachent à la même idée : le vieux-français *Hardeau* signifiait *Coquin, Vaurien.*

HARÉE, s. f. (arr. de Bayeux) Pluie de peu de durée ; *Harne* signifie Ondée dans le patois du Berry ; en vieux-français on disait *Horée* :

Veit les tuneires, e les venz, e les giels,
E les orez, les merveillus tempes.

> *Chanson de Roland*, st. CLXXXI,
> v. 9.

En basque *Uria* signifie Pluie.

HARER, v. a. (arr. de Vire) Exciter.

N'as-tu pas ouy ce truant,
Que je t'avois dit cy-devant,
Que de ma porte tu chassasses
Et que les chiens tu lui harasses.

> *Moralité du Mauvais riche et
> du Ladre.*

L'anglais *To hare* a la même signification, et une racine celtique est assez probable ; en breton *Harz* signifie *Aboiement.*

HARGOTER, v. n. Quereller. On le trouve aussi en vieux-français : Ycelui Mahilet se leva de la table et print cedit Gilet par la poitrine, et ledit Gilet lui semblablement, et tenoient, et hargotoient l'un l'autre forment ; *Lettres de grâce*, de 1380, dans du Cange, t. I, p. 390, col. 3. Dans le patois des Vosges *Hargot* signifie Secousse, Cahot.

HARICOTER, v. n. (Orne) Conduire des chevaux qu'on est obligé de fouetter à chaque instant ; Voyez HARER et le vieux-français HARIER :

> Je change tout, je tourne, je varie,
> Je faiz checir, relever et abbattre
> Sans aviser qui saigement charie ;
> Je mors, je poins, j'arguë et puis harie.

Danse aux Aveugles, p. 37.

Il signifie aussi Trouver à redire (Voyez HARGOTER), et Faire toute sorte de mauvais métiers. Voyez le mot suivant.

HARICOTIER, s. m. (Orne) Qui vend et achète des bestiaux ; Voyez HARIN. Il signifie aussi, peut-être par extension, Chicaneur, De mauvaise foi ; voyez cependant HARGOTER.

HARIGACHER, v. n. (arr. de Bayeux) Disputer. Voyez HARGOTER.

HARIN, s. m. Mauvais cheval, *Haridelle* ; probablement de quelque dialecte germanique ; en anglo-saxon signifie Cheval, *Harsa* jument et nous avons encore *Haras*. L'islandais *Hros*, Chéval, est également devenu *Rosse*. Dans l'Orne on dit HOURIN.

HARIVELIER, s. m. Marchand de bestiaux.

HARLAN, s. m. (Seine-Inférieure) Qui marchande, Qui n'est pas franc en affaires ;

Voyez HARICOTIER et HERLAN.

HARMONER, (arr. de Bayeux) Gronder, *Sermoner*, que l'on prononce en patois normand, *Sarmoner.*

HAROUSSE, s. f. Mauvaise jument, corruption de *Carousse;* voyez ce mot.

HARQUELER, v. a. (arr. de Mortagne) Tracasser, Chicaner, Faire toutes sortes de métiers malhonnêtes ; on emploie dans un sens analogue le substantif *Harquelier.*

HARRACHES s. f. pl. (Orne) Tiges brisées de chanvre, qui sont *arrachées.*

HART, s. f. Grosse branche ; peut-être dérivé du vieil-allemand *Hart*, Forêt, comme *Boise* l'a été de *Bois.*

HASIER, adj. (arr. de Valognes) Maigre, Chétif.

HASTIVET, s. m. Orge hâtive.

L'on dict hastivet s'eschaulda.

Chansons normandes, p. 161,
édit. de M. Dubois.

HATEL, s. m. Bois coupé et fendu (voyez ATELLE) : Icellui prestre tenant en sa main une busche de bois qui se nomme au pais (en Normandie) une Hastelle ; *Lettres de grâce* de 1525, citées dans du Cange, t. III, p. 633, col. 2.

HATELET, s. m. Côtelettes de lard que l'on met à la broche, en vieux-français *Haste* (Hasta) que le patois lorrain et celui du Nivernais ont conservé dans cette acception. Comme maintenant Broche, *Haste* s'employait avec le sens d'une chose que l'on mettait à la *broche.*

Et quant j'avoie, o le verjus,
Mon haste en la broche torne.

Fabliaux anciens, t. IV, p. 447.

Quant à la terminaison qui indique un diminutif, elle exprime une idée qui se trouve aussi en vieux-français : Ou quel ostel ilz eussent fait cuire et appareiller une hatemenue de porc ; *Lettres de grâce* de 1392, citées dans du Cange, t. III, p. 633, col. 1.

HATI, s. m. Haine ; en islandais *Hata* signifie Haïr, et le vieux-français *Ahati*, *Enhati* se rattache probablement à la même racine.

HATILLE, s. f. (Orne) Intérieur des animaux ; ce mot se trouve aussi dans la langue populaire des autres provinces, car les Bénédictins ont dit au mot HASTA 4 : Recentis suillae frustum unde rusticis nostris : *Je vous enverrai de la hastille et du boudin.*

HAULE, s. f. Fosse ; de l'islandais *Hol* dont la signification est la même : nous ne connaissons ce mot que dans quelques noms de lieu ; la Haule de Surrain, la Haule de Saint-Laurent-sur-Mer.

HAUTMAL, s. m. Epilepsie ; Orre-mal en vieux-provençal. On regardait pendant le moyen-âge l'épilepsie comme une véritable possession ; voyez AVERSAT.

HAVET, s. f. (arr. de Vire) Femme malpropre ; c'est une figure, *Havet* signifie en vieux-français un ustensile de cuisine qui était sali par la fumée.

Ung grilh, ung havet tout entier

Et une grande lechefrite.

Inventaire des biens de l'amant trépassé de deuil, dans Keller, Romvart, p. 182, v. 7.

C'était probablement la *crémaillère* ; voyez le mot suivant.

HAVET (Bête) s. f. (arr. de Valognes) Bête imaginaire dont on fait peur aux enfants pour les empêcher d'approcher de l'eau. *Havet* signifiait en vieux-français *Crochet*.

Se dit l'en que ce sont les diables
A tout leurs grantz crocz et leurs chables,
A leurs ongles, a leurs havetz.

Roman de la Rose, v. 18684.

Il a conservé cette signification en rouchi.

HAVRON, s. m. Folle avoine ; *Hafrar* en islandais ; *Habaro* en vieil-allemand ; *Wild Haber* en allemand moderne ; C'est havron et pois percé, est une locution populaire qui signifie *L'un ne vaut pas mieux que l'autre.*

HAZÉ, s. m. (Orne) Marais, Tourbière.

HÉBRAIT, s. f. (arr. de Valognes) Cri perçant ; probablement une corruption de *Haut brait* que le vieux-français avait formé de *Braire :*

Mort me faindreiz; mais de noz genz
Ne seit petit li pluremenz,
Li braiz, li criz ne la merveille.

BENOIS, *Chronique rimée*, l. I, v. 1635.

HEC, s. m. Moitié inférieure d'une porte. Ce mot avait la même signification en vieux-français : Le suppliant estoit a son huis appoié sur son hec ; qui fait aussi qui demi closture d'un huis ; *Lettres de grâce* de 1367, dans du Cange, t. iii, p. 642, col. 1. Dans l'Orne il signifie aussi Barrière de champ. On donne le même nom à une pièce du pressoir.

Hacquet, s. m. Ridelle, Partie d'une charrette en forme de barrière, de *Hec*, qui sert à retenir la charge ; nous avons déjà remarqué le rapport entre HAISIER et HAISET. Ce mot existait aussi en vieux-français et a été, comme une foule d'autres, mal expliqué par Roquefort, *Supplément au Glossaire*, p. 183.

Hecter, v. n. (arr. de Saint-Lo) Bégayer. oyez ACTAIGNER et HAQUETER.

Hédri, adj. Sali, Chiffonné. Voyez HOUDRI.

Héguir, v. n. (arr. d'Avranches) Haïr ; *Heugi* en breton.

Hémée, s. f. Bruit.

Et ientouïmes la hemée.

FERAND, Muse normande, p. 21.

Hénu, s. m. (arr. de Cherbourg) Maladie des oiseaux qui les fait tourner sur eux-mêmes comme s'ils avaient des convulsions épileptiques. Ce mot signifie dans l'arr. de Bayeux un Brouillard épais.

Hénuer, v. n. Tergiverser, Hésiter, tournoyer comme un oiseau attaqué du *Hénu*.

Hépinger, v. a. Oter l'eau, *Eponger*.

Hérasser, v. n. Faire un ouvrage avec peine, Vivre difficilement ; il s'emploie aussi avec un sens actif et signifie alors Chicaner. Sa racine est probablement celtique car le breton *Harza* a la triple signification d'Etre arrêté, d'Etre

embarrassé et d'Aboyer.

Herbiers, s. m. pl. (arr. d'Alençon) Mauvaises herbes.

Hercaha, adv. (arr. de Mortagne) Vis-à-vis, Nez-à-nez.

Herdre, v. a. Garder ; peut-être de *Haeres*, Possesseur, par la même idée que le bas-latin *Herdimentum* et le français *Héritage*.

Je leur lerray prendre, ravir et herdre
Ce qu'il vouldront ; j'en suis bien re-
solu.
Farce des Pates-ouaintes, p. 26.

Herdre, adj. Avare, Intéressé. Voyez le mot précédent.

Hère, s. f. Peau de loup dont sont couverts les loups-garous ; pour les en délivrer, il faut leur porter trois coups de couteau au front, ou, suivant quelques autorités, leur tirer seulement trois gouttes de sang. La *Haire* est en français une chemise de crin (en islandais *Har*), qui par conséquent est fort incommode.

Hère, adj. De mauvaise humeur, Colère ; probablement d'*Ira* : en vieux-français *Ire* était aussi devenu *Heirer* ; voyez Roquefort, t. i, p. 746.

Heri, s. m. Lièvre ; c'est le nom islandais, comme *Hase* est le nom allemand.

Herlan, adj. Tracassier ; en breton *Herr* signifie emportement.

Hermoner, v. n. (arr. de Cherbourg) Remuer sans cesse, et par suite Se tourmenter ; en breton *Herruz* signifie Rapide, Bouillant.

Hernuer, v. n. (arr. de Mortagne) Remuer ; on dit aussi au figuré le temps hernue pour signifier qu'il va se mettre à la pluie.

Herper, v. a. (arr. de Vire) Saisir, comme avec un *Harpon*; il s'emploie aussi neutralement et signifie à Mortagne Lutter pour s'amuser, et à Bayeux Prendre au fond de la casserole, Cuire trop vite ; il se dit à Caen de l'eau et de la terre qui commence à geler.

Herquelot, adj. (arr. de Valognes) Petit, faible ; peut-être de l'allemand *Herr* qui se prend en mauvaise part, même lorsqu'il n'a pas la terminaison des diminutifs ; nous avons déjà cité **darcelet**, diminutif de *Dard*.

Herquette, s. f. (arr. de Vire) Rateau, petite *Herse*.

Héru, adj. (Orne) Malpeigné, Qui a les cheveux comme du crin, *Har* en islandais ; on dit aussi Hérupé. Voyez **huré**.

Het, s. m. Joie, Bonne volonté.

> Volluntiers je laboureroie
> D'accort, de het, sans estriver.
>
>   *Chansons normandes*, p. 163,
>   édit. de M. Dubois.

Voyez **haiter**.

Heudes, s. f. pl. Liens qui attachent ensemble la tête et les pieds des bestiaux pour les empêcher de brouter ; *Heùd* signifie en breton Liens, Entraves.

Heulard, adj. (arr. de Vire) Faible, Maladif.

Heuler, **Huler**, v. a. Huer; *Heulen* en allemand moderne. Peut-être malgré l'aspiration vient-il du latin *Ululare*.

Heumat, adj. (Orne) Entêté, Qui a la tête dure comme un *Heaume*.

Heune, s. m. (Orne) Tête ;

c'est une corruption de *Heume* (Voyez le mot précédent); car ce mot ne se dit que par mépris et signifie qu'au lieu d'une *Tête* on a un *Heaume de fer*.

Heuse, s. f. Botte, Guêtre, *Cruralia*, vulgo *Hueses*, disait déjà Jean de Garlande dans son Dictionnaire, *Paris sous Philippe-le-Bel*, p. 587. Le radical se trouve également dans les langues celtique et germanique : *Heuz* en breton, *Hôs* en gallois, *Hosa* en islandais et *Hosan* en gothique. On dit aussi *Housias* et le français a conservé dans le style familier *Houseaux*.

Hidre, adj. (Seine-Inférieure) Malheureux, selon le *Coup-d'œil purin*, p. 54.

Hie, s. f. Joie, Rire ; c'est probablement une onomatopée ou une apocope de *Hilarité*.

Hierre, s. m. Lierre :

> Joyeux quand ma veue
> Regarde ta branche pendue,
> Belle hierre, que je suis.
>
>   *Vaux-de-Vire*, p. 100, édit. de
>   M. Travers.

En français l'article s'est confondu avec le nom et le u de *Hedera* a disparu ; cela est arrivé aussi dans le patois normand, mais il est resté dans beaucoup d'endroits une sorte d'aspiration gutturale, **glierru**.

Himer, v. n. (Manche) Pleurer, Gémir. Voyez **gimer**. Comme le g et le ȟ sont deux articulations produites par le même organe de l'appareil vocal, il y a souvent permutation entre eux.

Hinche, s. f. (arr. de Vire et d'Argentan) Haine.

HOCLASSER, v. n. (Orne) Travailler avec courage. Se fatiguer beaucoup; l'allemand *Hoch* a dans la plupart des composés la valeur d'un superlatif.

HODINER, v. a. (arr. de Bayeux) Remuer; dans l'arr. de Vire et dans l'Orne il est devenu intransitif et a restreint sa signification : Remuer la tête; on dit proverbialement : Les saints du paradis en hodinent la tête.

HOELLAND, s. m. Bas-fonds, de l'islandais *Hol* et *Land* dont la signification est la même; ce mot est maintenant hors d'usage, mais on trouve dans de vieux actes le Hoelland du Val de Ver et le Hoelland de Molles. Voyez HAULE.

HOGUE, adj. (Calvados) Fort. Fier; probablement du vieux-français *Ahogue*, Haut, Grand, ou plutôt de sa racine :

Hoc si fu teus sis esgarz,
C'un bel chasteli fist drecier
Od tor de pierre e de mortier,
Bien clos de mur e de paliz,
E de riches ponz torneis
Od hericons e od fossez
Ahoges e parfunz e liez.
    BENOIS, *Chronique rimée*, l. ii,
       v. 2$131.

Voyez le mot suivant.

HOGUE, s. m. et f. Hauteur, Colline; de l'islandais *Haug*, Monticule. On ne l'emploie plus guère que dans les noms de lieu, Saint-Vaast-la-Hougue; les Hogues de Baucy, d'Isigny; le Heugue de Jobourg; la pointe du Hogue à Grand-Camp; la Hoguette; etc. Le vieux-français s'en servait dans un sens plus général : El sumet de une hoge. *Livre des Rois*, l.

ii, ch. 2, v. 25, p. 127, de l'édition de M. Leroux de Lincy.

HOGUIGNÈTES, s. f. pl. Cadeaux qui se font encore dans quelques endroits la veille du jour de l'an; on dit à Caen *Hoguilanno* et à Saint-Lo *Hoguilanne*. Voyez AGUILANLEU. De Brieux nous a conservé une sorte de chanson sans rime que l'on chantait encore de son temps en demandant les hoguignettes (*Hoc in anno*) :

Si vous veniés a la depense,
A la depense de chez nous,
Vous mangeriés de bons choux,
On vous serviroit du rost,
    Hoquinano.

Donnez-moy mes haguignètes,
Dans un panier que voicy,
Je l'achetay samedy
D'un bonhomme de dehors,
Mais il est encore à payer
    Haguinelo.

HONER, v. n. Chanter entre ses dents; peut-être une corruption de *Canere*; il signifie aussi se plaindre, mais la véritable prononciation est alors HOUINER.

HORÉ, adj. (arr. de Caen) Qui est arrivé à son point, à son heure (*Hora*); il se dit des récoltes : Ce blé n'est point horé. Peut-être cependant doit-on écrire *Oré* d'Aureus et signifie-t-il Jaune.

HORGNE, s. f. Coup de poing sur les yeux ou sur la tête, c'est le même mot que le vieux-français *Horion*.

HORGNER, v. a. (arr. de Mortagne) Donner une *Horgne*.

HORION, s. m. (arr. de Mortagne et de Bayeux) Gros rhume), Epidémie : c'est le nom que l'on donnait en vieux-français à une maladie qui régna au commencement du xve siècle. Si advint (en 1414) par le plaisir de Dieu qu'un mauvais air corrompu chut sur le monde, qui plus de cent mille personnes a Paris mist en tel estat qu'ils perdirent le boire, le menger et le reposer... et avecques ce, qui pis estoit on perdit tout le povoir de (son corps, que on n'osait toucher a soy de nulle part que ce fust, tant estoient grevés ceux qui de mal estoient atteints ; et duroit bien sans cesser trois sepmaines, ou plus ; et commença à bon escient à l'entrée du mois de mars audit an, et le nommait-on le tac ou le horion ; *Journal d'un bourgeois de Paris*, dans les *Chroniques d'Enguerrand de Monstrelet*, t. xv, p. 196, éd. de M. Buchon.

HORIQUE, s. f. (arr. de Bayeux) Maladie régnante. Voyez HORION.

HORSAIN, s. m. (arr. de Bayeux) Etranger, Homme du dehors, comme *Forain*. Voyez la chanson citée au mot HOGUIGNÈTES.

HOSTIER, s. m. Homme pauvre, Mendiant, du latin *Hostis*, ou plutôt d'*Ostium* ; on dit à Valognes d'un mendiant *qu'il trache aux portes*. Selon Roquefort *Host* aurait signifié en vieux-français Paysan.

HOUBILE, s. f. (arr. de Mortagne) Veste, Vêtement.

HOUC, s. m. (arr. de Bayeux) Poussière acre qui s'élève de la graine du chanvre ; c'était d'abord probablement une interjection.

HOUDRI, adj. (arr. de Bayeux)

Taché, Moisi ; en breton *Hudur* signifie Sale, Malpropre, et le vieux-français en avait aussi probablement dérivé le verbe *Heudrir*.

HOUINER, v. n. Crier, Se plaindre, Pleurer ; on dit aussi dans le même sens *Higner*, *Hinner*, *Honer*, *Ouiner*, et ces différents mots semblent dérivés d'une langue germanique. Au moins l'islandais *Veina*, le vieil-allemand *Weinan*, le saxon *Veinan* ont la même signification et l'anglais *Whine*, ainsi que le danois *Hvine* a également pris l'aspiration ; une origine latine (*Hinnire*) ne serait cependant pas impossible : on dit proverbialement : Il houine comme un petit poulain.

HOUIVET, s. m. Sobriquet que l'on donne aux habitants du Bocage ; le *Huvet* était une espèce de coiffe que portaient les femmes élégantes ; peutêtre *Houivet* voulait-il dire un homme qui s'atiffe comme une femme, un *Faraud* ; mais nous y verrions plutôt le même nom que *Hobereau* ; en basselatinité on appelait les propriétés rurales *Hofa*, *Horia* (de l'allemand *Hof*, Cour) et leurs propriétaires *Houbarii* et *Hobarii*.

HOULER, v. a. Exciter, Provoquer ; il ne se prend qu'en mauvaise part. La principale cause de sa mort fust pour sa male renommee qu'il avoit d'estre noiseux, ivrogne, houiller et composeur de gens ; du Clerq, *Mémoires*, l. iv, ch. 42. Dans le Mystère de *Bien-advisé et mal-advisé*, 2e partie, *Houlerie* est le nom de la provocatrice au mal ; en breton *Houlier* signifie Agent de débauche. Ce verbe s'emploie aussi avec un sens réfléchi et signifie S'enfoncer dans un trou : il se dit surtout des animaux.

HOULET, s. m. Brèche, Ouverture (*Goulet ?*).

HOULETTE, s. f. (arr. de Caen) Entrée du terrier par laquelle les lapins se *Houlent*.

HOUQUER, v. a. (arr. de Bayeux) Voler, Prendre avec un *Hoc*, qui signifiait en vieux-français Crochet, en anglais *Hook*.

HOURET, s. m. Homme sale comme un *Gorret*.

HOURTICOT, s. m. Petit âne.

HOUSTAS, s. f. (arr. de Bayeux) Femme hommasse, Étourdie.

HOUTER, v. n. (arr. de Vire) Appeler ; *Haten* en saxon. Ces deux mots semblent formés du cri dont on se sert dans la campagne pour appeler les personnes qui sont très-éloignées ; le terme de chasse *Houper* a été formé de la même manière.

HOUVE, s. f. Houc, en vieil-allemand *Houvva*.

HOUVER, v. n. Piocher, Travailler avec une *Houve* ; il signifie aussi probablement par métaphore, Donner à regret.

HU, s. m. (arr. de Valognes) Ce mot qui n'est employé que dans la phrase Faire le hu, signifie Avoir ou Faire mauvaise mine et semble une apocope de *Hubi* ; voyez ce mot.

HUANT, s. m. Hibou ; probablement une aphérèse de *Chat-Huant*.

HUARDS, s. f. pl. Farfadets

que l'on suppose occupés constamment à se moquer des hommes et à les *Huer* ; le nom des Lutins, du latin *Ludere*, et celui des *Goubelins*, de l'islandais *Gabba*, expriment la même idée.

HUBI, adj. Il ne se dit que des oiseaux et signifie Triste, Malade, Qui a les plumes hérissées ; il vient sans doute de l'islandais *Ybbinn*, Hérissé. Peut-être *Ahubir* en est-il aussi dérivé, quoique nous ayons déjà reconnu la possibilité d'une autre origine.

HUBIR, v. a. (arr. de Mortagne) Huer, Honnir. Voyez AHUBIR.

HUCHER, HUCHIER, v. n. et réfl. Monter, *Jucher* ; il signifie aussi Frapper à la porte, comme en vieux-français, parce que c'est une manière très-usitée d'Appeler, de Hucher ; voyez cependant HUS.

HUPÉ, s. m. (arr. de Mortagne) Petite distance. Voyez JUPÉE.

HUR, HUER, HEURQUE, s. m. Pointe de terre contre laquelle les vagues viennent se briser en mugisssant ; la partie la plus avancée dans la mer de la falaise de Jobourg s'appelle Le grand huer. *Hurr* signifie Bruit en islandais, mais *Hur* peut aussi exprimer la même idée que *Brise-lame* et venir du vieil-allemand *Hurt*, d'où est dérivé le vieux-français *Hurter*, Heurter.

HURÉ, adj. Hérissé, Qui a la tête comme une *Hure*. Ce mot qui peut être une syncope de *Hurepé*, existait aussi en vieux-français :

S'il a grant toup, il est hures;
S'il est cauves, il est peles.

> *Ruthote du monde*, publiée dans
> le *Roman de la Mane-kine*,
> p. VIII.

Voyez HUREPÉ.

HUREPÉ, adj. Hérissé, comme en vieux-français :

> La péussiez voir tant viez draps de-
> panez
> Et tante grande barbe et tant ciez
> hurepez.

> *Roman de la Conquête d'outre-
> mer*, cité par Fauchet, *Langue
> et Poésie françoises*, p. 37.

Ce mot vient peut-être de l'islandais *Har* et *Op*, Chevelure en haut.

HURIF, adj. (arr. de Mortagne) Hatif, précoce.

HURON, s. m. Sauvage, Etourdi qui ne respecte ni les usages ni les convenances. Qui est toujours *huré*.

HUS, s. m. Porte. *Il ne trouvera pas le coq à l'hus* est une locution proverbiale qui signifie : Il arrivera trop tard, quand les poules seront couchées. C'est probablement une corruption du vieux-français *Huis* qui se trouvait aussi dans le patois normand :

> Et qu'on jette les ennuys
> Derrière l'huys.

> OLIVIER BASSELIN, *Vaux-de-Vire*,
> p. 181, éd. de M. Travers.

On dit aussi HUCHE. Sans cha, je n'érions jamais eu de sergent à notre huche; *Farce des Quiolards*, p. 29.

HUT, s. m. Chapeau; c'est probablement le vieux mot allemand, en saxon *Hœt* et en anglais *Hat*.

I

I, v. n. Il n'est usité qu'à la seconde personne du singulier de l'impératif, Va, Marche : c'est le mot latin qui s'est aussi conservé dans le patois du Jura.

IANS, adv. Dedans ; le vieuxfrançais disait *Ens*.

> Je pleure ens et me ry par dehors.
> ALAIN CHARTIER, *Œuvres*, p. 532.

C'est probablement une corruption d'*Intus*, dont la première voyelle s'est nasalisée et modifiée comme dans le français *En*, *Dans* ; la prosthèse de l'I avait sans doute lieu aussi en vieuxfrançais; car on y trouve *Laiens* qui signifie La dedans : Laiens avoit quarante chevalier; Villehardouin, *Mémoires*, p. 192.

IAU DE MOURET, s. f. (arr. de Coutances) Eau de fumière.

IAULOUS, adj. (arr. de Vire) Rempli d'*Eau*, qui se prononce *Iau* dans le patois normand.

ICHIN, adv. (Manche) Ici.

IDLO, adv. (arr. d'Avranches) On ne l'emploie qu'avec la particule *de*, D'ici, De là. Voyez ILAU.

IÉBE, s. f. Gale des chats.

IGNAU, adv. (arr. de Mortagne) Sans façon, Uniement.

IGRE, s. m. (arr. de Valognes) Ongle, Ergot. Peut-être est-ce la racine d'*Egratigner* ; on dit ailleurs *Egrin, Ingre, Ingrat.*

ILAU, **ILEU**, adv. Là, Ici ; en vieux-français *Illec, Illoc, Illuec* (Illic).

> La ou *Nativite* dit-l'on
> Illuec diras *Concepcion;*
> *Conception* illuec diras
> La ou l'en dit *Nativitas.*
>
> WACE, *Etablissement de la fête de la Conception*, p. 8, v. 7.

INDE, adj. Noiràtre, De couleur sale. En provençal l'*Indi* était suivant l'*Elucidario de las proprias :* Bela mixtura de color cerulenca et purpurea, et malgré le sens vague que l'on donnait aux noms des couleurs, il devait en être de même en vieux-français, car on lit dans le *Roman de la Rose*, en parlant du soleil :

> A donc prent l'Air son mantel inde,
> Qu'il vest trop volentiers en Inde;

et on lit dans le *Roman de la Violette :*

> Et voit sor sa destre mamiele
> Une violette nouvielle,
> Inde paroir sor la car blanche.

En français l'Inde est bleu.

INDITER, v. a. Enseigner, Elever ; du latin *Indicere*; il existait aussi en vieux-français.

INDUQUER, v. a. Elever ; Voyez **ÉDUQUER**.

INÈLE, adj. (arr. de Mortagne) Vif, Leste ; du vieil-allemand *Snel* ou de l'islandais *Sniall*, dont la signification est la même. Il existe aussi en vieux-français :

> Puis serrai si legers e ignals e ates.
> *Voyage de Charlemagne*, v. 613.

> Qar fortune, ki sa roiele

> Tourne comme la plus isniele
> Chose ki soit.
>
> MOUSKES, *Chronique rimée*, v. 24431.

INTEL, **INTÉ**, adj. Pareil ; de *Talis* ou peut-être d'*Unitus* ; car le vieux-français *Onnier*, Egaliser venait d'*Unire* et *Onniement* signifiait Pareillement. Voyez **ENTEL**.

INTERGAUDÉ, adj. (arr de Mortagne) Troublé, Intimidé ; probablement du latin *Inter gaudere*, Plaisanter au milieu, comme *Interloqué* d'*Interloqui.*

INVECTIF, adj. Eveillé, Malin ; probablement une corruption d'*Inventif.*

IORD, adj. Sale, Dégoûtant; du latin *Horridus* ; le vieux-français se rapprochait davantage de sa racine :

> Entre eus avoient fait une ordre,
> Si orrible, si vil, si orde.
>
> *Roman de Fauvel*, cité par M. Paris, *Manuscrits françois*, t. I, p. 311.

Mais le substantif *Ordée* signifiait Souillure :

> D'ordée et de mauvestie
> Se gardera et de pechie.
>
> WACE, *Etablissement de la fête de la Conception*, p. 19, v. 2.

On dit aussi *Enordir*, Salir.

ISLET, s. m. (arr. de Valognes) Pâté de maisons, entouré de rues de tous côtés ; en vieux-français *Islet* signifiait Une petite isle :

> Ce fu tout droit a Pinkegni,
> En un islet de Sainne iqui.
>
> MOUSKES, *Chronique rimée*, v. 14327.

ITOU, adv. Aussi ; quelquefois l'I ne se prononce presque pas et l'on pourrait croire que c'est le mot anglais *Too*; mais, comme il se trouve aussi dans le patois du Jura, une origine latine semble plus vraisemblable: *Ita* a dans quelques phrases la signification d'*Aussi*.

IXE, s. f. (arr. de Valognes) Machine en forme d'ixe, qui supporte le bois à brûler que l'on scie.

J

JACASSE, s. f. (arr. de Bayeux) Femme bavarde, peut-être une corruption d'*Agasse*; en français *Pie* s'emploie avec la même signification. Voyez cependant le mot suivant.

JACASSER, v. n. Bavarder ; il ne se dit en français que de la Pie ; *Jagg* signifie Jargon en islandais.

JACQUET, s. m. (arr. de Bayeux) Ecureuil ; dans presque toute la Basse-Normandie, *Dès le pétron Jacquet* signifie *A la pointe du jour*.

JADE, s. f. (arr. de Vire) Grande écuelle ; en vieux-français *Jadeau*. En aultre, cent formes de voyrres à pied, et voyrres à cheval, cuveaulx, retombes, hanaps, jadeaulx, salernes, tasses, goubelets, et telle semblable artillerie bachique ; Rabelais. l. v, ch. 34. Voyez GADE.

JAFFE, JIFFE. s. f. Soufflet ; *Javedad* en breton.

JALET, s. f. Bavardage; *Jula* signifie en islandais Pousser des vagissements, des cris confus et continuels, et *Jala* en breton Agacer, Impatienter.

JALOT, s. m. (arr. de Mortagne) Petit cuvier ; du bas-latin *Galo* ; on disait en vieux-français *Jale*.

JANGLER, v. n. (Seine-Inférieure) En imposer ; *Coup d'œil purin*, p. 14. En vieux-français *Jangler* de Jongleur. Jaculator, signifiait Mentir.

JANNIÈRE, s. f. Champ d'ajoncs ; Voyez BOIS-JAN.

JANOT, s. m. (arr. de Valognes) Imbécile, Nigaud ; en vieux-français *Jan* et *Janin* signifiaient Un mari trompé:

Ci-gît maitre Antoine Guillin,
Qui de trois femmes fut Janin,
Et si la mort ne l'eût grippé,
Sans cesse janin eut été.

Jap, s. f. Babil ; ce mot qui a la même signification en rouchi, est sans doute une figure, car en provençal il signifie Aboiement, Cri. Voyez le mot suivant.

JAPER, v. n. Aboyer ; à Coutances *Éjaper*. Voyez JUPER.

JARD, s. m. Ecaille de poisson ; d'où *Ejarder*, Ecailler. *Echarde* signifiait en vieux-français Petit éclat de bois et nous avons encore *Escarre*: ces deux mots semblent venir du grec ἐσχαρα.

Jarnicoton, Jurement usité dans l'arr. de Valognes qui se trouve aussi en vieux-français : *Jerni-cotton*, je m'étais bien douté que vous étiez un finet : *Aventures de d'Assouci*, dans Leroux, *Dictionnaire comique*, t. II, p. 38.

Jarousses, Jarrosses, s. f. pl. Espèce de vesce ; en breton *Jarons*.

Jarreter, v. n. (arr. de Mortagne) Se heurter en marchant les chevilles, les *Jarrets*.

Jaspiner, v. n. Bavarder, Causer à tort et à travers, Contredire sans raison ; ce mot se trouve aussi en rouchi et en vieux-français ; voyez Roquefort, t. II, p. 25.

Jastoiser, v. n. (arr. de Vire) Bavarder, fréquentatif de *Jaser*. Voyez joster.

Jau, s. m. Coq ; Rabelais disait aussi dans son *Pantagruel :* Et les foisoit danser comme jau sur breze. La forme latine (*Gallus*, d'où Geline et Gelinotte) s'est mieux conservée dans le patois lorrain :

C'ato, mafrique, rouge sens mentie
Com' not' jala qu'al a fechi.

> Noel, publié par M. Grille de Beuzelin, *Rapport au ministre de l'Instruction publique*, p. 130.

Dans le patois de la Lozère on dit *Jal*.

Jaunet, s. m. Ranunculus acris, plante champêtre qui fleurit *jaune;* il est ainsi probable que Roquefort s'est trompé en l'expliquant par *Nénuphar*, t. II, p. 26 ; il semble au reste l'avoir reconnu lui-même, *Supplément,*, p. 190.

Jercir, v. a. (arr. de Cou-

tances) Sarcler ; la forme latine *Sercire* s'y est mieux conservée que dans le français ; c'est probablement la racine du nom que l'on donnait à l'ivraie en vieux-français, *Jergerie*. Voyez du Cange, t. III, p. 756, col. 3.

Jésuet, s. m. Hypocrite, Qui affecte un air dévot ; *Petit Jésus* se prend à Valognes dans le même sens.

Jeunesse, s. f. Jeune-fille ; le vieux-français l'employait dans le même sens :

Dis que je fus couplé sous le joug d'hyménée
Avec une jeunesse à toute vertu née.

Vauquelin de La Fresnaye.

Il est resté dans le langage populaire de plusieurs autres provinces.

Job. s. m. Ce mot n'est employé que dans la locution *Battre le Job* qui signifie Ne rien faire, Perdre son temps ; c'est un souvenir de la Bible : on dit aussi proverbialement : Il faudrait avoir la patience de Job.

Jocer, v. n. Niaiser, Se moquer ; ce mot qui vient du latin *Jocari* se retrouve plus rapproché de son étymologie dans le *Jocquer* du rouchi, qui a la même signification.

Jodane, s. m. (arr. de Bayeux) Sot, Ganache.

Jodu, adj. Sourd ; probablement de *J'o du* qui signifie encore maintenant *J'entends ferme*.

Jojo, s. m. Cheval ; c'est sans doute une de ces réduplications si fréquentes dans le langage des enfants, car *Jo* signifie Cheval en breton et *Jor*, a la même signification dans la langue poétique des anciens Scandinaves.

JOLET, s. m. (arr. de Mortagne) Jeu, Mouvement.

JONFLER, v. n. Respirer fortement, Ronfler en parlant d'une toupie ou d'un diable, Souffler ; probablement une corruption de *Sufflare*.

JONQUETTE, s. f. (arr. deCaen) Fleurs que l'on *jonche* dans les rues le jour de la Fête-Dieu ; le français dit dans le même sens *Jonchée*.

JORER, v. imp. Se parer avec recherche ; ce mot qui a sans doute la même racine que le vieux-français *Gorrer*, Magnifique dans ses habits, semble avoir aussi quelque liaison étymologique avec *Mi-jaurée*.

JOSTER, v. a. et n. Plaisanter ; il signifiait en vieux-français Se battre, Joûter :

> Dout r'a Gauvains par nom semons
> Qu'il de recief trestornaissent,
> A un des encalcans jostaissent.
> Gauvains lor dist et il le firent;
> Trois Romains sempres abatirent.

> *Roman de Brut*, v. 12244.

On disait dans le même sens *Jouer de l'épée*, et l'on dit encore maintenant *Jouer des couteaux*. Le patois normand a conservé la signification primitive de *Jocus*.

JOUBJEOT, s. m. (Orne) Tasse de café.

JOUCET, s. m. (arr. de Mortagne) Soufflet, Tape.

JOUÉ, adv. Pas assez.

JOUSTE, **JOUXTE**, Prép. Au-

près de, Attenant à ; c'est le latin *Juxta*.

JUBÉ. Ce mot latin qui s'est conservé dans la locution *En venir à jubé*, Se mettre à discrétion, se trouvait aussi dans le langage populaire des autres provinces : Laissez-moi jouer mon personnage, je le ferai venir à jubé ; Hauteroche, *Les Bourgeoises de qualité*.

JUPÉE, s. f. (arr. de Bayeux) Distance à laquelle la voix peut se faire entendre. Voyez le mot suivant. La signification était la même en vieux-français : Ilz estoient en une cave pres, aussi comme d'une jupee ou huee de son hostel ; *Lettres de grâce*, de 1449, citées dans du Cange, t. III, p. 927, col. 1.

JUPER, v. n. (Orne) Appeler de loin ; il signifiait en vieux-français Pousser de grands cris.

> Galies tierces et secondes
> Se vont fuiant, fendant les ondes;
> Cil de France, qui apres jupent,
> L'entrée de Nilus occupent.

> *Branche des royaux lignages*,
> t. II, v. 1017.

Il a sans doute la même origine que *Japer*.

JUS, adv. A bas, A terre ; il a la même signification dans le patois du Berry et se trouvait aussi en vieux-français :

> Jus se mist, la tere baisa.
> Et mainte fois s'ajenoilla.

> *Roman de Brut*, v. 14219.

Le bas-latin disait *Josum* : Pausant arma sua josum : *Lex Alamannorum*, ch. XLV.

JUTER, v. n. Rendre du jus.

L

LAI

Labiter, v. imp. réfl. (arr. de Cherbourg) Se lamenter.

Laçon, s. m. Lacet pour prendre des oiseaux ; cette forme de *Laqueus* se trouve aussi en vieux-français :

Jeo sui un hum de tel mester,
D'oiseus prendre me sai aider;
Une huchie desuz Karliun,
Pris un cisne od mun lacun.

MARIE DE FRANCE, *Lai de Milun*,
v. 185.

Lague, s. f. (arr. de Bayeux) Espèce, Qualité ; de l'islandais *Lag*, Ordre, que le patois normand emploie dans la même acception.

Lairer ou plutôt **Laire**, v. a. Laisser ; il n'est guère employé qu'au futur et au conditionnel ; mais quoique ces deux temps fussent aussi plus usités en vieux-français :

Si, te demande que t'en dis :
S'il est bon de la lapider
Ou si nous la lairons aler.

Mystère de la Passion, analysé dans la *Bibliothèque de l'Ecole des Chartes*, t. v, p. 51.

Et moy de l'autre part feignant une
autre affaire,
Seulet je vous lairrais dans ce lieu
solitaire.

VAUQUELIN DE LA FRESNAYE.

on trouve aussi quelquefois les autres :

L'en devroit l'omme lapider
Ke sa femme lait trop monter.

Romans des sept Sages, v. 435.

Sire, le dol laiez ester.

Romans de Dolopathos.

LAN

Ce n'est pas ici une simple apocope du verbe *Laisser*, mais un verbe indépendant dont la racine est peut-être même différente ; l'un semble venir du latin *Linquere* et l'autre de l'allemand *Lassen*.

Laiton, **Laitron**, s. m. Veau ou Poulin qui tète encore ; ce dérivé de *Lait* se trouve aussi dans le patois du Berry.

Lancret, s. m. (arr. de Bayeux) Mauvais sujet, Garnement ; malgré la prosthèse du L qui a lieu dans plusieurs autres mots, *Lendit*, *Lierre*, *Luette*, *Lambris*, *Lendemain*, ce mot est sans doute une corruption d'*Antechrist*.

Landon, s. m. (Haute-Normandie) Discours traînant et ennuyeux (Basse-Normandie), Corde traînante, Guides des chevaux ; ces deux significations si différentes peuvent ainsi que le *Landeur* du patois de Langres, Homme qui ne fait qu'aller et venir, se rattacher au breton *Landar*, Paresseux. Voyez LANDORER et LANIER.

Landorer, v. n. (arr. de Valognes) Lambiner ; le substantif *Lendore* dont la signification est analogue existait aussi en vieux-français et s'est conservée dans le langage populaire des autres provinces. Voyez le mot précédent.

Lanfais, **Lanfois**, s. m. Filasse ; ce mot qui vient sans doute du breton *Lanfez*, étoupe grossière de chanvre ou de lin, se trouve dans une locution populaire que nous a conservée de Brieux dans ses *Origines de coutumes anciennes* : Il a bien d'autre lanfais à sa quenouille.

Lanfroner, v. n. Laver du linge.

Languet, s. m. Landier, Chenêt de cuisine ; il a la même signification dans le patois du Berry.

Lanier, s. m. Paresseux ; il signifiait habituellement en vieux-français Lâche :

> Car je ne sui trop coart ne lanier.
> *Chevalerie Ogier de Danemarche*, v. 2375.

mais on le prenait aussi dans l'acception du patois normand :

> Garde que tu sois de cheus
> Qui lanier sunt et perecheus.
> *Distique de Caton*, cité dans du Cange, t. iv, p. 20, col, 3.

et l'on donne encore le nom de *Lanier* à une espèce de faucon qui est moins courageuse que les autres.

Larci, s. m. (arr. de Mortagne) Sieste ; il ne s'emploie qu'avec le verbe Faire et ne prend pas d'article.

Larmer, v. n. Pleurer, Verser des *Larmes ;* on dit aussi *Lermer* : L'œil qui lerme toujours. C'était la forme du vieux-français :

> Ly rais cel saintuare en lermaunt
> regardait
> Et argent saunz noumbre sur l'au-
> ter cochait.
> **Pierre de Langtoft**, *Chronique* dans M. Michel, *Chroniques anglo-normandes* , t. i, p. 139.

Lauder, v. a. (Orne) Battre avec une baguette. Charger de coups ; en anglais *Load*, en vieil-allemand *Laden* et en islandais *Hlada* signifient Charger ; on dit aussi une *Laudée*.

Lauffrée, s. f. (Orne) Repas copieux d'un animal ; ce mot vient sans doute du vieux-français *Luffre*, Goinfre, Glouton.

> Premier assailleux leur prienx,
> Qui estoit fort et vigoureulx,
> Puis frere Jean de Tournay ;
> Sot est et luffre bien le scay.
> *Le triumphe des Carmes*, v. 279.

De là le nom de *Lifrelofre* que Rabelais donne aux Suisses et aux Allemands dont la gloutonnerie était proverbiale.

Laumer, v. n. (arr. de Mortagne) Regarder sournoisement et impertinemment.

Launer, v. n. (arr. de Baveux) Radoter, Répéter toujours la même chose.

Lausengier, s. m. Flatteur, Complimenteur ; c'était la signification primitive du vieux-français (*Laudator*) : Li faus ami ki de losenges servent en liu de cunseil, n'entendent qu'a decoivre en blandissant ; *Mortalités* citées dans du Cange, t. iv, col. 274, éd. des Bénédictins.

Lavechiner, v. a. et n. Laver mal ; c'est un diminutif du verbe français.

Laverie, s. f. Endroit où l'on *Lave* la vaisselle ; le rouchi l'emploie dans la même acception.

Lavier, s. m. Evier ; il se dit aussi dans le patois de Langres et de Reims.

Lécheries, s. f. pl. (arr. d'Alençon) Patisserie, Frian-

dises qui font se *Lécher* les barbes ; du vieil-allemand *Lec-
chon*, Lécher.

LÉICAN, s. m. Benêt ; *Leikin*
signifie en islandais Celui qui
passe son temps à jouer.

LEMAGES, s. f. pl. (arr. de
Bayeux) Fourrages légumi-
neux ; en vieux-français *Leum*
signifiait Herbes, Légumes,
suivant Roquefort, t. II, p. 77.

LEMAN, LEMAU, s. m. Ban-
dit ; en islandais *Lemia* signifie Frapper.

LENDRAIT, adv. (arr. de Valognes) Là, A cet endroit.

LESANT, adj. (arr. de Mortagne) Pesant, Tardif.

LÉTICE, s. f. Ame d'un enfant mort sans baptême, qui
paraît la nuit sous la forme
d'un animal d'une blancheur
éclatante ; en islandais *Læda*
signifie Fantôme.

LÉTISSE, s. m. (Orne) Enfant
espiègle, amusant ; du latin
Laetus, Gai, Amusant.

LEUMIER, s. m. Homme long
et mince comme un *Limier*.

LIAGE, s. m. (arr. de Cherbourg) Couverture en paille que
l'on *lie* ; cependant on appelle
en breton *Liach*, les pierres
plates, nommées ailleurs *Dol-
men*, sous lesquelles on est à
l'abri.

LIAIS, s. m. (arr. de Vire)
Fléau ; ce mot vient sans doute
du latin *Liaculum*, nom que,
suivant Vitruve, l. II, ch. 4,
on donnait à un instrument
qui servait à battre le mortier.

LIAN, s. m. Gland ; on a
d'abord dit *Glian*, comme on
le fait encore dans beaucoup
d'endroits, et l'adoucissement
de la prononciation a fait re-

jeter le G. A Saint-Lo, on dit
Lion.

LIANNE, s. f. (Manche) Glane;
le G du français est évidemment une prosthèse ; le bas-
latin disait *Liena*, et la racine
est le verbe *Lier*.

LIBOUDEUX, adj. Gluant.

LICHER, v. n. Faire ripaille.
Ce mot qui existe aussi dans
le patois de Reims, vient sans
doute de l'allemand *Lecker*,
Friand, ou du vieux-français
Léchierre.

Ainsi com fait li bons lechieres,
Qui des morsiax est congnoissieres.

Roman de la Rose.

LICHOANER, v. n. (arr. de
Mortagne) S'embrasser souvent, *Se lécher.*

LICHOIRE, s. f. Bouche, Langue, Faconde ; il ne se prend
qu'en mauvaise part et vient
sans doute de l'islandais *Leika*,
Jouer, Plaisanter.

LIDER, v. n. (arr. de Vire)
Glisser ; *Lida* a la même signification en islandais.

LIETTE, s. f. Tiroir d'une
table, Layette; ce n'est pas
sans doute une corruption du
mot français ; car on trouve
dans la vieille langue *Liéton*,
dont la signification était analogue; en islandais *Leyna* signifie Cachette. LIETTE signifie aussi Ruban de fil, Bande
de toile qui sert à *Lier*.

LIGOCHE, s. f. (arr. de Lisieux)
Petite limace.

LIME, s. m. (arr. de Cherbourg) Fossé plein d'eau, qui
sert de borne, de limites (*Limes*).

LIMER, v. n. (arr. de Pont-
lévêque) Pleurer ; peut-être
une corruption de *Gimer*.

Limonière, s. f. (Eure) Ornière profonde.

Limousine, s. f. Surtout en poil de chèvre et en grosse laine dont se servent les rouliers ; il a la même signification dans le patois du Berry. Probablement les *Limousines* ont été portées d'abord par les voituriers du Limousin.

Lingard, adj. Efflanqué, Qui n'a pas de ventre ; il ne se dit que des bestiaux.

Lione, s. f. (arr. de Vire) Chèvre-feuille qui se *Lie* autour des arbres ; la même idée a fait donner un nom analogue à la *Lianne*.

Liot, s. m. Glui que l'on *Lie* pendant l'hiver autour des ruches.

Liqueréi, adj. (arr. de Bayeux) Friand ; en vieux-français *Licherie* signifiait Gourmandise, et on lit dans le *Roman de la Rose* :

> Ensi com fait li bons lechierres
> Qui des morsiax est congnoissieres.

Liron, s. m. (arr. de Vire) Morve.

Lirot, s. m. Mauvais couteau.

Liroter, v. n. (arr. de Mortagne) Essayer de couper avec un mauvais couteau, un *Lirot*.

Lité, adj. (arr. de Valognes) Mal levé, il ne se dit que du pain ; *Litt* signifie Mauvais en islandais.

Litoine, adj. (arr. de Caen) Lâche, Paresseux ; *Lite* signifiait Esclave en vieux-français, et la paresse des esclaves était proverbiale. Voyez cependant le mot précédent.

Littrantan, s. m. (arr. de Vire) Balivernes ; c'est sans doute un composé de l'islandais *Litt*, Petit et du mot populaire *Trantan*.

Livardeux, adj. Gluant, Humide, peut-être est-ce le même mot que *Liboudeux*.

Livernage, s. m. (arr. de Caen) Fourrage qu'on fait manger en vert au commencement de l'hiver ; c'est une corruption d'*Hivernage*, auquel le patois normand donne en quelques endroits la même signification.

Lober, v. n. (arr. de Mortagne) Fermer les yeux sans être endormi ; probablement du vieux-français *Lober*, Tromper :

> Et plusieurs en ira lober
> Pour les despoiller et rober.
> *Roman de la Rose.*

Lobet, s. m. Morceau ; probablement du grec λοβός par l'intermédiaire du bas-latin *Lobus* ; le français *Lopin* a la même signification et sans doute la même origine.

Locher, v. a. Secouer doucement, Remuer ; peut-être est-ce une corruption de *Hocher*, qui vient de l'islandais *Hossa*, Secouer doucement ; quoique *Loc'ha* signifie en breton Mouvoir, Remuer. *Locher* se dit en français du fer des chevaux qui n'est pas bien attaché et qui remue ; mais il avait autrefois la signification que lui donne le patois normand ; voyez Roquefort, t. ii, p. 90.

Loclasser, v. n. Se donner de la peine à travailler ; c'est probablement une corruption de *Hoclasser* ; voyez LIVERNAGE et LOCHER.

Lodé, p. pas. Mouillé, Trempé ; il avait le même sens en vieux-français et semble venir du latin *Lotus*, Lavé.

Loder, v. n. Remuer, Marcher ; du bas-latin *Lodia* ou *Lobia*, nom que l'on donnait à la galerie dans laquelle les moines se promenaient ; voyez du Cange, t. iv, p. 438 , col. 2. Peut-être *Chorer* (voyez ce mot) signifiait-il aussi d'abord Marcher dans le chœur.

Lodier, **Loudier**, s. m. Courte-pointe, Couverture piquée ; ce mot que l'on trouve en vieux-français vient du latin *Lodix* ou du vieil-allemand *Lodo*.

Logane, s. f. (arr. de Bayeux) Cabane ; du bas-latin *Loga* ou du vieil-allemand *Lauba* (*Laubja*).

Loiser, v. imp. déf. Être permis ; on ne s'en sert qu'au présent de l'indicatif : Il ne loise pas a weve fame a vendre les bois qui sont en son doere; *Établissements de Normandie*, p. 7. Il vient du latin *Licere* dont le français a dérivé *Loisible*.

Loriner, v. a. Diriger, Conduire avec les rênes, en latin *Lorum* et en vieux-français *Lorein* :

> Le jour de l'an, étant en fantaisie,
> Devant su quai je lorine mes pas.

Muse normande, Cant royal.

Loriot, s. m. Gros bouton qui vient sur les paupières. Ce mot que l'on trouve aussi en vieux-français et en rouchi semble dérivé du bas-latin *Lorum* qui signifiait une blessure dont il ne sortait pas de sang ;

Voyez le *Gesta abbatum Lobiensium*, publié par d'Achery, *Spicelegium*, t. vi, p. 603.

Lorique, s. f. Chiffon ; c'est probablement une corruption de *Loque*, en islandais *Lokr*.

Loriquette, s. f. (arr. de Mortagne) Petite portion, Petit lopin ; voyez le mot précédent.

Loser, **Éloser**, v. a. Louer; cette corruption de *Laudare* se retrouve dans le français *Los* ; voyez **lausengier**. Le vieux-français disait *Aloser :*

> Dans Renaut de Pompone qui mout
> fut alozez.

Théobault de Mailli, cité dans Fauchet, *Poètes françois*, p. 95, éd. de 1581.

Voyez **alloser**.

Lostre, adj. (arr. de Mortagne) Sale, Malpropre.

Louche, **lousse**, s. f. (arr. de Cherbourg) Cuiller à pot. Ce mot qui existait en vieux-français s'est conservé aussi dans les patois de Rennes, de Nantes et de la Vendée ; il vient du bas-latin *Lochea*, dont la signification était la même ; voyez les Actes de saint Cyrique, *Vitae Sanctorum*, Juin, t. iii, p. 30.

Louchet, s. f. (Calvados) Bêche. Ce mot qui existait en vieux-français, vient sans doute de la forme en cuiller que l'on donne encore maintenant aux petites bêches. Voyez le mot précédent.

Louipiaux, s. m. pl. Goitres; du latin *Lobus*, comme le français *Loupe*.

Lourder, v. n. Être idiot; Parler, Agir comme un *Lourdaud*: du bas-latin *Lurdus*.

Loure, s. f. Cornemuse, Grosse musette : du latin *Lyra*; il signifie aussi Gros ventre et vient alors de *Lura* ; on dit aussi proverbialement de quelqu'un qui a un gros derrière : *Il a un cul de loure*, et cette locution se rattache peut-être à l'outre dont on se sert pour jouer de la cornemuse.

Lourer, v. n. (arr. de Vire) Pleurer comme un lâche ; en islandais *Lure* signifie Lâcheté.

Louse, **Lousse**, s. f. (arr. de Valognes) Mensonge ; (arr. de Bayeux) Tromperie, Finesse. Ce mot existait en vieux-français :

Par leusse e par voisdie prendre
Roman de Rou, v. 10160.

Dans le patois du Berry *Alouser* signifie encore maintenant Induire en erreur, Tromper. Ce mot vient sans doute de quelque dialecte germanique ; car dans le patois des Provinces rhénanes *Lus* signifie Ruse, Artifice ; en allemand, *Lügen* signifie Mentir et *Lose* Folâtre.

Lousse, s. f. Vesse ; en breton *Lou* ; l'anglais *Loose* signifie S'affranchir de toute contrainte ; voyez aussi le mot suivant.

Lousser, v. a. et n. Souffler.

Lousset, s. m. Soufflet.

Louster, v. n. (arr. de Mortagne) Se glisser adroitement, S'insinuer ; on dit aussi *Lousser*, ce qui fait croire à des rapports étymologiques avec *Louse*.

Lubin, s. m. (Orne) Porc ; probablement ce nom d'homme donné à un animal se rattache à quelque branche populaire du cycle satirique, connu sous le nom de *Romans de Renard*.

Lubins, s. m. pl. Espèce de loups-garous qui rôdent en troupe autour des cimetières et crient quand on en approche : Robert est mort. Ce mot vient sans doute du latin *Lupus* dont le vieux-français avait fait aussi *Lubin* ; voyez Roquefort, t. ii, p. 100.

Lubre, adj. Compacte, Difficile à remuer ; il ne se dit que de la Terre. En islandais *Lubbaz* signifie Etre roulé lentement.

Lugan, s. m. (arr. de Coutances) Traînard ; dans l'arr. de Bayeux ce mot est adj. et signifie Bizarre.

Lumelle, s. f. Lame de couteau, Petite lame ; Voyez ALUMELLE.

Luner, **Leuner**, v. a. Regarder ; peut-être de *Lunette* comme *Lorgner* de *Lorgnon*.

Luquer, **Louquer**, **Reluquer**, v. a. Regarder avec attention, Dévisager.

De nos drapiers luquant ses zalmanacs.
Muse normande, Cant royal.

Le vieux-français disait aussi *Relouquer*, et *Erlouquer* s'est conservé en rouchi. En vieux-saxon *Luegan* et en anglais *To look* signifient Regarder.

Lurasser, v. n. Chanter bas et sur le même ton ; c'est un fréquentatif de LURER.

Lurer, v. n. Rabâcher, Chantonner, Répéter le même son ou la même parole ; probablement de *Loure* dont les ménétriers tiraient toujours les mêmes sons. Il signifie aussi dans l'Orne Conter des sornettes, des *Leurres;* Parler beaucoup au lieu de travailler; il pourrait venir dans ce dernier sens du breton *Lure*, Paresse.

Lures, Lurettes, s. f. pl. Sornettes ; en rouchi *Lurette* signifie une chose sans durée ou sans consistance.

Lurier, s. m. Diseur de riens, Ennuyeux ; voyez lurer.

M

Ma, s. m. Tamis.

Macabre, adj. (arr. de Mortagne) Lourd, Stupide ; dans le patois languedocien *Mâchou* a la même signification, ainsi que l'espagnol *Mâchoca* : peut-être de *Machon*, Mulet.

Machin, s. m. Mot par lequel on désigne un objet dont on ne trouve pas le nom ; il a la même signification dans le patois du Berry.

Machurer, v. a. Décrier ; *Le chaudron machure la poêle* est une locution proverbiale citée par de Brieux, *Origines de coutumes anciennes*, p. 79 ; c'est une métaphore, car *Machurer* s'emploie quelquefois, au propre comme dans le style familier, avec le sens de Noircir, et *Macher* signifie Noir en patois Bourguignon :

> Le tier pu macherai,
> Qu'ein roi d'Etiôpie,
> Prezanti po son plai
> De l'ançan d'Airaibie.
>
> La Monnoie, *Nœi Borguignon.*

Dans le patois du Tarn *Maca* signifie Noircir.

Mafonge, int. (Calvados et Orne) Ma foi ; dans la Hague on dit *Mafinguette.*

Magnan, s. m. Chaudronnier ambulant ; ce mot existait aussi en vieux-français : Pour le maignen , pour avoir repare deux poelles de fer , deux poelles d'arain et une poillette a queue , le grant chauderon , la grant leschefrite et ung bassin, vii s. vi d.; *Comptes de l'Hôtel-Dieu d'Evreux*, de 1459. On trouve aussi *Magnan* dans le *Livre des mestiers* d'Estienne Boileau, p. 40. Il y avait autrefois à Fermanville, dans l'arr. de Cherbourg, une pierre druidique appelée *Pierre-au-Magniant;* M. de Gerville, *Archives de la Normandie*, t. i, p. 159. Ce mot vient sans doute du latin *Manuarius*, Qui travaille avec la main (*manœuvre*), car en rumonche *Magnin* signifie aussi Chaudronnier , et *Magner* a dans le patois du Berry la signification de Fatiguer.

Mague, s. f. Gros ventre.

Mahon, adj. (arr. de Mortagne) Bègue ; on donne un sens analogue au verbe *Mahonner* : probablement du bas-latin *Mahanium.* Voyez méhaigner.

MAILLANT. s. m. (Orne et Calvados). Ferblantier nomade ; voyez MAGNAN.

MAINIER, s. m. (Orne) Petit enfant; c'est probablement une corruption du vieux-français *Mainsnes*, Puiné, qu'on a formé par opposition à *Ainsnes*, Avant né. *Meyna* a la même signification dans le patois du Dauphiné, et *Mainiée* signifie servante dans le patois de Nancy.

MAINTAIN, s. m. (Orne) Manche du fléau que l'on *tient* dans la *main*.

MAINTIEN. s. m. (arr. de Cherbourg) Pain , moitié orge et moitié froment (arr. de Valognes) Cidre mêlé d'une moitié d'eau. Voyez MITAN.

MAIRE, s. f. Tache naturelle sur la peau. (Manche) Dépôt gluant du cidre.

MAIS, adv. Plus; du latin *Magis*, comme Maistre de *Magister*: il avait ce sens en vieux-français, et l'a conservé dans *Jamais*, *Désormais*, et dans quelques phrases ou se trouvent le verbe *Pouvoir* et une négation.

MAIS (que), conj. Pourvu que ; le vieux-français lui donnait le même sens : Il ne chaut a plusieurs qui tiegne la seigneurie ; mais qu'ils soient prochains des prouflitz : Alain Chartier ; *OEuvres*, p. 425, éd. de du Chesne. La Fontaine s'en est encore servi dans ses *Fables* ; l. IX, fable 14.

MAISI, adv. (arr. de Valognes) Presque ; on ne l'emploie que suivi de *plus* et il signifiait sans doute d'abord Désormais, *Maishui ;* le vieux-français renversait les deux syllabes :

Huimais n'esteut parler d'acordes.

Branche aux royaux lignages ,
     t. II, p. 217.

Les troubadours disaient également *Hueymais*.

MAÎTRE , s. m. Titre honorifique que l'on donne aux fermiers. Ce mot nous semble dériver plutôt de l'islandais *Mestr*, Le plus grand, Le premier, que du latin *Magister :* la première signification convient beaucoup mieux à *Mestre-de-camp* et surtout au nom de *la Mestre de camp* que l'on donnait autrefois à la première compagnie de tous les régiments. Le sens du vieux-français *Maistre* s'explique d'ailleurs bien plus naturellement par une origine islandaise ; ainsi, par exemple, les envoyés de Guillaume-Longue-épée disent à Riol, le chef des révoltes :

De tote l'onor que il a
Ne que il tient ne qu'il aura,
Vos fait-il od soi parconier,
Seez li maistre e conseillier,
Sor toz les autres excellenz
E comandere de ses genz.

     BENOIS, *Chronique rimée*, l. II,
       v. 9146.

MALANDRE, s. f. Pustule, Ulcère ; du bas-latin *Malandria* (mauvaise lèpre):il ne se dit plus en français que d'une maladie qui attaque le genou des chevaux. Parbleu , la vostre (mine) est plus ridicule que la mienne, je n'ai ni surot, ni malandre ; Dancourt, *Les vendanges de Surêne*. Voyez MALON.

MALART, s. m. Canard mâle; il ne se dit en français que du mâle des canes sauvages, et avait ordinairement la même signification en vieux-français :

Lez un estan uns maillars li sailli,
Prant son faucon li damoisiax gentis.

Chanson du vilain Hervi, Ms. B. R. fonds de St-Germain français, n° 1244, fol. IV, verso, col. I, v. 26.

On trouve cependant dans le *Roman de Renart :*

Moult i ot gelines et cos,
Anes, malarz, et jars, et oes.

T. I, p 49, v. 1273.

MALE, MALAIS, s. m. Fumier ; probablement du latin *Masculus*, parce que le fumier féconde la terre. Une idée semblable avait fait imaginer aux payens le mariage de l'Aether et de la Terre (ιερος γαμος, εορτη Διος και Ηρας), que dans le cinquième livre de son traité *Adversus gentes*, Arnobe leur reproche si vivement : Vos Jovis et Cereris coitum imbrem dicitis ; de là ce passage du *Perviligium Veneris :*

Vere concordant amores, vere nubunt
alites
Et nemus comam resolvit de maritis
imbribus.

Quoique dans le patois de Rennes *Marni*, *Mani*, signifie Fumier, nous pensons donc que Huet s'est trompé dans ses *Additions aux Origines de Ménage* et dans ses *Origines de Caen*, p. 319, en voyant dans ce mot une corruption de *Marne*, dont on se sert en certains endroits pour féconder la terre. Selon Roquefort, t. II, p. 128, le vieux-français disait aussi *Malleys*.

MALEMENT, adv. (arr. de Coutances) Mal, Méchamment ;

il se trouvait aussi en vieux-français :

Trop malement vous meschay.

Nativité de Notre-Seigneur, dans Jubinal, *Mystères inédits*, t. II, p. 11, v. 18.

et s'est conservé dans le patois du Berry.

MAL-EN-HIE, adj. Mal-engaîté (Voyez HIE), Souffrant.

MAL-EN-TRAIN, adj. Souffrant ; le français dit aussi *Bout-en-train*.

MALHEURETÉ, s. f. Malheur :

Les bons yront en beneurte
Et les mauvaiz en malheurte.

Conversion de saint Denis, dans Jubinal, *Mystères inédits*, t. I, p. 46, v. 29.

Comme en vieux-français on dit aussi *Malheuré* au lieu de Malheureux.

MALIÈRE, s. m. Lieu où l'on dépose le fumier ; voyez MALE : on dit aussi *Fumière*.

MALLER, v. a. (arr. de Vire) Fatiguer, Mettre *Mal* ; il signifiait en vieux-français Maltraiter, Frapper.

MALON (Manche) Escarre; du latin *Malum*. *Malan* avait une signification analogue en vieux-français :

Le col fut de bonne moyson,
Gros assez et long par raison;
Si n'avoit tache ne malan.

Roman de la Rose, v. 553.

Voyez aussi MALANDRE.

MANÇON, MANQUETIN, s. m. Bras de charrue ; de *Manica*, Manche, ce qu'on tient dans la main ; par une idée semblable le vieux-français appelait *Manete* l'Anse d'un vase. On lit dans le *Commentaire du dictionnaire de Jean de Garlande:* Stiva (aratri), inferior pars, quam rusticus tenet in manu et dicitur gallice *Manchon ; Paris sous Philippe-le-Bel*, p. 598.

MANDALE, s. f. Soufflet; peut-être du bas-latin *Mendum*, Dommage.

MANEAUX, s. m. pl. (arr. de Bayeux) Clochetons de la cathédrale ; comme ils sont très-ouvragés, leur nom pourrait venir du bas-latin *Manobrium*, en vieux-français *Manœuvre*, Travail, Main-d'œuvre, quoique nous le dérivassions plutôt du vieux-français *Moineaux*, Petites cloches.

MANJUSSER, v. a. Manger ; le patois s'est moins éloigné de *Manducare* : le vieux-français disait aussi *Manjusse* au subjonctif :

Il ne faut plus contrargüer
S'il vit, boive et manjusse et voise.

> *Martyre de saint Pierre et de saint Paul*, dans Jubinal, *Mystères inédits*, t. I, p. 66, v. 10.

Dans l'arr. de Valognes on dit *Moujuer*, et nous lisons dans le *Roman d'Auberi*, cité dans du Cange, t. IV, p. 393, col. 3 :

A tant manjuent aus deus la miche alise.

MANSEL, s. m. Habitation ; du latin *Mansio* dont la signification est la même. Voyez MESNIL.

MANSÈRE, adj. (arr. de Cherbourg) Déguenillé, Vêtu comme un *Mansarius*, espèce de colon tributaire fort pauvre : Volumus, ut pullos et ova, quos servientes vel mansuarii reddunt ; Charlemagne, *Capitulare de Villis*, ch. 39.

MANT, s. m. (Calvados) Larve de hanneton.

MARCAU, MARCOU, s. m. (Orne) Gros chat mâle ; Scarron a dit dans son Virgile travesti :

Les gros marcous s'entreregardent,
Ou de leurs griffes ils se lardent.

A Reims on dit aussi *Marcou*.

MARCHÊQUE, s. f. (arr. de Caen) Le vingt-cinq de Mars ; il avait la même signification en vieux-français : le jour de l'Annonciation que l'on dit la Marcesche ; *Charte de 1407*, citée dans du Cange, t. IV, p. 278, col. 3.

MARGA, s. m. (arr. de Vire) Ordure ; suivant Roquefort, t. II, p. 144 *Margoilloier* signifiait en vieux-français Rouler dans la boue ; voyez MARGOUILLER. Nous savons par Pline, l. XVII, ch. 6, que les Gaulois appelaient la marne *Marga*.

MARGANE, s. f. (arr. de Coutances) Sèche ; en breton *Morgaden*.

MARGO, s. f. Petite fourche ; du latin *Merga*, dont la signification était la même.

MARGOUAIS, s. m. (Orne) Fond de carrière, Argile ; de l'ancien celtique *Marga*, en bas-latin *Margilla*.

MARGOUILLER, v. a. (Orne) Salir ; le français *Margouiller* a la même racine ; voyez le mot précédent. Dans le Calvados et dans la Manche ce verbe est neutre et signifie Mal prononcer, Manger malproprement ; peut-être vient-il alors de *Male* et de *Gula*.

MARGOULETTE, s. f. (arr. de Valognes) Bouche qui *Margouille* ; à Reims ce mot signilie le Bas du visage.

MARGOULINE, s. f. (arr. de Valognes) Bonnet, *Mauvaise gouline*.

MARINGOTTE, s. f. Charrette légère, et, par extension, Mauvaise voiture.

MARJOLLE, s. f. Morceau de chair rouge qui pend sous le bec des coqs; dans l'Orne il signifie un Monceau de poires que l'on met sur la paille : en bas-latin *Margerius* signifie Monceau.

MARONNER, v. n. Grogner, Murmurer; du latin *Moerere*, Etre marri.

MAROUAU, s. m. (Orne) Chat mâle ; dans le patois du Berry on l'appelle *Marau*. Voyez MAR-CAU.

MARQUE-A-LA-VIELLE, s. f. (arr. de Coutances) Arc-en-ciel.

MARUBLER, v. a. Tourmenter, Ennuyer ; *Marrire* signifiait dans la basse-latinité Affliger.

MASCAPIÉ, s. m. Confitures très-noires, faites avec du cidre et des pommes.

MASSA, s. f. Masure ; c'est le bas-latin *Massa*, Maison.

MASSÉE, s. f. (arr. de Cherbourg) Mélange d'argile et de foin dont on se sert pour bâtir après l'avoir longtemps *Massé* ματτειν ; il ne serait pas non plus impossible que ce mot vînt de *Maçon* ou du vieil-allemand *Mazzo*.

MASTAS, s. m. Homme replet.

MASURÉ, adj. (arr. de Lisieux) Bâti ; il n'est employé que dans l'expression *Cour masurée*. Voyez MASSA.

MATE (enfant de la) Filou, Escroc ; la Mate était une place de Paris où les voleurs se réunissaient ; de Brieux, *Origines de coutumes anciennes*, p. 15.

MATTES, s. f. pl. Lait caillé; en islandais *Mat* signifie Aliment (Mets); le vieux-français disait *Maton :*

Le lait, le maton et la craime
Redoubte qui sante aime.

    Eustache DESCHAMPS, *Œuvres*, p. 168.

En rumonche on dit *Motta :*

L'on volu fer tranzi la motta
Devan qué l'usson mi aria.
    Ranz des Vaches.

MATRASSER, v. a. Assommer, Rouer de coups; ce mot était aussi usité en vieux-français : Le bruit que vous aviez... été porté par terre, saboulé et pétillé aux pieds des cheveaux... matrassé et charpenté de tant de coups ; *Mémoires de Sully*, t. I, p. 124. Il vient sans doute du vieux-français *Matras*, sorte de dard à grosse tête qui ne perçait pas, selon Roquefort, mais que nous croyons plutôt un bâton de guerre, comme le *Matras* provençal :

Mas un paya lay venc que porta un
             matrat.
    Ferabras, v. 268.

MAUTÉ, s. f. Méchanceté ; il avait la même signification en vieux-français :

Bien li semble de cruaute
De felonie et de maute.
    Traduction d'Ovide, citée par Borel.

On dit aussi *Mauvaiseté :*

Mais tu es tout plain de pechie;
Si n'est de toi fors mauvestie.
    Martyre de saint Pierre et de saint Paul, publié par M. Jubinal, *Mystères inédits*, t. I, p. 65, v. 18.

Mauture, adj. (arr. de Cherbourg) Malin, Espiègle, De probité suspecte ; voyez le mot précédent.

Maxis, adv. (arr. de Bayeux) Méchant ; en vieux-français *Macquer* signifiait Frapper fortement d'un coup de poing.

Mé, adv. (arr. d'Alençon) Maintenant.

Méchant, adv. Pauvre, Malheureux. Il a la même signification en vieux-français ; dans le *Mystère de la Conception de Notre-Seigneur Jésus-Christ*, sc. 34, Joas refuse de recevoir Marie et Joseph dans son hôtellerie, en leur disant :

> Ce n'est pas ici l'ospital,
> C'est logis pour gens de cheval
> Et non pour gens si meschans;
> Allez loger emmi les champs.

C'est même là certainement la signification primitive de *Méchant* (mescheant) ; dans toutes les langues que nous connaissons *La pauvreté est un vice*.

Mécher, v. a. (arr. de Vire) Pocher ; peut-être est-ce une corruption du vieux-français *Macquer*, Assommer, qui vient de *Massue*, *Machue* en patois normand.

Medin, s. m. (arr. de Mortagne) Mauvaise couche.

Megaugier, v. a. (Orne) Désappointer ; peut-être une corruption de *Me-Gaudoier*, Ne pas amuser.

Mégue, s. m. Petit-lait ; il avait la même signification en vieux-français et vient peut-être du latin *Macer* ; cependant *Mesga* avait un sens analogue dans la basse-latinité : Mesga, jiquor scilicet qui ex recenti caseo profluit ; *Thesaurus novus latinitatis*, dans M. Mai, *Classicorum auctorum e Vaticanis codicibus editorum*, VIII, p. 521.

Méhaigner, v. a. Blesser, Estropier. Ce mot était fort souvent employé en vieux-français : Se li uns freres ocit l'autre ou l'une suer l'autre par felonie, il en sera livrez a mort ; et se il le mehangne, il l'espencira par les membres ; *Etablissements de Normandie*, p. 26. En breton *Mec'hana* signifie Mutiler, et *Mécaigne* dans le patois de Langres, *Malingre*.

Mélau, s. m. (Orne) Enfant au *Maillot* ; c'est probablement une corruption de ce dernier mot.

Méle, s. f. Flocons mucilagineux qui se trouvent au fond des bouteilles de cidre ; on dit dans quelques endroits *Maire*.

Mélier, s. m. Néflier ; cette syncope de *Mespilus* avait lieu aussi en vieux-français ; Ronsard a dit :

> Un meslier nouailleux ombrage le
>   portail.

Le fruit s'appelle *Méle*, comme en vieux-français :

> Je ne doute mie François tout qui sont
>   une mêle.

Pais aus Englois, dans Jubinal, *Jongleurs et trouvères*, p.173.

Méli-mélo, s. m. (arr. de Bayeux) Mic-mac ; à Bayeux on donne ce nom à la Mercuriale qui s'appelle en provençal *Mellilot*.

Melle, s. m. (arr. de Valognes) Merle ; c'était la prononciation du vieux-français :

Jou voel avoir des oiseax c'aves pris,
Pincons et melles, aloes et perdris.

> *Chevalerie Ogier de Danemar-*
> *che*, v. 11305.

MELLE, s. f. Anneau dans lequel on passe un bouton ou une agraffe; c'est une corruption de *Maille* qui avait lieu aussi en vieux-français :

Des haubers e des broignes mainte
mele faussec.

> *Roman de Rou*, v. 4014.

MÉLO, s. m. Paquet de laine ou de fil *Mêlé*.

MELTON, s. m. Petite prune; corruption du bas-latin *Melum*, Fruit.

MÉNOM, s. m (arr. de St-Lo) Surnom; si ce n'est pas une corruption de *Bénom*, il vient sans doute de *Mé*, particule négative, et de *Nom*; il signifierait alors un nom qui n'en est pas un.

MENTÈCHE, part. int. (arr. de Pont-l'Evêque) Comment; c'est une aphérèse et une corruption de *Comment est-ce*.

MENUISE, s. f. (arr. de Valognes) Petit plomb; de *Menu*. Le vieux-français donnait le même nom au petit poisson :

Sy pescheras a la menuise.

> *Martyre de saint Pierre et de*
> *saint Paul*, dans Jubinal, *Mys-*
> *tères inédits*, t. I, p. 87, v. 7.

MERC, s. m. Borne de pierre qui sépare les terres. Ce mot qui se trouve dans presque toutes les langues germaniques avec une prononciation plus ouverte *Mark*, vient sans doute, plus ou moins directement, du sanscrit où *Març* signifie *Sé-parer*.

MERELLE, s. f. (arr. de Ba-

yeux) Petit cidre; c'est un diminutif du latin *Merus*, Pur.

MÉRIENNE, s. f. Sieste; syncope de *Méridienne* qui avait lieu aussi en vieux-français :

MÉSEAU, **MÉZEL**, s. m. Ladre, Lépreux :

Je suiz la fille d'ung mezeau
De cella vous advise.

> *Chansons normandes*, p. 190,
> édit. de M. Dubois.

Il avait la même signification en vieux-français : Li sainz rois demanda audit chevalier lequel il voudroit miex ou avoir fait un pechic mortel ou estre mesel, et li chevaliers respondi que il vodroit miex avoir fet trente pechiez mortex que ce que il fust mesal; *Vie de saint Louis*, à la suite de *L'Histoire de Joinville*, p. 335. Ce mot vient sans doute du latin *Misellus*, Misérable, en bas-latin *Mezellus*, Lépreux.

MÉROLLE, s. f. (arr. de Mortagne) Brebis; peut-être une corruption de *Mérinos*.

MESNIL, s. m. Maison accompagnée d'un champ; en bas-latin *Mesnilum*. Ce mot se trouvait aussi en vieux-français :

N'i a meson, ne borde, ne mesnil.

> *Roman de Garin le Loherain*, ci-
> té par du Cange, *Observations*
> *sur l'histoire de saint Louis*,
> p. 63.

MESSIONAL, adj. (arr. de Saint-Lo) Qui se tient ou se juge pendant les vacations qui avaient lieu autrefois au temps de la *Moisson*, en latin *Messio*.

MET, s. m. Pétrin; il a le même sens en breton et en vieux-français :

Quachez le dessoubz vostre met.

Mystère de la Nativité, dans la
*Bibliothèque de l'École des
chartes*, t. III, p. 471.

Probablement, comme on l'y
a prétendu, ce mot ne signifie
pas *Bahut*, *Coffre à pain*, car
en Dauphiné *Matta* signifie
Pétrir, et Rabelais a dit dans
son *Gargantua :* Et croissoit
comme pâte dans le met. Nous
devons cependant reconnaître
que par extension, ce mot signifie dans le patois du Berry
Huche au pain.

MEUSA, s. f. Provision de
pommes pour l'hiver ; du bas-
latin *Meiza*, qui signifiait une
Certaine quantité, une Masse ;
voyez du Cange, t. IV, p. 345,
col. 2.

MIAILLON, s. m. Enfant ; en
vieux-français *Mion* signifiait
plus petit. Voyez MIO et MIO-
CHE.

MIANDER, v. n. Miauler de
faim.

MIANDOUX, s. m. Hypocrite,
Homme qui fait le chat ; voyez
le mot précédent.

MICAMOT, s. m. (Orne) Tasse
de café.

MICHE, s. f. Petite fille ;
voyez MIOCHE. — Brioche,
comme en vieux-français :

Cil qu'il ateint acoup dessus son has-
terel,
Jamais ne mangera de miche ne de
gastel.

Combat des Trente.

C'est une extension de signification, car ce mot signifiait autrefois Pain blanc : Prix
du bled froment litte (d'*Elite*,
Col-lectus) dont se fait le pain
blanc appelé *miche ; Règle-
ment pour les boulangers de*

Bourges, du 7 mai 1597. Il
vient en ce sens du bas-latin
Mica, *Micha*, Petit pain.

MICHER, v. n. Pleurer ; Faire
la *Miche*, la petite fille ; selon
Cotgrave *Michon* aurait signifié en vieux-français *Imbécile*.

MIÈRE, s. m. Médecin ; selon un proverbe populaire :

Qui court après le mière,
Court après la bière.

Le vieux-français disait *Mire*.

Ne savoie trouver mire
De ma douleur ne de mon ire.

Roman de la Rose, v. 4325.

MIGAUT, s. m. Fruits que
l'on conserve pour l'hiver ; ce
mot n'est employé que dans la
phrase *Poires* ou *Pommes de
Migaut*. Quoique dans le patois de Rennes *Anijot* signifie
Pommes de réserve, ce qui
semble indiquer une racine celtique corrompue, on ne trouve
pas de mot analogue dans aucun des différents dialectes
celtiques, et nous serions tenté de faire venir *Migaut* du
bas-latin *Migeria*, Mesure.
Les pommes de migaut seraient
alors des pommes communes
que l'on achetterait à la mesure
pour en faire provision, et c'est
précisément le sens que l'on
donne à cette expression.

MILLAUD, adj. (arr. de Mortagne) Gueux, Mendiant.

MILLORAINE, s. f. (arr. de
Valognes) Fantôme très-dan-
gereux à rencontrer ; en vieux-
français on appelait une espèce de loup-garou *Mille-
groux*.

MILSOUDIER, adj. (arr. de
Bayeux) Extrêmement riche,

Qui a *Mille sous*.

MINABLE, adj. Deguenillé, Qui fait pitié ; le patois du Berry lui donne le même sens.

MINCE, s. f. (arr. de Mortagne) Petite corde que l'on met au bout du fouet ; comme il se trouve aussi dans le patois de Langres, ce n'est pas probablement uue corruption de *Mèche*.

MINCER, MINCHIER, v. a. Briser, Mettre en petits morceaux ; ce mot existait en vieux-français, et l'on dit encore, mais dans un sens fort restreint, Emincer. L'anglais *To mince* et le hollandais *Menken* ont la même signification. A Nancy *Meunchir* signifie Couper. Voyez MIOT.

MINET, s. m. Petit garçon ; *Minette*, Petite fille ; en rouchi on dit *Ninette* et *Nina*, *Ninetta* en espagnol.

MINGRELIN, adj. Chétif, Maigre ; il avait la même signification en vieux-français.

MINOTS, s. m. pl. Fourrures ; probablement de *Minet*, Chat, car le peuple de plusieurs autres provinces dit *Minets* ; voyez MITON.

MIO, s. m. (Orne) Dernier éclos d'une couvée ; en vieux-français *Mion* signifiait Plus petit.

MIOCHE, s. f. Enfant ; voyez le mot précédent.

MIOT, s. m. Petit morceau, *Miette*; Un miot s'emploie aussi adverbialement avec le sens d'un peu : Baille m'en z'un miot. A Nancy on dit *Mion*.

MIOTÉE, s. m. Pain mis en *miots* dans du cidre.

MIQUER, v. a. (arr. de Ba-

yeux) Ajuster, Mirer.

MISÉRABLE, s. f. (Orne) Petite mesure d'eau-de-vie ; en vieux-provençal *Misirapa* signifiait Cruche, Pot ; voyez Raynouard, *Lexique roman*, t. IV, p. 242.

MISTEAU, s m. (Orne) Jeune homme

MITAN, s. m. Milieu, Centre ; en vieil-allemand *Mitte*. Il avait la même signification en vieux-français et l'on trouve encore dans Brantôme : Le boufon qui vint, cela dit : Et moi je voudrois estre au beau mitan.

MITAN, s. f. (arr. de Valognes) Moitié ; voyez le mot précédent.

MITER, v. a. (arr. de Mortagne) User ses vêtements comme s'ils étaient mangés par les *mites* et, par extension, Gâter, Tacher.

MITON, s. m. Chat comme en vieux-français, Manchon; il a la même signification dans le patois du Jura :

La vendu tant qu'a notis fiaux,
Ma croix, mon miton,
Pou les boire a Lion.
     Chanson populaire.

MITOUCHE, s. m. Hypocrite ; selon de Brieux, *Origines de coutumes anciennes*, p. 154, c'est une corruption de *Saint n'y touche*.

MITTEUX, adj. Chassieux.

MITTON, s. m. Morceau ; probablement de *Miette*.

MOCHE, s. f. MOQUELON, s. m. (arr. de Vire) Caillot, Agglomération ; peut-être de l'anglais *Much*, Beaucoup ; *Moce* signifiait en vieux-français Colline et en patois breton

Moche signifie Peloton et *Mo-chon*. Monceau ; Voyez le mot suivant.

MOCHI-MORA , adv. Pas trop; ce qu'on exprime ailleurs par cette autre locution normande *Comme si comme ça.* Ce mot est sans doute la réunion de deux adverbes anglais *Much , More* qui signifient *Beaucoup déjà , mais encore davantage.*

MOINE , s. m. Panier pour chauffer les lits, Toupie, Jouet. Dans la première acception ce mot est sans doute une corruption de *Manne* ; peut-être cependant est-ce une allusion aux mauvaises mœurs des moines.

MOISSON , s. m. Moineau ; il vient du vieil-allemand *Mez* dont la signification était la même :

> Miex aimeroie deus malars,
> Voir deus bien petis moissons ,
> Que toutes lor confessions.
>
> *Dit du Barisel.*

Dans l'Orne on appelle le Pinçon *Moisseron.*

MOLLIR , v. n. (arr. de Valognes) Diminuer ; *Le blé a molli* ; on dit également *Le blé a fléchi.*

MON (c'est) ; il faut probablement sous-entendre *Avis ;* cette locution existait aussi en vieux-français :

> C'est mon! c'est bien sonder au puits
> inépuisable
> De l'alme vérité, la lampe vénérable,
> Chetifs veufs de bon sens , orphelins
> de raison.
>
> Du Monin, *Uranologie,* l. ii.

Dans l'arr. de Mortagne, elle s'emploie aussi adverbialement comme une sorte d'explétif , et l'on en trouve également des exemples en vieux-français :

> ENTENDEMENT.
>
> Tu ne peux sans moy comprendre la
> signifiance de cette danse.
>
> L'ACTEUR.
>
> Ce ne fais mon.
>
> *Dance aux aveugles,* p. 8.

MONNÉE , MOUNÉE , s. f. Grain qui va au moulin ; Farine que le *Meunier*, autrefois *Monnier*, en rapporte : ce mot existait aussi en vieux-français ; voyez Roquefort, t. ii , p. 203, et Raynouard , *Lexique roman ,* t. iv, p. 245.

MONSIEUR , s. m. Cochon ; antiphrase qui se retrouve dans les patois du Vendomois et du Berry , où cet animal est appelé *Un noble.* Dans l'arr. de Cherbourg, on dit *Un monsieur de Tréauville* et dans presque toute la province *Un vêtu de saie.* C'est sans doute une allusion satyrique , faite par la classe des travailleurs à la vie oisive des gentilshommes et des habitants des villes.

MOQUE , s. f. Tasse sans anse.

MÔQUE , s. f. Mouche, Abeille que l'on appelle dans quelques endroits *Môque à mié* ; cette corruption de *Musca* se trouvait déjà dans le français du xiie siècle :

> Et tel plente de mosques crut,
> Dont mainte gent d'engrot morut.
>
> *Roman de Brut* , v. 2173.

Môque signifie aussi Guimbarde ; probablement parce que cet instrument imite le bruit d'une grosse mouche qui vole.

MÔQUET , s. m. (arr. de Coutances) Lumignon.

MORALITÉ , s. f. (Eure) Haine.

Rancune ; peut-être un souvenir de l'obligation où l'on était de venger ses injures et celles de ses parents.

Moré, s. m. (Orne) Sentine.

Moret, Mouret (arr. de Bayeux) Fruit de la ronce; (arr. de Valognes) Fruit de l'airelle myrtile (*Vaccinium*). Ce mot vient sans doute de la couleur noirâtre de ces fruits, car le vieux-français donnait un sens analogue à *More :*

Et plain un pot de vin more,
Et li autre de fort vin blanc.
Roman de la Charette, dans Keller, *Romvart*, p. 458, v. 13.

De là *Morel*, le nom des chevaux noirs ; voyez le *Tournoi de Chauvenci*, v. 3475 et le *Roman d'Agolant*, v. 320. On dit encore proverbialement dans le patois de Rennes : Ça m'est égal, taupin vaut bien morette ; c'est-à-dire une chose noire en vaut bien une autre.

Morfiler, v. n. (arr. de Valognes) Déchoir, Décliner ; littéralement avoir le *Morfil*.

Morine, s. f. (arr. de Bayeux) Ruche vide et, par extension, Ruche abandonnée. *Morine* signifiait en vieux-français Un animal mort de maladie.

Si ne maungerez pas les chars de ices, et tu eschiveras mortes morines ; *Lévitique*, ch. ii, v. 8.

Morosif, adj. peu ouvert, *Morose* ; la même forme se trouve en vieux-français; voyez Roquefort, t. ii, p. 208.

Motte, s. f. Gazon.

Mottier, adj. (arr. de Vire) Matériel, Grossier : sans doute de *Motte*.

Mottin, s. m. (arr. de Cherbourg) Pain ; probablement *Une motte de pain.*

Mou, s. m. Poumon, par opposition au foie et au cœur que l'on appelle le *Dur ;* il se trouve aussi dans le patois de Reims.

Mouchet, s. m. *Monceau.*

Mouffiner, v. n. (Orne) Remuer les lèvres ; il ne se dit que des lapins. Voyez mouffler.

Mouffle, s. m. (arr. de Valognes) Gros gant fourré sans autre doigt que le pouce, dont on se sert pour couper les broussailles ; on le trouve aussi en vieux-français :

La sarp a mon caintur et mon mouffle en ma mains.
Privilége aux Bretons, dans Jubinal, *Jongleurs et trouvères*, p. 53.

Mouffler, v. n. Faire la moue, Allonger le *Muffle*, Bouder.

Mougier, v. a. (arr. de Valognes) Manger.

Mouliner, v. n. (arr. de Valognes) Remuer toujours comme un *Moulin.*

Moult, adv. Beaucoup.

Une compaigne moult belle.
Olivier Basselin, *Vaux-de-Vire*, p. 216, éd. de M. Travers.

C'est le latin *Multum ;* il était fort souvent employé en vieux-français.

Mourmaud, s. m. (arr. de Valognes) Songe creux, Morose.

Mouron, s. m. Salamandre ; probablement elle doit ce nom à sa couleur (Voyez moret), puisqu'on l'appelle dans quelques localités *Lézard noir*. C'est peut-être la ressemblance de ce nom avec celui des Maures, qui fait croire qu'en tuant un mouron on gagne cent jours d'indulgence.

Mouronné, adj. (Orne) Rayé de jaune et de noir comme un *Mouron*.

Mousette, s. f. (arr. de Caen) Petite fille impertinente.

Moute, s. f. Chatte, peut-être femelle du *Matou;* Farine, ce qui est *Moulu* (*Molitus*), en vieux-français *Moite*: Il commenda que se aucuns voloit avoir moite de novel, ou que il alassent a son molin, ne li hom ne paiassent moute (*Mouture*), ne il n'alassent au molin ; *Etablissements de Normandie*, p. 44.

Mouton, s. m. Grosse poutre mobile qui écrase les pommes ; en français c'est encore une grosse pièce de bois qui sert à enfoncer les pieux, et on donnait autrefois ce nom à la machine de guerre qu'on appelle *Bélier*.

Truies, multons ferrez e durs
Firent assez hurter as murs.
    Benois, *Chronique rimée*, l. ii, v. 29963.

Tous ces noms viennent de l'habitude qu'ont les moutons de heurter.

Mouver, v. a. et n. Remuer; du latin *Movere* ; par contraction on dit aussi *Mouer*. Ce mot était fort usité en vieux-français; Ronsard disait encore:

Ils apaisent les flots, ils mouvent les
      orages.

Il est resté aussi dans le patois de Reims, et l'on dit au moral *Émouvoir*.

Mouvette, s. f. Cuillère de bois pour remuer les sauces. On s'en sert aussi au figuré et il signifie alors Une personne qui remue toujours.

Mucher, **Muchier**, v. a. et réfl. Cacher, Se cacher, comme en vieux-français :

Mais Kallemaine le sot bien forvoier,
En une cambre et fermer et muchier.
    Chevalerie Ogier le Danois, v. 3197.

Cil n'avoit pas de sens plente;
Por co se cremoit et doutoit,
Et en ses cambres se mucoit.
    Partonopeus de Blois, t. i, p. 15, v. 415.

En breton *Moucha* signifie Se masquer, et en islandais *Massa*, Chaperon ; c'est probablement de ce dernier mot que vient *Aumusse*, nom que l'on donne à la fourrure avec laquelle les chanoines se couvrent la tête.

Muchette, s. f. Cachette; on le trouve aussi en vieux-français; voyez *Li Romans de Berte aus grans pies*, st. XXXVII, v. 7.

Mucre, adj. Humide, Moisi ; il se trouve aussi en vieux-français :

Qui souef flaire et n'est pas mucre.
    Martyre de saint Pierre et de saint Paul, dans Jubinal. *Mystères inedits*, t. i, p. 89, v. 19.

Malgré l'anglais *Muck*, ce mot vient sans doute de *Mucidus*, comme *Acre* d'Acidus : car on disait en vieux-français *Ramucrir* pour Rendre moite.

Mucreur, s. f. Humidité.

Mue, s. f. (Orne) Cage où l'on met les volailles à engraisser ; il existait aussi en vieux-français, et La Fontaine s'en est encore servi dans la *Fable de la Souris et du Chat-huant*, l. ii, fable 9. Voyez Musse.

Mugat, s. m. Mauvais sujet :

> Che fut les muguats d'arrogants.
>
> *Muse normande*, p. 26.

C'est sans doute une corruption de *Muguet*.

Mulard, s. m. Entêté, Boudeur :

> Vaut mieux qu'un vieux mulard
> Qui toujours est en ire.
>
> Basselin, *Vaux-de-Vire*, p. 38, éd. de M. Travers.

Voyez le mot suivant.

Muler, v. n. Bouder, Etre entêté ; quoique l'allemand *Maulen* ait le même sens, la signification primitive de ce mot nous semble être : Ressembler à une mule : on dit encore proverbialement : *Entêté comme un mulet*.

Mulette, s. f. Gésier des oiseaux, où ils broyent leurs aliments comme sous une petite *Meule*.

Mulon, Mulot, s. m. Meule de foin ; ce mot existe aussi dans le patois du Berry, et l'on trouve dans Orderic Vital *Foeni mullonem*.

Musse, s. f. Argent, Loge pour les oies, Chenil ; malgré ces significations différentes, c'est probablement un seul mot qui vient de *Mucher* et signifie Ce que l'on cache et l'Endroit où l'on cache.

N

Nafre, s. f. Coup, Blessure; le vieux-français employait aussi *Nafres* dans le sens de Blessé :

> Des morz ki par li païs jurent,
> Et des nafrez ki puiz morurent.
>
> *Roman de Rou*, v. 7889.

et *Navrer* est resté au figuré ; *Nafra* signifie encore Balafre dans le patois de l'Isère. Tous ces mots semblent venir de l'islandais *Nafar*, en allemand moderne *Naber*, qui signifie Foret, Perçoir.

Nah, sorte de juron. (arr. de Vire) Parbleu, Certainement.

Naim, s. m. Hameçon ; c'est une corruption de *Haim*.

Namps, s. m. pl. Gage, Nantissement :

> Bons beuveurs ont dispense ;
> Sergent pour namps ne doibt
> Prendre par violence
> Les vaisseaux où l'on boit.
>
> Basselin, *Vaux-de-Vire*, p. 98, édit. de M. Travers.

Ce mot, dont le français a fait *Nantir* et *Nantissement*, vient sans doute du saxon *Nam*, Gage, *Namfeoh*, Bétail qui sert de gage. C'est en ce sens qu'il était le plus souvent employé autrefois.

L'en doit savoir que celui qui tient namps, ne leur doit pas donner a manger, mais il doit pourvoir de les mettre en lieu convenable, qu'ils n'empirent par la raison des lieux ou ils sont ; *Vieille coutume de Normandie*, ch. 7.

Il y a encore à Caen une *Rue aux Namps*. Ce mot se dit maintenant plus particulièrement des habits ; c'est une preuve bien fàcheuse que l'amélioration des fortunes n'est pas aussi grande qu'on se plaît à le dire.

NAPIN, s. m. (Orne) Petit garçon ; *Knapi* en islandais.

NAQUETER, v. n. (arr. de Cherbourg) Claquer des dents, Trembler de froid ; *Gnaka* signifie en islandais Rendre un bruit aigu, et *Naques* dans le patois de Reims, Dents. Le vieux-français disait dans le même sens *Noqueter*.

Si fesoit grant froit et neigeoit continuelment, il ne savoit que faire et voyant la nuit venue, tremblant et noquetant les dents, commença regarder ca et la pour veoir aucun logis; *Le Cameron de Bocace*, cité par Roquefort, t. II, p. 244.

NAQUETS, s. m. pl. (Orne) Yeux, terme familier.

NARÉ, adj. (arr. de Vire) Rusé ; probablement de l'islandais *Hnar*, Hardi, Intrépide : ce changement de signification a été naturellement amené par la différence des mœurs ; la finesse est pour les paysans normands ce que le courage était pour les pirates scandinaves.

NARER, v. a. Attendre longtemps, comme un homme mort; en islandais *Nar* signifie Cadavre.

NARRIAU, s. m. Mouchoir de poche ; de *Nares*, Narines.

NASSE, s. f. Instrument qui sert à nétoyer le four ; au figuré Femme sale. Voyez le mot suivant.

NATER, v. a. Nétoyer ; du vieux-français *Nat*, Pur, Propre : Bien aurcit, dist-il, sunt li nat de cuer, car il varunt Deu; *Sermon de saint Bernard*. B. R. fonds des Feuillants, fol. 37. Dans l'arr. de Mortagne on dit *Nettir*.

NATRE, adj. (arr. de Vire) Avare ; il avait la même signification en vieux-français :

Dieu het avers et vilains natres,
Et les dampne comme ydolatres.

    Roman de la Rose, cité par du Cange.

NÈCHE, adj. (arr. de Caen) De couleur foncée ; probablement de *Niger* ; voyez NERCHIBOT où le G s'est également changé en CH.

NÉFILE, s. f. (arr. de Valognes) Ruban de fil ; en islandais *Trefil* a la même signification.

NELLER, v. a. Calfeutrer; peut-être de l'islandais *Nœla*, Coudre.

NÉQUIER, NÉTIER, v. a. Balayer ; crase et corruption de *Nétoyer*.

NERCHIBOT, s. m. Homme noir ou brun ; il ne se prend qu'en mauvaise part : *Noircir* se prononce *Nerchir* comme en vieux-français, et *Nebeut* qui semble la forme primitive de *Nabot* signifie en breton Une petite chose ; le vieux-français disait aussi *Nainbot*.

NÉRET, s. m. (arr. de Cherbourg) Petit corps noir ; c'était le nom que l'on donnait autrefois à une petite monnaie de cuivre. Ce mot s'emploie aussi comme adjectif et signifie Un peu noir.

NERFIL, s. m. (arr. de Bayeux) Cordonnet noir; c'est probablement la signification que lui donnait Olivier Basselin :

> Parsementée avaud les gambes
> D'un biau nerfil.
>
> *Chansons normandes*, p. 233, édit. de M. Dubois.

NERPIN, s. m. Noir et petit; probablement de *Ner*, prononciation normande de Noir, et de *Pion*; voyez ce mot.

NERVENT, s. m. Temps sombre et venteux; le français dit dans le même sens *Froid noir*.

NETOU, NITOU, adv. Non plus; c'est une crase de *Non* et d'*Itou*.

NEUCHER, v. a. Noyer; le patois normand s'est bien moins écarté de la racine commune *Necare*; on dit aussi, par une nouvelle contraction du français, *Nier*.

NIAIT, NIEU, NIOT, s. m. OEuf qui reste toujours dans le nid. Ce mot dont toutes les formes se retrouvent en vieux-français, vient sans doute de *Nidus*, Nid, car on disait aussi *Nichet*, *Nicheuf*, et nous avons encore deux formes semblables *Niche* et *Nichée*, dont l'origine est certaine : ainsi le *Nieu* est l'*OEuf* du nid.

NICHOT, s. m. Vétilleur; NIJOT, s. m. Lambin; NIGEON, s. m. Nigaud; tous ces mots ont la même origine et viennent sans doute du latin *Nugator*, Qui s'amuse à des riens. Le vieil-anglais *Nygard* avait la même signification; voyez *The vision of Piers Plowman*, v.

9898 ; mais une origine romane ne semble certaine.

NIGER, v. a. (arr. de Mortain) Cacher dans une *Niche*.

NIJOTER, v. n. (Orne) Paresser, S'amuser à des riens ; du latin *Nugari*, peut-être par l'intermédiaire de *Nigaud*.

NIO, s. m. (Manche) Niais; probablement une syncope du latin *Nidensis*, Qui n'est jamais sorti de son nid, voyez NIAIT. Le féminin est *Niolle*.

NIQUEDOUILLE, s. m. Niais; ce mot qui se trouve aussi en rouchi et dans le patois du Jura, vient sans doute du latin *Nescius*, ou plutôt du français *Nice* qui en est dérivé; voyez Estienne, *Apologie d'Hérodote*, l. 1, ch. 4.

NIQUET, adj. Délicat, Nice.

NIVELER, v. n. Niaiser; probablement de Jean de Nivèle, dont le souvenir est resté populaire en Normandie ; on dit encore d'un niais : C'est un Jean de Nivèle.

NOC, s. m. Dalle, Gouttière en bois, Canal qui apporte l'eau sur la roue d'un moulin. Il avait la même signification en vieux-français : Sera tenu ledit héritage vendu, souffrir et recevoir les eaux qui descendent du canel et nocquière de l'héritage dudit Andrieu ; *Contrat de vente* (1510) cité par Roquefort, *Supplément*, p. 60. Il vient sans doute du celtique; car en breton *Naoz* signifie un Canal par où l'eau passe et *Noed* une Gouttière. Par extension de signification, *Noc* signifie Pale d'un moulin dans l'Orne et dans la Hague où le C ne se prononce pas; dans l'arr.

de Bayeux, il désigne l'espace formé par l'auge circulaire d'un pressoir.

Noceur, s. m. Homme de plaisir, Qui vit comme s'il était toujours à *Noce ;* le peuple de plusieurs autres provinces l'emploie dans la même acception.

Noe, s. f. Prairie humide. Lieu marécageux couvert de bois ; il avait la même signification en vieux-français :

Une noe contenant journée a deux hommes faucheurs de pre : laquelle noe est joignant a la rivière d'Arve ; *Testament* (1382) cité par Ménage, *Preuves de l'histoire de Sablé,* p. 390.

Le *Dictionnaire de l'Académie* donne encore *Noue.*

Nommance, s. f. (Manche) Baptême d'un enfant, où on lui donne son *nom.*

Nonfai, adv. (arr. de Caen), **Nouffai** (arr. de Vire), **Nonfrai** (arr. de Valognes) Non , je ne veux pas ; *Je ne le ferai pas ;* c'est une crase dont le germe se trouve en vieux-français :

> Et li rois dist que non fera.
> *Brut*, v 7251.

Noque, s. f. Flèche de voiture.

Noue, s. f. Rigole naturelle, Source. On dit aussi *Noe ;* dans l'arr. de Vire, on appelle la source de la Sienne, *Noe de Sienne.* Ce mot vient sans doute du bas-latin *Noda*, Torrent, Ruisseau ; l'abbaye de Notre-Dame du Fautel , près Paris, s'appelait *Malenoue*, à cause du

voisinage d'un torrent nommé en latin *Malanoda.*

Nouler, v. n. Passer un fil de fer dans le groin d'un cochon, pour l'empêcher de fouir ; ce mot signifiait en vieux-français *Nouer* et l'on dit encore de quelqu'un qui ne peut se servir de ses membres, qu'il est *Noué.*

Nouque, adj. Impair ; C'est peut-être une corruption de *Non*, car on dit aussi *Nonque*, et *Non*, sous entendu *Pair*, remplace souvent *Impair* : Pair ou non.

Nourriture, s. f. Bétail que l'on élève, que l'on *Nourrit. Nutritura* a le même sens dans une charte de Charlemagne, rapportée par Adam de Brèmes, ch. 9 , et on lit dans un document de 1238 : Ad pascua animalium, equarum, porcorum et aliorum nutrimentorum ; Lobineau , *Histoire de Bretagne,* t. ii, col. 299.

Nourturiau, **Notureau**, s. m. (Orne) Petit cochon de lait ; dans le Berry on donne le même sens à *Nourrin* ; Voyez **nourriture.**

Nuile, **Nieule**, s. f. Nielle, Maladie des plantes céréales qui est souvent causée par le *Melanthium*, que l'on appelait en bas-latin *Nigella ;* voyez Valois, *Notitia Galliarum*, p. 375, col. 2. On dit aussi *Nuillé*, Attaqué de la *Nuile.*

Nuisance, s. f. Préjudice, Chose *Nuisible ;* on le trouve aussi en vieux-français :

> N'i out ki l'en feist destourbier ne nuisance.
> *Roman de Rou*, v. 4296.

O

O, pr. Avec.

Les tonneliers sont maint'nant bien
requis,
Ils sont plus rogues que marquis;
Les pressouriers o leurs sabots de
bois
Sont plus rogues que rois.
OLIVIER BASSELIN (Jean Le Houx),
Chanson inedite.

Ce mot très-commun en vieux-français vient sans doute de *Ab* qui avait pris dans la basse-latinité le sens de *Cum*, le B s'est changé en v, parceque ces deux lettres ont un son si semblable que beaucoup de langues, l'espagnol par exemple, ne les distinguent pas. Le changement de la voyelle est certain, puisqu'on trouve en vieux-français *Ovec* et *Avec*, et le v étant presque muet devant les consonnes a fini par se perdre si complètement que l'écriture n'en a plus tenu compte.

OBICHE, s. f. Adresse, Talent. Probablement ce mot a quelque liaison d'origine avec l'*Obiter* du bas-latin que du Cange, t. IV, col. 1270, éd. des Bénédictins, explique par *Celeriter.*

OCHE, s. f. Entaille ; ce mot se trouvait aussi en vieux-français, et on en avait fait le verbe *Ochier*:

Son brant d'acer tint tot nu trait,
Ensanglante, oschie et trait.
BENOIS, *Chronique rimée*, l. II,
v. 18922.

A Lyon les boulangers appellent encore *Ouche* le morceau de bois sur lequel ils font leurs comptes avec des entailles. Le français a conservé *Décocher*, lancer de l'oche, de l'entaille que l'on faisait aux arcs pour empêcher les flèches de glisser. Probablement ce mot vient du celtique, car *Ask* a la même signification en breton, et *Osko* en provençal.

OHI, s. m. Défaut, Malheur; ce mot qui avait la même signification en vieux-français semble venir de l'islandais *Oheill*, Valétudinaire.

OIGNE, s. f. Fàcherie, Murmure :

Je leur montrerai sans oigne
De quel poisant sont mes doigtz.
Chansons normandes, p. 177,
éd. de M. Dubois.

Peut-être le vieux-français *Oingnace* que Roquefort explique par Action de faire ou de commettre des choses indécentes a-t-il la même origine.

ORES, adv. Maintenant, A présent, de *Hora* ; ce mot qui était fort usité en vieux-français (Voyez ORIÈRE) et qui se trouve dans les *Vaux-de-Vire* d'Olivier Basselin, p. 57, de l'édition de M. Travers, est resté dans le français *Désormais.*

ORFANTÉ, adj. Fatigué, Brisé ; littéralement Rendu orphelin, *Orfante* en vieux-français.

ORIBUS, s. m. Chandelle de résine.

ORIÈRE, s. f. Bord, Lisière; d'*Ora* comme le français *Orée*: on le trouve aussi dans la vieille langue :

Or fu Geris lez l'oriere del bos.
Raoul de Cambrai, p. 132, v. 10.

ORIGNE, s. f. (Orne) Espèce.

Origine ; on lui donnait la même signification en vieux-français:

> Li preudome, li ancien,
> Ont leenz un fusicien
> Qui tant parest de franche orine,
> Qu'il garist sans veoir orine.
>
> *Fabliau de la voye de paradis.*

ORINER, v. a. (arr. de Vire) Ecouter, Se servir de ses *Oreilles* ; il s'emploie aussi comme verbe neutre et signifie alors Roder, Aller dans les *Orées*.

ORIPIAS, s. f. pl. Maladie d'oreille, causée par une fluxion des glandes parotides. On la nomme aussi *Ouripias* à Caen, et *Ouiepas* à Cherbourg.

ORO. Ce mot n'est usité que dans la phrase : N'avoir ni repos ni oro, il signifie Temps et vient d'*Hora*.

OUICHE, adv. Oui, dans un sens ironique.

OUIN, adv. (Orne) Non ; Voyez **OUICHE**.

OUINCHER, v. n. (arr. de Vire) Grogner ; ailleurs il signifie. sans doute par extension, Frapper du pied.

OUIVETTE, s. f. (arr. de Cherbourg) Jeune fille étourdie. Il signifiait sans doute d'abord Elégante, Qui aime la toilette ; voyez **HOUIVET**.

P

PADOUE, s. f. (arr. de Lisieux) Ruban de fil ; peut-être est-ce une abréviation de Ruban de Padoue.

PAER, v. a. (arr. de Cherbourg) Balayer ; probablement une corruption euphonique de *Parer* ; dans le patois de Reims, *Paler* signifie Nettoyer une écurie.

PAGIE, s. f. Cloison ; peut-être du latin *Paries* dont on a voulu adoucir la prononciation, comme pour le mot précédent.

PAGNANT, adj. Lourd, Grossier ; de *Paganus* dont on a fait aussi le vieux-français *Pacant* et *Paysan*.

PAGNOLÉE, s. f. (Calvados) Trèfle qui sans doute a été importé d'Espagne ; la variété à fleurs incarnates s'appelle même encore maintenant *Trèfle d'Espagne*.

PAICRE, adj. (arr. d'Avranches) Aigre ; du latin *Acer*, avec un Paffixe.

PAILLETOT, s. m. Sac rempli de *paille* d'avoine sur lequel on couche les petits enfants ; il se trouve aussi dans le patois de la Meuse.

PAIRÉ, adj. (arr. de Mortagne) Pareil ; du latin *Par*, ou du français *Paire* ; en vieux-français on donnait la même signification à *Pair*.

PAITER, v. n. (arr. de Mortagne) Bouger, Changer de place ; du latin *Pascere*, Paître, parce que les animaux qui paissent sont obligés de changer à chaque instant de place. Selon Roquefort, t. II, p. 289, *Paiteler* signifiait en vieux-français Remuer les pieds.

PAITIS, s. m. Lieu où l'on attache les bestiaux, et qu'ils foulent avec leurs pieds ; du latin *Pascere* ou de *Piétiner* qui signifie en patois normand

Fouler sous les pieds.

PALÉE, s. f. Ce qu'on peut porter sur une *Pelle* : voyez le mot suivant.

PALETTE, s. f. Pelle à feu ; diminutif de *Pelle* : on lui donne le même sens dans le patois de Reims.

PALLE, s. f. Vanne d'un moulin ; on lui donnait la même signification en vieux-français et il s'est conservé aussi dans le patois de la Meuse : dans quelques localités on dit *Panne*.

PALLETOT, s. m. (arr. de Bayeux) Habit large et grossier que portent les matelots ; (arr. de Cherbourg) Veste longue. Ce mot existait aussi en vieux-français :

Je ne vettray en (l. un) palletot
Pour l'abiller sans dire mot.

    L'an des sept Dames, cité par Borel.

Il vient du latin *Pallium* ou d'un mot celtique ; car l'espagnol *Palletoque* a la même signification, et on le retrouve dans le patois de plusieurs provinces.

PALMAN, s. m. (cant. des Pieux) Pan ; de la longueur de la main, en latin *Palma*, comme Empan ; le provençal disait *Palm* et *Palmat :*

L'almiran fo pus grans que Karle un
         palmat.
    Roman de Fierabras, v. 4788.

Un palm de la gonela blanca
Li trenqet el polpil de l'anca.

    Roman de Jaufre, dans le *Lexique roman*, t. ı, p. 73, col. 1.

PANETTE, s. f. Tache de rousseur, qui ressemble à de la graine de *Panais*.

PANLÈRE, adj. Lâche, Sans courage : mot-à-mot, *Double*

voleur ; du vieux-français *Pan*, Vol et *Lere* (latro) Voleur.

PANNAS, s. m. Plumeau ; du latin *Penna* qui s'est conservé sous une autre forme dans différents patois ; dans celui des Vosges *Panneur* signifie Balai ; c'est *Pannoure* dans celui de Nancy ; dans le Jura *Panner* signifie Essuyer, et *Pana* Nettoyer dans l'Isère ; le français a encore *Empenné* et on lit dans les *Chroniques de Saint-Denys* : Nous ne poons souzescrire ne seigner la presente chartre, pour la penne qui tremble en nostre main pour la maladie ; *Recueil des historiens de France*, t. III, p. 299.

PANNÉ, adj. Ruiné ; mot-à-mot Saisi : du vieux-français *Panner* : Saisir et panner sour les hommes de fief ; *Titre* (1324), publié par Carpentier, t. III, col. 146.

PANNET, s. m. Selle rase sans étriers ni fonte ; dans l'arr. de Saint-Lo il signifie par extension Bât ; du latin *Panellum*. Le vieux-français disait *Pennel :* Nus seliers ne puet coudre basane avec cordouan, ne nule autre maniere de cuirs, si ce n'est en pennel que l'en apele *Bastiere* ; Estienne Boileau, *Livre des mestiers*, p. 208.

PAQUERET, s. m. (Orne) OEufs que l'on donne à Pâques, et par extension Cadeau.

PAR APRÈS, loc. adv. Ensuite ; elle était aussi employée en vieux-français :

Les vers que leurs joinglours, leurs
        contours et chanterres
Rechantoient par après

disait Vauquelin de La Fresnaye, et elle s'est conservée dans le patois du Berry. Comme en provençal, on disait aussi quelquefois en vieux-français *En apres* (en suite) : En apres le roi, la reine et leur fils… vinrent au dit lieu ; Monstrelet, t. I, fol. 83. Peut-être cependant *Par* est-il ici un signe du superlatif, comme dans *Parfait* ; au moins la locution *Par exprès* semble favorable à cette conjecture :

> Choisir faut du bon par expres ;
> Car le mauvais porte dommage.
>
> Louis CHOQUET, *Mystère de l'Apocalypse.*

PARAVIRÉ, s. m. Soufflet ; la même idée a fait former le mot *Chatourne.*

PARCHONNIER, PARSONNIER, s. m. Associé, Qui ne forme à deux qu'une seule *Personne.* Il se dit dans l'arr. de Mortagne des petits cultivateurs qui se prêtent réciproquement leurs chevaux pour labourer. On emploie aussi quelquefois *Personnerie* dans le sens de Société. Comme *Parchon* et *Parciere* signifiaient en vieux-français Partage, Part, Portion, il ne serait pas impossible que la racine fût *Partiri* ; voyez le mot suivant.

PARCIE, s. f. (arr. de Bayeux) Diner que l'on donne aux personnes qui ont *Partagé* les travaux de la moisson ; à Cherbourg on dit *Percie* ; Roquefort, t. II, p. 302, cite aussi le vieux-français *Parcye.*

PARÉ, adj. Délivré, Prêt, Préparé ; du latin *Paratus* ; on le trouve aussi en vieux-français :

> Une codre trencha par mi,
> Tute quarreie la fendi ;
> Quant il ad pare le bastun,
> De sun cutel escrit sun nun.
>
> *Lai du Chevrefoil*, v. 51.

Dès le XVIᵉ siècle *Préparer* avait remplacé *Parer* dans toutes ses acceptions :

> Ou je trouvai une grant dame belle,
> Noble et plaisant de drap d'or preparee.
>
> Jean JORET, *Jardrin salutaire*, st. IX.

Parer se dit le plus souvent du cidre assez fermenté pour être bon à boire :

> Les sildres a peine parez
> On faict boire aux gens alterez,
> Et n'eussent-ils denier ny maille,
> Pour remplir bientost la futaille.
>
> OLIVIER BASSELIN (Jean Le Houx)
> *Chanson inédite.*

On lui donnait la même signification en vieux-français :

> Et de l'eaue simple buvoient,
> Sans querir pigment ne clare ;
> N'oncques ne burent vin pare.
>
> *Roman de la Rose*, v. 8670.

On l'emploie même encore quelquefois avec ce sens.

PAREI, s. f. Muraille, Cloison ; on le trouve aussi en vieux-français :

> Voluntiers l'onur fuiroit ;
> La parei qui pres li estoit
> Empeint tant com il pot arrere.
>
> Ms. B. R. 7024, fol. CII, verso, col. 1, v. 4.

On dit aussi *Paroit*, comme en vieux-français :

> Jehans estoit a la paroit,
> Dedenz sa meson apuiez.
>
> *Fabliaux anciens*, t. IV, p. 416.

Ce mot vient du latin *Paries* et se trouve dans toutes les langues romanes ; c'est *Paret* en vieux-provençal ; *Pared* en catalan et en espagnol ; *Parede* en portugais et *Parete* en italien.

PARFIN, s. f. *Fin* dernière ; cette forme augmentative existait aussi en vieux-français :

La rose a la parfin devient nu grate-
cu.

RONSARD, *Œuvres*, t. I, p. 164.

PARFINIR, v. a. Finir tout-à-fait, Rendre parfait.

PARFOND, s. m. Extrémité du *Fond* ; *Par* ajoute ici sans doute à la signification naturelle de *Fond*, comme en vieux-français :

Qui me mettroit en une tour moysir
Et elle fust au parfond d'Ytalie,
Sans moy bouger, je luy tiens com-
pagnie :
Elle et mon cueur vont ensemble ge-
sir.

Chansons nouvelles, fol. a. II,
recto, éd. de Silvestre.

Peut-être cependant est-ce une corruption de *Profond* qui existait aussi en vieux-français :

J'ay plain povoir et auctorite pure
. . . .
D'auctoriser humaine creature
Ou la plongier en doleur tres parfonde.

MICHAULT, *Dance aux aveugles*,
p. 36.

PARLAGE, s. m. *Paroles* inutiles ; le vieux-français disait *Parloge* :

Si les vous voel dire briement
Sans lonc parloge metre avant.

Des set sages de Romme, Ms. B.
R., n° 7595, fol. 336, v°, col. 2.

PARLOCHER, v. n. (arr. de Valognes) *Parler* avec affectation ; dans l'arr. de Mortagne on dit *Parloyer* et on en fait un verbe réfléchi. Voyez le mot suivant.

PAROLER, v. n. *Parler* avec affectation, c'est l'ancienne forme du verbe *Parler* :

L'abe parole a toz ensanble.

Fabliaux anciens, t. IV, p. 131.

Alain Chartier disait encore : Quant ainsi ensemble parol-lent ; *OEuvres*, p. 663.

PAROLES, s. f. pl. Copeaux formés par la varloppe, quand on *Pare* une planche ; dans quelques localités on dit *Parot-tes*.

PARONNE, s. f. (Orne) Collier de grosses tresses en roseau dont on harnache les chevaux que l'on *pare* pour la charrue ; probablement Roquefort s'est trompé en disant, t. II, p. 307, que ce mot signifiait en vieux-français Timon.

PARTIE, s. f. (Manche) Action de se *Séparer*, Départ ; le vieux-français disait *Départie* :

La trompette m'appelle
Sous les drapeaux de Mars ;
Cruelle départie !

HENRI IV, *Charmante Gabrielle*.

Le patois est resté plus fidèle à la forme étymologique (*Partiri*).

PARTIR (en), v. n. (Manche) Venir de le faire ; voyez le mot précédent : le français dit dans le même sens *En sortir*, et on lit dans la *Mort de Garin*, p. 245.

Si qe l'ensangne qi d'Alexandre fut,
Li bangne on cors a force et a vertu,
Et d'autre part en part li fers agus.

PAS, s. m. Marche d'escalier ; le français donne aussi ce nom à l'espace qui se trouve d'un pied à l'autre quand on marche. La vieille langue employait *Apas* dans le même sens que le patois normand (Voyez

Roquefort, *Supplément*, p. 22), et ce mot a conservé cette signification en rouchi.

PAS PLUTÔT, loc. adv. (Manche) Au contraire.

PASCARADE, s. f. (arr. de Vire) Carotte ; corruption du latin *Pastinago* ou du bas-breton *Pastounadez ;* le R s'est introduit aussi dans le languedocien *Pasternago*.

PASNAGE, s. m. Droit de paisson dans une forêt de chênes. Il fu jugie que li abes de Ses ait quitence del pasnage de ses porciaus as propres usages de sa meson, en la forest del Bur ; *Etablissements de Normandie*, p. 157. Il y a encore à Valognes un quartier qui s'appelle *Le Pasnage*.

PASRET, s. m. (Manche) Marche d'escalier ; corruption de *Pas roide*.

PASSAGER, adj. Passant ; il ne s'emploie en ce sens qu'avec *Rue* et se trouve aussi dans les patois de Reims et de Langres.

PASSIER, s. m. (Orne) Pailler ; endroit où l'on *Passe*.

PASTOU, s. m. Berger, Pastre ; dans quelques localités le s ne se prononce pas ; du latin *Pastor*, qui s'est conservé dans *Pasteur* et *Pastoureau*. Ce mot signifie aussi Parc, Clôture, Endroit où l'on met les bestiaux à *paitre* ; en vieux-français *Pastis* signifiait Mur, Muraille, suivant Roquefort, t. II, p. 314.

PATACLAN, s. m. (Orne) Bruit d'un corps qui tombe dans l'eau ; cette onomatopée se trouve aussi dans le patois Bressan, mais avec un sens plus général.

PATARAUD, s. m. Coureur, Mauvais sujet ; le vieux-provençal donnait aux sectaires Vaudois le nom de *Pataris*.

PATARET, s. m. (arr. de Bayeux) Soupe aux pommes ; en vieux-français *Pastanade* signifiait Soupe aux légumes.

PATEGAUD, s. m. (arr. de Mortagne) Secret ; on dit aussi *Patigaud* ; peut-être du latin *Pati*, Souffrir, parce que les secrets coûtent beaucoup à garder :

> Rien ne pèse tant qu'un secret.

LAFONTAINE, *Fables*, l. VIII, fab. 6.

PATIGOUSSER, v. n. (arr. de Mortagne) Remuer l'eau pour s'amuser ; ce mot a été formé de *Patte*, comme le français *Patauger* et *Patrouiller*.

PATIRAS, s. m. Souffre-douleur ; du latin *Pati*, Souffrir.

PATÔCHER, v. a. Manier grossièrement, Toucher avec ses mains, comme si c'était des *Pattes ;* le vieux-français disait dans le même sens *Patojer :*

> Si laidement le rebouloit,
> Et patojoit a lui ses pates
> Qu'avoit plus noires que savates.

GAUTIER DE COINSI, *Miracles de la Vierge*, l. I, ch. 33.

PATOUF, s. m. Gros lourdaud ; il a la même signification en rouchi : le *Pataud* du français est bien moins expressif.

PATOUILLER, v. n. (Orne) Agiter l'eau, Marcher dans les mares ; dans le patois de la Meuse *Patouillat* signifie une Petite mare où l'eau croupit, et Roquefort, t. II, p. 316, cite le vieux-français *Patoueil* auquel il donne le sens de Bourbier, Chemin boueux ; il semble ainsi que le R s'est introduit par corruption dans le français *Patrouiller* ; la forme primitive s'est conservée aussi dans le patois du Berry.

PATRAILLÉE, s. f. (Orne) Multitude, Grande quantité ; voyez le mot suivant.

PATRAILLER, v. n. (arr. de Cherbourg) Travailler avec ses mains, Se donner beaucoup de peine.

PATRASSER, v. réfl. Tomber tout de son long, Faire *patatras* ; à Rennes on dit *Dépétrasser*. Peut-être ce mot signifiait-il originairement Tomber sur les *pattes*, car on emploie dans l'Orne avec le même sens *Poignasser*. Dans quelques localités on se sert aussi du substantif *Patrasse*, Chute violente.

PATRON-JACQUET, loc. pop. Qui ne s'emploie que dans la phrase Se lever dès le patron Jacquet, à la pointe du jour ; on dit dans le patois du Berry, *Se lever* à Petron Jacquet et dans celui de plusieurs autres localités Au patron ou potron-minette. Peut-être cette locution vient-elle de saint Jacques, le patron des voyageurs, qui, pendant le moyen-âge, étaient pour la plupart des pélerins. Cette expression pourrait venir aussi de l'écureuil, en patois *Jacquet*, qui passe pour le plus vif des animaux, et par conséquent pour le premier éveillé.

PATRONNER, v. a. et n. Toucher avec les mains, les *pattes*.

PATROUILLE, s. f. Ecouvillon ; voyez le mot précédent ; le patois de l'Orne n'a pas non plus admis le R dans ce mot, il dit *Patouille*.

PAUCHE, s. f. Chaussée. Il avait la même signification en vieux-français : Avoit gens pour nous adober les chemins, pons et pauches ; *Bibliothèque de l'Ecole des chartres*, t. III, p. 194.

PAUPILLE, s. f. (Orne) Sourcil ou plutôt Cil ; du latin *Palpetra*, Paupière, auquel on a donné la terminaison de *Cilium*.

PAUPILLER, v. n. (Orne) Ciller, Fermer les yeux de peur ; voyez le mot précédent.

PAUSE, s. f. Instant, Le temps de faire une *pause* :

Je la regardai une pose.

Chansons normandes, p. 195, éd. de M. Dubois.

Ce mot existait aussi en vieux-français :

N'ert de Rome adont nul(e) cose,
Ne ne fu puis de mult grant pose.

Roman de Brut, v. 27.

PAVAT, s. m. Collier de cheval, fait avec les feuilles séchées de l'iris des marais (Pseudo-acarus) qui s'appelle en patois *Pave*.

PEC, s. m. (arr. de Bayeux) Point de départ, But ; probablement de *Podium*, Petite éminence ; au moins ce mot était-il devenu en vieux-français *Pic*, *Puech* et *Pec*.

PEC, adj. Méchant, Sot ; il est plus usité au féminin *Pecque*, et vient sans doute de *Pecus*, comme le français *Pécore*.

PECAILLE, s. f. Fretin ; du

latin *Pecus*. Il se dit par métaphore de toute espèce de mauvais poisson et s'emploie comme terme de mépris dans un sens beaucoup plus général.

PECAUDER, v. n. (Orne) Mettre les mains dans le plat ; Se conduire comme une bête (*Pecus ?*).

PÉÏOT, s. m. (arr. de Bayeux) Ligne dormante ; voyez PÉQUER.

PELAUTER, v. a. (arr. de Mortagne) Enlever et secouer par la peau (*Pellis*); il existait aussi en vieux-français et y avait pris par métaphore le sens de Battre, Etriller.

PELETTE, s. f. Petite peau de mouton que l'on met sur les sabots ; diminutif de *Pellis* ; la forme latine s'est conservée aussi dans *Pelletier* et dans *Pelleterie*.

PELOUE, s. f. Grosse houe ; mot composé sans doute de *Pelle* et de *Houe*.

PÉNER, v. a. et réfl. Tourmenter, Faire de la *Peine* ; il existait aussi en vieux-français :

Car trop nos vuet cist rois pener et
     travailler.
Chanson des Saxons, t. i, coupl. 16.

PÉQUE, s. f. (arr. de Bayeux) Chiffon ; il ne s'emploie guère qu'au pluriel ; on disait en vieux-français *Pesse*, probablement de *Pièce*, morceau de linge. Ce mot existait aussi en vieux-français :

Bien ert cheus en males mains,
Quar si cheveil contre mont tendent,
Et les pesques contre val pendent
De son sorcot et de sa cote.

Fabliau d'Aloul.

PÉQUER, v. n. Désigner un but, Jeter son palet pour servir de but, comme *Buter* ; il signifie aussi par métaphore Arrêter, et l'on donne par extension le sens d'Attendre à la forme passive *Être péqué*.

PÉQUIÈRE, s. f. (arr. de Bayeux) Femme qui ramasse des chiffons ; en patois normand PÉQUE.

PERCETTE, s. f. (arr. de Mortain) Vrille, Petit outil qui *Perce*.

PERCHOUX, adj. (arr. de Saint-Lo) Oisif, Immobile comme une *Perche ;* dans l'arr. de Bayeux il signifie Frileux, parce qu'un froid trop vif empêche de sortir.

PÉRICAUCHÉE, s. f. (arr. de Bayeux) Paresse ; voyez PERCHOUX.

PERRETTE, s. f. Terme de mépris dont on se sert en parlant des femmes ; le français dit *Péronelle* ; c'est le diminutif féminin de *Pierre*.

PERREY, s. f. (arr. de Bayeux) Lieu rempli de galets ou de *Pierres ;* la même raison a fait donner le nom de Chemin perré aux anciennes voies romaines. Carpentier nous semble ainsi s'être trompé en expliquant le vieux-français *Perroy* par Rivage de la mer ; il avait probablement le même sens que le mot normand, comme le français *Pétrée*.

PERSOUX, s. m. (arr. de Vire) Pressoir ; probablement une métathèse.

PESAS, s. m. (arr. de Cherbourg) Tiges sèches de pois, en latin *Pisa ;* il existait aussi en vieux-français :

On avoit ja les pois so es
Et li pesaz estoit loies.

Roman de Renart, t. i, p. 20.

PESNOUETTE , s. f. (arr. de
Vire) Petite fille dissipée.

PESTER , v. n. (Orne) Courir ; on en a formé l'adjectif
Epestoui, qui signifie Etourdi.

PÉTER , v. a. (Seine-Inférieure) Mesurer.

PETIT, adv. Peu ; il s'emploie
le plus souvent avec *Un*, comme
en vieux-français :

Sire, dist-ele, un petit m'entendez.

Chanson de Hervi, B. R. Ms. de
Saint-Germain, n° 1244 , fol.
9, recto, col. 2, v. 15.

Ce mot est surtout usité avec
une forme duplicative : Un petit peu, Un petit mot. La Fontaine a encore dit dans le fragment du *Songe de Vaux*.

Ne lui donnez plus rien qu'un petit
de panade.

PÉTOCHE , s. f. Mauvaise
chandelle qui *pétille*.

PÉTOUIN, s. m. (arr. de Bayeux) Ecorcheur, Qui enlève
(en vieux-français *Toult*) la
peau, que le patois normand
prononce *pé*.

PÉTRA, s. m. Homme gros-
sier ; Paysan ; il a la même signification à Rennes : l'origine
est la même que celle du vieux-
français *Péteux* :

Et l'autre en fut chassé comme un péteux d'église.

REGNIER. satire XIV.

On donne aussi à ce mot la
signification de Derrière.

PÈTRE , adj. (Manche) Paresseux, Immobile comme une
pierre, en latin *Pétra*.

PETRELLE , s. f. Etincelle accompagnée le plus souvent de

pétillement ; la même raison
leur fait donner en rouchi le
nom de *Pète*.

PEUFFE, PEUFFRE, s. f. Frip-
perie ; de l'islandais *Pelf*, Dé-
pouilles ; il avait conservé sa
signification primitive en vieux-
français :

Chargez s'en vont en lur pais
De la pelfre as cheitifs.

GEOFFROI GAIMAR, *Chronique rimée*, publiée par M. Francisque
Michel , *Chroniques anglo-
normandes*, t. i, p. 4.

Le vieux-français donnait
aussi à Peufferie , le sens du
patois normand *Peuffe*.

PEUFI, adj. (arr. de Mortagne) Flétri, Fanné, comme le
français *Frippé*.

PEUFFIER , s. m. Fripier ;
Voyez PEUFFE.

PEULIE , adj. (arr. de Vire)
Maladroit ; littéralement Peu
joyeux , Mal en train.

PEZET , s. m. Etoupe.

PHÉBÉ , s. m. Pécule, Bien ;
peut-être de l'islandais *Fe*,
Troupeau, qui avait pris la signification d'Argent , parce
qu'on ne connaissait pas d'autre richesse.

PIANCHE , s. f. et PIANCHON ,
s. m. (arr. de Bayeux) Fille,
Enfant ; dans l'arr. de Mortain , il est devenu adj. et signifie Malin , Espiègle.

PIANNER , v. n. (arr. de Mortagne) Il se dit du cri du dindon et signifie littéralement
Crier comme un Paon ; voyez
PICOT.

PIAUCÉ , adj. (arr. de Bayeux)
Couché.

PIAUCER , v. n. Pleurer ,
Crier sans cesse comme un
poulet : c'est probablement une

corruption de *Piauler* qui vient du latin *Pullus* ; cependant on lit dans les Extraits de Festus par Paulus Diaconus, p. 212; *Pipatio* clamor plorantis lingua Oscorum, et Chaucer a dit dans son *Canterbury tales*, v. 177 :

He gave not of the text a *pullid* hen,

ce que Belle n den Ker explique par Malade, Qui a la pépie ; *Archaeology of popular phrases*, t. II, p. 74.

PIAUFFRER, v. a. (arr. de Mortagne) Embrasser souvent et avec force.

PIAUME, s. f. (arr. de Valognes) Pivoine, en latin *Peonia*.

PIC, (arr. de Bayeux) Il ne s'emploie que dans la locution adverbiale *Par pic et par mic*, qui signifie Par petites portions, Par intervalle. Probablement cette expression a une origine celtique ; *Pic* signifie en breton *Une chose pointue*, et *Mic* (bas-latin *Mica*) *Une petite chose*.

PICHET, s. m. Vase en terre, Grand pot à boire.

Et les bras sont armés de tasses, de pichets.
LALLEMAN, *La Champénade*, ch. III, p. 27.

Ce mot existait aussi en vieux-français : Le suppliant eust gaigne dudit Dominique un pot, ou pichier de vin ; *Lettres de grâce* (1397), citées par Carpentier, t. III, col. 272, et s'est conservé dans le patois Vendéen :

De l'àéve frede en in pichâé,
Dau pàé, et râé pre lo gressàer.

Chanson citée dans les *Mémoires de l'Académie celtique*, t. III, p. 380.

Malgré l'anglais *Pitcher* et le breton *Picher*, ce mot vient sans doute du vieux-latin *Bacar* que Festus explique par Vas vinarium, ou de l'islandais *Bikar* (allemand de *Becker*) qui a la même signification que le patois normand, car on appelait autrefois *Bichet* un vase qui servait de mesure et nous lisons dans *Li treisieme livres des Reis*, ch. VII, v. 45: Hyram fist vaisselle de mainte baillie, poz, chanes e pichers.

PICOIS, s. m. Espèce de houe, *Pic* ; il existait aussi en vieux-français : E ces de Israel veneient as Philistiens pur aguiser e adrecier e le soc, et le picois (*Ligonem*), e la cuignee, e la houe ; *Li primiers livres des Reis*, p. 44. On trouve en vieil-anglais *Pykoise* :

Eche man to pleye with a plow,
Pykoise or spade.
Vision of Piers the Ploughman, v. 1987.

PICOT, s. m. Dindon ; de l'anglais *Peacock*, Paon ; sans doute parce que le dindon fait la roue comme le paon ; par suite de la même idée, on a dit pour exprimer son cri qu'il *piannait*.

PICTRIE, s. f. Ce mot n'est employé que dans la phrase *Etre dans la pictrie*, qui signifie Etre ivre.

PIÉÇA, adv. Depuis longtemps ; c'est l'explication (*Dudum*) qu'en donne un glossaire français-latin, écrit dans le XIV° siècle, qui est conservé à la Bibliothèque de Conches, et on le trouve avec cette signification dans une foule de passages.

Ysaies pieca pramist
Et en sa prophecie dist,
Que de la rais Jesse istra
Une verge qui flourira.

WACE, *Etablissement de la fête
de la Conception*, p. 34, v. 15.

Ce mot est sans doute une contraction de *Pièce il y a* et vient du latin *Spatium*, Espace ; *Petier* est employé avec le sens de *Spatiari* dans Froissard, *Chronique*, l. I, ch. 176.

PIÈCE, adj. Aucun, ou plutôt adv. de négation, comme *Brin*, *Point*, *Pas* ; il vient peut-être de *Species* ; car on lit dans Optatus Milevitanus, l. VI : Calicum (fractorum) species revocastis in massas. Il s'employait aussi en vieux-français dans le sens d'Espace :

Une grant piesce remeist la chose ensi.

Raoul de Cambrai, p. 21, v. 1.

Dans l'arr. de Mortagne on prononce *Pieie*.

PIF, s. m. Grand et gros nez ; il a la même signification dans le patois du Berry. Peut-être signifiait-il d'abord Le nez bourgeonné d'un ivrogne ; car le vieux-français *Pifre* signifiait Gourmand, et le style familier a conservé le verbe *Empiffrer*, Faire manger avec excès.

PIFFETTE, s. f. (arr. de Mortagne) Jeune fille qui aime la toilette, Qui cherche à faire *piaffe*.

PIGACHE, s. f. (arr. de Bayeux) Pointe de terre ; on donnait ce nom en vieux-français à une sorte d'ornement que les femmes portaient aux manches de leurs robes.

PIGEONNER, v. n. (arr. de Bayeux) Germer, Pousser comme un *pignon*.

PIGLER, v. n. (arr. de Mortagne) Jeter des cris perçants, Crier sans pleurer ; en anglais *Pig* signifie Un petit cochon.

PIGNARD, s. m. Pleurer ; il signifie dans le patois de Rennes Un homme qui gronde pour la moindre chose ; voyez le mot suivant.

PIGNER, v. n. Geindre, Se plaindre à voix basse ; dans l'Orne il se dit aussi du bruit que fait une manivelle ou une roue mal graissée, et le vieux-français s'en servait dans le même sens.

PIGNOCHE, s. f. (arr. de Vire) Cheville ; (arr. de Saint-Lo) Fausset ; voyez ÉPINOCHE.

PIGNOLLE, s. f. Ce mot n'est employé que métaphoriquement dans l'expression Trousser ou Retrousser pignolle, qui signifie Se sauver, S'en aller : c'est sans doute une corruption du vieux-français *Pignonceau*, Bannière longue et pendante que l'on relevait pour marcher avec plus de facilité :

Bruient banieres, plus en i ot de mil,
Et pignonciaus k'el front devant sont mis.

Garins li Loherens, Ms. B. R.. 9654 ⁵ᵃ, fol. 80, recto, col. 1, v. 5.

Ce mot s'employait aussi au figuré en vieux-français, mais avec une acception différente ; il signifiait Peine, Embarras ; voyez Roquefort, t. II, p. 353.

PIGNONNER, v. a. (Orne) Percer ; *Pignon* signifiait en vieux-français Un morceau de lance.

Pigras (à), adv. (arr. de Mortagne) En abondance, En quantité.

Pigrat, s. m. Endroit battu comme un champ de foire ; dans l'arr. de Mortagne, il a pris le sens de Bourbier ; on dit au figuré Mettre le pied dans le pigrat ; voyez PIVAT.

Piguenette, s. f. (Orne) Petite fille méchante ; dans le patois du Berry on appelle les pie-grièches *Piquerede*.

Pihoue, s. f. (Seine-Inférieure) Femme de mauvaise vie.

Pilauder, v. a. (arr. de Mortagne) Il ne s'emploie qu'avec *les boues* et signifie Marcher dans un bourbier.

Pile, s. f. Volée de coups ; ce mot qui se trouve aussi dans le patois du Berry vient sans doute du vieux-français *Pil*, Espèce de massue, ou du verbe *Piler*, Broyer, Ecraser.

Pilèche, s. m. (arr. de Saint-Lo) Gruau, Grain *pilé*.

Piler, v. n. Pressurer des pommes comme avec un *pilon* ; il a la même signification dans le patois de Rennes.

Pilette, s. f. (arr. de Valognes) Fleur de l'Arum qui ressemble à un petit *Pilon*.

Pimperlotté, adj. (arr. de Mortagne) Taché de petits points de diverses couleurs ; probablement une corruption du vieux-français *Pipelotté*, Extrêmement orné suivant Roquefort, t. II, p. 356.

Pinelles, s. m. pl. (arr. de Rouen) Bas, Chausses.

Pinge, adj. (arr. de Mortagne) Qui a le poil lisse.

Pingé, adj. Mouillé ; voyez le mot suivant.

Pinger, v. a. Plonger ; dans l'Orne il signifie Puiser, et dans la Vendée Être submergé.

Pinget, s. m. Rond que fait une pierre sur l'eau ; c'est probablement le même mot que *Pingeot* auquel on donne dans l'arr. de Mortagne la signification de Ricochet sur l'eau.

Pion, s. m. Ivrogne, Un peu gris ; il vient sans doute du grec Πινειν, Boire, ou du vieux-français *Pion*, Soldat :

Mes gens d'armes, mes archiers, mes
                 pions.

    Pierre MICHAULT, *Dance aux*
      aveugles, p. 13.

Piot, s. m. Boisson, Vin :

Cy gist qui a bien aimé le piot.

    Vaux-de-Vire, p. 57, éd. de M.
    Dubois.

Ce mot existait aussi en vieux-français :

La vigne dont nous vient celle nectaricque, delitieuse, pretieuse, celeste, joyeuse et deificque liqueur, qu'on nomme le piot ; Rabelais, l. II, ch. 1.

Ce mot qui se trouve également dans les patois de l'Isère et dans celui de Rennes, vient sans doute du latin *Potus ;* il s'emploie aussi comme adj. et signifie alors *Ivre* ; dans l'Orne, on dit quelquefois *Piou*.

Pioter, v. réfl. S'enivrer ; voyez PIOT

Pipet, s. m. Fétu par lequel on aspire un liquide ; corruption de *Pipeau*.

Piqueray, s. m. (arr. de Bayeux) Terrain couvert de galets roulés.

Piquerolle, s. f. Rougeole,

qui marque la peau de taches rouges comme des *piqûres*.

PIQUETTE, s. f. Mélange de lait caillé et de crème, dont l'acidité est *piquante*.

PIRLI, s. m. (Orne) Petit baton qui sert à jouer ; voyez BAGULO.

PIRO, s. m. Petite lessive ; probablement une corruption de *Puro* ; voyez PURER.

PIROTTE, s. f. Oie femelle ; dans le patois de Rennes on dit *Pirette* : à Cherbourg on donne ce nom à la femelle du dindon.

PIS, s. m. Mamelle de vache ; c'est une extension de la signification du vieux-français *Pis*, Poitrine :

> Et cil qui tindrent les costiax,
> Parmi capes, parmi mantiax,
> Parmi pis et parmi boeles
> Firent passer lor alemeles.
>
> *Roman de Brut*, v. 7433.

Nous donnons encore le même sens à *Sein* et à *Poitrine*, et le vieux-français *Pect*, du latin *Pectus*, avait pris aussi la signification de Mamelle :

> La vache avec gros pect que son veau
>   tendre tire.
>
> HÉGEMON, p. 7.

PISCALE, s. f. (Orne) C'est un terme de mépris pour désigner Une femme ; ailleurs on dit *Pisseuse*.

PITANCHIER, v. réfl. (arr. de Bayeux) S'impatienter.

PITER, v. n. (arr. de Mortagne) Il se dit du fil et de la toile qui blanchissent moins en certains endroits que dans d'autres.

PITOU, s. m. (arr. de Bayeux) *Putois* ; il signifie aussi Méchant et vient peut-être en ce dernier sens du vieux-français

Pitaus, Hypocrite, Faux-dévot, selon Pasquier, *Recherches de la France*. l. VIII, ch. 2, col. 759.

PIVAT, s. m. (arr. de Rouen) Boue délayée ; en Basse-Normandie il signifie Urine.

PIVOLETTE, s. f. (canton des Pieux) Papillon.

PLACEBO, s. m. Elève qui pour *plaire* à ses maîtres leur rapporte les fautes de ses camarades. Il était aussi usité en vieux-français, mais dans un sens un peu différent : Si les princes savoient plutôt embrasser les utiles conseils que les passionnés et déguisés de leurs ministres qui vont, comme on dit, toujours à *Placebo* ; de Villars, *Mémoires*, l. VI, p. 560. Ce mot est tombé en désuétude.

PLANCHON, s. m. Sauvageon; il existait aussi en vieux-français :

> Avint que el bos de Glancon
> U il a maint jovene plancon.
>
> MOUSKES, *Chronique rimée*, v. 21543.

On dit aussi pour désigner de jeunes arbres de la *Plante*, et le français se sert dans le même sens de *Plant*.

PLANITRE, s. m. (arr. de Valognes) Esplanade, Place où l'on se réunit ; dans le patois de l'Isère on dit *Platro*.

PLANQUE, s. f. Pont de bois, littéralement *Planche*.

PLANT, s. m. Pommiers plantés ; c'est en Normandie le *plant* par excellence.

PLANTÉ (à) loc. adv. En abondance ; ce mot qui vient du latin *Plenitudo*, Abondance, n'est plus usité ; mais il se trouve dans la chanson populaire que les enfants chantent la veille du jour des Rois :

> Guerbe au boissey,
> Pipe au pommier,
> Bieurre et lait,
> Tout à planté.

> G. MANCEL et Ch. WOINEZ, *Histoire de la ville de Caen*, p. 42.

Il existait aussi en vieux-français :

> Arbre trop souvent transplante
> Rarement fait fruict a plante.

> LE ROUX DE LINCY, *Livre des proverbes français*, t. I, p. 37.

Probablement même on l'employait aussi substantivement, car on lit dans un poëme anglais qui fut certainement écrit avant 1300 :

> All his clerks and barouns
> Were set in their pavylouns,
> And served with grete plente
> Of mete and drink and each dainte.

> *Richard Coeur-de-Lion*, v. 1775.

Le français *Plantureux* semble avoir la même origine, quoique *Plantados* signifiât en provençal Fécond et vint du latin *Plantatus*.

PLANTIÈRE, s. f. Ficelle avec des nœuds coulants en crin, pour prendre les oiseaux de mer.

PLATINE, s. f. (arr. de Valognes) Patène ; du latin *Platina*.

PLÉGER, v. a. Défendre, Favoriser ; c'est une extension de l'ancienne signification Cautionner en justice : Se aucuns plege home qui soit repris de la mort a aucun ou d'aucun crime ; *Etablissements de Normandie*, p. 36.

Il signifie Garantir, Assurer, dans le vieux proverbe :

> Février qui donne neige
> Bel été nous plège.

et semble avoir été pris quelquefois dans l'acception de Tenir tête, Faire raison :

> A vous, Monsieur de céans,
> Plégez-moi, je vous prie.

> OLIVIER BASSELIN, *Vaux-de-Vire*, p. 192, éd. de M. Travers.

PLEIN (TOUT) loc. adv. (arr. de Valognes) Beaucoup ; cette expression est empruntée aux mesures de capacité ; on dit aussi dans le patois du Jura : Cette planche a tout plein de trous.

PLESSE, s. f. (arr. de Mortain) Bois taillis, Forêt ; *Plessier* et *Plesseis* avaient la même signification en vieux-français :

> Parmi un plesseis de saus.

> *Roman de Renart*, t. III, p. 323.

et on donnait le même sens au provençal *Plais* et *Plaissat*. Les deux forêts de Saint-Sauveur-le-Vicomte s'appelaient la Petite et la Grande-Plèze. Voyez le mot suivant.

PLESSER, v. a. Plier, Courber ; du latin *Plectere*. Dans l'arrondissement de Mortagne, il signifie Garnir une haie de branches couchées et coupées aux trois quarts ; c'est ainsi sans doute que l'on plantait autrefois les bois taillis.

PLIACOUX, adj. Humide et compact ; il ne se dit qu'en parlant du sol.

PLOTTER, v. a. Battre, Frapper, comme avec des *Pelottes* de neige ; ce mot qui se trouve dans la langue populaire de presque toutes les provinces est sans doute le même mot que le vieux-français *Ploder* dont la signification est semblable ; voyez cependant PELAUTER.

PLOUFRE, adj. (arr. de Rouen) Enflé.

> Su gros ploufre de Vinchent.
>
> *Muse normande*, p. 34.

Ailleurs on dit *Pouffe*.

PLOUQUE, s. f. Perruque de laine ; corruption de *Peluche*.

PLUC, s. m. Ce que l'on peut *éplucher* ; ce mot existait aussi en vieux-français :

> Il n'y a ne pluc ne pasture,
> Allons ailleurs fourrer nos bouges.
>
> *Histoire de l'Évangile en vers.*

On dit aussi *Pluquette* pour Epluchure et *Plucoter*, *Pluchoter* pour Eplucher. Un oisel qui cherche a plucoter du feure; *Farce des Quiolards*, p. 31.

PLURER, v. a. Peler, Oter la *Pelure*.

POCHARD, s. m. Ivrogne ; peut-être de *Poisson*, mesure de vin, qui s'appelait en vieux-français *Poche*, *Poichon* :

> Frere Gille, dit le prieux,
> Nous ne sommes cy que nous deux,
> Or nous donne par courtoisie
> Ung peu de frommaige de Brie
> Et plain poichon de vin d'Ausoire.
>
> *Triumphe des Carmes*, v. 135.

On dit aussi *Se pocharder*, S'enivrer.

POCRAS, s. m. Gachis.

POCRASSIER, s. m. (Orne) Malpropre ; littéralement, Qui se met dans le *Pocras*.

POIGNE, s. f. (arr. de Valognes) Main; du latin *Pugnus:* il signifie aussi au figuré Etreinte.

POIGNIASSER, v. a. (Orne) Manigancer ; voyez le mot précédent.

POISON, s. m. (arr. de Va-

lognes) Terme injurieux ; le français emploie *Peste* dans la même acception ; cette locution n'est sans doute pas fort ancienne, car *Poison* est resté féminin jusqu'au milieu du XIVe siècle.

POLACRE, s. f. (arr. de Vire) Gillet ; on s'en sert comme d'un terme de mépris à Caen, mais c'est alors une corruption de *Pouacre*.

POLETTE, s. f. (arr. de Vire) Courroie.

POLLET, s. m. Nom d'un faubourg de Dieppe et d'un groupe de maisons sur le rivage à Port-en-Bessin ; selon Roquefort, t. I, p. 373, *Polet* signifiait en vieux-français Le bassin d'un port.

POMEROLE, s. f. (arr. de Coutances) Primevère ; voyez PRIMEROLLE.

POMMAGE, s. m. Espèce, Nature de *Pommes*.

PONCER, v. a. Presser, Exprimer ; dans l'arr. de Vire on dit *Ponger* et cette forme se trouve aussi en rouchi : probablement du breton *Punsa*, Tirer de l'eau.

PONCEUX, s. m. (arr. de Valognes) Petit pressoir en plein air que l'on démonte quand les pommes sont pilées.

PONE, s. f. Ventre ; voyez APONE.

PONICHER, v. n. (arr. de Mortagne) Mal arranger, Mal ajuster ; il se dit le plus souvent des choses de toilette et vient du latin *Ponere*.

POQUER, v. a. (arr. de Valognes) Porter des fruits dans sa *Poche*.

POQUES, s. f. pl. Grosses

mains ; dans le patois de Rennes on dit *Pocres*.

POQUETON, s. m. Homme qui se sert maladroitement de ses mains, littéralement qui a de grosses mains, des *Poques* ; à Rennes on en a formé aussi le verbe *Poganner*, Manier salement, maladroitement.

PORIE, s. f. (Orne) Gros bouquet que les enfants portent à la messe, le dimanche des Rameaux, et qui est ordinairement composé de *Porions* ; voyez ce mot.

PORION, s. m. Narcisse des prés, qui fleurit de très-bonne heure :

> Je n'ay plus amye ne amye,
> En France et en Normandye,
> Qui me donnast ung porion.
>
> OLIVIER BASSELIN, *Vaux de-Vire*, p. 158, éd. de M. Dubois.

Le Poireau s'appelait en vieux-français *Porion*, et a conservé cette forme en rouchi ; la ressemblance des feuilles a fait donner le même nom au Narcisse des prés.

PORMAISQUE, conj. Lorsque ; cette conjonction existait en vieux-français, et les trois mots qui la composent ont exactement le même sens que *Alorsque* (à l'heure que).

PORQUERIE, s. f. Etable des cochons (*Porcs*) ; il se trouve aussi en rouchi et s'emploie quelquefois par métaphore pour désigner Un lieu sale.

POTIN, adv. (Calvados) Il ne s'emploie qu'avec le verbe *Parler*, et signifie alors Parler familièrement, comme des ménagères qui regardent bouillir le *Pot-au-feu*. Il est aussi substantif et signifie par extension

à Vire, Fadaises, et à Rouen, Babil fatigant ; *Coup-d'œil purin*, p. 49.

POTINE, s. f. Chaufferette en terre, littéralement Petit pot.

POTTE, s. f. (Orne) Petite fosse.

POU, s. m. (arr. de Cherbourg) C'est une corruption de *Podium*, Montagne, qui s'est conservée dans le Pou de Flamanville. Donavimus...... podium sive montem vulgariter appellatum *de Champinac* ; Chartre citée dans du Cange, t. v, col. 595 ; voyez aussi Valois : *Galliarum notitiae*, p. 452, et Huet, *Origines de Caen*, p. 322.

POUAS, s. m. (arr. de Bayeux) Noyau.

POUF, s. m. Ornement de toilette dont le nom se trouve aussi dans le patois de Lorraine.

> Je n' maitions, ni pouf, ni pouffons, :
> Ni be ribons, ni ceinturons ;
> Nos cotillons et nos corsets
> Valeont bin to sos affiquets.
>
> *Noël Lorrain*, publié par M. Grille de Beuzelin dans son *Rapport au Ministre de l'instruction publique sur les monuments historiques de Nancy et de Toul*, p. 129.

POUGEA, s. m. Brai, Poix noire.

POUGEAT, s. m. Tiges de pois sèches.

POUILLARD, s. m. Vaurien, Homme méprisable ; peut-être n'est-ce pas une corruption du français *Pouilleux* qui se prend quelquefois dans un sens métaphorique, car on lit dans le roman manuscrit d'Athis :

> Es busches sont les chevaliers
> Et es galees les archiers,

Et les esnesques et les nez
Portent les tentes et les trez,
Les sergens et la poulaille
Et gens qui servent pour vitaille.

Voyez aussi POUILLU.

POUILLER , v. a. Passer une manche , Mettre un habit ; ce mot qui se trouve aussi dans le patois de Rennes n'est peut-être pas sans rapport étymologique avec le français *Dépouiller*, que l'on fait cependant venir généralement du latin *Spoliari*. Voyez le mot suivant.

POUILLOT. s. m. (Orne et arr. de Saint-Lo) Brassière, Corset; dans quelques localités on dit *Apollon*.

POUILLU, adj. Indolent, lâche; voyez POUILLARD.

POULET, s. m. (arr. de Saint-Lo) Noyau.

POULETTE. s. f. (arr. de Valognes) Ampoule.

POULIER, v. a. (arr. de Mortagne) Élever avec une *poulie*.

POULOT, s. m. Jeune enfant ; du latin *Pullus*, que l'on employait quelquefois avec cette signification :

Strabonem
Appellat paetum pater et pullum male
parvus
Si cui filius est.

HORACE, *Satyrae*, l. I, sat. III, v. 45.

POULS, s. m. pl. (arr. de Valognes) Bouillie d'avoine à l'eau, (arr. de Saint-Lo), Bouillie d'avoine au lait , (arr. de Cherbourg) Bouillie de sarrasin à l'eau. Les Normands faisaient autrefois un si grand usage de bouillie qu'on les appelait par sobriquet *Boulieux* , et que Ravisius Textor dit dans une de ses élégies, *Dialogi*, fol. 227, v°:

Saepe rogare soles, qua tandem temporis hora

Cessabit nostrae zelus amicitiae....
Junge lupis agnos, fac recte incedere
cancrum,
Fac noctis tempus clarius esse die....
Arvernis rapas, Normanis tolle polentam,
Hypocrisim claustris ; tolle jocos
pueris;
Flamingos populos fac uti nolle bu-
tyro ;
Sint simul atque semel partus et in-
tegritas....
Quando feceris hoc, vel factum vide-
ris illud ,
Cessabit nostrae zelus amicitiae.

Ce mot qui vient du latin *Pulsum* est resté dans le patois de la Bresse avec une forme un peu différente :

Ell' amossi la rosura
De la casseta de peu.
Noëls Bressans, p. 87.

POULTRE, s. f. (arr. de Mortagne) Jeune cavale de vingt-cinq à trente mois qui n'a pas encore porté ; ce mot qui existait aussi en vieux-français , vient du latin *Pullitra*.

POUMON, s. m. (arr. de Valognes) Terre fangeuse.

POUPINER, v. a. (arr. de Valognes) Parer avec recherche , Manier sans cesse comme un *Poupon ; Poupin* signifie en français Habillé avec affectation , et on lit dans Vauquelin de la Fresnaye :

Son crin estoit noué en un neu simplement
Et frisé par devant assez poupine-
ment.
Foresteries, fol 22, verso.

POUQUE, s. f. Sac.

Quand il pleut le jour saint Marc,
Il ne faut ni pouque ni sac.
Proverbe normand.

Ce mot vient plutôt de l'islandais *Poki*, Sac, que du français *Poche*; car on lit dans le *Vision of Piers the Ploughman*, v. 9392 :

For poverte hath but pokes
To putten in hise goodes.

Pour *Mendier* le peuple dit encore souvent en Normandie *Prendre un bissac.*

POUQUETTE, s. f. Poche ; littéralement Petite pouque, en anglais *Pockett.* A Pont-Audemer les enfants qui ne sont pas contents de ce qu'on leur a donné, suivent le cortége des baptêmes, en criant: *Pouquettes cousues.*

POURE, adj. Pauvre ; voyez APEUR. L'anglais a conservé *Poor*, et on lit dans le *Miserere du Reclus de Moliens*, str. LI :

As riches est espoantans
Et as poures reconfortans.

POURFRIS, s. m. (Orne) Platras, Enduit sur les murs.

POURFRISSEUR, s. m. Plafonneur ; voyez le mot précédent.

POURGUILLER, v. a. (arr. de Mortagne) Promener un enfant ou un animal pour le dissiper; voyez POURJOLLER.

POURJET, s. m. (arr. de Mortagne) Bûcher.

POURJOLLER, v. a. (arr. de Bayeux) Porter d'un lieu à un autre.

POUS, s. m. pl. (Orne) Pétales secs du sarrasin, qui se détachent du grain quand on le vanne.

PRAS, s. f. (arr. de Bayeux) Bête pourrie; il s'emploie aussi au figuré et signifie Homme ou Femme digne de mépris.

PRÊCHER, v. n. (arr. de Valognes) Parler; c'est un changement inverse de la signification de *Sermon*, Prédication, qui signifiait seulement en latin *Discours.*

PRÉCI, adj. (arr. de Bayeux)

Pourri, Creux; il ne se dit qu'en parlant du bois.

PRÉCIMÉ, adv. (arr. de Mortagne) Très près, Bientôt; du latin *Proxime.*

PRESSE, s. f. Armoire.

PRÉTINTAILLE. s. f. Attirail; c'est une extension de la signification du français.

PRIMEROLLE, s. f. (arr. de Valognes) Primevère ; à Cherbourg on dit *Promenolle* ; il semble employé dans cette acception par Chaucer, *Canterbury tales*, v. 3268, et par Gower, *Confessio amantis*, fol. 148, et on lit dans une chanson de Gilles le Viniers :

Beaux m'est prinstans au partir de
fevrier,
Ke primerole espanit el boscaige.

Dans Roquefort, *Etat de la poésie francoise*, p. 75.

Mais dans un glossaire du XIVe siècle, qui appartient à la Bibliothèque de Conches, et dans un autre du XVe, conservé à la Bibliothèque de Lille, et marqué E. 36, *Primerole* est expliqué par *Ligustrum*, probablement parce que le troêne est un des premiers arbres qui poussent des feuilles.

PRINCE, s. f. (arr. de Vire) Ecluse; littéralement *Prise d'eau.*

PRINCEUX, s. m. (arr. de Valognes) Pressoir.

PRINCIMI, adv. (arr. de Mortagne) Promptement ; du latin *Proxime.*

PROGNER, v. a. Elaguer ; voyez EPROGNER.

PRULER, v. a. Oter l'écorce d'un arbre; probablement une corruption de *Plurer*, par métathèse; voyez ce mot.

PRUNELLE, s. f. Fruit de l'épine noire, qui ressemble à une petite *prune* :

> Meures mangüent et ceneles,
> Boutons, cornelles et prunelles.
> CHRESTIENS DE TROYES, *Dict du roi Guillaume d'Englcterre*.

PUCHER, v. a. (arr. de Valognes), Pucher la lessive, Couler la lessive ; primitivement ce mot signifiait sans doute Epuiser , parce qu'on verse la lessive sur le linge jusqu'à ce qu'elle soit presque entièrement épuisée : c'était au moins la signification que l'on donnait au vieux français *Espucher* :

> Ewe en viver u en estanc
> Est plus legier a espucher
> Qe n'ert son beivre ne son manger.
> GEOFFROY GAIMAR, *Chronique* dans M. Michel, *Chroniques anglo-normandes*, t. I, p. 84.

Couler la lessive semble une aphérèse d'*écouler* qui confirme cette étymologie. Une origine celtique ne serait pas cependant impossible ; *Buga* signifie en breton Fouler, Presser avec les mains , et on en a formé *Bugadi*, Faire la lessive.

PUCHET, s. m. Petite cruche avec laquelle on *puche* (épuise); peut-être cependant est-ce un dérivé de l'anglais *Putcher* dont la signification est la même , ou une corruption du normand *Pichet*.

PUERVE, s. f. Poulpe ; au figuré Femme méprisable.

PUET, s. m. Bouchon, Galoche, Galine ; voyez ces mots ; littéralement Ce qui élève , du vieux-français *Puech*, Hauteur, Élévation.

PUETTE, s. f. Mauvaise petite chandelle , ordinairement en poix-résine qui *pue* beaucoup.

PUPU, s. m. Huppe ; du latin *Upupa*, qui se trouve déjà dans Pline, *Historiae naturalis* l. X, ch. 36. Ce mot existait aussi en vieux-français ; Rabelais a dit dans son *Pantagruel :* Ou me munir de langues de puputz ou de cœurs de ranes verdes.

PURER, v. n. Couler, Egoutter ; l'anglais *Topoure* se rattache probablement à la même racine, ainsi que le français *Purée*.

Q

QUAIRE, v. n. (arr. de Cherbourg) Tomber , Cheoir ; c'est une contraction du latin *Cadere*.

QUAIRE, s. f. (arr. de Bayeux) Corde nouée à un pieu qui sert à attacher les bestiaux dans les pâturages ; dans l'arr. de Cherbourg ce mot signifie l'Animal attaché.

QUANT ET QUANT , loc. adv. Ensemble, En même temps ; elle était aussi usitée en vieux-français :

> Quand on dira : César fut maitre de l'Empire,
> Qu'on sache quant et quant Brute le sut occire ;
> Quand on dira : César fut premier empereur,
> Qu'on dise quant et quant Brute en fut le vengeur.
> GRÉVIN, cité par La Harpe, *Cours de Littérature*, Part. II, l. I, ch 2.

Kant signifie en islandais Côté : peut-être a-t-on dit d'abord *Quant à quant* ; le français emploie dans la même acception *Côte à côte*.

QUARQUELOT , adj. (arr. de Mortagne) Maigre.

QUARRE. s. f. Angle d'un objet *carré*, et, par extension, Toute espèce d'angle ; il se dit aussi dans le patois du Berry et dans celui du Jura. Voyez CARRÉ.

QUARSONNIER, s. m. (arr. de Mortagne) Mesure de grains ; corruption du vieux-français *Quartonnier*, qui signifiait la Quatrième partie du boisseau.

QUAS, s. m. Fêlé ; il ne s'emploie que dans la phrase ; Il sonne le quas, et vient du latin *Quassare* ; il avait conservé cette forme en vieux-français :

> Il fut semons, li prestres vient ;
> Venuz est, respondre convient
> A son esvesques de cest quas,
> Dont li prestres doit être quas.
> *Testament de l'Asne*, v. 91.

QUASIMENT, adv. Presque ; c'est le latin *Quasi*, auquel on a ajouté la terminaison ordinaire des adverbes français.

QUÉDALE, s. f. Horloge.

QUÉLOT, s. m. Moutarde blanche (Sinapis arvensis) ; on l'appelle *Jotte* dans le Berry ; Boreau, *Flore du Centre de la France*, n° 159.

QUENELLE, s. f. (arr. de Coutances) Chantepleure : peut-être le même mot que *Chignole*.

QUENIOT, QUENAILLE, s. m. Enfant ; voyez CAIGNOT.

QUENOLLE, s. f. (arr. de Mortagne) Gosier ; voyez CHENOLLE.

QUENOTTES, s. f. pl. Dents ; probablement de l'islandais *Kenni*, Mâchoires ; le vieux-français avait *Quennes*.

> Et neporçant qatre des pennes
> L'en remestrent entre les quennes.
> *Roman de Renart*, v. 7343.

QUÉOLLES, QUIOLLES, s. f. pl. (arr. de Mortagne) Jambes crochues, mal faites : probable-

ment une corruption de *Quilles*, que le peuple de plusieurs provinces emploie dans la même acception.

QUÉRAS, s. m. Sort, Guignon ; voyez ENQUÉRAUDER.

QUÉRAULT, s. m. (arr. de Vire) Résine.

QUÉRÉE, s. f. (Orne) Personne ou Animal maigre ou sale ; voyez CARI et CARNE.

QUÉRIR, v. a. (arr. de Vire) Trépanner ; on dit aussi *Quersir*, c'est probablement une métathèse de *Cressir* qui vient du latin *Cruciari*.

QUERQUE, s. f. (arr. de Bayeux) Mélange de foin et d'argile pour bâtir, Pisé.

QUERRAY, s. f. (arr. de Cherbourg) Traces que laissent les *Charrettes* (en patois *Quérettes*) qui ont la même voie ; selon Roquefort, t. II, p. 417, *Querroy* aurait signifié en français Une grande route.

QUERRIER, s. m. (arr. de Cherbourg) Morceau de bœuf près de la queue.

QUERTER, v. a. (arr. de Mortagne) Arranger, Atiffer.

QUÉTILLER, v. a. Battre, Rosser ; on dit aussi *Quatiller* : voyez CASTILLER.

QUÉTINES, s. f. pl. Pommes qui tombent avant la maturité ; probablement parce qu'on les *quête* au lieu de les abattre : on les appelle en Haute-Normandie *Grouée*.

QUEUE, s. f. Pierre à aiguiser, Affiloir ; il était aussi employé en vieux-français.

> Mais moy n'estant poëte, une queux
> je seray.
> Qui le fer des esprits plus durs aigui-
> serey :

Car bien que la queux soit a couper
inutile,
Elle rend bien coupant tout l'acier
qu'elle affile.
    Vauquelin de la Fresnaye, *Poésies*, p. 94.

Queulée, s. f. (Eure) Famille; littéralement Ce que l'on traîne après soi, qui est attaché à sa *queue*.

Queutre, s. m. (Orne) Mauvais couteau; du latin *Culter*, comme le français Coutre.

Quibolles, s. f. pl. Jambes; voyez quéolles.

Quiérue, s. f. (arr. de Valognes) Charrue; cette prononciation remonte au moins au milieu du XIV$_e$ siècle, car on lit dans les Comptes de l'hôpital des Wez de 1350: Huit muis, six rasieres, deus coupes d'avaine pour les kievaus de kierue doudit hospital; dans Roquefort, *Supplément au Glossaire*, p. 197.

Quignoche, s. f. (arr. de Vire) Béquille; voyez crioche.

Quilleboche, s. f. (arr. de Valognes) Bouchon, Galine; littéralement *Quille bossue*;

on en a fait le verbe *Equillebocher*, Asticoter quelqu'un, Le prendre pour but.

Quinqueux, adj. Mal vêtu, Déguenillé; le vieux-français employait avec la même acception *Chinceux*, et on dit encore *Requinquer*.

Quioron, s. m. (arr. de Rouen) Tout ce qui est chétif.

Quoi, s. m. Poignée de filasse ou de lin apprêtée; on disait en vieux-français *Quoquillon*. *Quoi* a aussi quelquefois le sens de Fortune, Argent; c'est le *Quid* des latins qui signifiait Quelque chose.

Quoi, adj. Tranquille; du latin *Quietus*, comme le vieux français :

Pire est coie iave que la rade.
    Adam du Suel, *Distiques de Caton*, l. IV, dist. 30, v. 4.

On dit encore Se tenir coi.

Quouane, s. f. (arr. de Saint-Lo) Gazon.

Quouanne, adj. (arr. de Caen) Bête, Poltron; on disait en vieux-français *Quoyon*; voyez Roquefort, t. II, p. 424.

R

Rabattre, v. a. Supprimer; littéralement Mettre à bas : on lit dans le *Registre au Consaux* (22 juin 1527) : Se fud conclud que en mectant l'amande contenue es esdicts, jus.

Rabaubiner, v. n. (Orne) Répéter ironiquement les paroles de quelqu'un.

Rabette, s. f. (arr. de Valognes) Espèce de choux dont la graine contient de l'huile; littéralement *Petite rave*.

Rabilleux, s. m. Grognon, Qui revient sans cesse sur la même chose; en vieux-français *Rabiller* signifiait Polir.

Rabis, s. m. pl. (arr. de Vire) Salutations; c'est un souvenir des paroles que Judas adresse au Christ dans le jardin des Oliviers : Ave, Rabbi. On a cru que le mot hébreux avait la même signification que le latin, et il signifie Grand, Savant, Maître.

RABLET, s. m. (Orne) Petit et mauvais couteau ; ce mot a sans doute une origine celtique, car les maçons se servaient pendant le moyen-âge d'une sorte de Rabot, appelé *Rable*, et l'on donne encore le même nom à un instrument de chirurgie.

RABOUDINER, v. n. (arr. de Mortagne) Se raccourcir, Se détériorer par les extrémités.

RABUQUER, v. a. et n. (arr. de Bayeux) Remuer, (arr. de Cherbourg) Tourmenter, Bouleverser ; il signifiait en vieux-français Faire beaucoup de bruit, Frapper avec force.

RACLER, v. a. Battre à coups de verges ; on se sert aussi souvent du substantif *Raclée*.

RACOQUILLER, v. réfl. Se resserrer comme dans une *coquille* ; il se trouve aussi dans le patois de Reims.

RACOUET, s. m. Chaume de graminées.

RACOURCI, s. m. (arr. de Valognes) Chemin de traverse qui *raccourcit* les distances.

RACROT, RECROT, s. m. Suite qu'on donne à une fête le lendemain ou le jour de son octave.

C'est la noce aujourd'hui, c'est demain le récrot.

    LALLEMAN, *La Campénade*, ch. III, p. 28.

RADAS, s. m. pl. (arr. de Mortagne) Guenilles.

RADOUBLER, v. n. (arr. de Mortagne) Revenir sur ses pas, Faire deux fois la même chose.

RAFAITS, s. m. pl. (arr. de Lisieux) Ramassis de choses de peu de valeur ; littéralement De vieilles choses raccommodées, du vieux-français *Rafaire*.

Voyez **RAFUS**.

Sire Hains savoit bon mestier,
Quar il savoit bien rafetier
Les coteles et les mantiaux.
    Fabliau de sire Hains et de dame Anieuse.

RAFFOUER, v. a. (arr. de Caen) Chasser, Poursuivre, Gronder.

RAFOUET, s. m. (arr. de Vire) Feu-follet.

RAFOUGUER, v. a. Examiner en détail.

RAFUS, 's. m. pl. (arr. de Caen) Vieilleries, Amas de chiffons ; dans le patois de l'Isère *Rafoulon* signifie Revendeur.

RAGACHE, adj. Qui menace et querelle toujours ; voyez AGASSER.

RAGOT, s. m. Conte, Bavardage ; en vieux-français *Ragote* signifiait Un reproche offensant suivant Roquefort, t. II, p. 428.

RAGOTTER, v. n. Rabâcher ; voyez le mot précédent.

RAGUIN, adj. (arr. de Vire) Vif ; de l'islandais *Hrokr*, Orgueilleux, Insolent.

RAICHER, v. n. (Orne) Faire tomber les pommes.

RAILE, s. f. (arr. de Vire) Raie ; du latin *Regula* : dans l'arrondissement de Saint-Lo, on appelle l'Arc-en-ciel *La raile-Saint-Martin*. On disait en vieux-français *Reule* :

Quant ses houres avoit chantees
A la reule de moinage.
    M. TREBUTIEN, *Du Roi Souvain*, fol. B. i, vº.

RAILES, s. f. pl. Branches propres à faire une haie ; probablement une contraction du vieux-français *Rapailles*, Haie, Broussailles, ou un dérivé de l'anglais *Rail*, Barrière.

Raimbinier, s. m. (arr. de Mortagne) Fainéant , Mauvais ouvrier ; littéralement qui s'amuse avec des bâtons , *Rains* en vieux-français.

Raincie, s. f. Collation ; du latin *Ratio* ou *Recoenare* ; car dans le patois de Langres et dans celui de Nancy, *Réciner*, *Réceigner*, signifie Faire média-noche , Souper une seconde fois , et Festus nous apprend que dans le vieux-latin *Coena* signifiait seulement *Repas*. Le vieux-français donnait à ce mot le sens du patois normand : Il n'est ressiner que de vignerons ; Rabelais , l. iv , ch. 46.

Raine, s. f. Grenouille ; il se trouvait en vieux-français :

Par lieux y eut cleres fontaines
Sans barbelotes et sans raines.

Roman de la Rose, v. 1885.

Voyez aussi la ballade d'Eustache Deschamps, intitulée La grenouille et la souris , *OEuvres*, p. 496. Ce mot vient probablement du latin *Rana*, quoique en breton et en erse *Ran* ait la même signification.

Rainsée, s. f. (arr. de Valognes) Volée de coups; du vieux-français *Rainser* , Battre avec un *rains* (ramus), un bâton.

Raisonner , v. a. (arr. de Valognes) Gronder ; il signifiait d'abord sans doute Parler raison, comme en vieux-français :

Li quens Reinouz hastenc raisone,
Tote l'ovre li mustre e sone:
Tu veiz, fait-il, cum faitement
Nos a requise ceste gent.

BENOIS, *Chronique rimée*, l. II,
v. 3383.

Mais il a fini par prendre le

sens de Mettre à la raison. On donne aussi au substantif *Raison*, le sens de Reproche, Gronderie, et une autre origine ne serait pas impossible: *Re-son*, Redite.

Sour les heaumes out si fers glas
Qu'as ruistes cops prendre e doner
Les funt sovent estenceler ;
De la tres fiere contencon
E de la noise e del reson
N'i quide rien aver duree.

BENOIS, *Chronique rimée*, l. II,
v. 5283.

Le patois normand prend aussi Bruit dans l'acception de Querelle , Dispute.

Ramarrer , v. a. (arr. de Valognes) Raccommoder ; il ne se dit que des personnes brouillées ; voyez AMARRER.

Ramender, v. n. Aller mieux, Être moins malade ; il existait aussi en vieux-français :

Et ceo qui esteit afole
Malement feit e empeirie,
C'a ramende e radrecie.

BENOIS, *Chronique rimée*, l. II,
v. 10840.

Il signifie aussi par figure Diminuer de prix : le blé ramende quand on le paie moins cher.

Ramicher, v. réfl. Regagner au jeu ce qu'on avait perdu ; littéralement Se réconcilier, Se refaire *ami* avec soi-même: on le trouve aussi dans le patois de Reims.

Ramon , s. m. (arr. de Caen) Bruit, Fracas. Voyez le mot suivant.

Ramoner , v. n. (arr. de Valognes) Rabâcher ; c'est une expression métaphorique. *Ramoner* vient du latin *Ramus*, Branche ; dans un glossaire latin-français , écrit pendant le xv° siècle, qui se trouve à la Bibliothèque de Lille, E, n° 36, *Ramon* est encore expliqué par Scoba.

RAMPONER, v. a. et n. Ennuyer, Rabacher, et, comme en vieux-français, Gourmander, Quereller :

> Les membres ramponcrent
> Le ventre, et s'ataïuerent.

> YSOPET II, fab. 36, dans Robert, t. I, p. 174.

Rampos signifiait en vieux-français *Rameaux :* on appelait même le Jour de Pâques fleuries Dimanche des Rampos ; peut-être ainsi *Rampôner* signifiait-il littéralement Faire des fagots, Dire des choses inutiles ; mais une autre origine n'est pas impossible ; on trouve quelquefois en vieux-français *Ramproner:*

> Et lors ont mult as messagiers
> Dit ramprones et reproviers.

> *Roman de Brut*, v. 11994.

et cette forme semble le contraire de *Prôner*, et avoir été composée comme *Rancœur*.

RAN, s. m. Bélier ; probablement de l'islandais *Ram*, Robuste, car on dit encore dans le Cotentin, Fort comme un Ran, et l'on appelait le mouton en vieux-français *Marran*, Mauvais ran : peut-être cependant vient-il du grec άρρην, qui s'est conservé dans le patois de Cahors, *Arrénat* ; en basque *Arra* signifie Mâle.

RANCER, v. n. Ployer sous un fardeau ; en provençal *Raca* signifiait Souffrir, Languir.

RANCŒUR, s. m. (arr. de Valognes) Rancune ; cette forme existait aussi en vieux-français

> Od dol, od ire e od rancure
> En unt Franceis lor genz sevrecs.

> BENOIS, *Chronique rimée*, l. II, v. 3972.

Voyez aussi Roquefort, *Glossaire de la langue romane*, t. II, p. 434.

RANDONNER, v. n. (arr. de Cherbourg), RANDOUILLER et RANDOUINER (arr. de Valognes), RANTOUINER (arr. de Vire) Bouillir trop-longtemps ; en provençal *Randar* signifiait Arranger, Préparer.

RANGEAIS, s. m. (arr. de Coutances) Premier labour ; probablement d'*Arranger*.

RAPAPILLOTER, v. réfl. (arr. de Mortagne) Améliorer ses affaires ; littéralement Raccommoder ses papillotes.

RAPARAT, s. m. (arr. de Bayeux) Revenant, Mort qui *reparaît*.

RAPAREILLER, v. a. (arr. de Valognes) Assortir, Trouver le *Pareil*.

RAPARPOINTER, v. a. (arr. de Bayeux) Raccommoder, *Réparer* avec des *pointes*.

RAPIAMUS (faire), (arr. de Bayeux) Enlever tout ; c'est la première personne du pluriel de l'impératif du verbe latin *Rapere*, Enlever.

RAPIN, s. m. (arr. de Bayeux) Homme qui enlève tout ce qu'il peut dans les champs. Le vieux-français donnait à *Araper* le sens de Prendre, Saisir : Le suppliant arapa ledit Pierre au col et lui donna de la canivete ou coustel qu'il tenoit a la main ; *Lettres de Grace* (1456), citées par Carpentier, t. I, col. 306. Nous avons encore *Rapine*, et dans le patois de la Vendée

Raper signifie *Grapiller* après la vendange. Ce mot vient sans doute du latin *Rapere* ou de l'anglo-saxon *Hrepan.*

RAPOILER, v. n. S'occuper de vétilles, littéralement de *poil.*

RAQUILLON, s. m. (arr. de Valognes) Trognon de poire ou de pomme, (arr. de Cherbourg) Rebut de foin que mangent les bestiaux. Probablement du vieux-français *Raquier*, Cracher, qui s'est conservé dans le patois Picard.

RASI, adj. Curé, Nettoyé, littéralement Rasé.

RASIÈRE, s. f. Mesure pour les pommes et les grains; probablement parcequ'on ne l'emplissait que jusqu'aux bords; on dit encore en français : Vendre à mesure rase. Il se trouvait aussi en vieux-français ; voyez Roquefort, *Glossaire*, t. II, p. 436, et *Supplément*, p. 260. On disait aussi *Res :* Deus res de son pour les pors, xxvii deniers ; *Comptes* (mss.) de l'Hôtel-Dieu d'Évreux (1442).

RASSEROTER, v. a. Raccommoder deux personnes brouillées ; du latin *Serenus*, comme le français *Rasséréner.*

RASSOUATER, v. a. (arr. de Mortagne) Raccommoder un vieil habit; littéralement le rendre agréable. Il signifie aussi, par extension, Mettre des morceaux à une chose qui n'en vaut pas la peine.

RATATOUILLE, s. f. Mauvais ragoût ; il a la même signification dans le patois du Berry. Dans la Bresse *Tatouya* signifie seulement Ragoût :

E d'ena lonze de viau

I fi na bena tatouya.
Noëls Bressans; p. 4.

Dans l'arr. de Mortagne il signifie un Mélange de différentes espèces de viande, et il est pris en rouchi dans la même acception.

RATIER, s. m. Ruisseau des rues ; le vieux-français donnait le même sens à *Raz*, et nous avons encore *Raz-de-marée.*

RATI-MITI, loc. adv. (arr. de Valognes) Tout-à-fait *Ras* ; elle ne s'emploie guère qu'avec le verbe *Tondre.*

RATOUR, s. f. (arr. de Valognes) Détour, Chemin qui oblige à se *retourner.*

RATTROTER, v. n. (arr de Cherbourg) Répéter, Rabâcher; littéralement Revenir sur ses pas, sur son *trot.*

RAVENET, s. m. (arr. de Valognes) Espèce de filet avec lequel on prend les oiseaux quand il fait nuit ; du latin *Rapere :* on dit dans le Calvados *Havenet* dont l'idée première est la même ; de l'islandais *Hafan*, Saisir.

RAVILLER, v. a. Tourner sens dessus dessous ; dans l'arr. de Cherbourg il s'emploie comme v. n. et signifie Baisser, Diminuer de prix; littéralement Redevenir *vil*, du latin *Eviliscere.*

RAVIRÉES (par les), loc. adv. (arr. de Mortagne) De temps en temps ; littéralement Pendant qu'on se retourne, que l'on *vire.*

RAVIRER, v. réfl. (arr. de Mortagne) Revenir sur son opinion ; littéralement Se retourner, *Virer* de bord.

RAVISION, s. f. (arr. de Valognes) Nouvel avis. Action de se *raviser*.

RAVOUER, v. a. Réparer la *voie*, Remplir un chemin de cailloux ; c'est une corruption de *Ravoier* qui signifiait en vieux-français Retrouver la *voie :*

> Dame-Diex, dist-en l'escripture,
> D'un pecheor a greignor joie
> Qui se reconnoist et ravoie.
> Que des justes soixante nuef.

Cortois d'Arras, v. 710.

RÉBARBER, v. réfl. (arr. de Valognes) Faire résistance ; littéralement Se faire *rébarbatif :* il se trouve aussi dans le patois de Langres.

REBIFFER, v. réfl. Se défendre, Riposter ; il existait en vieux-français et s'est conservé en rouchi.

REBINDER, v. n. Recommencer ; il se dit surtout en parlant de boire, et semble une corruption du vieux-français *Rebiner*. Faire pour la seconde fois ; du latin *Bis*. Nous avons encore *Biner*, Donner un second labour, et Dire deux messes.

REBINGER, v. réfl. (arr. de Vire) Se venger : c'est probablement une corruption ; on dit dans l'arr. de Valognes Se revenger.

REBOGNE (A), loc. adv. (arr. de Vire) A tâtons ; voyez BONER.

REBOULER, v. a. Redonner ; littéralement renvoyer la *boule*; voyez ABOULER.

REBOINSER, v. a. (arr. de Mortagne) Contrarier, Embarrasser ; en vieux-français *Rebois* signifiait Opposition, Empêchement.

REBOUILLEUX, s. m. (arr. de Caen) Rejeton.

REBOUQUER, v. n. Il se dit au propre d'un outil dont la pointe, le *bout*, rebrousse, et signifie au figuré Etre rassasié , Ne plus pouvoir manger : le Glossaire de Conches l'explique par *Hebere* qui est formé de *Hebes*. On disait en vieux-français *Rebouter* ; voyez Roquefort , t. II, p. 442.

REBOURS , adj. (arr. de Mortagne) Il ne s'emploie qu'avec le verbe substantif et une négation , et signifie Etre malade , Convalescent.

REBOUTER, v. a. et n. Réduire les fractures , Remettre les os ; littéralement Mettre bout à bout : on le trouve aussi en vieux-français:

> Bien le cuidai lancier debout,
> Mais il ressort et ge rebout.

Roman de la Rose, v. 21873.

REBULET , s. m. (arr. de Bayeux) Son d'un sac de blé ; il signifiait en vieux-français la farine dont on avait ôté la fleur; de *Rebut*.

RECÉPER, v. a. (Orne) Scier un morceau de bois ; littéralement *Recouper*. On le dit ailleurs des arbres à moitié morts qu'on est obligé de couper pour leur faire repousser des *cépées*.

RÉCIPER, v. a. (arr. de Mortagne) Recevoir; du latin *Recipere*. Le français a conservé aussi *Récipé*, *Récipiendaire* et *Récipient*.

RÉCLER , v. n. (arr. de Bayeux) Ramasser les pommes oubliées dans les champs ; corruption de *Racler*.

RECOMPÉRER, v, réfl. (arr. de Mortagne) Répondre avec fierté à ses supérieurs ; littéralement se faire leur égal, leur *pair*.

RÉCOPIR , v. a. Recracher ; on l'emploie au figuré comme son synonyme français : C'est son portrait tout récopi ; voyez ÉCOPIR.

RECOQUET , s. m. Oiseau de la seconde ponte, dont la mère a été re-cauquée ; voyez CAUCHER.

RECUIT, s. m. Le blé qu'on n'a pas pu vendre est mis au recuit ; c'est probablement une corruption du vieux-français *Recoi*, Repos, et par suite Cachette . Coin. Dans l'arr. de Mortagne on dit *Retuit*, probablement par corruption du vieux-français *Refui*, Refuge , Asyle.

RÈDE, adv. (arr. de Valognes) Tout-à-fait , Extrêmement ; peut-être de l'anglais *Ready* , Promptement, Tout.

REDINGUER , v. n. (arr. de Valognes) Rebondir.

REFAIRE, v. a. (arr. de Valognes) Attraper ; probablement de l'islandais *Refiaz* dont la signification est la même.

REFAUX, s. m. (arr. de Caen) Regain, Ce que l'on *fauche* une seconde fois.

RÉFOUI, s. m. (arr. de Mortagne) Usufruit.

REFREINDRE, v. n. (arr. de Bayeux) Diminuer de prix ; ailleurs au contraire il signifie Augmenter ; Le prix du blé a refreint après avoir molli. Probablement c'est le même mot , dérivé du latin comme le français *Refréner* , et son changement de signification a été amené par la différence des intérêts des acheteurs et de ceux des vendeurs.

REGRACIER , v. a. Remercier,

Rendre *grâces*, du latin *gratia* ; il existait aussi en vieux-français : Moult devoutement en prist a regracier nostre seigneur ; *Gilion de Trasignyes*, dern. chap.

REGRATIER, s. m. Revendeur en détail ; ce mot qui n'est plus usité en français , signifiait dans la vieille langue : Marchand de comestibles en détail: Nus ne puet estre regratiers de pain a Paris , c'est a savoir venderes de pain que autres fourniece et guise (l. cuise) ; Estienne Boileau , *Livre des mestiers*, p. 34, et on lit dans le Dictionnaire de Jean de Garlande : Aucionarii dicuntur gallice *Regratiers; Paris sous Philippe-le-Bel*, p. 592 : la même explication est donnée par le Glossaire français-latin de la Bibliothèque de Conches.

RELEVER, v. a. (arr. de Valognes) Reprendre son contrat de mariage, en bas-latin *Relevium*.

RELICHER, v. a. Savourer , Manger ; littéralement Relécher.

RELUQUER, v. a. (arr. de Valognes) Regarder attentivement en fermant un peu les yeux : il se trouve aussi en rouchi, et vient sans doute , comme le français *Loucher* , de l'anglais *to Look*.

REMANCHER, REMANCHIER, v. a. (arr. de Valognes) Gronder, Reprimander.

REMEMBRAME, s. m. (arr. de Mortagne) Reste, Résidu, et par suite Morceau.

REMEMBRER, v. réfl. Se souvenir : on le disait aussi en vieux-français :

Quant nous cest non Cernel oon,
Savoir et ramembrer poon,
Que Dame Dex li demostra.

Roman de Brut, v. 14249.

Il vient sans doute directement du latin *Memorari* ou de l'anglais *Remember* : on se sert encore quelquefois en français de *Remembrance*.

REMEST, v. n. (arr. de Valognes) Reste ; ce verbe qui n'est plus employé qu'à la 3ᵉ personne du singulier de l'indicatif présent, est sans doute une contraction du latin *Remanet :* on trouve en vieux-français *Remaneir* (Benois, *Chronique rimée*, l. ii, v. 3192), qui faisait *Remes* au part. passé :

Ainsi sunt li Saisne remes
Et al sec ont traite lor nes.

Roman de Brut, v. 6971.

REMIER, v. n. (arr. de Bayeux) Repasser de l'eau sur le mare de pommes ; littéralement Remettre le mare dans le *mai* : on se sert aussi du substantif *Remiage*.

RÉMOULER, v. a. Aiguiser, Repasser sur la *meule*; on dit aussi *Remoudre*.

REMOULETTE, s. f. (Orne) Petite *meule* sur laquelle on aiguise.

RENARD, s. m. Rapport, Rot; dans le patois de Nancy il signifie Vomissement ; voyez le mot suivant.

RENARDER, v. n. Vomir ; il a la même signification dans le patois du Berry.

RENARÉ, adj. (arr. de Vire) Rusé comme un *renard* ; le vieux-provençal *Raynart* et le catalan *Ranart* ont la même signification.

RENCONTRE, s. f. (arr. de Caen) Coeffe dont les barbes sont faites de dentelles cousues par le pied, qui *se rencontrent*.

RENFILER, v. a. (arr. de Bayeux) Affiler, Redonner le *fil*.

RENTRAITÉ, p. pas. (Seine-Inférieure) Effrayé.

RÉQUIR, v. a. Frapper ; littéralement Devenir *rèche* ; Rêquir un pommier signifie le gauler pour en ramasser les pommes. Voyez RAICHER.

RÉSAN, s. m. Air du soir.

RESSE, s. f. (Orne) Grand panier ovale sans anse ; il signifie une Corbeille dans le patois du Berry.

RESSOURDRE, v. a. (arr, de Mortagne) Réveiller, Activer ; du latin *Resurgere :* il existait aussi en vieux-français. Par extension, il se dit de la pâte qui Lève et des légumes qui Enflent en cuisant.

RESSUER, v. a. Essuyer; cette corruption du français se trouve aussi dans le patois du Berry et dans celui du Jura : à Reims ce mot signifie Faire sécher et se rapproche ainsi de la signification du français *Ressuyer*.

RETAPÉ, p. pas. (arr. de Valognes) Bien arrangé et par suite Bien habillé ; c'est une extension de la signification du français.

REUX, adj. (arr. d'Avranches) Surpris, Etonné; du latin *Reus:* En ma jeunesse celuy qui avoit mal répondu es classes s'appelloit *Reus :* Pasquier, *Recherches de la France*, l. v, ch. 5. Les écoliers le nommaient aussi *Victus*, et nous disons des condamnés (*Convicts* en anglais) qu'ils sont *convaincus*.

Révalin, s. m. (arr. de Bayeux) Reste.

Rève, s. m. Rayon ; un rève de miel.

Réviers, s. m. pl. Nom de plusieurs localités situées sur le bord d'une *rivière ;* du latin *Ripuariae.*

Ribalet, s. m. (arr. de Bayeux) Petit sentier sur le bord d'un ruisseau ou d'un fossé ; du latin *Ripa*, Rive ; il avait la même signification en vieux-français : voyez Roquefort, *Glossaire*, t. ii, p. 483.

Rible, s. m. (arr. de Bayeux) Vent froid ; dans beaucoup d'endroits on dit *Rile ;* peut-être a-t-il la même origine que *Rafale.*

Ric (tout) loc. adv. (arr. de Mortagne) Tout près ; le français emploie encore *Ric-à-ric*. Avec une exactitude rigoureuse : on a dit d'abord Compter ric-à-ric, de clerc à maître (*Rik* signifie en islandais Fort, Puissant), et cette locution a pris ailleurs la signification de Trop juste.

Richoinne, s. m. (arr. d'Avranches) Homme gai.

Richoler, v. n. (arr. de Mortagne) Ricanner, Rire en secret.

Rifle, s. m. Gourme des enfants ; il avait en vieux-français un sens plus étendu :

J'ai rifle et rafle et roigne et taigne.
Miracles de sainte Geneviève, dans M. Jubinal, *Mystères inédits*, t. i, p. 281, v. 5.

Rifler, v. a. Prendre, Voler ; il signifiait en vieux-français Arracher , Ecorcher : Cil crierent a halte voiz, si se trenchierent si cume fud lur usa-

ges de cultels , e riflerent la charn jesque il furent sanglenz ; *Livres des Reis*, l. iii, ch. 18 , v. 28. Peut-être est-ce une corruption du français *Rafler*, ou de l'allemand *Raffeln.*

Rignaler, v. n. Murmurer, Grognonner ; on dit *Rôner* dans le patois de Langres : dans le patois du Berry *Rignau* signifie Grossier, Déplaisant

Rigolet, s. m. (Arr. de Vire) Grand verre,

Rigoller, v. a. Railler, Plaisanter :

Ne venez plus ainsi m'y rigoller.
Chansons normandes, p. 182, éd. de M. Dubois.

Il existait aussi en vieux-français.

Rile , s. m. Hâle ; voyez *Rible.*

Ringard, s. m. Fourgon pour remuer le feu dans le four ; peut-être d'*Arranger.*

Ringler, v. n. (Orne) Glisser sur la glace ; peut-être une corruption du vieux-français *Rigoler.*

Riocher, v. n. (arr. de Vire) Rire à moitié.

Riolet, s. m. (arr. de Bayeux) Petit ruisseau.

Rion, s. m. (arr. de Caen) Petit sillon tracé dans une planche de jardin ; contraction du français *Rayon.*

Roc, s. m. (arr. de Bayeux) Mouvement ; il n'est employé qu'au figuré, *Donner un roc* , Réprimander : on dit dans le même sens Donner un branle, et une danse ; voyez le mot suivant.

Rocher, v. a. Lancer ; littéralement Remuer ; il se prenait dans la même acception en vieux-français : E rochout pierres encuntre lui ; *Livres des Reis*, l. II, ch. 16, v. 6, p. 178, éd. de M. Le Roux de Lincy. Il signifie *Frapper* dans le patois du Jura :

> Prends-m'on trot de bos,
> Rouche su soun dos.
>
> *Chanson populaire.*

Le français a conservé *Roquer*, terme du jeu des échecs qui exprime le mouvement simultané d'une tour et du roi.

Rodeur, s. m. (arr. de Valognes) Voleur ; dans le glossaire latin-français de Conches *Circumforanus* est expliqué par Larron de marche ; *Vagabond* a pris aussi cette acception.

Roincer, v. n. Grogner ; dans l'arr. de Mortagne, il exprime le cri des chevaux qui veulent se battre.

Ronceux, adj. Noueux ; ce mot se trouve aussi dans le patois de la Meuse, et on dit dans presque toutes les provinces, de l'acajou ronceux.

Ronsse, s. f. (Orne) Chêne dont on coupe la tête tous les ans pour l'empêcher de donner de l'ombre ; on dit aussi *Rosse* et *Rousse*.

Roquelaure, s. f. (arr. de Bayeux) Houppelande.

Roselet, s. m. (arr. de Valognes) Roseleu (arr. de Bayeux) Belette.

Rote, s. f. (Orne) Petit senier ; il signifie aussi la Corde qui fixe la charge d'une voiture.

Roton, s. m. (Manche) Trognon de chou, de pomme ; on dit aussi au diminutif *Rotillon*.

Rouaner, v. n. (arr. de Mor-

tagne) Mâcher malproprement.

Rouauder, v. n. (arr. de Mortagne) ; il exprime le cri des chats qui sont en *rut*.

Rouelle, s. f. Petite roue ; du latin *Rota* : il existait aussi en vieux français :

> Lors est tournée la rouelle.
>
> *Roman de la Rose*, v. 9829.

et s'est conservé dans le patois de la Meuse.

Roufle, s. f. il n'est employé qu'avec le verbe *faire* et signifie Faire le gros ; littéralement Faire la roue, comme un paon qui hérisse ses plumes.

Rouget, s. m. (arr. de Bayeux) Gale des chiens ; probablement à cause de sa couleur : on appelait les lépreux en vieux-français *Rouge-musel*.

Rouinasser, v. n. Murmurer, fréquentatif de *Roincer*.

Rouine, s. f. Soliveau.

Rouipeaux, s. m. pl. (Orne) Mal d'oreilles ; voyez ouipias.

Roulée, s. f. Volée de coups ; il se trouve dans le langage populaire de beaucoup de provinces, et Me Sand a dit dans *Valentine*, t. II, ch. 18 : Une roulée jusqu'à ce que mort s'en suive. Peut-être ce mot vient-il du vieux-français *Roller*, Bâtonner, ou a-t-il été formé comme son synonyme *Pile* ; dans le patois du Berry, une *Roule de bois* signifie un Amas, une Pile de bois. Dans l'Orne, *Roulée* signifie aussi ce que l'on peut *rouler* de fil sur un fuseau.

Roupiller, v. n. (Orne) Pleurer, Répéter sans cesse la même chose ; dans le langage populaire du reste de la province, il signifie Avoir la *roupie*.

Royau, s. m. (Orne) Fuseau sur lequel on fait la *roulée*.

Rucher, v. a. Lancer, Jeter; probablement une corruption de *Rocher*, qui se trouve aussi dans le patois du Berry.

Ruchi, s. m. Cheval qui rue.

Rude, adj. Engourdi, Remuant difficilement; Christine de Pisan a dit dans une de ses *cent ballades* :

Depuis lors je n'entendi
A mener soulaz ne joie;
Si en est tout arudi
Le sentement que j'avoye.

> *Journal des Savants de Normandie*, p. 457.

Ruf, **Ruffle**, adj. Fort, Courageux et par extension Fier ; peut-être sa signification s'est-elle modifiée, car l'islandais *Rufin* signifie Hérissé, Grossier, et le patois du Berry donne à *Ruf* la signification de Bourru, Hargneux : voyez le mot suivant.

Ruffien, s. m. (arr. de Rouen) Mauvais sujet, Débauché; voyez le *Coup d'œil purin*, p. 39 . il existait aussi en vieux-français :

Li jeune enfant deviennent rufien,
Joueurs de dez, gourmans et plains
d'ivresse.

> Eustache Deschamps, *Sur la décadence de la Chevalerie*, p. 97.

Les dextres ruffiants, les maquerelles feintes.

> Vauquelin de la Fresnaye, *Poésies* , p. 437.

Il se trouve en italien (*Ruffiano*), en provençal (*Rufia*), en espagnol (*Rufian*), en catalan (*Rufia*), en portugais (*Rufião*), en anglais (*Ruffian*) et même dans la basse-latinité : Manifesti peccatores, adulteri et adulterae.... ruffiani et meretrices.... non tolerentur absque poena ; Byzynius, *Belli hussetici diarium* dans Ludewig, *Manuscriptorum reliquiae*, t. VI, p. 183. Il vient sans doute de l'islandais *Rufin*, Hérissé, Grossier : peut-être cependant est-ce un souvenir du ministre Rufin, que la popularité dont jouissait Claudien pendant le moyen-âge dut empêcher d'être oublié; au moins lit-on dans le *Mystère de sainte Barbe :*

Maudit soit Mahom et Jupin,
Le dieu Tervagant et Ruffin,
Et tous ceux de la synagogue.

Runge, s. f. (Orne) Mémoire; voyez le mot suivant.

Runger, v. a. et n. Ruminer; on dit *Ringer* dans le patois de Nancy, et *Roingi* dans celui du Jura.

Rupin, adj. (canton des Pieux) Rusé.

Ruppin, s. m. Il n'est employé que dans la phrase *Étre en ruppin*, qui signifie Étre en gaîté.

Ruquer, v. n. (arr. de Rouen) Dormir à moitié; dans l'arr. de Vire on lui donne la forme active, et la signification de Pousser : c'est une corruption de *Rocher*.

Russe, s. m. Navet sauvage.

SAF

Sabié, s. m. (arr. de Vire) Pou.

Saccage, s. m. (arr. de Valognes) Grande quantité ; littéralement Plein un sac.

Sacouter, v. n. (arr. de Mortagne) Parler bas de manière à ne pas être entendu.

Sacque-feu, s. m. (arr. de Saint-Lo) Briquet ; voyez le mot suivant.

Sacquer, v. a. Tirer brusquement, comme en vieux-français :

Baucelicours saca l'espee
Qu'en sa cape ot envolepee.

MOUSKES, *Chronique rimée*, v. 14339.

Dans l'arr. de Mortagne, il a pris le sens de Chasser : Sachiez-mai les brebis du clos, et l'on trouve également en vieux-français :

Fors de l'estable a sacié le corsier.

Chevalerie Ogier de Danemarche, v. 6293.

Nous avons encore *Saccade*. Ce mot vient sans doute du celtique, puisque le breton *Sacha* signifie Tirer, Amener à soi, quoique l'hébreu *Chaka* ait le même sens, et que l'islandais *Sœkia* signifie Apporter, Amener.

Sado, s. f. (Orne) Vieille et mauvaise femme ; peut-être de *Maussade*.

Saffre, adj. Gourmand, Glouton :

SAN

Fallut encor sauller de vin ces langues saffres.

Muse normande, p. 130.

Le vieux-français lui donnait la même acception :

Que ces ribaulx saffres, frians.

Roman de la Rose, v. 8807.

et il est encore resté dans la langue populaire.

Saine, s. m Filet de pêcheur ; il existait aussi en vieux-français.

Saintir, v. réfl. (arr. de Valognes) ; il n'est employé que dans la phrase : *Les mains me saintissent*, qui signifie Les mains m'ouvrent.

Sais, **Sins**, prép. (arr. de Mortagne) Chez, dont ce mot est probablement une corruption.

Saleine, s. f. Salaison, Ce qui est *salé :*

C'est le chaut et la saleine,
Ce n'est pas nous qui beuvons.

OLIVIER BASSELIN, *Vaux-de-Vire*, p. 167, éd. de M. Travers.

Sallebute, s. f. (arr. de Cherbourg) Petit bâton de sureau avec lequel les enfants lancent des balles de filasse : voyez CANNEPITIÈRE.

Sangle, adj. Pur ; du latin *Singulus* ou de l'anglais *Single* dont la signification est la même :

Par les diversites des angles
Sont le moyen compost ou sangles.

Roman de la Rose, v. 19967.

SANGMÊLÉ, adj. (Manche) Extrêmement troublé ; il existait aussi en vieux-français, ainsi que d'autres expressions analogues :

Li rois l'oït, toz li sans li mua.
Gerars de Viane, v. 1534.
Karles le voit, prcs n'ait le san marri,
Duel en ot et pesance.
Ibidem, v. 1693.

SANGUINÉE, s. f. (arr. de Vire) Pus mêlé de *sang*.

SANSONNET, s. m. (arr. de Bayeux) Maquereau ; (arr. de Valognes) Etourneau ; probablement une corruption de *Chansonnet*, parce que les étourneaux apprennent très facilement à *chanter*.

SAONNER, v. a. Reprocher ; il signifiait d'abord Récuser, qui avait le sens de Reprocher ; voyez la *Coutume de Normandie*, ch. LXVIII.

SAPAS, adj. (arr. de Rouen) Crotté, Barbouillé, Sale ; probablement une contraction de *Salope*, ou du vieil-allemand *Salawer*, dont la signification est la même.

SAPAUDER, v. réfl. Se salir ; voyez le mot précédent.

SAPÉE, s. f. (arr. de Bayeux) Régal copieux.

SARCET, s. m. (arr. de Vire) Gaule ; probablement le même mot que le vieux-français *Sarcel*, Aiguillon pour piquer les bœufs.

SARCHE, s. f. (arr. de Mortagne) Trépied sur lequel on élève les cuves à lessive.

SARCIR, v. a. (arr. de Mortagne) Brûler, Dessécher par le feu ; peut-être le s est-il une prosthèse et doit-on écrire *Arsir*, qui venait du latin *Ardere*

et signifiait en vieux-français *Brûler*.

SARCLES, s. f. pl. (arr. de Bayeux) Mauvaises herbes, littéralement Ce que l'on *Sarcle*.

SARRER, v. a. (arr. de Vire) Meurtrir.

SASSIÈRE, s. m. Marchand de tamis, de *sas*.

SATROUILLE, s. f. Poulpe de mer ; au figuré Femme malpropre ; dans le patois du Jura on dit *Sadrouille*.

SAUTELICOT, s. m. (arr. de Coutances) Sauterelle ; dans quelques localités on dit *Sautien*.

SAUTEROLLE, s. f. (arr. de Valognes) Piége pour prendre les oiseaux, composé d'un nœud coulant en crin et d'une baguette courbée qui se relève brusquement quand il vient à se détendre.

SAUTICOT, s. m. (arr. de Bayeux) Crevette. (arr. de Valognes) Crevette grise qui se pêche à l'embouchure des rivières ; dans quelques provinces on dit *Salicoque*.

SAVRIN, s. m. (arr. de Rouen) Bedeau ; nous ne connaissons ce mot que par le *Coup d'œil purin*, p. 34.

SCIONNER, v. a. Frapper à coup de verges, de *scions*.

SCIOT, s. m. (Orne) Petite scie.

SÈCHE, s. f. (arr. de Bayeux) Sou marqué.

SÉCRAN, s. m. (arr. de Cherbourg) Maigre, *Sec* ; il ne se prend qu'en mauvaise part et ne se dit que des hommes.

SEILLE, s. f. (Orne) Sceau ; il existait aussi en vieux-français :
En cel puis si avoit deus seilles,

Qant l'une vient et l'autre vet.

> *Roman de Renart*, t. I, p. 245.

C'est une crase du latin *Sitella*, on trouve aussi en provençal et en portugais *Selha*.

SELIAIS, s. m. (arr. de Saint-Lo) Fléau ; c'est une corruption, on dit dans plusieurs localités *Fliais*.

SÉLIEUSET, s. m. (arr. de Saint-Lo) Sifflet.

SELIOS, s. m. (arr. de Saint-Lo) Champ ; peut-être une corruption de *Clos*.

SÉLIOUSIR, v. n. (arr. de Saint-Lo) Souffler ; voyez SÉLIEUSET.

SENGLES, s. f. pl. (arr. de Bayeux) Petites rues qui étaient seules (*singulae*), ou qui entouraient la ville, comme des *Sangles*.

SENTE, s. f. Sentier ; ce mot qui est resté plus fidèle que le français au latin *Semita* existait aussi dans l'ancienne langue :

Je te dy que hier par une sente
Menay mez pourceaulz et mez truis.

> *Miracles de sainte Geneviève,*
> dans M. Jubinal, *Mystères
> inédits*, t. I, p. 258, v. 3.

SÉRAINE, s. f. (arr. de Bayeux) Vase de terre pour *serrer* la crême.

SÉRENCE, s. f. (arr. de Bayeux) Soirée, autrefois Sérée : il s'est moins écarté que le français du latin *Serus*.

SERGALE, s. f. (arr. de Vire) Fille étourdie.

SERGE, s. f. Couverture de lit, d'abord sans doute faite ordinairement en *serge* ; il avait déjà reçu cette extension de signification dans le XIIIe siècle, car on lit dans Odon

Rigaut : Item, invenimus in dormitorio sargias, sive tapetia inhonesta, ut pote radiata; *Regestrum visitationum*, p. 81, éd. de M. Bonnin. Une ordonnance de 1367 nous apprend que ces *Serges* étaient fabriquées à Caen *à grant foison*.

SERPER, v. a. (arr. de Bayeux) Interrompre brusquement.

SERVIR, v. a. (arr. de Valognes) Couvrir, en parlant des étalons et des taureaux : on lui donnait le même sens en vieux-français, mais avec encore plus d'extension :

Girbers la tient et si la sert Gerins.
S'en est richous Hernaudes li petis,
Si en est cous l'enpereres Pepins.

> *Garins li Loherens*, B. R. Ms.
> de St-Germain, n° 1244, fol.
> 229, recto, col. 2, v. 13.

SET, s. m. (arr. de Bayeux) Tamis ; du latin *Seta*, parce que les tamis sont ordinairement faits en soie.

SEU, s. m. Sureau ; probablement ce mot vient du celtique, car on le trouve dans presque tous les patois ; c'est *Seu* à Nancy et dans l'Isère, *Sou* dans le Jura, *Saug* en provençal ; le vieux-français disait Séu :

La rose lesse por l'ortie,
Et l'esglantier por le séu.

> *Du varlet qui se maria à Nostre-Dame ;* dans Barbazan,
> *Contes et fabliaus*, t. II, p. 126.

Le glossaire latin-français conservé à Lille, E, 36, écrit même *Sehus*; voyez l'édition de M. Emile Gachet, Bruxelles, 1846, p. 16 ; et on lit dans le *Dict de Merlin Mellot* :

Au bout de cest courtil, droit dessous
un séur ,

C'est un arbre qui est en septembre
méur.

Dans Jubinal, *Nouveau recueil
de fabliaux*, t. I, p. 131.

Seulle, s. f. Magasin pour les marchandises : il y avait autrefois à Caen une rue appelée la *Rue des Seulles*. En vieux-français *Seulle* signifiait Cave, et Fond de navire qui servait de magasin : nous avons encore *Cellier* dont l'origine peut être la même.

Si fait, loc. adv. (arr. de Valognes). Cette forme de négation est d'autant plus remarquable que, dans les poëmes dialogués de Roswitha, *Si* est employé comme particule négative.

Sidone, s. m. Suaire, Drap mortuaire :

Tendre sur nos huys des sidones.

Olivier Basselin, *Vaux-de-Vire*,
p. 219, éd. de M. Travers.

On le trouve aussi en vieux-français : Plourait sainct Jehan assez pres d'elle, soustenant le milieu du corps sur le sidoine estendu sur son giron ; Olivier Maillard, *Histoire de la Passion de J.-C.*, p. 67, éd. de M. Peignot. Ce mot vient sans doute du latin *Sindon*.

Siergette, s. f. (Orne) Souricière. Voyez surgette.

Sieu, s. m. (arr. de Valognes) Graisse, *Suif* ; cette forme existait aussi en vieux-français ; on lit dans *Li premiers livres des reis* : Mielz valt a Deu obeir que le sieu del multun offrir.

Siler, v. a. Frapper ; dans l'arr. de Mortagne il s'emploie aussi neutralement et exprime le sifflement de la couleuvre.

Simenet, s. m. (arr. de Valognes) Espèce de gâteaux sans beurre ; à Rouen Cheminau, les *Siminiaus* de Blangi étaient très-renommés pendant le moyen-âge et leur nom se trouvait déjà dans la langue du XII° siècle :

Desus la table a trove le mengier,
Bons semineaus et gasteaus et vins
viés.

Chevalerie Ogier de Danemarche, v. 6059.

Mais nous ne savons si ce mot désigne toujours la même espèce de gâteau : car on lit dans le commentaire écrit pendant le XIII° siècle sur le Dictionnaire de Jean de Garlande: Placentae dicuntur gallice *simeniaus* ; Géraud, *Paris sous Philippe le Bel*, p. 593, et, à Reims, le simenet est un gâteau de pâte feuilletée qu'on ne mange qu'en carême.

Sinas, s. m. Plancher d'une grange ; en vieux-français *Sinal* et *Sinaust* signifiaient le dessus d'une étable.

Sis, part. pas. (arr. de Valognes) Assis ; cette apocope se trouvait aussi en vieux-français :

Sor une coute li dus Garins se sist.

Garins li Loherens, t. III, v. 4480.

Sliaqueter, v. n. (arr. de Saint-Lo) Clabauder; probablement une corruption de *Claqueter*, fréquentatif populaire de *Claquer*, Faire du bruit.

Snesqueux, adj. Scrupuleux; peut-être du vieux-français *Senes*, Prudent, *Sensé*.

Solier, s. m. Grenier, Plancher ; ce mot qui se trouve

aussi en breton , en provençal et dans presque tous les patois, vient sans doute du latin *Solarium*, qui avait déjà ce sens dans Suétone: Neque multo post rumore caedis exterritus , prorepsit ad solarium ; *Claudius*, ch. 10. Il existait aussi en vieux-français :

Du solier suis descendue a la cave.

> J. MAROT, *Œuvres*, t. v , p. 45.

De dessu noutron soliè
D'é oui lous anze canta.

> *Noëls Bressans*, p. 131.

SOMMIER, s. m. (arr. de Vire) Poutre ; probablement du latin *Summus* ; il existait aussi en vieux-français et s'est conservé en rouchi.

SOU, s. m. Chenil, Loge à porc : on dit aussi *Souc*, *Souette ;* dans le patois de la Vendée *Souque* ; peut-être du latin *Sus*.

SOUANER, v. n. (arr. de Mortagne) Prendre du tabac malproprement.

SOUATER, v. n. (arr. de Mortagne) S'associer pour travailler ensemble ; Réunir ses chevaux à ceux de ses voisins pour un travail agricole.

SOUCER, v. a. et n. (arr. de Mortagne) Sentir, Flairer.

SOUEF, adj. Doux, Agréable :

O breuvage, ami souef !

> OLIVIER BASSELIN, *Vaux-de-Vire*, p. 80, éd. de M. Travers.

Il existait aussi en vieux-français :

Tost fu li gorpil endormiz,
Car moult estoit soef ses liz.

> *Roman de Renart*, t. III, p. 301.

Il vient du latin *Suavis*, Suave.

SOUFFAQUIER, v. a. Encombrer, Peser sur ; du latin *Suffocare*.

SOUI, adj. (Orne) Sale ; littéralement Cochon ; du latin *Suillus*, le français dit aussi *Souiller* et *Souillon*, et on lit dans l'*Elucidario de las proprias* , cité par Raynouard , *Lexique roman*, t. v, p. 288 : Porc mari , dit comunament *Suillo*. Une origine germanique ne serait cependant pas impossible : en gothique *Sauljan* signifie Salir.

SOUIL, s. m. (Orne) Saleté, Ordure ; le peuple dit par ironie: Il est propre comme un *Sou*. Dans quelques localités on dit *Souie*.

SOUIN, s. m. Homme caché, dissimulé : on dit dans le même sens Cet homme est en dessous.

SOULAS, s. m. Consolation; et par extension de signification Gros soupir :

Soulas de nos miseres.

> OLIVIER BASSELIN, *Vaux-de-Vire* p. 98, éd. de M. Travers.

Il existait aussi en vieux-français :

Nous aurions soulas et joye.

> MARTYRE DE SAINT PIERRE ET SAINT PAUL, dans M. Jubinal , *Mystères inédits*, t. 1, p. 75, v. 23.

Ce mot vient sans doute du latin *Solatium*, comme le français *Soulagement*.

SOULASSER, v. n. (Orne) Soupirer profondément ; voyez le mot précédent.

SOULE, s. f. Jeu où deux partis cherchent à s'emparer d'une balle et à l'emporter à un endroit convenu. Ce mot existait aussi en vieux-français , mais on écrivait ordinairement *Sole:*

> Autres par force entrer léans,
> Bruiant comme l'en court a solles.
>
> > GUIART, *Branche des royaux li-*
> > *gnages*, v. 1489.

> Tenez, mes petiz dragonneaulx,
> Mes jeunes disciples d'escole,
> Jouez-en ung peu à la solle
> Au lieu de croupir au fumier.
>
> > ARNOUL GRESBAN, *Mystère de la*
> > *Passion,* dans M. Paris, *Ma-*
> > *nuscrits françois de la Biblio-*
> > *thèque du Roi,* t. VI, p. 307.

Mais Rabelais écrivait *Soule,* et on lit dans les *Mémoires de la ville de Douay*, fol. 236 : Pour éviter aux désordres qui peuvent arriver par le ject de la choulle qu'on est accoustumé faire le jour des caresmeaux (le mardi-gras) a esté desfendu de la jecter. Ce jeu brutal était aussi fort usité dans le Berry (voyez un article de Lebeuf dans le *Mercure,* du mois de mars 1735). Son nom vient sans doute du latin *Solea,* car il est appelé à Valognes *La savatte :* cependant l'islandais *Sull* signifie Mêlée et par suite Combat.

SOULER , v. n. (arr. de Bayeux) Avoir coutume ; il vient du latin *Solere* et se trouvait aussi en vieux-français : Les grevoit plus et apressoit plus que leur anemi ne soloient faire ; *Chroniques de Saint-Denis* dans le *Recueil des historiens de France*, t. III, p. 211.

SOURGER, v. a. (Orne) Guetter, Surveiller ; par extension il signifie à Bayeux Surprendre et se prononce *Sourguer.*

SOURIS-GAUGUE, s. f. (arr. de Bayeux) Chauve-souris.

SOUSÉ , adj. Bien nippé ; littéralement Qui a un cochon.

SOUTON, s. m. Homme adroit et par suite dissimulé ; le vieux-français disait *Soutius* :

> Lors traist l'empereres gentius
> Et li patriacles soutius.
>
> > MOUSKES , *Chronique rimée*, v. 10454.

Du latin *Subtilis.*

SPARSIER, s. m. (arr. de Mortagne) Estafier ; c'est comme le français une corruption du latin *Staparius.*

SPÉCIAUTÉ, s. f. (arr. de Valognes) Beauté et par suite Rareté ; il ne s'emploie guère que précédé de la préposition *Par;* du latin *Speciosus,* Beau ; voyez ESPÉCIAUTÉ.

STASERAN , adv. Ce soir ; un hazard dont il ne faut sans doute rien conclure a singulièrement rapproché ce mot de l'italien *Stasera.*

SUBLET , s. m. Sifflet ; du latin *Sibilare* qui avait pris la même forme en vieux-français: Des perrocquets lesquels sublent merveilleusement haut et s'efforcent d'imiter la voix humaine ; *Histoire Macaronique,* t. I, p. 11. Ce mot se trouve dans le patois de la Vendée ; dans celui de l'Isère il s'est rapproché du français (*Sibla*). On se sert aussi du verbe *Subler* qui s'est corrompu dans quelques localités en *Subier.*

SUBOUT, adv. (arr. de Mortain) Debout ; le vieux-français disait *Sur bout.*

SUCHÈS, s. m. (arr. de Bayeux) Chèvre-feuille ; parce que les enfants *Sucent* le bout de la fleur qui est très-sucré.

SUÉE, s. f. (arr. de Valognes)

Corvée, Crainte, Menaces, Tout ce qui fait *suer* de peur ou d'inquiétude ; il se trouve aussi en rouchi : à Mortagne on dit *Sucée.*

Suelle, s. f. (arr. de Vire) Ciguë, ailleurs on dit *Chûe.*

Suétiner. v. a. (arr. de Cherbourg) Epier. surveiller les actions de quelqu'un.

Super, v. a. Humer, Aspirer; l'anglais *To sup* a la même signification.

Surelle. s. f. Oseille; parce qu'on dit proverbialement *Sur comme de l'oseille ;* on dit aussi *Suret :* en rouchi c'est *Suriele.*

Surengies, s. f. pl. (arr. de Bayeux) Rapports aigres de l'estomac.

Suret, s. m. (arr. de Valognes) Sauvageon, Pommier non greffé dont le fruit est acide.

Suretière, s. f. (arr. de Valognes) Pépinière de pommiers non greffés; voyez le mot précédent.

Surgette. s. f. (arr. de Caen) Souricière; en patois picard *Surquette* et *Sarquette* ; voyez le mot suivant.

Surguer, v. a. (arr. de Cherbourg) Epier, Observer : il se dit plus particulièrement des chats et se prenait en vieux-français dans la même acception :

> Comme le chat scait par nature
> La science de la seurgeure.

Roman de la Rose, v. 10343.

C'est probablement une crase de *Sur-quetter,* formé comme *Sur-veiller* ; le vieux-français employait aussi *Surguet* dans le sens de Guet ; Roquefort, t. II, p. 590.

Surpeter, v. a. (arr. de Mortagne) Trouver quelqu'un que l'on cherche et qui fuit quand on l'approche : du latin *Petere,* Demander, Chercher.

T

Tabier, s. m. (Orne) Grande table à rebords, placée sous le fût d'un pressoir, sur laquelle on étend le marc des pommes pour en extraire le jus.

Tabut, s. m. (arr. de Valognes) Vacarme, Bruit ; il existait aussi en provençal (*Tabust*) et en vieux-français :

> Je n'ay point peür de ses ribleurs de nuict
> Ne du tabut qui tant le monde nuyct.

Cretin, *Poésies,* p. 211, éd. de 1723.

Probablement il vient du vieux-français *Tabur,* Tambour, car Tabouler, Tabourner, signifiaient Faire un grand bruit, et *Tabeurer* semble avoir eu la signification de Frapper :

> Dessus leur pis des poing tabeurent
> Et eurent, pleurent, veillent, labeurent.

Miracles de sainte Geneviève, dans M. Jubinal , *Mystères inédits,* t. II, p. 277 , v. 18.

Tac, s. m. (arr. de Bayeux) Grosse chenille verte ; voyez

TAS. Ce mot signifie aussi une maladie épidémique qui régna pendant le XV*e* siècle et a laissé un souvenir effrayant : *Il en meurt comme du tac* est encore une locution populaire. En ce sens *Tac* vient sans doute de l'islandais *Tak*, Pleurésie.

TACOTER, v. a. Tapoter, Frapper à petits coups ; c'est un diminutif de *Toquer*.

TAFFE, s. f. (Orne) Peur.

TAFFETINER, v. n. Marchander, Disputer sur le prix : il vient sans doute du vieux-français *Tafur*, Fripon, Trompeur :

Aincois querroit un grant tafur.

Roman de Renart, t. III, p 310.

TAIGNER, v. n. Tousser ; voyez TEIGLER.

TALANDER, v. a. Battre ; *Taller* dans le patois du Berry et dans celui de Langres, *Taller* dans le patois du Jura, *Tala* dans celui des Vosges, signifient Meurtrir, et l'on se sert encore populairement de *Taloche*. Peut-être ce mot signifiait-il d'abord Coup de hache, car en islandais *Telgia* signifie Hache et on lit dans la *Recollection* de Chastelain :

Depuis veiz en Escosse
Le roy Jacques meurdrir
D'espee et de talloce.

Dans RITSON, *Ancient songs and ballads*, t. I, p. 146.

TALBOT, s. m. Noir de la marmite ; en provençal *Tala* signifie Défaut, Tache, et dans le patois de l'Isère *Tubo* est le nom que l'on donne à la fumée ; peut-être ainsi ce mot signifie-t-il littéralement Tache de fumée.

TALBOTÉ, adj. Taché de noir, et par figure, Ivre.

TALEVASSER, v. réfl. (Haute-Normandie) Se heurter rudement ; il semble avoir signifié Combat en vieux-français, car on lit dans le *Roman de Rou*, v. 2517 :

As talevas se sout bien couvrir e mo-
ler.

En rouchi *Talvart* signifie But pour tirer à la cible ; voyez TALANDER.

TANCER, v. a. Gronder avec force, Disputer ; le sens du français est beaucoup plus faible. mais il avait la même force dans l'ancienne langue; A vin de Lyon, c'est-à-dire quant a bien beu, veult tanser, noyser et battre ; *Calendrier des Bergiers*, fol. L, ii. b. Il vient sans doute du latin *Con-tendere*, comme le prouve le français *Contention*.

TANGUE, TANQUE, Engrais qui se trouve aux embouchures des fleuves.

TANNÉ, adj. Accablé de chagrin; probablement de Τανσος; *Tané* signifiait en vieux-français Tourmenté, Fatigué.

TANOUIS, adj. Clair-semé.

TANTET, adv. Un peu ; on s'en servait aussi en vieux-français :

Estuffes les en ce brasier
Ung tantet pour mieulx les aysier.

JEHAN MICHEL, *Mystère de la Passion*, Journ. I, sc. 6.

Du latin *Tantum* Seulement; on emploie aussi le diminutif Un tantinet, comme le latin *Tantillum*.

TANTOUILLER, v. a. Traîner

dans l'eau, Plonger à plusieurs reprises, Salir extrêmement. Le vieux-français disait *Entouiller* :

Souvent entouillé par meslure.

Coquillard cité par Borel.

Si le T n'est pas une affixe, ce mot signifie sans doute *Beaucoup* (tam) *souiller*, en patois normand *Touiller*.

Tanvée, s. f. Galette cuite à la gueule du four.

Tapée, s. f. Grande quantité; il se trouve aussi en rouchi et dans le patois de la Meuse.

Tapin, s. m. Tambour; parce qu'il *tape* sur sa caisse.

Tapin (a), adv. En secret, En *tapinois* ; il se trouve avec cette forme en vieux-français :

Lors saillent li baron desus un sous-
terin
Que Karles i ot mis coiement a tapin.

Garin de Monglave, dans Keller, *Romvart*, p. 353, v. 16.

Taque, s. f. Pelotte où l'on *attache* les épingles.

Taquet, s. m. (Orne) Jalon pris dans une haie ; on lui a donné ailleurs d'autres significations qui se rattachent toutes à la même idée ; à Valognes, c'est un Verrou ; à Bayeux, un Morceau de bois qui sert à soutenir ou attacher différentes choses, et un Emplâtre, peut-être parce qu'on dit proverbialement Immobile comme un emplâtre.

Ces différentes significations se trouvaient aussi en provençal :

Apres a fah las portas Floripar be
tancar.

Fierabras, v. 2595.

Tar, s. m. Goudron ; peut-être est-ce le mot anglais, quoique la même racine se retrouve dans plusieurs langues ; en allemand c'est *Theer*, et *Terque* en rouchi, comme en vieux-français.

Tarale, s. f. (arr. de Vire) Femme légère, étourdie ; le vieux-provençal *Tartalhar* signifiait Se trémousser, S'agiter sans cesse.

Targer, **Targier**, v. n. Tarder ; c'était la forme du vieux-français :

Tantot yray ; se je targoie
Je feroye haulte folie.

Vie de saint Fiacre, dans M. Jubinal, *Mystères inédits*, t. 1, p. 529, v. 3.

De l'asne et d'un chien sans targier
Vous vueil un fablel comencier.

De l'asne et du chien, v. 1.

On dit aussi *Tergier*.

Taribondin, s. m. (arr. de Mortagne) Homme gros et court.

Tariner, v. n. (arr. de Mortagne) Tarder, Muser.

Tarinier, s. m. (Orne) Homme qui veille *tard*, (arr. de Bayeux) Employé des douanes et des contributions indirectes ; probablement de *Tare* comme *Tarif*, ou de *Tarin*, espèce de monnaie : c'est sans doute le même mot que *Tarinlier*, dont Carpentier n'a pu déterminer la signification.

Tarlataner, v. n. (arr. de Mortagne) Parler bruyamment pour dire des riens, comme un *charlatan*.

Tarlé, adj. (Eure) Avarié, de *Tare* ; il ne se dit que du blé.

Tarouflé, s. m. (Orne) Homme dont les sourcils se joignent.

TASSE, s. f. (Orne) Il n'est employé que dans la phrase *Tasse de bois*, Bouquet de bois; il avait la même signification en vieux-français.

TATIN, s. m. Coup. Il signifiait en vieux-français Embarras, Inquiétude :

Sourges me donne ce tatin
Et a plusieurs de ma livrée.

Poésies de Charles d'Orléans,
p. 342, éd. de M. Champollion.

Voyez le mot suivant.

TATINER, v. n. Chuchotter ; probablement on y rattachait d'abord quelque idée d'insulte; car *Tata* signifiait en provençal Cri pour effrayer, et *Tatin* signifie en breton Railleur, Querelleur.

TAUDION, s. m. (Orne) Indigent ; Qui habite un *taudis*.

TAULOCHER, v. a. Frapper à coups de poing, Secouer rudement ; de *Taloche*.

TAUNIQUE, s. f. (arr. de Vire) Femme insipide.

TAURE, s. f. (Orne) Vache, Femelle du *taureau*.

TAUTAUS, s. m. pl. (Orne) Gros sabots.

TAVELÉ, adj. (Eure) Avarié ; littéralement Taché : il ne se dit guères que du blé.

TAYAUDER, v. n. Brailler; littéralement Crier *tayaud* comme les chasseurs. On se sert aussi de *Tayaud* dans le sens de Braillard.

TAYON, s. m. Ayeul ; il se trouve aussi dans le patois picard et vient sans doute du grec Θειος, Oncle; la même liaison existait en latin entre *Avus* et *Avunculus*.

TÉGOT, s. m. (arr. de Mortagne) Têt de pot, pouvant encore servir à quelque usage ; peut-être du latin *Tegulum*.

TEIGLER, **TEIQUER**, v. n. Tousser.

TENTE, s. f. (Manche) Filet que l'on *tend* avec des pieux sur les bancs de sable.

TÈQUE, s. f. Balle, Paume ; peut-être de l'anglais *Take*, Prends, Reçois, que les enfants disent en se jetant les balles.

TÈPE, adv. (arr. de Bayeux) Peut-être.

TERMER, v. a. et n. (arr. de Valognes) Convenir d'une chose, littéralement, Fixer un terme; du latin *Determinare* : il avait la même signification en vieux-français.

TERPENNE, s. f. Dévidoire.

TERQUER, **TEURQUIER**, v. a. Tordre.

Ne terque tant les croqs de ten muzel.

Muse normande, p. 13.

TERRAGE, s. m. (arr. de Mortagne) Enterrement.

TERTOUS, adj. pl. Tous sans exception ; corruption par métathèse de *Tretous ;* voyez ce mot.

TÊTE DE CAPE, s. f. Grand capuchon noir que les femmes mettent pour communier et pour suivre les enterrements : c'est aussi un bonnet imperméable que l'on met sur sa tête quand il pleut.

TEURQUET, s. m. Manche de fouet, fait de bois tordu.

TEURQUETTE, s. f. Lien en paille ou en foin; *Dorca* en vieux-provençal : peut-être de l'islandais *Dorga*, Saisir, Entourer. A Caen on donne aussi ce nom à une sorte de gâteau qui a la forme d'un gros lien ; le français *Tourte* a été créé de la même manière.

TÉZI, TÉZANT, adv. Tout doucement ; littéralement en se *taisant*.

TIC, adj. (arr. de Vire) Impair ; on dit ailleurs *Tipe* et *Tiple* ; peut-être de *Multiple*.

TIERCELET, s. m. Epervier ; parce que le mâle est un *tiers* plus petit que la femelle ; on appelait en vieux-français *Mariage d'épervier*, celui où la femme se mésalliait. A Valognes on dit Etiercelet.

TIFAIT, s. m. (arr. de Valognes) Croûte de lait.

TIGNASSE, s. f. Chevelure ; il ne se prend qu'en mauvaise part et vient sans doute de *Teigne* ; le patois rouchi donne la même signification à *Tegnasse*.

TIGNON, s. m. (arr. de Rouen) Querelleur, ou peut-être Tête à perruque.

Maugre z'en et bleu des tignons
Qui trahissent leurs compagnons.

Muse normande, p. 34.

Le vieux-provençal *Tinelh* signifiait Querelle, Contestation.

TINSONNER, v. a. (arr. de Mortagne) Activer, Presser ; peut-être d'*Attiser*.

TINTENELLE, TINTERELLE, s. f. Grosse sonnette que l'on porte en tête des processions ; du latin *Tintinnabulum*.

TINTOUIN, s. m. Inquiétude, Embarras et par suite Manie.

Qui nous a mis ces tintouins

Et ce mal dans la teste.

OLIVIER BASSELIN, *Vaux de-Vire*,
p. 186, éd. de M. Travers.

Peut-être une corruption du vieux-français *Tatin* dont la signification était la même : voyez ce mot.

TIPONER, v. n. (arr. de Valognes) Habiller, Atiffer.

TIRER, v. a. Traire ; ce sont deux dérivés du latin *Trahere*.

TITOUX, adj. Lent, *Tatillon*.

TLIER, s. m. (arr. de Valognes) Tisserand, *Toilier*.

TOAILLE, s. f. Nappe, Serviette, Essuie-mains ; il se trouvait aussi en vieux-français :

Mais cele fist avant covrir
Les pastez soz une touaille.

Du prestre et de la dame, v. 56.

Il vient sans doute de *Tela*, dans la basse-latinité *Tobalea*, dont on a sans doute formé *Tablier*, ou de l'islandais *Toa*, Linge. Chaucer a employé *Towaile* dans la même acception et Kuonrad von Wurzeburc *Twehele*. Le patois de la Haute-Auvergne a conservé aussi *Touailla*.

TOCARD, s. m. Têtu ; littéralement Homme qui se *Toque* ; voyez ce mot.

TOCSON, s. f. Femme dont les manières sont grossières et la parure de mauvais goût ; littéralement Qui touche du son, Vachère : dans le patois de Rennes ce mot est masculin et signifie Un homme grossier, sans éducation.

TOIGNÉE, s. f. Volée de coups, Peignée ; voyez TIGNASSE.

TOIN, s. m. Traître.

TOMBER DE MAL (arr. de Valognes) Avoir le mal caduc ; Symonet Harpin.. besgue, fol, lunatique, malade et cheant du mal d'avertin ; *Lettres de grace de* 1382. *Avertin* vient du latin *Adversarius*. Ennemi, nom que l'on donnait au diable pendant le moyen-âge ; il est fort remarquable que l'épilepsie et la possession du démon soient exprimées en arabe par le même mot ; voyez les *Notices et extraits des manuscrits de la Bibliothèque du Roi*, t. x, p. 24. On dit encore en français Tomber du haut mal.

TONDRE, s. m. (arr. de Cherbourg) Amadou ; de l'islandais *Tundr*, Allumer : il existait aussi en vieux-français :

> De venerie i a oustil
> Le quenivet et le foisill,
> Et li tondres et li galet
> Et moult arme de maint abet.
>
> *Partonopeus de Blois.*

Tundre a la même signification en breton.

TONIRESSE, s. f. (arr. de Vire) Voyez *Tourniresse*.

TOQUE, s. f. Coup à la tête— Vieille femme radoteuse ; voyez le mot suivant.

TOQUÉ, part. pas. Un peu fou ; littéralement Qui a eu la tête frappée et par suite fêlée : il se trouve aussi dans le patois de Langres et dans celui du Berry.

TOQUER, v. a. (arr. de Bayeux) Frapper, Heurter ; on le disait en vieux-français, et il s'est conservé dans *Toc-sin* et *Toucher* un cheval, comme en provençal :

> Ab aquestas paraulas an lors saumiers tocatz.
>
> *Fierabras*, v. 4011.

M. Hugo a même dit dans *Notre-Dame de Paris*, l. VII, ch. 7 : Sept heures vont *Toquer*. Mais *Toquer* signifie le plus souvent Frapper de la tête, et l'on en a fait le substantif *Tocard*, Entêté, qui bat les murailles avec sa tête.

TOQUET, s. m. (arr. de Bayeux) Bonnet, *Toque*.

TORER, v. a. et réfl. S'habiller, Ajuster ; on dit aussi *S'étorer* ; probablement de *Restaurer*.

TORLIÈRE, adj. f. (arr. de Coutances) Il ne s'emploie qu'avec Vache et signifie une vache qui ne peut se reproduire.

TORNIOLLE, s. f. (arr. de Valognes) Soufflet qui fait *Tourner* la tête ; dans le patois du Berry on dit *Torgnolle*.

TORT, part. pas. Tordu, Tors ; cette forme se trouvait déjà en vieux-français :

> Qui sa glaive a arriere traite,
> Toute sanglante et toute torte.
>
> *Robert le-Diable*, fol. F, 11, recto, col. 2, éd. de M. Trebutien.

TÔTÉE, s. f. Rôtie.

> Furluchés ainchin que des coqs
> Qui ont mangé de la totée.
>
> *Muse normande*, p. 27.

Il se trouvait aussi en vieux-français :

> Se toute la lignee d'Adam estoit damnee,
> Dieu n'y perdroit en soy une feve frasee :
> Tout ainsi je vous dy que s'elle estoit sauvee
> Mieulx ne luy en seroit en soy d'une totée.
>
> JEAN DE MEUNG, *Codicille*, v. 213.

Probablement du latin *Tostus*, Rôti ; dans le patois de Rennes *Teutée* signifie Ribote.

Toton, s. m. (arr. de Bayeux) Trognon de chou.

Touaillon, s. m. Torchon ; voyez TOAILLE.

Touigner, v. a. (arr. de Vire) Battre ; littéralement Traiter comme une chevelure en désordre, Peigner ; il a la même signification dans le patois de Langres.

Touiller, v. a. Salir, Souiller ; probablement de *Touaillon* ; on dit encore proverbialement Sale comme un torchon : il se trouve aussi en rouchi et dans le patois de Langres : à Nancy *Touyer* signifie Mélanger, Brouiller.

Touin, s. m. (arr. de Bayeux) Saligaud ; on dit proverbialement Sale comme une perruque ; voyez le mot suivant.

Touine, s. f. (arr. de Bayeux) Perruque, Chevelure sale. (Orne) Tabatière où l'on ne peut mettre qu'un doigt.

Touintouin, s. m. (Orne) Très-petit morceau.

Tounieux (arr. de Vire) Fainéant, Vagabond ; dans l'arr. de Bayeux on dit *Touonious* ; voyez TOURNIRESSE.

Toupin, s. m. Sabot ; *Toupie* que l'on fait tourner à coups de fouet.

Toupiner, v. n. Tourner sur soi-même comme un *Toupin* ; le français dit Toupiller.

Tourniolle, s. f. (Orne) Espèce de panaris.

Tourniresse, s. f. (arr. de Valognes) Femme sans conduite, qui, au lieu de travailler, *tourne* de côté et d'autre.

Tournous, s. m. (arr. de Saint-Lo) Rouet ; littéralement Outil qui *tourne* ; en vieux-

français *Tournerette*.

Tourp, s. m. (Manche) Petit village au bord de la mer ; il y a des Tourps à Anneville en Saire et à Omonville (Hague) : on dit aussi *Tourpelus*. Ce mot qui vient sans doute de l'islandais *Thorp*, Village, s'est conservé aussi dans quelques noms de lieu : ainsi, par exemple, *Clitour* vient certainement de *Klein Thorp*, Petit village.

Tourte, s. f. Pain de six kilogrammes, auquel on donnait autrefois une forme circulaire comme au *Tortillo* du vieux-provençal et à nos *Tourtes* de pâtisserie. Ce mot avait le même sens en vieux-français :

Se vilains ont escharcement
Pour vivre de la tourte bise,
C'est grant plante ; ce lour suffise.
   M. TREBUTIEN, *Du roi Souvain*, fol. A. III, vo.

Touser, v. a. Couper, Tondre ; on trouvait la même forme en vieux-français :

N'aux nopces du saint espouse
N'entrast homme rez ne touze.
   JEAN DE MEUNG, *Testament*, v. 347.

Tout dreit, adv. (arr. de Valognes) A l'instant ; littéralement Sans se détourner ; il se trouve aussi dans le patois bressan :

L'Isabiau, to dray an antran
Comanchi no bala féta.
   Noëls Bressans, p. 41.

Toutre, v. n. (arr. de Bayeux) Tousser.

Trabuquer, v. a. Traverser ; littéralement Mettre une *buche*, un obstacle en travers ; il se trouvait aussi en vieux-français :

Et pour ce Dieu le trabucha.

Nativité de Notre-Seigneur Jésus-Christ, dans M. Jubinal, *Mystères inédits*, t. II, p. 25, v. 5.

Le français *Trébucher* a probablement la même origine quoique sa signification soit fort différente.

TRACHIER, v. a. (arr. de Valognes) Chercher ; en patois vendéen *Trecher* ; on dit aussi *Trucher*, comme en vieux-français.

TRADA , s. m. (arr. de Bayeux) Part, Portion.—(arr. de Cherbourg) Salaire.

TRAIRE , v. a. Tirer ; nous avons déjà vu qu'en patois *Tirer* avait la signification du français *Traire :* ces différences n'étaient pas non plus respectées par l'ancienne langue :

La verrez barbes traire e gernuns si peler.

Voyage de Charlemagne, v. 588.

TRALLES , s. f. pl. (arr. de Pont-l'Évêque) Jambes ; en vieux-français *Traller* signifiait Aller , Courir :

Laison a seurre cest traller.

Tristan, t. I, p. 75, v. 1488.

On dit encore dans le style familier *Trôler*.

TRAN , TRAIN , s. m. Pis de vache, Ce que l'on *trait ;* voyez TRION.

TRAPIN, s. m. (arr. de Cherbourg) Grand et gros panier rond à deux anses ; du latin *Trabutus* , comme le français *Trapu*.

TRAQUETTE, s. f. (Orne) Crecelle.

TRASONÉE , s. f. Dévidoir ;

on dit aussi *Travonée*, *Travouil* en vieux-français.

TRAVERGUER , v. a. Embarrasser ; corruption de *Traverser ;* dans l'arr. de Mortagne on dit *Traveucher*.

TRAVERS, s. m. (Eure) Sillon de blé en sens inverse des autres , de *travers*.

TRAVIAU, adj. (Orne) Turbulent ; littéralement Qui *traverse*, ou *travaille*, Incommode en vieux-français :

TREBÉ , adv (arr. de Mortagne) Beaucoup ; c'est probablement un mot formé de *Trèsbien*.

TRÉDAINE, s. f. (arr. de Bayeux) Refrain . Fadaise ; c'est probablement une corruption du vieux-français *Trudaine :*

Las ! ferez-vous, il est malade
Passé deux moys, ou six semaines;
Et s'il vous dit, ce sont trudaines,
Il vient d'avec moy tout venant.

Farce de Pathelin.

TRÉDAME , s. f. (arr. de Bayeux) Ancre de secours pour les bateaux pêcheurs.

TRÉEPLÉE , s. f. (Orne) Cloporte.

TREF, s. m. Poutre; il se trouvait aussi en vieux-français : Porquoi vois-tu un festu en le oel toun frere, et ne veis-tu un treef en toen oel; *Bible saint Mathieu*, ch. XII, v. 3. On trouve encore dans le patois de Nancy *Travette*, *Traivatte ;* Solive, Poutrelle, et dans le patois de Langres *Travelot* dont la signification est la même. Il vient plutôt du latin *Trabs*, Poutre, que de l'islandais *Tre*, Morceau de bois.

TREFFEU, TREFFOUEL, s. m. Grosse buche qu'on met au feu

la veille de Noël et qui doit durer pendant les trois jours de fête ; il vient sans doute du mot précédent. (Poutre du feu) ou de *Tres foci* Trois feux. A Metz on appelle cette buche *Treffian,* dans le Berry *Trouffiau,* en Bourgogne *Suche de Noël ;* en vieux-français elle était nommée *Treffouel :* Magnus truneus in capite ignis... dicitur *Tetropoficinium,* vel *Ligni fulcium...* gallice *Treffouel ; Commentaire du dictionnaire de Jean de Garlande,* dans Géraud, *Paris sous Philippe-le-Bel,* p. 601. Cet usage existait aussi en Angleterre :

> Come, bring with a noise
> My merrie, merrie boyes,
> The Christmas log to the firing ;
> While my good dame, she
> Bids ye all be free
> And drink to your hearts desiring.
>
> HERRICK, *Ceremonies for Christmasse.*

Probablement même il remontait aux temps payens, car on appelle cette buche en différents endroits *Yule log* et *Yule clog* (feu d'Iule).

TREIZEAU, s. m. Monceau de gerbes ; d'abord sans doute on en mettait *treize* afin que la dîme qui était en quelques endroits du treizième fût prise plus facilement ; mais on n'en met plus maintenant que dix.

TRÈJE, s. f. (Orne) Sentier tracé dans la neige : *Traige* signifie dans le patois du Jura Passage, et le français *Trajet* semble avoir la même origine (*Trajectus*).

TRÉJO, s. m. (Orne) Tige de choux.

TRÉMAINE, s. f. (Manche) Trèfle qui se récolte tous les trois mois ; il semble ainsi venir du grec Τριμηναιος plutôt que du vieux-français *Trémoie ;* VOYEZ TREMEZ.

TREMEUR, s. f. (arr de Vire) Frayeur ; du latin *Tremor :* il se trouvait aussi en vieux-français : Mais tant estoit la vieille haye par tout le pays, que, se pour double et tremeur de Lysiart ne fust, en puys ou rivière l'eussent gettée ; *Roman de Gérard de Nevers.*

TREMEZ, s. m. Petit blé que l'on récolte *trois mois* après l'avoir semé ; ce mot se trouvait aussi en vieux-français (*Trimensis*).

TRÉMONE, s. f. Grosse cloche ; du latin *Tremundus,* qui fait trembler.

TREMUER, v. a. (arr. de Vire) Effrayer ; du latin *Tremere.*

TRESSAUTER, v. n. Tressaillir ; il se trouve aussi dans le patois de Langres ; le vieux-français employait dans un sens analogue le substantif *Tressaut.*

TRESSOIR, s. m. Sceau.

TRESSUER, v. n. (arr. de Valognes) Suer beaucoup ; il avait le même sens en vieux-français :

> Que j'ai si caut que je tressu.
>
> *Roman de la Violette,* p. 165.

En vieux-français *Très* s'ajoute souvent aux verbes, comme aux adjectifs, pour renforcer leur signification, nous disons encore *Trépasser* et *Tressaillir.*

TRÈSTOUT, adj. Absolument tout ; c'est une forme superlative dont on a fait un seul mot comme en vieux-français :

Qui eut d'Egipte la baillie
Et trestoute la seignorie.

WACE, *Etablissement de la Fête
de la Conception*, p. 18, v. 6.

TREU, s. m. (arr. d'Avranches) Pétrin ; en vieux-français il aurait signifié *Blutoir* suivant Roquefort, t. II, p. 655.

TREULER, v. n. Paresser, Fainéanter ; c'est probablement une corruption de *Trôler*, Courir çà et là.

TREULIER, s. m. (arr. de Valognes) Fainéant, Homme qui parle au lieu de travailler.

TREUNER, v. n. (arr. de Mortagnes) Il exprime le chant de la poule qui va pondre ; on dit aussi quelquefois *Traner*

TREUTER, v. n. Peter.

TRIAS, s. m. (arr. de Bayeux) Embarras ; peut-être de l'anglais *Trial*, Accusation (*Trier* en vieux-français signifie Plaider) ou *Try*, Éprouver ; au moins donne-t-on quelquefois ce sens au français *Épreuves*; *Trigas* avait aussi cette signification en vieux-provençal, et le français *Trigaud* semble avoir la même étymologie

TRÉBAR, s. m. Collier formé de *trois barres* de bois qu'on met aux pourceaux pour les empêcher de passer au travers des haies.

TRÉBARDER, v. n. (arr. de Mortagne) Aller de côté et d'autre. Chanceler comme un ivrogne.

TRIBOUILLER, v. a. (arr. de Vire) Troubler, Causer de la *tribulation* ; le vieux-français employait le substantif *Tribouil* dans un sens analogue : Dieu scait en quel tribouil et tourment il est; *Les quinze joies*

du mariage, p. 182.

TRIBOULER, v. a. Troubler, Tourmenter, et par suite Déchirer, Mettre en mauvais état ; ces différentes significations se trouvent aussi en vieux-français :

Sy les triboulons pour savoir
En qui doivent fiance avoir.

Miracles de sainte Geneviève, dans M. Jubinal, *Mystères inédiis*, t. II, p. 196, v. 25.

Puisqu'ensi voi mon pais triboler·

Mort de Garin le Loherain, v. 3588.

Dans l'Orne on dit que les bas qui tombent sur les talons sont *Triboulés*. Ce verbe s'emploie aussi avec le pronom et signifie, comme en rouchi, Se donner beaucoup de peine ; le vieux-français semble s'en être servi également avec cette acception :

Et tant ont quis et triboule
Que de l'querre sont tuit lasse.

Li Chevaliers au Lion, dans Keller, *Romvart*, p. 555, v. 11.

Il vient probablement de l'islandais *Trubla*, Mêler, Confondre.

TRICON, s. m. (Orne) Brelan; on a *tricon de bihouri* quand on a dans sa main deux cartes de même espèce et une qui les suit immédiatement, comme deux rois et une dame: c'est aussi le nom du jeu que l'on appelle ailleurs *Trion*.

TRICOTER, v. a. Battre avec un *tricot* ; Remuer vite et sans cesse comme des aiguilles avec lesquelles on *tricotte* ; il signifie aussi quelquefois à l'actif Manigancer, Mal arranger, comme dans le patois des environs de Paris :

Encore un coup si le Saint-Père
Tricotte tout ce biau mystère.

*Pièces et anecdotes intéressan-
tes,* t. I, p. 41.

TRICOUSES, s. f. pl. (Orne)
Bas de tricot sans pied ; Guêtres en toile qu'on appelait en
vieux-français *Triquehouses.*
Ce mot désigne aujourd'hui en
rouchi et dans le patois du Berry des bottines en drap ; dans
la Meuse on donne aussi le
nom de *Tricousses* à une espèce
de guêtres.

TRIEFFE, s. f. Petite poutre ;
voyez TREF.

TRIFOIRE, s. f. **TRIFOUET,** s.
m. Grosse buche ; voyez TREF-
FEU.

TRIGNAC, s. m. (arr. de Bayeux) Sou-marqué excellent ;
c'est le nom d'un faux-mon-
nayeur dont la monnaie valait
beaucoup mieux que celle du
roi, qui fut pendu sous la Ré-
gence.

TRIGOULLIS, s. m. Mauvais
bas de *tricot.*

TRILAIS, s. m. (arr. de Valognes) Cloison, Treillis ; du
latin *Trilix.*

TRIMBOUELLER. v. a. Culbu-
ter, Chanceler ; dans l'Orne on
se sert aussi du substantif
Trimbouelle, Culbute ; probablement c'est le même mot que
le français *Trimballer.*

TRINGALE, s. f. Bureau où l'on
perçoit les droits de péage; probablement ces bureaux étaient
d'abord composés de simples
treilles en latin *Trichila;* selon
Roquefort le vieux-français *Tri-
gale* aurait signifié, sans doute
pour la même raison, Cabaret.

TRINGUE, s. f. (arr. de Mortagne) Petit-lait.

TRINGUET, s. m. (arr. de
Vire) Moyen qui réussit. Ce
mot signifie aussi, comme sur
les bords de la Méditerranée, le
mât de misaine :

N'ayant plus rien sinon
De trinquet qui soit bon.

Chansons normandes, p. 52, éd.
de M. Dubois.

TRIOLLIER, TRIOLLY, s. m.
Tribune d'église.

TRION, s. m. Pis de vache ;
ce n'est pas probablement une
corruption de *Trayon* (ce que
l'on *trait*) car le vieux-français
avait *Trian :*

N'aveit encore en sain ne trian ne
mamele.

Roman de Rou, v. 1343.

Peut-être ce mot vient-il de
l'islandais *Trioni,* Bec, Bout,
ou de *Treya,* Gorge, Poitrine ;
le vieux-français *Pis* a subi un
changement semblable.

TRIPER, v. n. Danser ; de
Tripudiare, comme Trépigner;
il existait aussi en vieux-français :

Quant de ma biaute me souvient
Qui ces vallez fesoit triper.

Roman de la Rose, v. 13214.

Dans le patois de l'Isère
Trepa signifie Fouler aux pieds.

TRIPOT, s. m. (arr. de Valognes) Marché ; (arr. de Bayeux)
Halle au blé ; à Pont-l'Evêque,
ce mot a reçu une nouvelle extension de signification, on lui
donne le sens de Tumulte.

TRIQUEFARER, v. a. et n. (arr.
de Vire) Déranger, Agir comme
un étourdi.

TRIQUENIQUE, s. m. Querelle
de peu d'importance ; peut-être
ce mot qui se trouvait aussi en

vieux-français vient-il du grec τριχων νεικος et signifie-t-il littéralement Dispute pour un cheveu.

TRIQUER, v. a. et n. (arr. de Vire) Sauter ; littéralement Jouer des *triques*, nom que l'on donne aux jambes par une métaphore injurieuse.

TROCHE, s. f. (Orne) Foutelaie ; Petit bois de hêtres.

TROGNE, s. f. (Orne) Ventre.

TROMPE, s. f. (arr. de Valognes) Erreur ; du français *Tromper*.

TRONCHE, s. f. (arr. de Vire) Tête.

TROP A COUP, adv. (arr. de Valognes) Trop tôt.

TROS, s. m. Pétrin ; voyez TREU.

TROUIL, TREUIL, TROUS, s. m. Espèce de dévidoir dont on se sert pour mettre le fil en échevaux ; elle avait différents noms en vieux-français ; dans le dictionnaire latin-français de la Bib. de Lille, marqué E, 36, on trouve *Troul* expliqué par le bas-latin *traole*, et on lit dans le Commentaire sur le dictionnaire de Jean de Garlande : *Trahale dicitur a Traho, gallice Traail ; Paris sous Philippe-le-Bel*, p. 606. Une autre origine ne serait pas cependant impossible, car en breton *Tro* a la même signification et le vieux-provençal *Trou* ne semble pas dérivé du latin. C'est peut-être à ce mot que se rapporte le vieux-français *Trouet* que nous n'avons vu employer, que dans un passage où il est pris dans un sens trop métaphorique pour que sa signification ne soit pas douteuse :

Sire, il veult filer au trouet
Sus les cotez de cest apostre.

Martyre de saint Denis, dans M. Jubinal, *Mystères inédits*, t. I, p. 122, v. 8.

On se sert aussi dans ce sens du verbe *Trouiller*, *Treuiller*.

TROUILLER, v. a. Souiller ; il a le même sens dans le patois du Berry, et Roquefort lui donne en vieux français le sens de Chiffonner en pressant ; *Glossaire de la langue romane*, t. II, p. 662 ; mais nous ne l'y connaissons qu'avec le sens de *Séduire* ;

Tant le truilla et le charma
Que li lecherres s'en ala.

Fabliaux et contes anciens, t. II, p. 83.

TROUINE, s. f. (Orne) Peau de cochon tannée ; du latin *Troia ;* dans l'arr. de Coutances on dit *Trouin*.

TROUSSEPIN, s. m. Enfant espiègle ; peut-être le même mot que *Goussepin*.

TROUSSÉ, part. pas. (arr. de Vire) Chargé ; de l'islandais *Truss*, Paquet : il était aussi passé en vieux-français :

Trez mulez lor a fait d'or et d'argent
troser.

Parise la Duchesse, p. 69.

On dit aussi au figuré Un homme bien troussé, pour signifier Un homme agréable, bien fait.

TROUTÉ, adj. Caillé ; il ne se dit que du lait ; dans quelques localités on prononce *Treuté*.

TRUBLE, s. m. (arr. de Valognes) Bêche ; il se trouvait aussi en vieux-français :

O trubles et o forches les fierent maintenant.

Roman de Rou, v. 4280.

TRUC, s. m. Il ne s'emploie guère qu'avec le verbe *avoir* et signifie Etre rusé, Etre adroit; il se trouve aussi en rouchi et semble venir de l'anglais *Trick*, Adresse; mais, comme ce dernier mot, il ne se prend pas dans un sens défavorable.

TRUCIEN, s. m. (Orne) Instrument dont se servent les menuisiers pour tracer des parallèles.

TRUMUTU, s. m. (arr. de Valognes) Bruit, Vacarme ; de l'islandais *Thrumu*, dont l'idée première exprimait certainement le *bruit*, puisqu'il signifie à la fois Tonnerre et Combat : ce mot pourrait être aussi une corruption du latin *Tumultus*.

TUILE, s. f. Ardoise ; c'est la couverture habituelle des maisons riches, et le latin *tegulum* était devenu en vieux-provençal et en catalan *Teulat*, Toît —Il signifie aussi Une poêle plate en fer qui sert particulièrement à faire de la galette,

que l'on appelle aussi *Haitier;* c'est probablement une corruption du vieux-français *Tulieu* que Roquefort, t. II, p. 668, explique par Certain ustensile de ménage.

TURET, s. m. (arr. de Caen) Batte à beurre ; en vieux-provençal *Turtar* signifie Heurter, Frapper, Battre.

TURLUETTE, s. f. (arr. de Valognes) Cornemuse et, par extension, Tout instrument de musique ; il se trouvait aussi en vieux-français :

> Quant el chef out le chaperon,
> E la panere, e le baston,
> E la verge, e la macuette,
> Pendue al cou la turluette,
> Riens ne sembla sos ciel meins sage.
> BENOIS, *Chronique rimée*, t. II,
>   v. 28530.

On se sert encore en français de *Turelure*, Refrain, qui a certainement la même origine.

TURNE s. f. Cabane, Petite maison ; il a la même signification dans le patois de Langres.

U

URRES, s. m. pl. (arr. de Valognes) Yeux.

US, s. m. (Manche) Porte ; on le trouve aussi en vieux-français :

> Vint a l'us de la cambre u li reis
>   Hugon gist.
> Entre-uvert l'ad trouved, si s'en est
>   venuz al lit.

> *Voyage de Charlemagne*, v. 620.

Mais la forme *Huis* a prévalu et s'est conservée dans l'expression *A huis clos* et dans le mot *Huissier* : du latin *Ostium*.

USIBLE. adj. (arr de Mortagne) Précoce, Avancé ; littéralement D'usage, Qui peut servir.

UVER, v. a. (arr. de Vire Mouiller ; du latin *Ucescere*.

V

VACA, adj. ind. En friche, sans culture; du latin *Vacuus;* le français emploie *Vague* dans le même sens et on disait autrefois *Vacque :* Donc les maistre d'hostel et fourrier dudict seigneur de Painensac, pour scavoir si ailleurs en la maison estoient estables vacques sadressarent a Gargantua ; Rabelais, l. i, ch. 12.

VACHICOTER, v. n. (arr. de Bayeux) Barboter.

VADET, s m. Manche de chantepleure, *qui va et vient* (*vadit*).

VAIE, s. f. Chemin dans toutes ses acceptions , *Voie.* Cette corruption du latin *Via* existait aussi en vieux-français. Cist Josias fist ço que Deu plout e tint les bones veies sun pere David , si que il ne guenchi ne a destre ne a senestre ; *Livres des Reis,* l. iv, ch. 22, v. 2, p. 423, éd. de M. Le Roux de Lincy.

VAIN, s. m. Loupe.

VAISSEAU, s. m. (arr. de Mortagne) Pipe, ailleurs Tonneau.

VAISSELIER, s. m. (arr. de St-Lo) Buffet où l'on serre la *vaisselle.*

VALANDIER, s. m. (arr. de St-Lo) Pivert.

VALENTIN, s. m. (arr. de Bayeux) Galantin ; en anglais *Valentine* signifie Amoureux ; Futur époux : le vieux-français *Valantin* avait aussi cette signification.

VALETER, v. n. (arr. de Bayeux) Courir ; fréquentatif du latin *Vadere.*

VANVOLE, s f. Chose légère ou inutile que le vent emporte; il se trouve aussi en vieux-français :

Primaut voit que il n'i a plus,
Et que il tient tout a vanvole
Certes son dit et sa paro'e.

Roman de Renart, t. I, v. 3908.

VAQUIE, s. f. (arr. de Bayeux) Soupe ou Bouillie aussi claire que le manger des *vaches.*

VARAND, s. m. Fainéant, Mauvais sujet ; voyez VAROU.

VARET, s. m. Guéret, Terre encore inculte :

Je démèneray mes berbiettes
Aux vuarets paître.

Chansons normandes , p. 166 , éd. de M. Dubois.

Cette forme est restée aussi dans le patois normand ; probablement du bas-latin *Warectum.*

VARIBOT, s. m. (arr. de Bayeux) Bourbier; on dit aussi *Varabot* et *Varvot :* Item une pièce de terre qui a son entrée par le varabot de Cremelle ; *Titre de* 1615 rapporté par Pluquet, *Contes et préjugés populaires de l'arrondissement de Bayeux,* p. 143.

VARI-VARA, adv. (arr. de Bayeux) En désordre ; dans le patois de l'Isère , *Varei* signifie Embarras ; voyez le mot suivant.

VAROU, s. m. Loup garou, Homme d'une sauvagerie grossière. Ce mot vient sans doute du norse *Varg*, Loup, qui se trouve déjà dans la *loi Ripuaire*, tit. LXXXVII : Wargus sit, hoc est expulsus, mis hors la loi, ce que la loi anglaise appelait Porter une tête de loup. Une autre origine ne serait cependant pas impossible car Marie de France a dit dans son *Lai du bisclaveret* :

Bisclaveret ad nun en bretan
Garvall l'apelent li Norman.

Poésies, t. I, p. 178.

et on lit dans l'*Otia imperialia* de Gervasius Tilleberiensis, publié par Leibnitz, *Rerum brunsvicarum scriptores*, au chapitre *De oculis apertis post peccatum* : Vidimus in Anglia per lunationes homines in lupos mutari, quod hominum genus *Gerulfos* Galli vocant, Angli vero *Wer-wlf* : *Wer* enim anglice Virum sonat, *Wlf* Lupum.

VAROUAGE, s. m. Course pendant la nuit, comme en font les *varous*.

VAROUILLER, v. n. Agiter de l'eau dans un vase, jusqu'à ce qu'elle soit au moment de se renverser.

VARVOT, s. m. (arr. de Cherbourg et de Coutances) Boue claire, Eau sale; on dit aussi *Varva* et *Verva*.

VARVOTER, v. n. (arr. de Bayeux) Marcher dans du *varvot*, *Barboter*. — Il se dit aussi des chats en chaleur.

VASTIBOUSIÈRE, s. f. (arr. de Valognes) Femme sale, Servante de basse-cour; probablement du breton *Gast*, Femme débauchée.

VATON, s. m. Bâton.

VATONNER, v. n. Serrer avec une corde au moyen d'un bâton ; voyez le mot précédent.

VATRE, s. f. Boue, Fange; de l'islandais *Vatn* ou de l'anglais *Water*, Eau.

VATRER, v. réfl. (arr. de Bayeux) Se couvrir de boue ou d'ordures; en rouchi *Vatrouiller* signifie Avoir continuellement les mains dans l'eau : voyez le mot précédent.

VAUBOIRE, s. m. (arr. de Bayeux) Varec détaché des rochers que tout le monde peut prendre.

VAUCRE, s. f. Avalaison ; probablement il signifiait d'abord Inondation, car le vieux-français *Vaucrer* signifiait Errer, Courir çà et là ; peut-être de *Vagari*.

VAUCRUER, v. a. Echauder, Mal cuire.

VAUDRÉE, s. f. (arr. de Cherbourg) Chiffon attaché au bout d'un bâton qui sert à nettoyer un four ; on dit aussi dans le même sens *Vatrouille* ; voyez VATRER.

VAULE, s. f. Gaule, du breton *Gwalen*.

VAULIER, v. n. (arr. de Bayeux) Chanceler, Marcher comme un *Veule* ; voyez ce mot : on donne un sens analogue au substantif masculin *Vauliard*.

VAUPAS, s. m. (arr. de Bayeux) Balle de toutes les céréales ; ce mot a été formé comme le français *Vaurien*.

VAUQUIER, VAUTIER, adv. (arr. de Mortagne) Vraisemblablement, Peut-être.

VAVITE, s. f. Diarrhée, Cours de ventre ; il a été formé par la même idée que l'expression française.

VEILLATIF, adj. (arr. de Mortagne) Vigilant, Qui *surveille ;* en vieux-français on disait dans le même sens *Vellier*.

VEILLERI, s. m. Etable où l'on se réunit dans les campagnes pour *veiller*.

VEILLON, s. m. Mélange de foin et d'argile, avec lequel on entoure les greffes ; dans le Dauphiné *Villon* signifie Un petit lien d'osier.

VELADE, s. f. (arr. de St-Lo) Blouse, Surtout ; du latin *Velare*, en vieux-français Veler.

VELOPER, v. a. (arr de Valognes) Battre, Donner une *roulée* (voyez ce mot) ; du latin *Volutari ;* dans l'Orne on dit *Flauper*.

VELOUSSEUX, adj. (arr. de Bayeux) Paillard; du latin *Villosus*.

VENAILLES, s. f. pl. (Orne) Mauvaises herbes qui *viennent* sans être semées. Ce mot signifie aussi Rebut des grains; littéralement ce que le *van* a rejeté; dans le patois de la Haute-Auvergne *Ventilla* signifie *Criblures*, ce que le *vent* emporte.

VÈNE, s. f. Vesse ; en vieux-français selon Nicot et en rouchi *Venne*.

VENELLE, s. f. Dans le sens de Petit chemin, ce mot s'est aussi conservé dans une ou deux locutions françaises, mais on appelle en Normandie la *Ruelle*, Venelle du lit.

VENT, s. m. Haleine ; il s'emploie alors sans article *Prendre vent, Perdre vent;* ces locutions sont aussi usitées dans le patois du Berry.

VENTRILLONS (à), loc. adv (arr. de Cherbourg) Couché sur le *ventre*, comme *A genouillons*, signifie Sur les genoux.

VENUE, s. f. (Orne et arr. de Vire) Quantité ; il n'est employé en ce sens qu'avec l'article indéfini.

VÉPE, s. f. (arr. de Bayeux) Guêpe ; du latin *Vespa* qui a subi en français le changement si fréquent du V en G.

VÉPRE, s. m. Soir.

Beuvons tous du vespre au matin.

 OLIVIER BASSELIN, *Vaux-de-Vire,*
  p. 220, éd. de M. Travers.

On s'en servait aussi en vieux-français :

Dieu vous doint benoiste journee
Et bon vespres, Monseigneur doulx.

 Farce de Pathelin.

Du latin *Vespera*.

VÉPRÉE, s. f. Soirée, comme en vieux-français :

Pour ce m'avint que chargie de sommeil
Je me trouvay moult fort une vespree.

 Poésies de Charles d'Orléans,
  p. 144, éd. de M. Champollion.

Voyez le mot précédent.

VÉRASSE, s. f. Mauvais lit ; peut-être le lit d'un *verrat*.

VERDAUT, s. m. (arr. de Mortagne) Faiseur de mariages.

VERDER, v. a. (Orne) Frapper à coups de *verge* ; selon Carpentier *Verdoier* aurait signifié en vieux-français Provoquer quelqu'un en duel, et *Verder* signifie Repousser dans le patois de Reims.

VÈRE, adv. (arr. de Valognes)

C'est vrai, Vraiment ; du latin *Vere* que le vieux-français avait aussi conservé :

Mes pour chose que argens vaille,
Non plus que ce fust une paille
De bleid, ne m'en change ne mue :
Il semble voir qu'argens me pue.

    Froissart, *Le dit dou florin*, v. 17.

On y trouve également la forme du patois normand :

Or voil savoir des altres si mençunge
           est u veir.

    Voyage de Charlemagne, v. 734.

Dans l'arr. de Valognes, les enfants jouent quelquefois à une sorte de jeu qui consiste à répondre à toutes les questions sans se servir des particules négatives et affirmatives, et ils disent en commençant : J'te défends de dire ni oui, ni non, ni vère, jusqu'à ce que j'sois repassé de la feire. Nous nous servons encore de *Voire* dont l'origine est certainement la même.

Vergandier, s. m. (arr. de Bayeux) Petit houx (Ruscus aculeatus).

Vergée, s. f. (Manche) Mesure agraire de quarante perches; en breton *Gwalen* signifie Gaule, Verge, et *Gwalenna*, Arpenter ; le vieux-français *Verger* signifiait aussi Mesurer.

Vergonder, **Vergougner**, v. a. Gronder, Disputer ; littéralement Faire honte que l'on emploie dans le même sens ; ces deux formes se trouvaient aussi en vieux-français :

    Cointement celez
    Que ne soit vergondez
    Le fet tun cumpaignun.

    Everard de Kirkam, *Distiques de Caton*, fol. 203, r°, col. 2.

Ses longs cheveux et ses sourcis encore
De leurs beautez font vergongner l'aurore.

    Ronsard, *Œuvres*, t. I, p. 102.

Verhaule, s. f. (arr. de Bayeux) Cours d'eau, Courant de la rivière.

Vérile, s. m. (arr. de Bayeux) Reptile ; du français *Ver* auquel on a ajouté la terminaison de *Reptile*.

Vermine, s. f. (arr. de Valognes) Rats et souris ; c'est une extension de la signification du français, Insectes et par suite Animaux nuisibles.

Vernailler, v. n. Remuer, Faire du bruit ; probablement une métathèse de *Frénailler* ; voyez ce mot.

Vernas, s. m. (arr. de St-Lo) Verrat.

Vérouiller, v. n. Labourer malproprement ; on dit aussi *Varouiller*, ce qui fait croire que ce mot est dérivé de *Varou*.

Verquoi, s. m. Petit homme sans force ; on dit en français dans le même sens : C'est un ver de terre.

Verrine, s. f. Verre de montre ; il a le même sens dans le patois du Berry : on donnait autrefois ce nom aux morceaux de verre que l'on mettait au-devant des chasses et des tableaux.

Vertau, s. m. (arr. de Bayeux) Bonde de tonneau ; il se trouvait aussi en vieux-français et vient sans doute du latin *Vertere*, Tourner.

Vervette, s. f. (Orne) Petit enfant espiègle.

Vésiner, v. n. Faire des visites à ses voisins, que le patois normand appelle *Vésins*.

VÉSONNER, v. n. (arr. de Rouen) S'agiter, Devenir fou ; du latin *Vesanus* :

Et Morpou (l. Maupeou) cheuxli qui vezonne
Aveuc des Jesuitres qu'il a.

Coup-d'œil purin, p 21.

VÉSOU, s. m. Jouet ; littéralement Fou; du latin *Vesanus* : c'est un souvenir des plaisirs du moyen-âge.

VESPASIEN, s. m. (arr. de Valognes) Mauvais sujet, Vaurien :

Les chouans sont sous vos murs,
déjà ces Vespasiens
Devorent de leurs yeux vos substances, vos biens.

LALLEMAN, *La Campénade*, ch. I, p. 9.

Quoique les soldats de Vespasien aient pu commettre de grands dégâts en Normandie, en allant réprimer les révoltés de la Grande-Bretagne, cette expression semble avoir été introduite par les Juifs en souvenance de la part que prit Vespasien à la destruction de Jérusalem :

Vaspaciens, c'or fuissies vos or vis
Ens el voloir et en la signorie
Ou vos esties quant vos de ces juis
Trente a denier donaistes en Surie,
Ne demoroit sabais ne jeverie;
Se dame Deus ne les voloit tenseir
A martire les feries devieir.

LA VOLENTEIS DONT MES CUERS EST RAVIS , dans Wackernagel, *Altfranzœsische Lieder*, p. 65.

Au moins cet empereur joue-t-il un rôle fort honorable dans légendes du moyen-âge; ainsi, les par exemple, on lit dans le *Roman du Saint-Graal*, v. 2357:

Vespasyens ainsi venja
La mort Jhesu qu'il mout ama.

On dit aussi *Vaspasien*.

VESSINER, v. n. Roder autour; voyez VÉSINER.

VESTON, s. m. Corset ; du latin *Vestis* ou du français *Veste*.

VESTONNER, v. n. Courir de côté et d'autre ; fréquentatif de *Voster* ; voyez ce mot.

VEULE, adj. (arr. de Caen) Grêle, Etiolé, Qui se tient mal; peut-être du breton *Goulia*, Blessé, le son des voyelles y était bien peu fixe puisque la Grande mauve s'y appelle suivant le P. Grégoire *Goulen* et selon Legonidec *Gwelan*.

VEULER, v. n. (arr. de Bayeux) Beugler ; littéralement Crier comme un *veau*, que le vieux-français appelait *Veel*.

VEY, s. m. Passage dans l'eau ; on le trouve aussi en vieux-français, quoique la forme moderne y soit plus fréquente :

As guez, ou la grant mer parfonde
S'estent e espant e sorunde.
Passa li reis, qui mult se haite,
Quant eu se fu auques retraite.

BENOIS. *Chronique rimée*, l. II, v. 35899.

Il vient probablement du latin *Vadum* ou de l'islandais *Gata*, Sentier, Chemin ; cependant *Guet* avait quelquefois la signification d'Eau rapide, Courant :

Les reliques sunt forz, granz vertus
i fait Deus
Que il ne venent a ewe n'en partissent les guet;
N'encuntrent aveogle ki ne seit reluminet,
Les cuntrez i redrescent e les muz funt parler.

Voyage de Charlemagne. v. 256.

Il pourrait donc venir de l'anglais *Water* ou de l'islandais *Vat*, Eau ; cette étymologie semble même d'autant plus possible que, comme l'italien *Guadare*, le vieux-français *Guaer* signifiait Inonder ; voyez le *voyage de Charlemagne*, v. 555.

VI, s. m. Gui ; le v du latin *Viscum* ne s'est conservé que dans le patois.

VIAGE, s. m. (arr. de Vire) Fois ; c'est une crase de *Voyage* et au lieu de La première fois que j'irai, on a dit A mon premier viage.

VICO, s. m. (arr. de Valognes) Bécasse : A la saint Denis les vicos sont à Brix, dit un adage des chasseurs. Ailleurs on dit *Viteco*, comme en vieux-français : Un witecoq, vint deniers ; *Compte* (ms.) *de l'Hôtel-Dieu d'Evreux* (1370) ; et cette forme se rapproche beaucoup plus de l'anglais Woodcock. Dans le glossaire latin-français de la Bib. de Lille, marqué É, 36, on trouve *Videcoq* pour traduction d'*Alex*, probablement *Ales*, et cette forme est aussi indiquée par Roquefort, t. II, p. 713.

VIEILLE, s. f. Eau ; ce mot qui ne se trouve plus que dans quelques noms géographiques, comme Coulibœuf, Quillebœuf, en latin Guellebotum (*Wealebuh*), vient sans doute du saxon *Weal*, qui s'est conservé dans l'anglais *Well*. Il y avait un canonicat de la cathédrale de Bayeux dont le titre était Saint Pierre de la Vieille (*Sanctus Petrus de Vetula* dans les pouillés du diocèse), et il y a encore à Valognes un quartier éloigné qui s'appelle Le pont à la vieille.

VIEILLOTTE, VIELLOCHE, s. f. Grosse meule de foin ; le vieux-français disait *Vieille*.

VIETTE, s. f. Petit chemin ; diminutif du latin *Via*.

VIGNET, s. m. (arr. de Bayeux) Lieu planté de *Vignons* ; voyez ce mot. Dans le glossaire latin-français de la Bibl. de Lille, marqué E, 36, *Vinetum* est expliqué par *Vignon*.

VIGNON, VIGNOT, s. m. (Calvados) Genêt épineux :

L'un dort sur le vignon, l'autre sur
la bruyère.

LALLEMAN, *La Campénade*, ch. II,
p. 13.

VILEVAUQUER, v. a. (arr. de Bayeux) Balloter.

VILLONER, v. a. Mettre un veillon ; voyez ce mot.

VIMBLET, s. m. Tarrière, Vilebrequin ; c'est le mot anglais *Wimble* dont la signification est la même.

VINETTE, s. f. Oseille ; probablement une corruption de *Vignette*, petite vigne, dont le fruit est ordinairement fort acide en Normandie : il se trouvait aussi en vieux-français, et s'est conservé dans le patois de la Vendée et le français *Epinevinette*.

VINHUET, s. m. (arr. de Caen) Nom que l'on donne au vin d'Argences, qui suivant Huet, signifierait *Vin blanc* et viendrait de l'anglais *Wine white*; mais il s'est certainement trompé en supposant que ce sont les Anglais qui apportèrent de Guyenne des vignes en Normandie, car on lit dans un document du XIIIe siècle : Se aucune (suers) qui soit mariée a fet en son mariage boenes mesons ou planté vignes ou marlé terre, elle choisira son mariage que elle a amendé ; Marnier, *Établissements de Normandie*, p. 13.

Viper, v. n. Crier d'une façon aiguë ; littéralement siffler comme une *vipère*.

Vipillon, s. m. Aspersoir, Goupillon ; du bas-latin *Vulpilio*, dont la première lettre s'était conservée aussi en vieux-français.

Viquet, s. m. Petite porte, Guichet ; en anglais *Wicket* et en hollandais *Winket*. La forme normande se trouvait aussi en vieux-français :

Vils fous, fait-il, e senz valor,
Qui menastes vostre seignor
Fors la vile senz mon congie,
Ceo ne vos sera mais ottreie.

. . . .
Ne trespassez mais les wichesz.

> Benois, *Chronique rimée*, l. II,
> v. 13699.

Viré, part. pas. (arr. de Bayeux) Disposé ; il ne s'emploie guères qu'avec l'adverbe *Mal*; c'est une extension de la signification du français.

Viret, s. m. (arr. de Bayeux) Petit morceau de bois garni de plumes, avec lequel les enfants s'amusent ; ce mot vient peut-être du nom de *Vire*, *Vireton*, que l'on donnait aux flèches en vieux-français ; voyez virousser.

Virousse, s. f. (arr. de Valognes) Diarrhée ; voyez le mot suivant.

Virousser, v. a. Lancer de l'eau ; *Virer* signifiait en vieux-français Lancer, Jeter; du latin

Girare. On se sert aussi dans un sens analogue du s. f. *Viroussée*.

Virvousser, Vervouster, v. n. Tourner devant derrière ; probablement du vieux-français *Vire-voute*, Volte-face.

Vis, s. m. Opinion, Certitude ; il ne s'emploie guères qu'avec le verbe substantif et la préposition A ; *M'est à vis que*. Cette forme, très-commune en vieux-français, a été presque toujours mal imprimée, quoique la préposition manque fort souvent :

N'est pas dreiz, ço m'est vis, mais lei
a volente.

> Guernes, *Vie de saint Thomas de Cantorbéry*, p. 11, v. 10,
> éd. de M. Bekker.

Voyez aussi le *Roman de Brut*, v. 10634. Ce mot vient sans doute de l'islandais *Visa* Certitude, ou de l'allemand *Wissen*, Savoir.

Vitouard, s. m. (arr. de Bayeux) Source d'eau vive sur le bord de la mer ; peut-être de l'anglais *White water*, Eau blanche ; on donne aussi quelquefois ce nom à des sources d'eau bourbeuse.

Vivage, s. m. (arr. de Cherbourg) Sol pierreux.

Voideril, s. m. Carreau grossier qui forme la première couche d'une carrière.

Voiton, s. m. Morceau de bois propre à servir de lévier.

Volet, s. m. Ruban; d'abord sans doute Ornement ; dans le patois du Jura ce mot est resté plus fidèle au sens du latin *Velum*, il signifie Fichu : voyez bavolet.

Volette, s. f. Tirasse.

Voster, v. n. (arr. de Bayeux) Courir çà et là, Remuer; ce mot qui signifiait aussi en vieux-français *Tourner*, semble une corruption de *Volter*, qui s'est conservé dans *Volte-face;* car un lieu *vouté* s'exprimait quelquefois par *Voste*. Dans quelques localités on dit aussi comme en vieux-français *Vouster*.

Vouge, s. f. Croissant, Serpe ; il se trouvait aussi en vieux-français, et on donne le même sens, dans le patois du Jura, à *Vuage*.

Vouin, s. m. (arr. de St-Lo) Regain.

Vousoyer, v. n. Ne pas tutoyer ; on disait en vieux-français *Vosoyer*.

Vrac, s. m. (arr. de Bayeux) Amas confus ; il est plus souvent employé dans une forme adverbiale *En vrac*, En masse. — C'est aussi une corruption de *Varech*, ainsi que *Vrai*, qui désigne toutes les espèces de fucus.

Vréda, Sorte de jugement qui signifie sans doute Vrai Dieu.

Vredeau, s. m. Fausset, Cheville pour donner de l'air aux tonneaux.

Vrondre, v. n. (arr. de Cherbourg) Bourdonner.

Vrou, s. m. (arr. de Bayeux) Eau qui sort d'un rocher ou du sable en bouillonnant. — Par figure sans doute on donne le même nom à la Diarrhée.

X

Xalbi, s. m. Cidre composé par moitié de pommes et de poires ; voyez HALBI.

Xueu, s. m. (arr. de Cherbourg) Graisse pour faire de la soupe ; on le trouve aussi en vieux-français ; voyez SUEU.

Y

Yan, s. m. (arr. de St-Lo) Gland.

Yette, s. f. Tiroir ; voyez LIETTE.

Yousoux, adj. (arr. de Cherbourg) Fruits ou légumes aqueux ; on dit aussi *Yausaux*, et l'*Eau* s'appelle de l'*Yau* en patois normand.

Yu, s. m. (arr. de Coutances) Vêtement raccommodé avec un morceau de couleur différente.

Z

ZIGUER, v. n. Lancer de l'eau avec une seringue ; ce mot se trouve aussi dans le patois du Berry. On dit quelquefois *Zigler*.

Zozo, s. m. (canton des Pieux) Bouffon ; peut-être une corruption de *Joujou* ; l'italien *Zani*, que l'on appelle en Normandie *Jano*, semble venir d'*Insanus*.

ERRATA.

P. 20, col. 2 : ARRONCE, lisez : ARROUSSE, et retranchez les deux dernières lignes de cet article.

P. 32, col. 1, l. 21, *Dictionnaire comique* de Lacombe, lisez : *Dictionnaire du vieux langage françois* de Lacombe, p. 60.

P. 44, col. 1, BOUESSONNER... Mettre en discorde, lisez : en désordre.

FIN.